"十二五"普通高等教育本科国家级规划教材

预测与决策教程

第 2 版

主 编 李 华 胡奇英
参 编 刘 云 王 剑 贾俊秀 惠调艳
　　　柳心怡 吴爱萍 王 方

机械工业出版社

本书采取工科学生和管理人员易于接受的叙述方式，较全面地介绍了预测与决策的主要内容与方法。预测部分的内容包括预测概述、非模型预测方法、确定型时间序列预测方法、随机型时间序列预测方法、马尔可夫预测方法以及灰色预测方法。决策部分的内容包括决策概述、期望效用理论、单目标决策分析、多目标决策分析、决策方法拓展、选择与评价。最后提供了相关应用案例。为方便学生学习，书中附有大量案例及习题。阅读本书仅需具备高等数学、线性代数与概率统计等基础知识。

本书可作为管理类、经济类各专业本科生教材，也可用于研究生教学；同时，还可作为其他相关专业本科生、研究生的教材和教学参考书，也可供具有大学数学基础、从事管理工作的相关人员参考。

图书在版编目（CIP）数据

预测与决策教程/李华，胡奇英主编. —2 版. —北京：机械工业出版社，2019.2（2025.1 重印）
"十二五"普通高等教育本科国家级规划教材
ISBN 978-7-111-61916-1

Ⅰ. ①预… Ⅱ. ①李… ②胡… Ⅲ. ①决策预测 - 高等学校 - 教材 Ⅳ. ①C934

中国版本图书馆 CIP 数据核字（2019）第 021563 号

机械工业出版社（北京市百万庄大街22号　邮政编码100037）
策划编辑：裴　泱　　责任编辑：裴　泱　何　洋　刘丽敏
责任校对：刘志文　　封面设计：张　静
责任印制：刘　媛
涿州市般润文化传播有限公司印刷
2025 年 1 月第 2 版第 7 次印刷
184mm×260mm・22.25 印张・549 千字
标准书号：ISBN 978-7-111-61916-1
定价：59.80 元

电话服务　　　　　　　　　　网络服务
客服电话：010-88361066　　　机 工 官 网：www.cmpbook.com
　　　　　010-88379833　　　机 工 官 博：weibo.com/cmp1952
　　　　　010-68326294　　　金　书　网：www.golden-book.com
封底无防伪标均为盗版　　　　机工教育服务网：www.cmpedu.com

第 2 版前言

近年来，高等教育在课程思政、教材建设方面有了更新、更高的要求。教材作为课程教学的载体，通过知识传授、能力培养、价值塑造以实现为党育人、为国育才的根本目标。而"课程"是依附于"专业"的，课程内容应该是专业知识体系的重要组成部分，能够充分体现思政要素与知识结构的有机融合，并便于采用适当的教学方式促进能力目标的达成。

本书包括预测方法与技术、决策理论与方法两个模块的内容。其理论、方法、技术是管理学门类大部分专业类共同的专业基础，并可结合不同的专业类应用场景得到广泛应用。从内涵上讲，"预测与决策"是管理科学与工程类本科专业的专业基础课，是其他若干专业类的专业任选课。

本书出版发行以来受到了广泛欢迎，被多所高校用作本科生教材。根据读者的反馈信息，教材内容在课程教学、生产实际以及科学研究中得到了广泛应用。本书也被评为"十二五"普通高等教育本科国家级规划教材，我们以此教材开设的"预测与决策"课程也先后被教育部认定为国家级精品课程、国家级精品资源共享课、国家级一流本科课程。

随着对预测方法与技术、决策理论与方法在理论研究与实践应用方面的不断深入，一些新的内容需要补充进教材之中，并与思政价值标准有机融合，形成具有特定价值意识的教材内容。教材的形态也需要随着信息技术的发展以适应新时代教与学的需求。鉴于此，我们对教材进行了修订。具体修订工作如下：

（1）将问题导向、系统观念、守正创新、人民至上等价值立场与问题场景和应用案例有机融合，以利于通过课程教学培养学生正确的价值观。例如，通过挖掘技术合同交易额预测、数字化推动科技体制改革等案例，使学生了解国情，增强创新意识；通过中国环境工程科技 2035 技术预见的案例，树立建设社会主义现代化强国、构建绿色节能社会的愿望追求；通过知识青年奔赴延安，牺牲个体期望收益去追求国格独立、人格自由的史实，充分展现爱国青年责任、担当意识，涵养学生的爱国情怀，增强社会责任感。

（2）从需求导向、守正创新的视角系统检视教材内容体系，对原版教材中的章节进行了删减、改写，补充了本领域一些新思想、新方法、新技术。教材内容有利于学生问题分析、科学计算、数据预测、综合决策能力的培养。结构安排便于采用混合式教学培养和提升学生的学习能力、创新能力、组织能力、协作能力和表达能力。

（3）拓展教材功能和表现形态。基于多年建设的"预测与决策"国家级精品共享在线课程，有效延展教材功能，丰富了教材展现形态；利用二维码链接相关数字教学资源，读者通过扫描二维码，可以观看讲课视频、案例等教学资源。

西安电子科技大学李华、刘云、惠调艳、王剑、王方和吴爱萍，复旦大学胡奇英及柳心怡等参加了本次修订工作。其中，刘云负责第 1 章、第 9 章的修订和 11.1.5 节的编写，惠调艳负责第 2 章、第 7 章、第 11 章的修订及 11.1.4 节的编写，王剑负责第 3 章、第 10 章的修订以及 12.2 节案例的编写，吴爱萍负责第 4 章、第 5 章及第 8 章的修订，王方负责第 6 章以及 11.1.3 节的编写，李华负责 12.1 节的案例编写，胡奇英、柳心怡负责 12.3 节案例的编写。刘云、吴爱萍完成全书的修订统稿工作。

第 2 版的修订得到了西安电子科技大学教材建设基金资助项目的支持，以及机械工业出版社的大力支持，在此表示衷心的感谢！

鉴于时间与水平所限，书中难免有不当之处，恳请读者批评指正。

李华（西安电子科技大学）

胡奇英（复旦大学）

第1版前言

预测是凭借过去与现在而对未来的预计，决策则是根据对未来的预测而在若干种未来中选择一种。在我们的生活与工作中，随处可见预测与决策。比如，我们需要预计我们在大学期间努力学习与不努力学习对我们自己未来的影响会是怎样的，依此，我们需要选择在大学期间是努力学习，还是不努力学习。

现代社会已经到了一个比较复杂的时期，而且还将更加复杂下去。经济的全球化，科学技术水平的不断提高，人们交流的便利性使得人际网络越来越复杂，如此等等；同时，社会、经济、科技的发展与变化更加快速。这一切都使得人们对于未来的关注程度越来越高，预测在人们的生活与工作中的地位也越来越重要。同时，决策的正确性也变得越来越重要，一个错误的决策可能让我们多走很多弯路，浪费很多宝贵的大好时光，甚至会造成不可挽回的巨大损失。随着信息技术与互联网的发展，有越来越多的数据可供我们使用；我们也将越来越离不开这些数据，甚至将成为数据的一部分。因此，运用预测与决策的方法，特别是基于数据与模型的方法，将变得越来越方便与重要。

本书将给出预测与决策的一个概貌。在预测部分，首先对预测的基本概念、原理和方法予以概述（第1章）。其次，介绍一些非模型预测方法（第2章），如专家预测法、指标预测法、概率预测法等。在定量的预测方法中，着重介绍时间序列法与趋势外推法。本书介绍的时间序列法，是从单个变量的过去来推测其未来，所以是纵向的，其中包括回归预测方法（第3章）、确定型时间序列预测方法（第4章）、随机型时间序列预测方法（第5章）及其特例马尔可夫预测方法（第6章）。最后，讨论各种预测方法的适用范围与其精确性，在此基础上讨论预测精确性与预测评价（第7章）。在运用预测方法时，这是最后的把关：只有通过了预测的评价，才能较为放心地去使用预测所得到的结论。

在决策部分，首先给出关于决策的一个概述（第8章），讨论决策理论的基础：期望效用理论与前景理论（第9章）。然后讨论最为简单的一类决策，即单目标决策分析（第10章）。对于多目标决策分析，介绍一般的决策方法，特别对层次分析法和网络分析法做了介绍（第11章）。其中，我们遵循从简单到复杂这样一种可运用于日常生活之中的动态分析思想。而在第12章，专门对动态决策分析进行讨论。在第13章，介绍决策方法的拓展、决策方法的选择以及决策方案的评价与实施。各章均配有案例及大量例题，并附有适量的思考与练习题。其中，带有"*"号的题目难度较大，可供灵活选用。

本书是我们根据多年的教学体会，经过多次修订而成的。1991年，胡奇英教授率先在西安电子科技大学经济管理学院为本科生开设了"预测与决策"课程，设计了课程的内容体系，并于1993年编写了《预测与决策》讲义，由校教材科内部印刷供学生使用。所编讲义是国内最早的教材（讲义）之一。随着课程内容的更新，从 1998 年开始，我们共同在原讲义的基础上编写了《预测与决策》教材，于 2005 年正式出版。该教材获得西安电子科技大学第十届优秀教材二等奖。作者先后承担了本科生、研究生以及 MBA、网络远程教育的"预测与决策"课程教学工作。"预测与决策"课程 2009 年被评为陕西省的省级精品课程，2010 年被评为国家级精品课程。结合建设省级精品课程和国家级精品课程"预测与决策"过程中的体会，我们进一步完善了课程体系，重新编写了这本《预测与决策教程》。全书分 13 章，第 1、3、10 章由刘云副教授撰写；第 2、13 章由惠调艳副教授撰写；第 4、7、11 章由王剑、李山副教授撰写；第 5 章由李华教授撰写；第 6、8、9 章由贾俊秀副教授撰写；第 12 章由胡奇英教授撰写。王方、荣翰君参加了部分章节的写作工作。全书由李华、胡奇英教授统筹。

在本书的编写过程中，大量的国内外参考文献都为我们提供了很大的帮助，在此，我们对参考和引用之文献的作者、一些无法在文献中列出的作者以及所有的读者表示衷心的感谢。

如果读者能够将本书所介绍的方法与思想运用到他们的生活之中，我们就十分欣慰了。如果读者能更进一步地将其运用到他们的研究与实践工作之中，乃是"预测与决策"这门课程的幸事了。

限于水平，书中不当之处在所难免，恳请读者批评指正。

李华（西安电子科技大学）　胡奇英（复旦大学）

教 学 建 议

教学目的

本课程教学的目的在于通过讲授管理科学中常用的预测、决策方法及模型，阐述其在经济和管理等领域的综合应用，培养学生熟练运用各类预测方法进行预测分析，熟练掌握决策的过程、类型及相应的决策方法和决策数学模型，提高学生综合运用预测和决策方法解决实际问题的能力。

教学内容和课时计划建议

教学内容	学习要点	课时
第1章 预测概述	（1）了解预测的基本概念 （2）理解预测的基本原理与步骤 （3）熟悉预测资料的收集与预处理方法 （4）明确预测方法的分类	2
	（5）掌握预测误差和预测精确性的衡量 （6）掌握预测结果的分析与评价	2
第2章 非模型预测方法	（1）掌握几种类型的专家预测法	2
	（2）熟悉指标预测法与类比法 （3）理解概率预测法	2
第3章 确定型时间序列预测方法	（1）理解时间序列与时间序列分析的一般概念 （2）熟练掌握移动平均法	2
	（3）掌握指数平滑法、季节指数法以及时间序列分解法	2
	习题与计算实验	2
第4章 随机型时间序列预测方法	（1）掌握随机型时间序列的基本模型	2
	（2）熟练进行 ARMA 模型的相关分析	2
	（3）熟悉 ARMA 模型的识别方法 （4）能够用矩估计方法对 ARMA 模型的参数进行估计	2
第5章 马尔可夫预测方法	（1）掌握马尔可夫分析的基本原理	2
	（2）能够利用马尔可夫预测方法的基本原理解决实际问题	2
第6章 灰色预测方法	（1）掌握灰色预测的相关概念	2
	（2）熟练掌握 GM（1,1）模型的应用	2
	（3）熟悉数列预测、区间预测及灾变预测过程	2
第7章 决策概述	（1）理解决策、决策过程与决策分析的概念 （2）了解决策的基本类型和决策分析的特点、历史及新进展	2

（续）

教学内容	学习要点	课时
第8章 期望效用理论	（1）了解期望收益值准则以及应用期望收益值作为决策准则存在的一些问题 （2）理解行为假设与偏好关系	2
	（3）理解效用函数的概念并能确定效用函数 （4）掌握主观期望效用值理论	2
第9章 单目标决策分析	（1）掌握风险型决策分析的思想与方法 （2）熟悉五种非确定型决策方法	2
	（3）掌握概率排序型决策	2
第10章 多目标决策分析	（1）掌握多目标决策的基本概念 （2）熟悉多目标决策的一般方法 （3）掌握多目标风险决策分析模型	2
	（4）熟悉有限个方案多目标决策问题的分析方法 （5）掌握层次分析法的基本原理，熟悉其应用方法 （6）网络分析法*	2
	习题与案例讨论	2
第11章 决策方法拓展、选择与评价*	本章为扩展学习内容，可供课外学习讨论，也可作为课程学习总结的参考	
第12章 应用案例*	本章为扩展学习内容，可供课外学习讨论	
课时总计		46

说明：1. 在课时安排上，管理类、经济类专业的本科为46个学时。
　　　2. 带"*"的教学内容不安排在课堂中讲授，可作为扩展内容供学有余力的学生学习。

目　录

第 2 版前言

第 1 版前言

教学建议

第 1 章　预测概述 1
1.1　预测的基本概念 1
1.1.1　预测科学的产生 1
1.1.2　预测的定义 2
1.1.3　预测的可能性 2
1.1.4　预测的不准确性 3
1.1.5　预测的基本功能 5
1.2　预测的基本原理与步骤 5
1.2.1　预测的基本原理 5
1.2.2　预测的一般步骤 8
1.3　预测资料的收集与预处理 10
1.3.1　确定数据收集的目的 10
1.3.2　设计数据收集方案 10
1.3.3　数据的收集与整理 11
1.3.4　对数据进行分析与预处理 15
1.4　预测方法的分类 20
1.4.1　预测方法的分类体系与常用方法 20
1.4.2　预测方法的选择 22
1.5　预测误差与预测精确性的衡量 24
1.5.1　预测误差 24
1.5.2　预测精确性的衡量指标 24
1.6　预测结果的分析与评价 26
1.6.1　预测模型的评价 26
1.6.2　预测结果的分析与反思 27
本章小结 28
思考与练习 29

第 2 章　非模型预测方法 ····· 30
2.1　专家预测法 ····· 31
2.1.1　个人判断法 ····· 31
2.1.2　专家会议法 ····· 31
2.1.3　专家意见汇总预测法 ····· 32
2.1.4　头脑风暴法 ····· 35
2.1.5　德尔菲法 ····· 38
2.2　指标预测法与类比法 ····· 44
2.2.1　指标预测法 ····· 44
2.2.2　类比法 ····· 47
2.3　概率预测法 ····· 49
2.3.1　主观概率法 ····· 49
2.3.2　交叉影响分析法 ····· 51
本章小结 ····· 54
思考与练习 ····· 55

第 3 章　确定型时间序列预测方法 ····· 57
3.1　时间序列与时间序列分析概述 ····· 59
3.1.1　时间序列的含义 ····· 59
3.1.2　时间序列分析 ····· 60
3.1.3　时间序列分析方法的分类 ····· 61
3.1.4　确定型时间序列预测方法概述 ····· 61
3.2　移动平均法 ····· 63
3.2.1　一次移动平均法 ····· 64
3.2.2　二次移动平均法 ····· 66
3.3　指数平滑法 ····· 70
3.3.1　一次指数平滑法 ····· 70
3.3.2　二次指数平滑法 ····· 74
3.3.3　讨论 ····· 77
3.4　季节指数法 ····· 78
3.5　时间序列分解法 ····· 81
3.5.1　各因素的确定 ····· 82
3.5.2　根据分解法进行预测 ····· 88
3.5.3　对分解法的进一步说明 ····· 88
3.6　基于 SPSS 软件的确定型时间序列分析与预测 ····· 89
本章小结 ····· 102
思考与练习 ····· 102

第4章 随机型时间序列预测方法 ……………………………………………………… 104

4.1 随机型时间序列模型 …………………………………………………………… 105
4.1.1 随机时间序列 ……………………………………………………………… 105
4.1.2 自回归（AR）模型 ………………………………………………………… 105
4.1.3 移动平均（MA）模型 ……………………………………………………… 106
4.1.4 自回归移动平均（ARMA）模型 …………………………………………… 107
4.1.5 求和自回归移动平均（ARIMA）模型 …………………………………… 108
4.1.6 季节性模型 ………………………………………………………………… 108

4.2 ARMA 模型的相关分析 ………………………………………………………… 109
4.2.1 AR(p) 序列的自相关函数 ………………………………………………… 109
4.2.2 MA(q) 序列的自相关函数 ………………………………………………… 110
4.2.3 ARMA(p, q) 序列的自相关函数 ………………………………………… 111
4.2.4 偏相关函数 ………………………………………………………………… 112

4.3 模型的识别 ……………………………………………………………………… 114
4.3.1 样本自相关函数与样本偏相关函数 ……………………………………… 115
4.3.2 模型识别 …………………………………………………………………… 115

4.4 ARMA 模型的参数估计 ………………………………………………………… 119
4.4.1 矩估计方法 ………………………………………………………………… 119
4.4.2 最小二乘估计 ……………………………………………………………… 121
4.4.3 方法的比较 ………………………………………………………………… 123

4.5 模型的检验与预报 ……………………………………………………………… 123
4.5.1 模型的检验 ………………………………………………………………… 123
4.5.2 模型的改进 ………………………………………………………………… 124
4.5.3 模型的预报 ………………………………………………………………… 125

4.6 案例 4-1 分析 …………………………………………………………………… 127

本章小结 ……………………………………………………………………………… 135
思考与练习 …………………………………………………………………………… 135

第5章 马尔可夫预测方法 ……………………………………………………………… 138

5.1 马尔可夫分析的基本原理 ……………………………………………………… 138
5.1.1 马尔可夫链 ………………………………………………………………… 138
5.1.2 状态转移矩阵 ……………………………………………………………… 139
5.1.3 稳态概率矩阵 ……………………………………………………………… 143

5.2 马尔可夫预测的应用 …………………………………………………………… 145
5.2.1 市场占有率的预测 ………………………………………………………… 145
5.2.2 期望报酬预测 ……………………………………………………………… 147

本章小结 ……………………………………………………………………………… 154

思考与练习 ·· 155

第6章 灰色预测方法 ·· 157
6.1 灰色预测的概念 ·· 157
6.1.1 灰色系统及灰色预测 ·· 157
6.1.2 序列生成算子 ·· 159
6.2 灰色系统建模 ·· 160
6.2.1 GM（1，1）模型 ·· 161
6.2.2 GM（1，1）模型检验 ·· 163
6.2.3 GM（1，1）残差模型 ·· 165
6.3 数列预测 ·· 167
6.4 区间预测 ·· 168
6.5 灾变预测 ·· 171
本章小结 ·· 175
思考与练习 ·· 175

第7章 决策概述 ·· 176
7.1 决策的概念 ·· 176
7.2 决策过程与决策分析 ·· 178
7.2.1 决策过程 ·· 178
7.2.2 决策分析 ·· 179
7.3 决策的基本类型 ·· 181
7.4 决策分析的特点、历史及新进展 ·· 184
7.4.1 决策分析的特点 ·· 184
7.4.2 决策分析的发展历史 ·· 184
7.4.3 决策分析的新进展 ·· 188
本章小结 ·· 189
思考与练习 ·· 190

第8章 期望效用理论 ·· 191
8.1 期望收益值 ·· 191
8.1.1 期望收益值准则 ·· 191
8.1.2 期望收益值作为决策准则存在的一些问题 ·· 191
8.2 行为假设与偏好关系 ·· 194
8.3 效用函数及其确定 ·· 198
8.3.1 效用函数的定义 ·· 198
8.3.2 效用函数的确定 ·· 199
8.3.3 L-A模拟法 ·· 200
8.4 主观期望效用值理论 ·· 204
8.4.1 主观概率与客观概率 ·· 204
8.4.2 主观概率的判断 ·· 205
本章小结 ·· 207

思考与练习 ... 207

第9章 单目标决策分析 ... 209
9.1 风险型决策 ... 210
9.1.1 风险型决策问题分析的基本思路 ... 210
9.1.2 风险型决策问题的数学模型 ... 211
9.1.3 风险型决策问题的分析方法 ... 212
9.1.4 多级决策问题的分析方法 ... 216
9.2 非确定型决策 ... 220
9.2.1 悲观准则 ... 221
9.2.2 乐观准则 ... 222
9.2.3 赫威兹准则 ... 222
9.2.4 后悔值准则 ... 224
9.2.5 等概率准则 ... 224
9.2.6 五种决策准则的比较 ... 226
9.3 概率排序型决策 ... 228
9.3.1 期望后果值的极值 ... 228
9.3.2 利用期望值极值进行决策 ... 231
9.3.3 优势条件 ... 232
本章小结 ... 234
思考与练习 ... 235

第10章 多目标决策分析 ... 238
10.1 基本概念 ... 239
10.2 决策方法 ... 241
10.2.1 化多目标为单目标的方法 ... 241
10.2.2 重排次序法 ... 243
10.2.3 分层序列法 ... 244
10.3 多目标风险决策分析模型 ... 245
10.4 有限个方案多目标决策问题的分析方法 ... 246
10.4.1 基本结构 ... 246
10.4.2 决策矩阵的规范化 ... 247
10.4.3 确定权的方法 ... 248
10.5 层次分析法（AHP） ... 251
10.5.1 多级递阶结构 ... 251
10.5.2 判断矩阵 ... 252
10.5.3 相对重要度及判断矩阵的最大特征值 λ_{max} 的计算 ... 253
10.5.4 相容性判断 ... 254
10.5.5 综合重要度的计算 ... 255
10.5.6 案例 10-1 分析 ... 255
10.6 网络分析法（ANP） ... 258

10.6.1 网络结构 259
10.6.2 无权重超矩阵与加权超矩阵 260
10.6.3 极限超矩阵 262
10.6.4 ANP应用软件——超级决策（SD）软件 262
本章小结 263
思考与练习 263

第11章 决策方法拓展、选择与评价 265

11.1 决策方法的拓展 265
11.1.1 模糊决策法 265
11.1.2 群决策方法 270
11.1.3 灰色决策方法 274
11.1.4 粗糙集决策方法 278
11.1.5 决策支持系统 284

11.2 决策方法的选择 290
11.2.1 决策方法选择影响因素 290
11.2.2 决策方法的比较评价 291

11.3 决策方案的评价与实施 293
11.3.1 决策方案的评价 293
11.3.2 决策方案的实施 293

本章小结 296
思考与练习 297

第12章 应用案例 299

12.1 陕西省技术合同交易额预测 299
12.1.1 技术合同成交额的时间序列预测法 300
12.1.2 技术合同成交额的指数拟合方法 303
12.1.3 技术合同成交额的灰色预测方法 304
12.1.4 不同预测方法的比较与选择 306

12.2 基于大数据的股价短期预测分析 307
12.2.1 商业分析 307
12.2.2 数据收集 307
12.2.3 数据准备 308
12.2.4 数据建模 308
12.2.5 评估 318

12.3 呼叫中心的人员排班管理 320
12.3.1 数据准备 320
12.3.2 班次设计 323
12.3.3 班次编排 324
12.3.4 人员编排 326
12.3.5 班表发布后的维护和调整 328

思考与练习	329
附录	**330**
附表 A　标准正态分布函数值表	330
附表 B　t 分布表	331
附表 C　F 分布表	332
附表 D　DW 检验临界值表	335
参考文献	**337**

第 1 章
预 测 概 述

【案例 1-1】

技术交易是连接科技进步与经济发展的桥梁和纽带，是实现技术转移的有效途径。2022年10月25日，科技部印发了《"十四五"技术要素市场专项规划》，提出到2025年，全国技术交易市场规模持续扩大，技术合同成交额达到5万亿元。陕西省作为我国的科教大省，技术市场发展迅速，技术交易规模不断扩大。2022年，陕西省技术合同成交额同比增长30.2%，在全国排名第6位㊀。陕西省2011—2022年的技术合同成交额如表1-1所示。

表1-1 陕西省2011—2022年的技术合同成交额 （单位：亿元）

年份	2011年	2012年	2013年	2014年	2015年	2016年
合同成交额	215.37	334.82	533.31	639.98	721.76	802.74
年份	2017年	2018年	2019年	2020年	2021年	2022年
合同成交额	921.55	1125.29	1467.83	1533.66	2343.44	3053.5

未来陕西省的技术交易将达到怎样的规模？是否会一直保持现有的高速增长势头？

在当今科学、技术和经济迅猛发展的时代，人类社会不断演进发展，变得更为错综复杂，作为探讨事物未来发展状况的预测工作越来越引起人们的重视。随着社会运转速度不断加快和信息量不断膨胀，管理中需要决策的事项不仅在数量上越来越多，而且事项之间的相互联系也越加复杂，同时，人们对决策在时间和质量方面也提出了更高的要求。决策是人们站在当前，对未来行动所进行的设计，因此，如果能对事物的未来发展情况做出有效的预测，无疑就能为人们做出合理的决策提供依据，从而使决策不犯错误或少犯错误，取得更好的效果。

1.1 预测的基本概念

1.1.1 预测科学的产生

预测是一个古老的话题。自从人类诞生以来，预测活动就已经存在了。人类的祖先由于不能理解风雨雷电、陨石流星、潮汐海啸等自然现象，而赋予它们神秘的气息，并逐渐把这

㊀ https://www.ncsti.gov.cn/kjdt/tzgg/202302/t20230228_109648.html.

些自然现象超自然化,将自己的命运寄托于主宰这些自然现象的所谓的神的身上。远古的人们利用龟甲或兽骨去占卜(预测)战争的胜负、年成的好坏,并据此决定本部落的行动。历代的占卜士、星相家、预言家、能人、智士都力图对未来做出预测。他们的行为常常被笼罩上神秘甚至是迷信的色彩,他们的某些成功预言使人们叹为观止并广为流传。例如,诸葛亮在"隆中对"中对东汉末年政治形势所做的"三分天下"的预测就是如此。

随着人类社会和科学技术的发展,预测技术也得到不断发展,预测工作逐渐褪去了神秘的色彩,并从迷信和唯心主义走上了科学化的道路。科学的预测能够准确地向人们展现未来,使人们不再盲目行动,可以有计划地发展自己。

瑞士科学家雅各布·伯努利(Jakob Bernoulli,1654—1705)在其所著的《猜度术》(Arc Conjectandi)一书中最早创立了预测学,其目的在于减少人类生活各个方面由于不确定导致错误决策所产生的风险。但预测科学在20世纪40年代才真正进入萌芽时期,至20世纪60年代,预测研究开始从初期的纯理论研究发展到应用研究。科学技术作用于社会的效果,不仅体现在它可能给社会带来巨大的利益,而且又可能给社会带来一些令人担忧的不良后果。从这个意义上来讲,预测研究更引起了人们的关注,预测研究的领域在不断扩大,研究方法也在逐渐完善。近些年来,随着现代数学方法和计算机技术的发展,国际上安全评价分析以及预测决策实施也得到了广泛应用,如模糊故障树分析预测、模糊概率分析、模糊灰色预测决策等。以安全分析、隐患评价、事故预测决策为主体的安全评价工作作为一种产业在国际上已经出现。预测科学成为一门发展迅速、应用广泛的新学科。

1.1.2 预测的定义

预测是指根据客观事物的发展趋势和变化规律,对特定对象未来发展的趋势或状态做出科学的推测与判断。换言之,预测是根据对事物的已有认识,对未知事物做出的预估。预测是一种行为,表现为一个过程;同时,它也表现为行为的某种结果。

作为探索客观事物未来发展趋势或状态的预测活动,绝不是一种"未卜先知"的唯心主义,也不是随心所欲的臆断,而是人类"鉴往知来"智慧的表现,是科学实践活动的构成部分。预测之所以是一种科学活动,是由预测前提的科学性、预测方法的科学性和预测结果的科学性决定的。**预测前提的科学性**包括三层含义:①预测必须以客观事实为依据,即以反映这些事实的历史与现实的资料和数据为依据进行推断;②作为预测依据的事实资料与数据,还必须通过抽象上升到规律性的认识,并以这种规律性的认识作为预测的指导;③预测必须以正确反映客观规律的某些成熟的科学理论做指导。**预测方法的科学性**包括两层含义:①各种预测方法是在预测实践经验基础上总结出来,并获得理论证明与实践检验的科学方法,包括预测对象所处学科领域的方法以及数学的、统计学的方法;②预测方法的应用不是随意的,它必须依据预测对象的特点合理选择和正确运用。**预测结果的科学性**包括两层含义:①预测结果是由已认识的客观对象发展的规律性和事实资料为依据,采用定性与定量相结合的科学方法做出的科学推断,并用科学的方式加以表述;②预测结果在允许的误差范围内可以验证预测对象已经发生的事实,同时在条件不变的情况下,能够经受实践的检验。

1.1.3 预测的可能性

未来能否预测?对这个问题的回答取决于回答者的未来观。辩证唯物主义者认为未来是可以预测的。尽管未来不是一种客观存在，调查、考证等研究历史与现实的手段无法直接应用，但未来也不是凭空而生的。未来变为现实的过程是必然性和偶然性的统一，可通过对必然性的认识来把握未来的变化规律，预测未来。

"察古知今，察往知来"是古人经验的总结，它反映了未来与现实及历史之间存在连续性。这种连续性便是人们预测未来的依据之一。对一个具有稳定性的系统来说，系统运行的轨迹必然具有连续性，系统过去和现在的行为必然影响到未来。例如，一个长期以农业为主的地区，不可能在一两年内迅速转变成以高科技为主的地区。系统结构越稳定，规模越大，历史越悠久，这种连续性表现得越明显。

"城门失火，殃及池鱼"，这则古训就告诉人们，事物彼此之间相互关联、相互影响，具有相关性。对事物间相互关联、相互影响程度的分析，通常称为相关分析。例如，供电量与工业总产值之间，投资规模与经济增长率、物价增长率之间，便存在这种相关关系。通过分析相关事物的依存关系和相互影响程度，可揭示相关事物的变化规律。利用相关事物一方的变化趋势预测另一方的未来状态，或者搞清楚相关事物之间的相互影响程度，可以预测它们未来变化的趋势。这些都是预测常用的基本原理。

"举一反三，触类旁通"，这句成语则阐释了不同事物的发展过程具有相似性。利用相似性进行类推预测，常常会取得出人意料的良好效果。它借助于某一类事物的属性及相关知识，通过比较与分析，找出它与另一类事物的某种相似性，从而预测后者的发展趋势。例如，通过观察生物生长过程，可以得到生长量与时间的关系曲线。通过比较，发现大型建设项目的资金投入量与时间的关系和生物生长量与时间的关系曲线相似。于是，便可按生长曲线所反映的规律来预测不同时间的资金投入量。类比方法实际上是从已知领域过渡到未知领域的探索，是一种重要的创造性方法。类比物之间的相似特征越多，类比越可靠。

人们可以从事物运动的连续性、相关性及相似性来把握其未来状态是否合乎理性。目前，人类对宇宙的探索已达银河系以外的星系，对微观世界的了解已深入原子核内部，对自然界和宇宙的探索极大地开阔了人们的视野。以系统论为代表的现代科学方法论正广泛应用于社会经济领域，各种资料的积累受到极大的重视，计算机网络技术发展迅速，运用日趋广泛，人们有效从事预测活动的方法及手段已经具备。因此，科学地预测未来是完全可能的。

1.1.4 预测的不准确性

预测未来是可能的。随之而来的问题是：能否准确地预测未来？如果人类能准确地预测未来，将少走多少弯路，少受多少损失。人们一直期望能找到准确预测未来的方法，一劳永逸地解决预测未来的课题。然而事与愿违：上千种预测方法中，没有一种方法能保证获得绝对准确的预测结果，预测失误的事例数不胜数。造成预测不准确的原因有以下几个方面：

（1）预测的准确性与预测对象变化的速度及其复杂性成反向变化。只有在一个静止的系统中、一个规则不变的状态下，才能准确地预测未来。随着科学技术的发展，各种因素、现象之间的联系越来越复杂，变化的速度越来越快，准确预测未来的难度也越来越大。

（2）人的认识能力是有限的，人的理性尚不能看清楚其行为的所有结果，对很多事物不能既知其然，又知其所以然。在这种情况下，人们想要把握其变化规律几乎是不可能的。预测要求人们能超越现实，理解未来，然而，人的理解力又局限于自身的经历，这是一个难以解决的矛盾。因此，人们很难得出准确的预测结论。

（3）虽然可以采用概率统计的方法来研究偶然事件，但是人们并不能消除这些事件的偶然性。预测不准确源于未来所具有的偶然性，"有心栽花花不开，无心插柳柳成荫"正反映了这一点。

（4）预测活动本身也在"干扰"未来。当人们预感前景不妙时，便会设法阻止其出现；当前景不错时，则会努力促使它尽快实现。对于前者，有学者称其为自失败预测，并将后者称为自成功预测。例如，科学家指出物种的多样性是保证食物链稳定的基础，人类若乱捕滥杀，破坏生态环境，就会加速物种消亡，导致食物链崩溃。而人们听从科学家的劝告，大力保护环境，拯救濒危物种，食物链崩溃的灾难便不会出现。这并不是科学家的预测不对，而是人们用行动阻止了它的出现。又如，流行服装流行色发布会提供的预测，得到时尚爱好者的积极响应，则发布会的预测便会很快成为事实。

由此看来，以上多种原因的存在，会在一定程度上造成预测结果不准确。既然如此，如何评价预测的结果？

对预测结果的评价主要看其是否可信、有效。是否**可信**，至少要考虑如下几个方面：

（1）预测结果应该是历史与现实的合理延伸。

（2）预测结果应具有可检验性。它隐含着预测资料的来源及其真实性、预测模型的合理性、预测结果的逻辑性都可检验。

（3）预测结果的可信程度还与预测的时间跨度、预测对象的复杂程度、预测结果的详细程度等有关，同时还与预测机构或预测者的权威性有关。

预测的有效性是指预测结果能否为决策者提供可靠的未来信息，以使决策者做出正确决策。能被决策者采用的预测是有效的预测。现实中对预测结果的评价通常是以有效性为标准的；而有效性暗含着决策者认为预测结果是可信的，同时也暗含着决策者主观上认为预测是准确的。

【案例 1-2】

2008 年 11 月谷歌公司启动"谷歌流感趋势"（Google Flu Trends，GFT）项目，目标是预测美国疾控中心（CDC）报告的流感发病率。2009 年，GFT 团队在《自然》发文报告，只需分析数十亿搜索中 45 个与流感相关的关键词，GFT 就能比 CDC 提前两周预报流感的发病率。也就是说，人们不需要等 CDC 公布根据就诊人数计算出发病率，就可以提前两周知道未来医院因流感就诊的人数了。有了这两周，人们就可以有充足的时间提前预备，避免中招。谷歌通过分析 5000 万条美国人最频繁检索的词汇，将其与美国疾病中心在 2003—2008 年季节性流感传播时期的数据进行比较，并建立一个特定的数学模型，最终成功预测了 2009 年冬季流感的传播，甚至可以具体到特定的地区和州。

然而，2014 年拉泽（Lazer）等学者在《科学》发文报告了 GFT 近年的表现。2009 年，GFT 没能预测到非季节性流感 A-H1N1；从 2011 年 8 月到 2013 年 8 月的 108 周里，GFT 有 100 周高估了 CDC 报告的流感发病率。在 2011—2012 年，GFT 预测的发病率是 CDC 报告值的 1.5 倍多；而到了 2012—2013 年，GFT 流感发病率已经是 CDC 报告值的 2 倍还多了。

为什么 GFT 对流感问题的预测在不同时期会产生如此之大的误差呢？有学者指出，过度拟合（Overfitting）、大数据傲慢（Big Data Hubris）、算法演化（Algorithm Dynamics）以及数据生成者的行为变化等因素都影响到最终预测的结果。

因此，随着人类社会的日趋复杂化，预测的问题也越来越复杂，各种各样不同的因素均会对预测结果造成一定的影响，没有任何一种方法可以获得绝对准确的预测结果。但是，可以运用先进的技术、方法和手段，结合合理的分析和处理，不断提高预测的可信性和有效性。

1.1.5 预测的基本功能

预测的基本功能就是为决策系统提供制定决策所必需的未来信息。为提高未来信息的可靠性，必须深入研究获取这些信息的各种方法与手段。例如，对于工业企业而言，预测贯穿于企业的经营活动之中。在销售方面，需要适合市场规模和市场特点的可靠预测，如顾客类型、市场占有份额、物价变动趋势、新产品开发等方面的预测资料都对销售起促进作用；在生产方面，需要预测产品的销售规模、原材料需求量、材料成本及劳动力成本的变动趋势、材料与劳动力的可用量的变动趋势等，以便企业对生产和库存进行计划，并在合理的成本上满足销售需求；在财务方面，预测现金流出量和各种收支项目的比率，使企业资金周转灵活，经营卓有成效，还需要预测可收取的应收账款、实际业务状况等；在人力资源管理方面，也需要预测每一类岗位所需人数、员工流动趋势等。

预测、决策与计划都与未来有关，三者之间既有联系，又有区别。预测在决策之前，计划在决策之后。预测为决策提供依据，是决策科学化的前提；而决策是预测的服务对象，并为预测提供了实现机会；计划是预测与决策之后的产物，是决策在时间上的安排（何时干）、空间上的部署（在哪里干）、行动上的调度（怎样干）。因此，计划是预测与决策得以实现桥梁，而正确的预测与决策是科学计划的前提。

1.2 预测的基本原理与步骤

现实世界是复杂的，预测对象不但常常受到人类社会各种活动和各种错综复杂关系的影响，还会受到自然界许多偶然因素的影响。这些影响因素常常使预测对象的发展变化表现得杂乱无章、多种多样。然而，事物变化发展的规律是客观存在的，是不以人的主观意志为转移的，人们能够通过实践来认识它，利用它。利用事物发展的规律对事物的发展前景进行预测是可行的。认识事物的发展变化规律，利用规律的必然性，是进行科学预测所应遵循的总原则。预测的各种技术和方法实质上就是寻求研究对象发展变化中所隐含的规律。

1.2.1 预测的基本原理

1. 系统性原理

预测的**系统性原理**，是指预测必须坚持以系统的观点为指导，采用系统分析方法，实现预测的系统目标。系统是相互联系、相互依存、相互制约、相互作用的诸事物及其发展过程所形成的统一体。预测工作中体现系统本质特性的观点应包括以下三方面：一是全面地、整体地看问题。例如，在预测中，必须全面准确地分析各变量之间的相互影响，从系统整体出发建立变量之间的关系与模型。二是联系地、连贯地看问题。在预测中，必须注意预测对象各层次之间的联系，预测对象与环境之间的联系，预测对象内部与外部各要素之间的彼此联系，预测对象各发展阶段之间的联系等。三是发展地、动态地看问题。预测是对预测对象未来发展趋势的判断，没有发展变化，就不需要预测。预测必须根据预测对象系统的过去和现在推断未来，从而正确地反映发展观与动态观。

系统都有结构、有层次。预测对象系统的内部结构与层次及其相互关系，是系统按照一定规律运动的内在根据；外部环境因素与系统的相互关系，则是决定系统按照一定规律运动的外在条件。在预测工作中，通过对内在根据与外在条件的分析，便能较好地认识和把握预测对象的运动规律，进而依据这种规律性的认识对预测对象系统的未来状态和趋势做出科学的推测与判断。在预测工作中采用系统分析方法要求做到：①通过对预测对象的系统分析，确定影响其变化的变量及其关系，建立符合实际的逻辑模型与数学模型；②通过对预测对象的系统分析，系统地提出预测问题，确定预测的目标体系；③通过对预测对象的系统分析，正确地选择预测方法，并通过各种预测方法的综合运用，使预测尽可能地符合实际；④通过对预测对象的系统分析，按照预测对象的特点组织预测工作，并对预测方案进行验证和跟踪研究，为经营决策的实施提供及时的反馈。

2. 连贯性原理

事物的发展变化与其过去的行为总有或多或少的联系，过去的行为影响现在，也影响未来，这种现象称之为"连贯现象"。连贯性也叫连续性、惯性等。所谓**连贯性原理**，就是研究对象的过去和现在，依据其惯性，预测其未来状态。连贯性的强弱取决于事物本身的动力和外界因素的强度。连贯性越强，越不易受外界因素的干扰，其延续性越强。例如，属于生产资料的产品，一般顾客对其品种、质量、产量的需求较稳定，表现出来的连贯性较强；而属于消费资料的产品，由于顾客的兴趣爱好容易变动，其连贯性就较小，尤其是流行服装，几乎没有连贯性。

近几年，"大数据"这个词越来越为大众所熟悉，利用海量数据同时结合预测分析技术来进行预测，其应用领域已渗透到人们工作和生活的方方面面。2013年，微软纽约研究院的经济学家大卫·罗斯柴尔德（David Rothschild）通过收集到的各种数据成功地预测了24个奥斯卡奖项中的19个，被人们津津乐道。2014年，罗斯柴尔德利用大数据再次成功预测了第86届奥斯卡金像奖颁奖典礼24个奖项中的21个，继续向人们展示了现代科技的神奇魔力。另外，世界杯期间，谷歌、百度、微软和高盛等公司都推出了比赛结果预测平台。其中，百度的预测结果最为亮眼：预测全程64场比赛，准确率为67%，进入淘汰赛后准确率高达94%。

在实际的运用过程中，应注意以下两方面的问题：一是连贯性的形成需要有足够长的历史，且历史发展数据所显示的变动趋势具有规律性；二是对预测对象演变规律起作用的客观条件必须保持在适度的变动范围之内，否则该规律的作用将随条件变化而中断，连贯性失效。

3. 类推原理

许多特性相近的客观事物，它们的变化也有相似之处。通过寻找并分析类似事物相似的规律，根据已知的某事物的发展变化特征，推断具有近似特性的预测对象的未来状态，就是所谓的**类推原理**。

例如，根据军用飞机速度的变化情况，预测民用飞机速度的变化趋势，因为民用飞机的速度总低于军用飞机的速度。又如，根据某国达到一定国内生产总值时的能源消耗量，研究他国的经济结构与经济水平，建立数学模型，进而类推预测他国达到同一国内生产总值时的能源消耗量。再如，根据上海的流行服装类推西安的流行服装等。前面两例的类推被称为定量类推（在量的方面的推测），后一例的类推被称为定性类推。利用类推原则进行预测，首要条件是两个事物之间的发展变化具有类似性，否则，就不能进行类推。

例如，美国 PredPol 公司曾通过与洛杉矶和圣克鲁斯的警方以及研究人员合作，基于地震预测算法的变体和犯罪数据来预测犯罪发生的概率，可以精确到 500ft² 的范围内。在洛杉矶运用该算法的地区，盗窃罪和暴力犯罪分别下降了 33% 和 21%。

类似并不等于相同，再加上时间、地点、范围以及其他许多条件的不同，常常会使两个事物的发展变化产生较大的差距。再如，人们在利用经济和技术比较先进的国家或地区的经济发展历史来类推本国或本地区的经济发展情况时，就必须考虑并研究社会制度、经济基础、消费习惯、文化风俗等一系列因素的不同可能造成的影响，判断在这些因素的影响下，类推原则是否依然适用。如果适用的话，则应当注意如何估计并修正由于因素不同所带来的偏差，这样才能使预测的误差尽量减小。

在有可能利用事物之间的相似性进行类推预测时，两个事物的发展过程之间必定有一个时间差距。时间会使许多条件发生变化，也给了人们总结经验和教训的机会，使人们有可能根据变化了的条件去探索后发展事物在哪些方面还保持着与先发展事物相似的特征，在哪些方面已不再相似，等等，从而做出较为准确的预测。当由局部类推整体时，应注意局部的特征能否反映整体的特征，是否具有代表性。因为在任何整体中都可能存在与整体发展相异的局部或某些特征与整体特征差别较大的局部，用这些不具有代表性的局部类推整体，就会出现大的错误。类推是从已知领域过渡到未知领域的探索，是一种重要的创造性方法。类推原理不仅适用于预测，同样也适用于决策。

4. 相关性原理

任何事物的发展变化都不是孤立的，而是在与其他事物的发展变化相互联系、相互影响的过程中确定其轨迹的。例如，国民经济是一个统一的整体，各个经济部门是在互相联系、互相协调、互相制约的状态下共同发展的。又如，耐用消费品的销售量与人均收入密切相关。这种事物发展变化过程中的相互联系就是相关性。深入分析研究对象和相关事物的依存关系和影响程度（即它们之间的相关性），是揭示其变化特征和规律的有效途径。所谓相关性原理，就是研究预测对象与其相关事物间的相关性，利用相关事物的特性来推断预测对象的未来状况。

从时间关系来看，相关事物的联系分为同步相关和异步相关两类。先导事件与预测事件的关系表现为异步相关。例如，基本建设投资额与经济发展速度有关。又如，利息率的提高将会明显导致房地产业的衰落。因而，根据先导事件的信息，可以有效地估计异步相关的预测事件的状态。同步相关的典型事例是冷饮的销售与气温变化有关，服装的销售与季节变化有关。它们之间的相互影响即时可见。

相关性最主要的表现形式是因果关系。因果关系是存在于客观事物之间的一种普遍联系。因果关系具有时间上的相随性：作为原因的某一现象发生，作为结果的另一现象必然发生；原因在前，结果在后。因果关系往往呈现出多种多样的情况，有单因单果、单因多果、多因单果、多因多果，还有互为因果以及因果链等。在预测中运用因果性原理，必须科学分析，确定相关事物之间因果联系的具体形式，找出其关键因素，适当进行简化，据此建立合适的预测模型。

5. 概率推断原理

由于受到社会、经济、科技等因素的影响，预测对象的未来状态带有随机性。例如，某商品下个月的销售情况，可能畅销，可能销路一般，也可能滞销，事前难以确定。预测对象的未来状态如何，实际上是一个随机事件，可以用概率来表示这一事件发生的可能性大小。在预测中，常采用概率统计方法求出随机事件出现各种状态的概率，然后根据概率推断原理去推测对象的未来状态。所谓的 概率推断原理，就是当被推断的预测结果能以较大概率出现时，则认为该结果成立。

掌握预测的基本原理，可以建立正确的思维程序。这对于预测人员开拓思路，合理选择和灵活运用预测方法都是十分必要的。然而，世界上没有一成不变的事物。预测对象的发展不可能是过去状态的简单延续，预测事件也不可能是已知类似事件的机械再现。相似不等于相同。因此，在预测过程中，还应对客观情况进行具体、细致的分析，以求提高预测结果的准确程度。

1.2.2 预测的一般步骤

预测作为一个过程，一般包括以下几个步骤：

1. 确定预测目标

预测是为决策服务的，所以要根据决策的需要来确定预测对象、预测结果达到的精确度，确定是定性预测还是定量预测以及完成预测的期限等。例如，当决策只需知道产品销售发展的趋势时，能够预测出销售量是增加、减少还是不变就可以了；而当决策需要了解产品销售量能达到什么样的水平时，则必须对销售量增加或减少的具体数值进行预测，预测也就从定性变为定量了。又如，短期预测所要求的时间期限和预测精度与中、长期预测也不一样。总之，在预测一个事物的发展变化时，首先要了解决策的要求，并据此确定属于哪类预测，应满足哪些标准，等等。

2. 收集、整理有关资料

预测是根据有关历史资料去推测未来，资料是预测的依据。应根据预测目标的具体要求去收集资料。预测中所需的资料通常包括以下三类：

（1）预测对象本身发展的历史资料。

（2）对预测对象发展变化有影响作用的各相关因素的历史资料（包括因素现在的资料）。

（3）形成上述资料的历史背景、影响因素在预测期间内可能表现的状况。

对收集到的资料还要进行分析、加工和整理，判别资料的真实程度和可用性，去掉那些不够真实的、无用的资料。

3. 选择预测方法

预测方法的种类很多，不同的方法有不同的适用范围、不同的前提条件和不同的要求。对特定的预测对象，可能有多种方法可用；而有的预测对象因为受到人、财、物、时间等因素的限制，只能用一种或少数几种方法。实际中应根据计划、决策的需要，结合预测工作的条件、环境，以经济、方便、精度足够高为原则去选择预测方法。

4. 建立预测模型

预测模型是对预测对象发展变化的客观规律的近似模拟。预测结果是否有效，取决于模型对预测对象未来发展规律近似的真实程度。对数学模型，要求出其模型形式和参数值。如用趋势外推法，则要求出反映发展趋势的公式；如用类推法，则要寻求与预测对象发展类似的事物在历史上所呈现的发展规律，等等。

5. 评价预测模型

由于预测模型是用历史资料建立的，它们能否比较真实地反映预测对象未来发展的规律是需要讨论的。评价预测模型就是评价模型能否真实地反映预测对象的未来发展规律。例如，预测对象是否仍按原趋势发展下去，即事物发展是否会产生突变？如无突变，所建立的模型能否反映它的趋势？如果评价结果是该模型不能真实地反映预测对象的未来发展状况，则重建模型；如能真实地反映，则可进入下一步。

6. 利用模型进行预测

根据收集到的有关资料，利用经过评价的模型，计算或推测出预测对象的未来结果。

7. 分析预测结果

利用模型得到的预测结果有时并不一定与事物发展的实际结果相符。这是由于所建立的模型是对实际情况的近似模拟，有的模型模拟效果可能好些，有的可能差些；同时，在计算和推测过程中也难免会产生误差，再加上预测是在前述的假设条件下进行的，所以预测结果与实际结果难免会发生偏差。因此，每次得到预测结果之后，都应对其加以分析和评价。通常是根据常识和经验，检查、判断预测结果是否合理，与实际结果之间是否存在较大偏差，以及未来条件的变化会对实际结果产生多大的影响，等等，以确定预测结果是否可信，并想出一些办法对预测结果加以修正，使之更接近于实际。此外，在条件允许的情况下，可以采用多种方法进行预测，再经过比较或综合，确定一个可信的预测结果。

从以上介绍可以看出，预测过程是一个资料、技术和分析的结合过程。资料是预测的基础和出发点，预测技术的应用是核心，分析则贯穿了预测的全过程。可以说，没有分析，就不能称之为预测。

在整个预测过程中，对预测成败影响最大的是两个"分析和处理"：一个是对收集到的资料进行分析和处理，资料是基础，如果基础质量不好，建立在这个基础之上的大厦（预测模型）质量也差，则预测结果的质量必定差；另一个是对预测结果的分析和处理，这是对预测效果的最后一次检查，它直接决定预测的质量。这两个分析和处理最能体现预测者的水平。预测的质量取决于预测者对预测对象及客观条件的熟悉程度、知识面的广度、对事物的观察能力以及逻辑推理与分析判断的能力等。就像使用相同原料、相同工具进行生产的工人生产出不同质量的产品一样，不同的预测者在运用相同资料和相同预测技术对同一预测对象进行预测时，也可能会得到质量差异很大的预测结果。这种差别常常产生在这两个分析和处理上。

从上述基本步骤也可以看出，预测是一项"技艺"性的工作，它既需要科学的方法，又需要进行艺术的处理。由于预测对象的发展变化规律要比自然科学研究对象的发展变化规律复杂得多，所处的环境也复杂得多，预测工作者的这种"技艺"也就显得越发重要。实际上，预测的每一个基本步骤都要求预测工作者运用其知识、经验和能力进行艺术的处理。当然，对于步骤4、6来说，它们可能更侧重于定量的方法。

上面介绍的步骤是预测的一般步骤，有些时候可能需对某些步骤进行细化，有些时候也可能将其中几个步骤归并，这些都属于"艺术"的范畴。

1.3 预测资料的收集与预处理

预测是利用历史的和现在的资料对事物的未来发展前景进行探索的过程。在各种定量预测方法被用来进行预测之前，都需要收集相当数量的数据。同时，由于实际收集到的数据可能不足以反映预测对象变化发展的规律，还需要对收集到的数据进行分析和处理。

预测数据的收集与预处理是一项系统的工作，主要包括以下内容：确定数据收集的目的、设计数据收集方案、开展数据收集活动（即数据的收集与整理）、对数据进行分析与预处理。

1.3.1 确定数据收集的目的

数据收集的目的是指要利用所收集的数据做哪些预测，主要用于研究和解决什么问题。只有明确了数据收集的目的，才能确定需要哪些数据、从何处获取、采用什么方式收集等问题。

1.3.2 设计数据收集方案

在明确了数据收集的目的之后，就需要设计具体的数据收集方案，包括需要收集的数据类型、数据单位、数据收集方式、数据时间与数据收集期限、数据收集的组织等问题。对于预测而言，首先要确定被预测的变量；其次要确定对预测变量的发展有影响的其他变量（这在预测者打算使用回归方法时尤其重要）。在确定有关变量时，应注意以下四点：

1. 每一数据值涉及的时期

在实际中，很多因素可视为连续发生的，如大型商场的商品销售量。但出于核算的目的，必须规定某个时期并按时期将每个变量的值加起来，如商场每天、每周、每月的销售总量。

在确定变量的每个观察值所涉及的时期时，还必须考虑预测的具体应用。为长期决策服务的预测，一般以相当长时期（如季、年）观察的数据为基础；而为日常管理服务的预测，则常以天甚至小时为单位的数据值为基础。

2. 要求的详细程度

要求的详细程度是指一个变量所要综合历史资料的总量。例如，是预测某给定时期整个公司的销售量，还是按产品类别甚至在每个地区按产品类别来预测销售量。如果最初的预测过于笼统，就必须回头收集更详细的数据。因此，在预测开始时，就按时间确定到底需要怎样的详细程度是能够节约大量费用的。正如下面将要说明的，按尽可能的详细程度来收集数据并加以汇总，比先收集综合数据而后才发现需要进一步细分要有效得多。

3. 计量单位

通常的核算体系是按价值来编制报表的，大多数数据已将其单位换算为"元"，而这实际上是资料的损失。例如洗衣机的销售量，如已将其单位换算为"元"，当洗衣机的单价变化时，就很难再进行估算了。因此，预测的一个重要步骤就是确定各变量的合适单位，而且应在原始数据已经存储的条件下进行单位的换算。

4. 要求的准确度

预测的不同用途要求有不同的准确度。如果某项预测对某些重要管理工作来说是辅助性的，这时所要求的准确度就不会太高；而在中等重要程度的管理工作中，有可能利用个别变量的预测作为决策的基础，在这种情况下则希望有较高的准确度。由于提高预测准确度一般会带来费用的增加，因此，在确定合适的准确度时需要恰当地权衡利弊。

在确定数据的最初阶段，还需要对预测的价值有一个粗略的估计，以便把数据收集过程的费用控制在预测结果价值规定的上限之内。

1.3.3 数据的收集与整理

确定了预测中的变量之后，就要考察和了解变量的特性及其有关情况，即收集和获取所需的数据（或称资料）。首先要注意数据的客观性和准确性，即要求数据如实地反映实际情况；其次要求数据具有及时性、完整性、经济性。这些要求有时会自相矛盾。例如，完整的数据资料受时间、经费等的限制而难以收集到。实际预测时，应根据具体情况兼顾各项要求。

按调查资料的来源不同，一般将资料分为原始资料和第二手资料。**原始资料**是指直接对调查对象进行观察、登记收集到的未经整理的第一手资料。例如，工业企业的原始记录、产品需求的调查问卷等。原始记录可如实地反映有关情况，但要反映预测对象的全面情况，还须对其进行整理和汇总。**第二手资料**是指已经加工整理过的资料。例如，统计年鉴、报刊和杂志上发表的调查统计资料等均属此类。由于第二手资料已经过整理，因而它也称为间接资料。一般来说，从第二手资料中便于了解研究对象的环境条件。在工商企业经营预测中，借助国家及有关部门公布的第二手资料来研究经营环境，是简便有效的做法，往往可收到事半功倍的效果。收集原始资料要耗费较多的人力、物力和时间，但第二手资料又未必能满足预测研究的要求，因此常常将两种资料结合起来运用。

原始资料可以通过多种统计调查方式获得，主要有普查、抽样调查、重点调查、典型调查、定期统计报表制度等。

普查是指专门组织的一次性全面调查。所调查的内容既可以是一定时点的现象，也可以是一定时期的过程性现象。调查的目的主要是搞清重要的国情国力和某些重要经济现象的全面情况。例如，我国为了全面掌握全国人口的实际情况，于2010年11月1日零时这个时点展开了第六次全国人口普查工作；又如，我国于2004年进行了由基本单位普查、工业普查、第三产业普查和建筑业普查合并而成的首次经济普查，等等。普查的规模大、任务重、质量要求高，需要政府动员、组织各方面的力量配合进行。其优点是比任何其他调查方式所取得的资料都更全面、更系统、更详尽。但普查的工作量大，需花费大量的人力、物力、财力和时间，故不宜经常进行。

抽样调查是一种非全面调查，它是指在全部被调查的总体中随机地抽选一部分单位组成样本进行观察，并根据从样本得到的数据来推算总体的数量特征。它的理论基础是概率论。抽样调查有以下三个主要特点：①按随机原则选样；②通过样本数据从数量上推算总体数量特征和数量表现；③抽样调查的误差不可避免，但可以计算和控制。组织实施抽样调查比较容易，因而它是资料收集中普遍使用的一种调查方式，在居民消费调查、需求预测、民意测验、物价统计、市场预测、产品质量检验等方面得到了广泛应用。

重点调查也是一种非全面调查，它是指在被调查总体中选出一部分重点单位进行调查，这些重点单位虽然只是总体的一小部分，但它们在所调查的数量方面占有较大比重。例如，要调查全国钢铁企业的生产情况，宝钢、鞍钢、太钢、包钢、首钢等大型钢铁企业虽然在企业数量上只占少数，但它们的产量在全国的钢铁总产量中所占比重却很大，对这些重点企业进行调查，就可以对全国的钢铁生产情况进行大致的预测。重点调查的关键是确定重点单位。较常用的有两种确定方法：一种是确定一个最低标志值，凡是标志值达到或超过最低标志值的个体就是重点单位；另一种是确定一个最低累计标志比重，如75%，将各个单位按照标志值由高到低排序并依次计算累计比重，当累计比重大于等于所要求的最低累计标志比重时，被累计的单位就是重点单位。

典型调查是指在调查对象中有意识地选出个别或少数有代表性的单位进行调查。典型调查的首要问题是如何挑选典型单位。一般来讲，如果要了解总体的一般数量表现，可以选择中等水平（平均型或多数型）的单位作为调查单位；如果要较为准确地估计总体的一般水平，首先将总体中的个体划分为若干类型，然后再从各类型中按其比例大小选择若干典型单位进行调查；如果要总结成功的经验或失败的教训，则应选择先进或落后单位作为典型，做深入细致的调查。典型调查的效果在很大程度上取决于调查者的主观判断。

定期统计报表制度是指按国家有关法规的规定，自上而下地布置统一的报表，然后自下而上地逐级上报汇总报表资料的调查方式。定期统计报表制度要求按规定的报表形式、内容，规定的报送程序和报送时间报送数据资料，是一种严格的报告制度。

以上是常用的统计调查方式，具体应用时应根据预测对资料的要求而定。但是无论采取何种调查方式，在取得统计数据时，都必须有具体的数据收集方法。常用的数据收集方法包括询问调查法、观测调查法和实验调查法。

1. 询问调查法

询问调查法又称为问卷调查，是调研人员以口头或书面形式，向具有代表性的调查对象询问各种涉及其行为、意向、态度、感知、动机以及生活方式的问题，从而收集数据资料的一种定量研究方法。典型的询问调查是结构化的，即数据收集是按照标准化的测量工具进行的。

询问调查法又可具体分为面访调查、电话调查、邮寄调查、网络调查等。

（1）面访调查。面访调查是指调研者通过与被访者面对面访谈获取信息资料的一种调研方法。面访调查须事先设计周密的调研方案，访问问题按设计好的问卷或提纲进行。面访调查的形式有入户面访调查、街头/商城拦截式面访调查、计算机辅助个人面访调查（CAPI）。其中，CAPI可以由调查员主持，一切操作由调查员执行，也可以被访者自己面对屏幕，通过输入设备亲自将答案输入计算机中。

（2）电话调查。电话调查的形式包括传统的电话调查和计算机辅助电话调查（CATI）。其中，CATI是指在一个装有计算机辅助电话调查设备的中心，电话访员坐在计算机终端旁边，认真阅读屏上的每个问题及备选答案，并将应答者的回应数据直接输入计算机系统中，计算机自动储存这些数据。CATI系统通常包括一台总控主机、若干台与主机相连接的CRT终端、耳机式或耳塞式电话、若干台起监视作用的计算机和配套的音像设备、问卷设计系统、自动随机拨号系统、自动数据录入系统、简单统计系统和自动访问管理系统等。

（3）邮寄调查。邮寄调查指将事先设计好的调查问卷投寄给选定的调查对象，并由被访者按规定的要求和时间填写并寄回问卷的一种调查方式。如何提高邮寄问卷的回收率是这种调查方式的关键点。邮寄调查的具体形式包括普通邮寄调查、留置问卷调查和固定样本组邮寄调查。

留置问卷调查是指将调查问卷当面交给被调查者，说明填写的要求，并留下问卷，让被调查者自行填写，由调查人员定期收回的一种调查方法。

固定样本组邮寄调查又称为日记调查法或消费者固定样本持续调查，是一种重复性或持续性调查，即对同一个样本单元多次收集数据。在相同样本量的条件下，固定样本调查比抽取一系列独立的样本调查更为精确。

（4）网络调查。网络调查是指在互联网上针对特定的问题进行调查设计、收集资料的一种方法。网络调查的具体形式包括网上问卷调查法、网上讨论法和网上观察法等。

网上问卷调查法是在网上发布问卷，被调查对象通过网络填写问卷，完成调查。根据所采用的技术，网上问卷调查法一般有两种：一种是站点法，即将问卷放在网络站点上，由访问者自愿填写。这种方法是目前网上调查的常用方法；另一种是用电子邮件（E-mail）将问卷发送给被调查者，被调查者收到问卷后，填写问卷，最后将问卷答案发回到指定的邮箱。网上问卷调查法比较客观、直接，但不能对某些问题做深入的调查和分析。

网上讨论法可通过多种途径实现，如电子公告牌系统（BBS）、ICQ、新闻组（Newsgroup）、网络实时交谈（IRC）、网络会议（Netmeeting）等。主持人在相应的讨论组中发布调查项目，请被调查者参与讨论，发布各自观点和意见；或是将分散在不同地域的被调查者通过互联网视频会议功能虚拟地组织起来，在主持人的引导下进行讨论。网上讨论法是小组讨论法在互联网上的应用。它的结果需要主持人加以总结和分析，对信息收集和数据处理的模式设计要求很高，难度较大。

网上观察法是对网站的访问情况和用户的网上行为进行观察和监测。目前很多互联网企业都有自己的海量数据采集工具，多用于系统日志采集，如 Hadoop 的 Chukwa，Cloudera 的 Flume，Facebook 的 Scribe 等。这些工具均采用分布式架构，能满足每秒数百兆字节的日志数据采集和传输需求。对于企业生产经营数据或学科研究数据等保密性要求较高的数据，可以通过与企业或研究机构合作，使用特定系统接口等相关方式采集数据。

2. 观测调查法

观测调查法是根据调查目的，调查者在现场利用直观感觉器官（视觉、听觉、嗅觉、味觉、触觉）或者凭借其他科学手段及仪器，跟踪记录、考察被调查者的活动和现场事实，有目的地对研究对象进行考察，以取得所需信息资料。其特点是：调查人员不是强行介入，不需要向被调查者提问，在被调查者毫无察觉的情况下获得真实的信息。观察调查法有两种形式：一种是对现象的观察（即神秘顾客法）；另一种是对顾客的观察（即观察顾客调查法）。

（1）神秘顾客法。神秘顾客法是指由管理人员派受过专门培训的调查员假扮成顾客，深入购物现场，通过从旁观测或倾听或直接与销售人员交流，收集有关的观测数据以及销售人员与顾客间交互数据的一种方法。神秘顾客法可以告诉管理者一线销售人员是否一致地，并以一种符合公司标准的方式对待消费者。此外，神秘顾客法还可以识别出公司的优势和薄弱环节，为业务培训和策略修订提供指导。神秘顾客法在国外应用很广泛。美国大约就有 200 家这样的专门公司。其中最大的一家公司是特伦市场公司，该公司有 100 名员工和 500

名"神秘顾客"。特伦市场公司已经经营了 10 多年，有十几万家美国商店和服务单位接受过它的调查。

（2）观察顾客法。观察顾客法是指在各种商场中秘密注意、跟踪和记录顾客的行踪和举动，以获取企业经营所需的信息。如通过观察顾客的行踪可以帮助决策层做出以下决策：各种商品的摆放位置；合适的广告媒体和广告位置等。

3. 实验调查法

实验调查法是指在给定的实验条件下，在一定范围内观察经济现象中自变量与因变量之间的变化关系，并做出相应的分析判断，为预测和决策提供依据。实验法主要应用于检验有关市场变量间因果关系的假设，研究有关的自变量对因变量的影响或效应。

当数据收集完成之后，在多数情况下，收集到的资料还需经过整理才能用于预测。资料整理就是对资料进行加工使之系统化的工作。资料整理包括以下三个环节：

1. 对资料的校核

为了保证资料的准确性，必须进行校核，去伪存真。对资料的校核包括逻辑性校核和计算性校核。逻辑性校核是指检查收集到的资料是否符合预测对象变动的逻辑发展，以排除明显的偶发性因素的影响；计算性校核是指检查收集到的各种指标数据是否有计算错误，或统计与计算口径是否一致等。

2. 对资料的分类

按收集资料所表征的经济社会现象的特征、结构、性质、规模等方面的差异对资料进行分类，是资料整理工作的主要环节。按特征分类通常是指按资料所显示的变动规律分类，如直线形变动形态、曲线形变动形态、季节型变动形态等；按结构分类一般是指按不同的市场结构层次、商品结构层次等分类，如国际市场容量、全国市场容量、各区域市场容量、各目标市场容量等；按性质分类一般是指按不同的社会性质、经济性质进行分类，如人口资料、购买力资料、商品销售资料、商品供应资料等；按规模分类是指按市场的容量规模、企业产品的生产规模、销售的盈利规模等进行分类。对资料分类取何种标准，取决于预测的任务与目标，也取决于预测方法的选择。

3. 对变量序列的编制

经过分类整理的资料用数值表示，按不同的变量排序，形成某变量的大小序列。但对于不同的事物，人们能够计量或测度的程度是不同的。有些事物只能对它的属性进行分类，如人口的性别和文化程度、产品的型号及质量等级等；有些则可以用比较精确的数字加以计量，如物体的长度、产品的重量和价值等。根据对事物计量的精确程度和结果来看，统计数据可以分为以下三种：①分类数据。这类数据是对事物进行分类的结果，数据表现为类别。例如，人口按性别分为男、女两类；企业按照经济性质分为国有、民营、合资和独资企业等。虽然这些数据只是表现为某种类别，但为了便于统计处理，特别是为了便于计算机识别，我们可以对不同类别用不同的数字或编码来表示，比如用"1"表示男性，"0"表示女性；又如用"1"表示国有企业，"2"表示民营企业，"3"表示合资企业，等等。这些数字只是给不同类别的一个代码，并不意味着这些数字可以区分大小或进行任何数学运算。对于类别数据，我们通常是通过计算出每一类别中各元素或个体出现的频数或频率来进行分析的。②顺序数据。对有些现象的计量不仅可将事物分成不同的类别，而且还可以确定这些类别的优劣或顺序。对于顺序数据，其结果虽然也表现为类别，但这些类别之间是有顺序的。

例如，可以将产品分为一等品、二等品、三等品、次品等；考试成绩可以分为优、良、中、及格、不及格等；一个人的受教育程度可以分为小学、初中、高中、大学及以上；一个人对某一事物的态度可以分为满意、同意、中立、不同意、厌恶等。③数值型数据。对有些事物通常使用自然或度量衡单位进行计量，其结果表现为具体的数值。例如，用人民币来度量的收入、用百分制度量的考试成绩、用摄氏度或华氏度来度量的温度、用克度量的物体质量、用米度量的物体长度等。这些数据都是数值型数据。

区分数据的类型是很重要的，因为对不同类型的数据将采用不同的统计方法来处理和分析。例如，对分类数据通常计算出各组的频数或频率，计算其众数；对顺序型数据可以计算其中位数；对数值型数据还可以用更多的统计方法进行处理，如计算各种平均数、进行参数估计和检验等。

1.3.4 对数据进行分析与预处理

在定量预测中，数据是建立预测模型的基础，缺少数据或数据异常都会导致所建立模型的不准确。所以，需要对数据的异常情况进行鉴别与分析。

1. 数据的分析与鉴别

首先，对收集到的数据做大体的估计，去掉与问题无关和不能说明问题的数据。

其次，对值得怀疑和探讨的数据（如有大起大落的情况）进行研究，调查其产生的背景，鉴别其真实程度，分析原因，以判断这些受怀疑的数据是否异常或能否反映预测对象的正常情况。

对异常数据的鉴别可采用图形观察法、统计滤波法和箱形图等方法。

例 1-1 某企业 2015 年的产品销售量如表 1-2 所示，其图形如图 1-1 所示。

表 1-2 某企业 2015 年的产品销售量

月 份	1	2	3	4	5	6	7	8	9	10	11	12
销售量/t	320	330	180	350	340	340	360	350	380	470	350	370

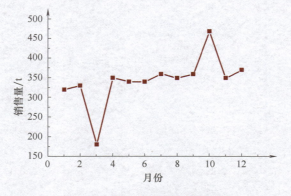

图 1-1 某企业的产品月销售量

观察图 1-1，可见该企业 3 月份的产品销售量严重下降，而 10 月份的销售量明显增加。通过对这两个数据的背景资料调查发现，3 月份销售量下降的原因是主要设备出了故障，导致产量下降而影响了销售量；10月份销售量增加的原因是外贸部门根据国际市场行情变化订购了100t产品外销。进一步与其他数据对比，显然这两个数据不能反映该企业产品销售量的正常情况，应视为异常数据。

对异常数据也可以用统计滤波法进行鉴别。其做法是"先利用已有的数据确定数据允许变动的范围（上、下限），凡是在这个范围以外的数据被认为是异常数据"。

一般是利用正态分布来确定数据的变动范围。设已有数据 y_1，y_2，$\cdots$，y_N，确定数据变动范围的具体步骤如下：

（1）利用 N 个数据计算样本均值 $\bar{y}$ 和样本标准差 s：

$$\bar{y} = \frac{1}{N}\sum_{i=1}^{N} y_i, \quad s = \sqrt{\frac{1}{N-1}\sum_{i=1}^{N}(y_i - \bar{y})^2} \tag{1-1}$$

（2）确定一个 k 值，并由 k 与 $\bar{y}$，s 组成数据变动的上、下限：

$$y_{下} = \bar{y} - ks, \quad y_{上} = \bar{y} + ks \tag{1-2}$$

不在 $[y_{下}, y_{上}]$ 范围内的数据被认为是异常数据。

式（1-2）中，k 值由样本数量 N 和概率 p_1，p_2 确定，而 p_2 是落在 $[\bar{y}-ks, \bar{y}+ks]$ 范围内的统计数据的个数与所有统计数据个数 N 的百分比。如 $p_2 = 0.99$，就是要求有99%以上的统计数据落在 $[\bar{y}-ks, \bar{y}+ks]$ 区间内；p_1 则是实现 p_2 的置信度，即实现有99%的数据在 $[\bar{y}-ks, \bar{y}+ks]$ 区间内这一事件的概率。表1-3列出了 p_1 分别为0.95和0.99，p_2 分别为0.99和0.999时，不同 N 值所对应的 k 值。

表1-3　k 值表

k 值　p_1　p_2　样本数量 N	0.95		0.99	
	0.99	0.999	0.99	0.999
10	4.43	5.58	8.59	7.13
15	3.88	4.95	3.80	5.88
20	3.61	4.61	3.16	5.31
25	3.46	4.41	3.90	4.99
30	3.35	4.28	3.73	4.77
35	3.27	4.18	3.61	4.61
40	3.21	4.10	3.52	4.49
45	3.16	4.04	3.44	4.40
50	3.13	3.99	3.38	4.32
60	3.07	3.92	3.29	4.21
70	3.02	3.86	3.22	4.12
80	2.99	3.81	3.17	4.05
90	2.96	3.78	3.13	4.00
100	2.93	3.74	3.10	3.95
∞	2.58	3.29	2.58	3.29

例 1-2 某商店连续 30 个月的零售额（单位：万元）如下：

12.43，12.36，12.30，12.40，12.51，12.66，12.73，12.52，13.01，12.74，12.45，
12.75，12.64，12.82，13.10，13.04，13.23，13.52，18.45，16.28，13.50，13.47，
13.28，13.62，13.33，13.71，13.44，13.20，13.83，13.60

可求得 $\bar{y} = 13.30$，$s = 1.23$。若取 $p_1 = 0.95$，$p_2 = 0.99$，则由 $N = 30$ 查表可得 $k = 3.35$，从而上、下限分别为

$$y_\text{上} = 17.42 \text{ 万元}, \quad y_\text{下} = 9.18 \text{ 万元}$$

逐项检查原始数据可以看出

$$y_{19} = 18.45 \text{ 万元} > y_\text{上}$$

因此，可以认为 y_{19} 为一异常数据。

应引起注意的是，统计滤波法只适用于 y_1，y_2，$\cdots$，y_N 是从同一正态分布总体中抽取出来的，即 N 个样本数据在均值上、下波动这一情况。而经过统计滤波法鉴定后的数据，也不能拿来就用，还应结合具体情况进行分析，看看这些数据能否如实地反映出预测对象的发展趋势。如果不能，则应对数据进行适当的处理。

箱形图（Box-plot）又称盒须图或箱线图，是识别异常数据的另一种方法。箱形图通常由五部分组成，分别是最小值、第一四分位数（Q1）、中位数、第三四分位数（Q3）和最大值。其中，第一四分位数（Q1）又称下四分位数，等于该样本中所有数值由小到大排列后第 25% 的数字；中位数又称第二四分位数（Q2），等于该样本中所有数值由小到大排列后第 50% 的数字；第三四分位数（Q3）又称上四分位数，等于该样本中所有数值由小到大排列后第 75% 的数字。

绘制箱形图时，首先画一个矩形盒，矩形盒两端的位置分别对应一组数据的上、下四分位数（Q3 和 Q1）。在矩形盒内部中位数（Q2）位置画一条线段。然后，在 Q3 + 1.5IQR（Interquartile Range，四分位距）和 Q1 − 1.5IQR 处画两条与中位线一样的线段（IQR = Q3 − Q1），这两条线段为异常值截断点，称为内限；在 Q3 + 3IQR 和 Q1 − 3IQR 处画两条虚线段，称为外限。处于内限以外位置的点表示的数据都是异常值，其中在内限与外限之间的异常值称为温和异常值（Mild Outliers），在外限以外的称为极端异常值（Extreme Outliers）。箱形图的图形如图 1-2 所示。

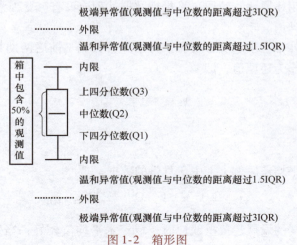

图 1-2　箱形图

箱形图的绘制依靠实际数据，不需要事先假定数据服从特定的分布形式，没有对数据做任何限制性要求，故在识别异常值方面有一定的优越性。另外，根据箱形图还可以大致判断数据的对称程度、离散程度等。当然，如果只是识别异常数据，也可以不必画出箱形图，而直接根据相关数据的计算结果来判断。

例1-3 下面给出了某医院30个病人的住院时间（单位：天），假设数据已经过排序：
1，2，3，3，4，4，5，5，6，6，6，6，7，7，7，7，8，8，9，9，10，12，12，13，15，16，18，23，55。

对该组数据进行分析，可得 Q1 = 5 天，Q3 = 11 天，故 IQR = Q3 − Q1 = 6 天。

所以，Q1 − 1.5IQR = (5 − 9) 天 = − 4 天，Q1 − 3IQR = (5 − 18) 天 = − 13 天，Q3 + 1.5IQR = (11 + 9) 天 = 20 天，Q3 + 3IQR = (11 + 18) 天 = 29 天。

由此可得，数据23天为温和异常值，55天为极端异常值。当然，对这两个异常值还需结合实际情况，综合分析异常值产生的具体原因。

以上给出的几种数据异常的识别方法主要适用于单个属性的数据。随着当前网上数据收集的日益广泛，数据呈现出数据量大、数据结构复杂、数据种类多、数据频率分布广等特点，因此需要在多维空间中识别异常数据，这类问题的主要方法有基于距离的异常数据检测算法、基于偏差的异常数据检测算法、基于密度的异常点检测算法等。这些内容已超出本教材的讨论范围，在此不做详细介绍，有兴趣的读者可参考相关书籍。

2. 数据的预处理

对判定为异常或不能真实反映预测对象发展趋势的数据进行适当的处理，称为数据的预处理。常用的预处理方法有：

（1）**剔除法**。**剔除法**就是去掉那些不能如实反映预测对象正常发展趋势的数据。这是最简单的一种方法。如去掉例1-1中某企业2015年产品销售量中3月份和10月份的数据。

对于时间序列数据，剔除其中某些异常数据之后建立的预测模型能较好地描述研究对象的发展规律，减小误差。其缺点是破坏了时间序列数据的连续性，但对因果关系型的横断面数据则没有这种影响。

（2）**还原法**。当数据比较少时，采用剔除法会使数据变得更少，从而给建立预测模型造成不便。这时可采用还原法。**还原法**是指把数据处理成没有突变因素影响时本应表现出的数值，当然这只是估计值。

在利用时间序列外推法求趋势方程时，可用异常数据 y_t 前后两期数据 y_{t-1} 和 y_{t+1} 的算术平均值或几何平均值作为还原值，即

$$y'_t = \frac{y_{t-1} + y_{t+1}}{2} \tag{1-3}$$

或

$$y'_t = \sqrt{y_{t-1} y_{t+1}} \tag{1-4}$$

例如，利用算术平均还原例1-1中3月份的数据 y_3 为

$$y'_3 = \frac{y_{3-1} + y_{3+1}}{2} = \frac{330t + 350t}{2} = 340t$$

通常，当历史数据的发展趋势呈线性时，取算术平均值较好；当发展趋势呈非线性时，

取几何平均值较好。

在利用因果关系建立数学模型时，设有自变量 x 和因变量 y。为去掉偶然因素对建立模型的影响，可采用下面的计算方法对数据中的异常数据 y_k 加以还原：

当 x 与 y 之间为线性关系时，取

$$y'_k = \frac{y_n x_n + y_m x_m}{2 x_k} \tag{1-5}$$

当 x 与 y 之间为非线性关系时，取

$$y'_k = \frac{\sqrt{y_n x_n y_m x_m}}{x_k} \tag{1-6}$$

式中，y'_k 为有偶然因素影响时因变量的估计值；x_k 是与异常数据 y_k 同一时期对应的自变量；x_n，x_m 是与 x_k 在数值上相差最小的两个自变量，并且有 $x_n \leq x_k \leq x_m$；y_n，y_m 分别是与 x_n，x_m 相对应的因变量值。

例 1-4　某日用化工企业生产的洗涤用品，其主要销售市场是该企业所在城市。该企业的洗涤用品在所在市的销售量 y 主要受所在市常住人口数量 x 的影响。表 1-4 所列的是所在市历年人口数 x 与洗涤用品在所在市历年销售量 y 的统计数据。

表 1-4　某企业所在市的历年人口数与洗涤用品在所在市的历年销售量的统计数据

年　份	2005	2006	2007	2008	2009	2010	2011	2012	2013	2014	2015
人口（万人）	71.5	76.8	80.3	82.6	83.1	83.7	84.5	87.2	88.4	90.5	92.0
销量/10^4kg	42.7	44.9	45.85	45.95	45.15	48.75	32.6	51.65	54.75	55.2	57.3

从表 1-3 中可以看出，洗涤用品的销售量基本上是随着人口数量的增加而增加的，但在 2011 年出现了异常情况。这是因为 2011 年该企业的主要设备出了事故而停产大修以及其他一些原因影响了产量，投放到市场上的洗涤用品数量随之减少造成的。分别利用式（1-5）和式（1-6）对 2011 年的销售量进行还原处理，有

$$y'_{11} = \frac{y_{10} x_{10} + y_{12} x_{12}}{2 x_{11}} = 50.79 \times 10^4 \text{kg}$$

$$y''_{11} = \frac{\sqrt{y_{10} x_{10} y_{12} x_{12}}}{x_{11}} = 50.73 \times 10^4 \text{kg}$$

二者相差很小，这是因为 x 与 y 呈线性关系。

（3）拉平法。由于环境条件的变化，常使一些历史数据不能反映现在的情况。如果数据较多，去掉它们即可；如果数据较少，去掉它们则会给建立模型增加困难。这时可应用合适的方法来处理这些历史数据，使之成为对预测有用的数据。**拉平法**是一个较好的方法。其原理是通过分析造成数据过时的原因，对数据加以适当的处理，使其符合现在的实际发展情况。

例 1-5　某厂历年的电视机产量如表 1-5 中第 2 行所示。其中 2006—2012 年的产量呈阶梯形增长。这是因为该厂有一条年生产能力为 8 万台的流水线正式投产，当年这条新生产线生产了 6 万多台电视机。

表 1-5 某厂历年的电视机产量

年 份	2003	2004	2005	2006	2007	2008	2009	2010	2011	2012
产量（万台）	5.1	5.6	5.7	5.5	11.8	12.3	12.8	13.2	13.8	14.3
处理后产量（万台）	11.1	11.6	11.7	11.5	11.8	12.3	12.8	13.2	13.8	14.3

如果去掉 2006 年以前的数据，剩下的数据太少，不符合建立预测模型的要求。而将 2006 年以前的数据都分别加上 2007 年的新增产量 6 万台，就将 2006 年前后的生产能力拉平了。这些数据就可以共同表现出工人技术水平提高和熟练程度增加等因素造成的生产能力变化趋势。拉平处理后的数据如表 1-4 中第 3 行所示。利用处理后的数据建立预测模型，用以研究该厂生产能力的变化趋势，效果无疑会比未经处理的数据要好。

(4) **比例法**。销售条件与环境条件的变化会引起企业产品市场占有率（企业在该地区的产品销售量/该地区的总销售量）的变化。当变化很大时，说明环境条件与销售条件的变化已超过其他因素对销售量的影响，也说明以前销售量统计数据所表现的发展规律不再适用于现在和将来。因此，如果不能去掉以前的数据，就需要进行修改。比例法是一种比较有效的修改方法。

例 1-6 某品牌电子产品在国内市场的销售量和市场占有率如表 1-6 中的第 2、3 行所示。

表 1-6 某品牌电子产品在国内市场的销售情况

年 份	1995	1996	1997	1998	1999	2000	2001	2002
销售量（万台）	243.2	236.7	308.9	265.1	287.2	315.5	346.4	298.8
市场占有率	18%	16%	17%	15%	16%	17%	18%	12%
处理后销售量（万台）	162.1	177.5	218.0	212.0	215.4	222.7	230.9	298.8

从市场占有率来看，2001 年以前保持在 16% 左右，2002 年下降为 12%，这是因为 2001 年我国加入世界贸易组织（WTO），因此该类电子产品的一些国外品牌占据了一部分国内市场，故该品牌电子产品在国内的销售量有所下降。为了预测 2002 年以后该产品在国内的销售量，就需要修改 2001 年以前的数据，修改方法如下：

$$处理后某年的数据 = \frac{该年实际数据 \times 2002 年市场占有率}{该年市场占有率} \quad (1\text{-}7)$$

如：

$$处理后 1998 年的销售量 = \frac{265.1 \text{ 万台} \times 12\%}{15\%} = 212.0 \text{ 万台}$$

1.4 预测方法的分类

1.4.1 预测方法的分类体系与常用方法

由于预测的对象、目标、内容和期限不同，形成了多种多样的预测方法。据不完全统计，目前世界上共有近千种预测方法，其中较为成熟的有 150 多种，常用的有 30 多种，使用最为普遍的有 10 多种。

1. 预测方法的分类体系

预测方法可按不同标准进行分类，从而形成预测方法的分类体系。

（1）按预测的范围或层次不同分类，可分为宏观预测和微观预测。宏观预测是指针对国家或部门、地区的活动进行的各种预测。它以整个社会经济发展的总图景作为考察对象。例如，对全国和地区社会再生产各环节的发展速度、规模和结构的预测；又如，预测社会物价总水平的变动，研究物价总水平的变动对市场商品供应和需求的影响等。微观预测是针对基层单位的各项活动进行预测。它以企业或农户生产经营发展的前景作为考察对象。例如，对商业企业的商品购、销、调、存的规模、构成变动的预测，对工业企业所生产的具体商品的生产量、需求量和市场占有率的预测等。

宏观预测与微观预测之间有着密切的关系，宏观预测应以微观预测为参考，微观预测应以宏观预测为指导，二者相辅相成。

（2）按预测的时间长短分类，可分为长期预测、中期预测、短期预测和近期预测。

长期预测是指对 5 年以上发展前景的预测。长期预测是制订国民经济和企业生产经营发展的远景计划、经济长期发展目标和任务的依据。

中期预测是指对 1 年以上 5 年以下发展前景的预测。中期预测是制订国民经济和企业生产经营发展的 5 年计划、经济 5 年发展目标和任务的依据。

短期预测是指对 3 个月以上 1 年以下发展前景的预测。短期预测是制订企业生产经营发展年度计划、季度计划，明确规定经济短期发展具体任务的依据。

近期预测是指对 3 个月以下企业生产经营状况的预测。近期预测是制订企业生产发展月、旬计划，明确规定近期经济活动具体任务的依据。

也有人将短期预测和近期预测统一归为短期预测。事实上，不同领域的划分标准也会有所不同，如气象部门，以不超过 3 天为近期预测，1 周以上为中期预测，超过 1 个月就是长期预测了。

（3）按预测方法的客观性分类，可分为主观预测方法和客观预测方法两类。前者主要依靠经验判断，后者主要借助数学模型。

（4）按预测技术的差异性分类，可分为定性预测技术、定量预测技术、定时预测技术、定比预测技术和评价预测技术五类。

以上为主要的四种分类，其他的分类还包括：

（1）按预测分析的途径分类，可分为直观型预测方法、时间序列预测方法、计量经济模型预测方法、因果分析预测方法等。

（2）按采用模型的特点分类，可分为经验预测模型和规范预测模型。其中，后者包括时间关系模型、因果关系模型、结构关系模型等。

2. 预测的常用方法

预测常用方法通常分为定性分析与定量分析预测法两大类。

（1）定性分析预测法。定性分析预测法也称为经验判断预测法。它是指预测者根据历史与现实的观察资料，依赖个人或集体的经验与智慧，对未来的发展状态和变化趋势做出判断的预测方法。常用的有专家意见法、个人判断法、专家会议法、头脑风暴法、德尔菲（Delphi）法、相关类推法、对比类推法、比例类推法等。

（2）定量分析预测法。定量分析预测法是依据调查研究所得的数据资料，运用统计方法和数学模型，近似地揭示预测对象及其影响因素的数量变动关系，建立对应的预测模型，据此对预测目标做出定量测算的预测方法。常用的有时间序列分析预测法和因果分析预测法。

1）**时间序列分析预测法**。这是以连续性预测原理做指导，利用历史观察值形成的时间数列，对预测目标未来状态和发展趋势做出定量判断的预测方法。主要有移动平均法、指数平滑法、趋势外推法、季节指数预测法、ARMA 模型预测法、马尔可夫预测法等。

2）**因果分析预测法**。这是以因果性预测原理做指导，以分析预测目标同其他相关事件及现象之间的因果联系，对市场未来状态与发展趋势做出预测的定量分析方法。主要有回归分析预测法、经济计量模型预测法、投入产出分析预测法、灰色系统模型预测法等。

1.4.2 预测方法的选择

选择合适的预测方法，对提高预测精度、保证预测质量具有十分重要的意义。影响预测方法选择的因素很多，在选择预测方法时应综合考虑。下面从五个方面来比较一些常用的预测方法，这五个方面也可看作是比较预测方法的五个标准：

1. 预测方法最适合的时间范围

不同的预测任务和计划任务需要不同的超前时间，如企业的生产计划，超前时间可能是几天、一个月，而产能计划的预测，则可能要超前 2~5 年。这些超前时间常划分为短期、中期和长期三种。以企业管理中的预测问题为例，短期预测一般涉及按月或按季度编制的时间表，它通常与需求水平的预测有关，根据这种需求来制定人力、物资和机械装备方面的决策。中期预测一般涉及竞争活动中资源分配的预测，这些任务往往是与各地区、各部门预测的工作结合在一起完成的。长期预测多被用于编制战略性计划，以确定投资的水平与方向、地点等，决定实现远期目标的途径。这时，管理人员所关心的是一些受他们控制的或对其决策能产生重要影响的更加综合性的变量。

2. 数据模式

数据模式可分为四种基本模式：长期趋势、季节变动、循环变动和不规则变动模式（具体解释可参考第 3 章 3.1 节内容）。在各种工商业或经济数据序列中，通常都存在着这些模式的某种结合。

3. 费用

设计和使用预测方法所需要的费用有三种：设计费用、存储费用和作业费用。由于多数定量预测方法都要使用计算机，所以本书讨论的费用都是以使用计算机为前提的。

（1）设计费用是为使用该预测方法而编制与修改所需要的计算机程序所发生的费用。这部分费用包括研制、调试所需要的人工费用及相应的计算机等设备的费用。

（2）存储费用是将计算机程序以及预测所需数据存储在计算机中的费用。随着云计算概念的普及，很多企业可以使用一些大企业所提供的"云"，从而使存储费用变得很少甚至可以忽略不计。

（3）作业费用是用程序来取得预测值或修改工作程序而完成的各次运行有关的费用。

预测所需的费用还包括收集数据的费用。但由于它只与各个具体的预测问题有关，与预测方法本身的关系不大,所以这部分费用不计其中。

4. 准确性

预测的准确性包括预测模式的准确性和预测转折点的准确性两部分。不同的预测方法,在准确地预测某种基本模式的延续性方面和预测该模式的转折点方面,其能力是各不相同的。

5. 适用性

适用性包括如下两部分:一是预测所需的时间,即从对某项预测提出需要时起至实际提供该项预测值时为止所需要的全部时间,实际中为了节约时间,通常可能会采用某种不太复杂的预测方法;二是在一定情况下预测方法对使用者在直观上的吸引力,这就涉及决策者怎样正确理解所使用的预测方法以及预测结果对其价值如何。

表1-7概括了对上述五个标准的比较。对于前两条标准,"√"用来表示适用于该种特定标准的预测方法;对于后三条标准,则是用从0~10的记分尺度来衡量的。例如,对费用这个标准来说,对一种实际不需要什么费用的预测方法,所给的费用标定值为0;而对费用昂贵的预测方法,其相应的费用标定值为10。同样,对准确性这个标准来说,数值为0,表明其准确性很低;而数值为10,则表明具有高度的准确性。

表1-7 各种预测方法的比较

预测方法	主要应用范围	时间范围			数据模式					费用			准确性		适用性	
		短期	中期	长期	水平模式	长期趋势	季节变动	循环变动	最低限度的数据需要量	设计费用	存储费用	作业费用	模式预测	转折点预测	预测所需的时间	吸引力
专家预测法	技术预测与新产品开发	√	√	√						5	无	无	7	6	4	8
历史类推法	技术预测与产品销售预测		√	√						5	无	无	5	2	5	9
一次移动平滑法	有历史数据的定量预测	√			√				5~10	1	1	1	2	0	1	10
一次指数平滑法	同上	√			√				2	1	0	0	4	0	0.5	8
二次移动平均法	同上	√				√			10~20	2	2	2	2	0	1.5	9
二次指数平滑法	同上	√				√			3	1	1	1	3	0	1	7
时间序列分解法	同上	√	√		√	√	√	√	20~30	4	7	4	5	3	3	9
ARMA模型	同上	√	√		√	√	√	√	50以上	8	7	10	10	8	7	4
生长曲线法	技术预测与产品销售预测		√	√						5	1	1	5	0	5	6
替代曲线法	技术预测		√	√					15~30	5	4	2	4	3	3	8

1.5 预测误差与预测精确性的衡量

1.5.1 预测误差

一般来讲,任何定量预测都不可能达到完全准确。大家知道,科学的预测是对客观事物运行发展规律的模拟,各种预测技术和方法的实质正是寻求研究对象发展变化中隐含的规律,如惯性原理、类推原理、相关原理、概率推断原理等。然而,正如当今科学的成就依然只是揭开了宇宙神秘面纱的一角,这些规律也只是客观事物发展变化最主要、最显著的规律。世界上没有一成不变的事物,类似的事件也不是彼此的机械重复。

所以,对预测的误差要有辩证的认识。预测过程实际上是人们根据已掌握的客观规律,对客观事物运动、变化的认识进行不断修正和不断逼近的过程。

从预测实践的角度讲,影响预测结果精确性的因素有很多,例如:

(1) **信息(历史资料)的质量**。信息收集作为预测工作的基础,如果数量不足、质量不高或错过时机,对预测准确度都有程度不同的影响。现今随着互联网与IT技术的广泛运用,大量的数据被自动存储,相应数据的质量也越来越高。例如,企业的需求需要进行预测,而随着精准营销技术的广泛运用,需求预测的误差越来越小。

(2) **对预测问题的分析与判断**。实际工作中的预测问题往往比理论研究中的"序列"要复杂得多,对经济过程结构和逻辑关系的分析在很大程度上影响着人们对资料的选取和对预测方法的选择,而且预测过程中的很多步骤也包含着人对问题的定性判断。所以,预测者对预测对象及客观条件的熟悉程度、经验知识以及预测者的智能结构(包括知识面的广度和深度、逻辑推理和分析判断能力等),也对预测结果有着巨大的影响。

(3) **预测理论与方法**。预测研究在世界上还是一门建立不久的新学科,指导这一研究的基础理论以及各种方法均不甚成熟,有待进一步的提高和完善。不同的预测方法与模型均有其有限的适用范围,而且在预测实践中,时间、资金因素也限制着人们,需要考虑预测的精确性和预测成本之间的平衡。

上述三个方面只是影响预测误差最主要的因素,其他的还包括社会因素、技术创新因素等。所以,需要树立对预测误差的正确认识,要客观、辩证地看待误差的存在。特别是对于定量预测方法,也有定量地衡量其精确性的指标。

1.5.2 预测精确性的衡量指标

预测误差就是预测结果与实际结果的偏差,它决定了预测的精确性。定量预测方法的精确性有很多衡量指标,主要衡量指标有以下几种:

(1) **预测点的绝对误差**。记 $y_1, y_2, \cdots, y_n$ 为预测对象的实际观测值,$\hat{y}_1, \hat{y}_2, \cdots, \hat{y}_n$ 为预测值,则

$$a_t = y_t - \hat{y}_t, t = 1, 2, \cdots, n$$

表示在 t 点的绝对误差。显然 a_t 是预测结果误差最直接的衡量,但其大小受预测对象计量单位的影响,不适合作为预测精确性的最终衡量指标。

（2）预测点的相对误差。

$$\tilde{a}_t = \frac{a_t}{y_t} = \frac{y_t - \hat{y}_t}{y_t}, t = 1, 2, \cdots, n$$

式中，$\tilde{a}_t$ 常常用百分比表示，衡量预测点 t 上预测值相对于观测值的准确程度。如 $\tilde{a}_t = 2\%$ 说明预测值比实际值偏低了 2%，大致上也可以说预测的精度就是 2%。

上述两个指标均只表示了预测点上预测的误差，而要衡量预测模型整体的精确性，还必须考虑所有预测点上总的误差。

（3）平均绝对误差（MAD）与相对平均绝对误差（AARE）。对于绝对误差的存在，其累积值将会因正负误差相互抵消而减弱总的误差量，但绝对误差绝对值的累积则能避免正负误差的相互抵消。称

$$\text{MAD} = \frac{1}{n} \sum_{t=1}^{n} |y_t - \hat{y}_t| = \frac{1}{n} \sum_{t=1}^{n} |a_t|$$

为平均绝对误差。

但平均绝对误差依然受预测对象计量单位大小的影响，所以引入

$$\text{AARE} = \frac{1}{n} \sum_{t=1}^{n} \left| \frac{y_t - \hat{y}_t}{y_t} \right| = \frac{1}{n} \sum_{t=1}^{n} |\tilde{a}_t|$$

表示相对平均绝对误差，它较好地衡量了预测模型的精确性。但绝对值运算在数学上不好处理，所以又有以下两个衡量指标。

（4）预测误差的方差 S^2 与标准差 S。

$$S^2 = \frac{1}{n} \sum_{t=1}^{n} (y_t - \hat{y}_t)^2 = \frac{1}{n} \sum_{t=1}^{n} a_t^2, S = \sqrt{\frac{1}{n} \sum_{t=1}^{n} (y_t - \hat{y}_t)^2} = \sqrt{\frac{1}{n} \sum_{t=1}^{n} a_t^2}$$

方差 S^2 与标准差 S 在数学上易于处理，也较好地反映了预测结果的精确性。显然，它们越大，则表示预测结果越不准确。它们与平均绝对误差的区别在于，方差和标准差对较大的预测点误差更为敏感，采用它们做精确性的衡量标准时，宁可有多个较小的点误差，而不愿有少量的较大的点误差。

当预测误差按正态分布时，平均绝对误差与标准差 S 之间有如下关系：

$$S = \sqrt{\frac{\pi}{2}} \times \text{MAD} \approx 1.25 \text{MAD}$$

（5）泰尔（THEIL）不等系数。

$$\mu = \frac{\sqrt{\frac{1}{n} \sum_{t=1}^{n} (y_t - \hat{y}_t)^2}}{\sqrt{\frac{1}{n} \sum_{t=1}^{n} \hat{y}_t^2} + \sqrt{\frac{1}{n} \sum_{t=1}^{n} \hat{y}_t^2}}$$

μ 的值介于 0 与 1 之间，其值越小，说明预测的精确性越高。当预测值序列完全等于实际值序列，即 $\mu = 0$ 时，这是一种理想情况，或称之为完美预测；与此相反，当 $\mu = 1$ 时，有 $\hat{y}_t = -y_t, \forall t = 1, 2, \cdots, n$，此时说明预测值与实际值的变化趋势完全相反，预测模型显然有不合理之处；当 μ 趋近于 1 时，表示 $\hat{y}_t$ 与 y_t 偏差较大。但值得注意的是，当 $\hat{y}_t$ 与 y_t 有一个对所有 t 均恒等于 0 时，也有 $\mu = 1$，此时泰尔不等系数就失灵了。

根据预测误差还可以对预测进行监控，即不断地检验预测结果，根据预测误差的变化来

判断所用的预测方法是否过时，是否需要重新选择预测方法，以及如何选择新的预测方法。监控预测效果的指标称为追踪信号，定义为

$$追踪信号 = \frac{\sum_{i=1}^{n}(y_i - \hat{y}_i)}{\text{MAD}}$$

式中的预测误差和 MAD 都要用相同的周期数资料进行计算。

追踪信号可接受的控制范围一般在下限 −3 到上限 +3 之内。在这个范围内，可认为预测结果比较可靠；超出这个范围，就需检查所用的预测方法是否适用。

1.6 预测结果的分析与评价

预测作为一个资料、技术和分析相结合的过程，除了合理地运用技术之外，还要对定量方法产生的结果做出分析与评价，这也对预测工作的有效性起着至关重要的影响，体现了人的经验与智慧。合理、有效地分析是预测从技术到艺术的飞跃。本节讨论如何分析与评价预测模型及其产生的预测结果。

1.6.1 预测模型的评价

要保证预测结果的有效性，对预测模型进行分析与评价时应遵循如下原则：

1. 合理性

预测模型是对实际事物发展规律的模拟，因此，它应与事物的发展规律相一致，符合逻辑；否则，说明预测模型不合理，自然需要改进。

例如，教育部门对某一专业 2017 年的全国报考人数采用回归法建立预测模型时，选取该专业对口行业的企业总数（x_1）、2017 年全国报考学生总数（x_2）和开设该专业的学校总数（x_3），作为自变量，得到如下预测模型：

$$y = 1500 + 2.6x_1 - 0.06x_2 + 26.3x_3$$

从经验和逻辑上讲，x_1，x_2，x_3 中任何一个数量的增加都会导致 2017 年报考人数的增加。但模型中 x_2 的系数为 −0.06，说明 2017 年全国报考学生的总数增加会导致该专业报考人数的减少，这显然是与逻辑和经验不符的，即说明此模型有不合理地方，应该修改该模型或采用其他方法。

2. 预测能力

建立模型是为了进行预测，模型是否具有预测能力是选择模型的主要标准。模型的预测能力主要表现在两个方面：一是看模型能否说明所要预测期间事物的发展情况。许多模型都是利用历史统计数据建立起来的，它们反映的是事物发展的历史规律。由于各种因素的发展变化，改变了事物发展的条件，可能会使历史规律不再延续，这就必然会对模型的预测能力造成影响。例如，在我国进行经济体制改革之后，由于销售体制发生改变，人民群众生活水平有了较大幅度的提高，使许多产品的销售条件发生了较大变化。所以，利用根据经济体制改革前这些产品的历史销售数据建立的数学模型进行预测，得到的数据与实际情况之间往往存在较大的差距。这就表明模型的预测能力很差，不应使用其进行预测。二是看预测模型的误差范围。利用模型进行预测，一般要确定预测结果的置信区间。当用于建立模型的历史数

据离差较大时，将会导致预测结果的置信区间过宽，因而也会影响模型的预测能力。

3. 稳定性

如果一个预测模型能在较长的时期内准确地反映预测对象的发展变化情况，那么，它就比那些只能反映预测对象短暂变化的模型稳定。模型的稳定性还表现在其参数和预测能力是否受统计数据变化等因素的影响上。如果一个模型无论是用2012年的统计数据为起始资料建立起来的，还是用2015年的统计数据为起始资料建立起来的，其参数和预测能力都不会受到较大影响，或者在外部条件发生变化的条件下，模型仍具有较强的预测能力，这些都说明该模型具有较好的稳定性。反之，则说明该模型的稳定性较差。稳定性好的模型比稳定性差的模型抗干扰性强、使用的时间长，应该是优先选择的对象。

4. 简单性

当两个模型的预测能力相差不大时，形式简单、容易运用的模型是优先选择的对象。例如，当用1个自变量建立的因果关系数学模型与用2个自变量建立的因果关系数学模型所获得的预测结果相近时，自然应该选择前者。同时，由于自变量本身常常有误差，所以2个自变量的误差带给因变量的影响一般大于1个自变量，这更显示出选择简单模型的优越性。

对预测模型的评价，除了可按照以上四条基本原则，也可采用其他适当的方法来进行，如邀请一些专家采用专家会议法或德尔菲法来对预测模型进行评价。

1.6.2 预测结果的分析与反思

对于预测结果，归根结底要看它是否为决策者提供了可靠的未来信息，以使决策者做出科学的、正确的决策。所以，还必须对预测结果进行分析与反思。

预测工作受到信息质量的限制，同时在预测问题的分析中、在预测方法的选择上、在模型的建立过程中，都融入了人的经验、知识等非定量的因素。在得到预测结果之后，为了使其最大限度地为决策者提供正确、有效的信息，还必须对自己的工作做一番反思。

反思工作没有内容和形式上的限制，但下面的几点是需要重视的：

（1）在对预测问题的分析判断中，思维过程中有没有逻辑上的不合理之处，做出的结论是否与经验和常识相符。若不符，则要看仔细思考是预测有误，还是对事物发展的突变因素认识不足。另外，在预测工作中一般对问题做了一些假设与简化，这些假设与简化是否合理也是反思的重点。

（2）数据与信息是预测工作的基础，选取的数据是否有效、质量是否可靠，也是反思的重点。如果有新得到的数据、信息，则要根据新的信息补充原有信息。若新的信息仍然支持原有结论，那么原有的结论自然就更加可信；反之，则需进一步分析分歧产生的原因。

（3）预测方法的选择和运用是否合理。不同的方法和模型有不同的适用范围，要注意预测的问题和使用的数据是否适合选用的预测方法。

（4）在条件允许的情况下，尽可能采用多种方法进行预测。在预测方法各异、数据来源不同的情况下，多种预测方法的综合运用往往能产生更好的效果。因为不同的方法能针对事物发展规律的不同方面，不同来源的数据避免了单一数据源产生的误差，组合预测方法最大限度地利用了数据和知识。若多种方法的结论一致，显然增加了预测结果的可信度；若不一致，则要考虑是某个方法运用得不合理，还是应将不同方法的结果综合，得到新的结论。

对预测结果的分析与评价，是预测与决策的结合点，是预测结论为下一阶段工作使用所做出的"出厂检验"。在预测的整个过程中，特别是对预测模型的分析、对结果的反思，要时刻把握预测的目的是什么，预测在将要进行的决策中的价值是什么，做到目的明确、思路清楚。实际上，即使在决策中，对已有的预测结果根据新的情况重新进行评价与反思也是必要的。

本章小结

案例 1-4

预测是指根据客观事物的发展趋势和变化规律对特定的对象未来发展的趋势或状态做出科学的推测与判断。预测为决策提供了所必需的未来信息及理论依据。

认识事物的发展变化规律，利用规律的必然性，是进行科学预测遵循的总的原则。预测的基本原理包括系统性原理、连贯性原理、类推原理、相关性原理、概率推断原理。

预测的一般步骤为：①确定预测目标；②收集、整理有关资料；③选择预测方法；④建立预测模型；⑤评价预测模型；⑥利用模型进行预测；⑦分析预测结果。

预测资料的收集方法包括：询问调查法、观测调查法和实验调查法。常用的统计调查方式包括普查、抽样调查、重点调查、典型调查。

数据的分析与预处理，包括用于异常数据鉴别的图形观察法、统计滤波法和箱形图，用于数据预处理的剔除法、还原法、拉平法、比例法等。

预测方法通常可分为定性分析与定量分析预测法两大类。定性分析预测法是指预测者根据历史与现实的观察资料，依赖个人或集体的经验与智慧，对未来的发展状态和变化趋势做出判断的预测方法。常用的有专家意见法、个人判断法、专家会议法、头脑风暴法、德尔菲（Delphi）法、相关类推法、对比类推法、比例类推法等。定量分析预测法是依据调查研究所得的数据资料，运用统计方法和数学模型，近似地揭示预测对象及其影响因素的数量变动关系，建立对应的预测模型，据此对预测目标做出定量测算的预测方法。常用的有移动平均法、指数平滑法、趋势外推法、季节指数预测法、ARMA 模型预测法、马尔可夫预测法、回归分析预测法、经济计量模型预测法、投入产出分析预测法、灰色系统模型预测法等。

预测方法的选择可以从预测方法所适合的期限、数据模式、费用、准确性、适用性这五个方面来进行。

预测精确性的衡量指标包括预测点的绝对误差、预测点的相对误差、平均绝对误差（MAD）与相对平均绝对误差（AARE）、预测误差的方差与标准差、泰尔（THEIL）不等系数等。

预测模型的分析与评价应遵循以下原则：合理性、预测能力、稳定性、简单性。

由于预测的不确定性，并且不同的预测方法各有其优缺点及适用范围与使用条件，有学者提出了组合预测方法的概念（Combination Forecasting 或 Combined Forecasting）。所谓组合预测就是设法将不同的预测模型组合起来，综合利用各种预测方法所提供的信息，以适当的加权平均形式得出组合预测模型。组合预测的核心问题是加权平均系数的确定，适当的加权平均系数会使得组合预测模型更加有效地提高预测精度。有关组合预测的内容可参见相关文献。

思考与练习

1. 预测是指什么？举例说明预测的作用。
2. 预测有哪些基本原理？预测有什么特点？影响预测精确性最主要的因素是什么？如何提高预测的精确性？
3. 叙述预测的基本步骤。
4. 为什么要对收集的资料进行分析和预处理？如何鉴别异常数据？对异常数据应如何处理？
5. 什么是定性预测？什么是定量预测？两者有何不同？
6. 如何正确选择预测方法？
7. 衡量预测误差的数量指标有哪几种？各有什么特点？
8. 对预测模型进行分析与评价的原则是什么？

第 2 章
非模型预测方法

【案例 2-1】

随着我国经济的快速增长,环境问题日益成为制约我国经济发展的关键短板。未来 20 年是我国经济社会发展的关键时期,准确、科学地把握环境工程科技至关重要。技术预见是通过科学方法和分析过程,对未来科技发展的战略重点、重点领域和重要技术进行的研判和预测,是制定科技发展战略和科技政策的重要基础。

为此,中国环境科学研究院重金属清洁生产工程技术中心以及中国林业科学研究院森林生态环境与保护研究所采用德尔菲法筛选出环境工程科技发展的关键技术、共性技术及颠覆性技术,为我国环境工程科技的发展思路和未来技术选择提供支撑。研究中心邀请了高等院校、科研院所、企事业单位以及政府部门的专家进行评估和预测。调查问卷中设置了专家对该技术的熟悉程度,包括很熟悉、熟悉、较熟悉、不熟悉,用于后续指标数据计算时权重赋值的依据。

研究中心将环境工程科技领域划分为大气污染防治、水污染防治、固体废弃物污染防治与资源化土壤污染防治、生态保护与恢复、环境监测预警与风险控制、资源利用与清洁生产等 7 个子领域,并结合国家经济社会发展对环境工程科技的需求以及对未来工程的愿景,通过专家研讨与建议共提出备选技术 45 项。随后进行了第二轮德尔菲法调查,为各备选技术的关键技术指数、共性技术指数、颠覆性技术指数进行评分。

根据德尔菲调查结果,得出了环境工程科技关键技术、共性技术和颠覆性技术指数排名前 10 的技术,为未来 20 年我国环境工程科技发展战略和目标的制定提供了有价值的参考。

对于技术预见这样一些信息难以量化、难以用数学模型进行预测和评估的事件,往往只能采用非模型预测法来辅助决策。因此,如何有效组织非模型预测,进行科学、合理的预测,具有重要的现实意义。本章将对常用的非模型预测方法进行详细阐述,包括它们的特点、适用条件、实施步骤等。

资料来源:但智钢,史菲菲,王志增,等. 中国环境工程科技 2035 技术预见研究 [J]. 中国工程科学,2017,19 (1):80-86.

预测方法按照预测的属性可分为模型预测法和非模型预测法两大类。非模型预测法是指预测者凭借自己的专业知识、经验和综合分析判断能力,根据已掌握的历史资料和直观材料,对事物发展的趋势、方向和重大转折点等做出估计与推测。这种方法在社会经济生活中应用广泛，特别是在预测对象的历史数据缺乏、信息难以量化、影响因素难以分清主次或其主要因素难以用数学表达式模拟情况下的预测。本章主要介绍几种常用的非模型预测方法，包括专家预测法、指标预测法、类比法、概率预测法等。

2.1 专家预测法

专家预测法是指以专家为信息索取的对象，依靠专家的经验、智慧来进行评估预测的一种方法。专家预测法属于直观预测范畴，其核心就是专家。所谓专家，不仅在预测对象方面，而且在相关学科方面都应具备相当的学术水平，并应具备一种在大量感性的经验资料中看到事物"本质"的能力，也能从大量随机现象中捕捉不变的规律，对未来做出判断。一般而言，衡量一个人是否是专家，有形式标准和实质标准两种。

（1）从形式上说，在某一专门领域有10年以上专业工作经历，有较高学历、学位或专业职称的人可称为专家。

（2）从实质上说，在学术上有所建树、有独到见解、有真才实学的人可称为专家。

在组织预测时，应根据这两条标准，尤其是第二条标准来选择专家。既应注意选择专业领域中的权威人士，又要抛开陋习，选择声望不高但确有真才实学的人，同时还应注意选择边缘学科、社会学和经济学等方面的专家，从而保证得到有价值的专家意见。专家的选择是由预测的任务决定的。应由本领域和相关领域的权威和熟悉业务的最高层领导推荐，或从在学术刊物上发表论著的作者中物色，也可在学术团体、机构等中选择。

专家预测法已成为一种广泛使用的预测方法，不仅在军事预测、科技发展预测和市场需求预测领域中得以普遍应用，在人口预测、医疗和卫生保健预测、教育预测、研究方案评价，以及社会、经济、科技的中长期规划等领域中也得到日益广泛的应用。专家预测法主要包括个人判断法、专家会议法、专家意见汇总预测法、头脑风暴法、德尔菲法等。

2.1.1 个人判断法

个人判断法（Individual Judgement）又称专家个人判断法，是指以专家的个人知识和经验为基础，对预测对象未来的发展趋势及状态做出个人判断的方法。这种方法一般先征求专家个人的意见、看法和建议，然后对这些意见、看法和建议加以归纳、整理而得出一般结论。

个人判断法的最大优点是能够最大限度地发挥专家微观智能结构效应，能够保证专家在不受外界影响、没有心理压力的条件下，充分发挥个人的判断能力。但是，个人判断法是针对确定的预测对象征求某个专家、顾问的意见，在进行评估判断时，容易受到专家本人的知识面、研究领域、知识深度、资料占有量以及对预测问题是否有兴趣等因素所影响，并且由于缺乏讨论交流，难免带有片面性和主观性，容易导致预测结果偏离客观实际，造成决策失误。

2.1.2 专家会议法

为了弥补个人判断法的不足，尤其为重大决策做出更符合客观实际的预测结果，产生了专家会议法。**专家会议法**是指根据规定的原则选定一定数量的专家，按照一定的方式组织专家会议，使专家之间能够相互讨论、相互启发，对预测对象未来的发展趋势及状况做出判断的方法。

专家会议法进行预测应特别注意以下两个问题：

（1）选择的专家要合适

1）专家要具有代表性，尽可能保证专家选取的结构合理。

2）专家要具有丰富的理论知识和实际经验。

3）专家的人数要适当，规模一般以10~15人为宜。

（2）预测的组织工作要合理

1）专家会议组织者最好是预测方面的专家，有较丰富的会议组织能力。

2）会议组织者要提前向与会专家提供有关的背景资料和提纲，讲清楚所要研究的问题和具体要求，以便使与会专家有备而来。

3）精心选择会议主持人，使与会专家能够充分发表意见。

4）要有专人对各位专家的意见进行记录和整理，要注意对专家的意见进行科学的归纳和总结，以便得出可靠的结论。

专家会议法的主要优点是能发挥专家集体的智能结构效应。相对个人判断法而言，专家会议法集思广益，信息量大，考虑因素多，解决方案全；能够互相启发，通过内外信息的交流与反馈，产生"思维共振"，进而在较短时间内得到富有成效的创造性成果，为决策提供预测依据。

然而，专家会议法也存在一些不足。例如，能前来参加会议的专家人数和专家的代表性有限；权威人士的影响较大，其意见一经发表，有些人可能因某种原因而附和，不会发表其他不同意见；易受表达能力的影响，能说会道者的意见容易获得众人附和，而表达能力差的专家的意见则易受冷落；易受自尊心等心理因素的影响，专家往往发表意见后不愿冷静考虑其他意见，即使自己错了也不愿修正；会议时间有限，专家考虑问题不一定全面。因此，实际运用中应根据具体情况尽量减少专家会议法存在的不足。

2.1.3　专家意见汇总预测法

专家意见汇总预测法是指把各位专家对预测对象的未来发展变化趋势的预测意见由下而上逐类进行汇总，然后根据实际工作情况进行修正，最终取得预测结果的方法。具体做法是：

（1）组成专家预测小组对预测对象进行定性分析。预测组织者根据预测目的的要求，拟定若干名熟悉预测对象的相关领域专家组成专家预测小组，向他们提出预测项目和预测期限的要求，并尽可能地提供有关资料。专家根据预测要求及掌握的资料，凭个人经验和判断能力，提出各自的预测方案。同时，组织者要求每个预测专家在做出预测结果时说明其分析的理由，并允许预测专家小组成员之间相互切磋、充分讨论。在分析讨论的基础上，预测专家可以重新调整其预测结果。

（2）定性分析定量化，形成预测结果。首先，预测组织者将各位专家的预测结果进行定量化描述，计算方案期望值。方案期望值等于各种可能自然状态的主观概率与状态值乘积之和。然后，将参与预测的人员进行分类，并计算出各类人员预测值的综合期望值。综合方法一般应用加权平均统计法或算术平均法。最后，预测组织者参照预测项目的发展趋势考虑对综合期望值是否需要调整,或进一步向有关人员反馈信息,经讨论,确定更趋合理的预测结果。

例 2-1 某企业为确定明年洗衣粉的销售预测值,要求经理和管理部门(计划科、生产科、销售科)以及销售员做出年度销售预测。运用专家意见汇总法进行预测值定量综合分析如下:

1) 3 位经理、不同管理部门和 5 位销售员经过各自的分析判断,做出预测。假设各自的预测值分别见表 2-1、表 2-2 和表 2-3。

表 2-1 3 位经理的预测值

经 理	销售额状态	估计值(万元)	概 率	期望值(万元)	权 数
甲	最高销售额 最可能销售额 最低销售额	160 140 100	0.3 0.5 0.2	138	0.5
乙	最高销售额 最可能销售额 最低销售额	170 150 120	0.3 0.5 0.2	150	0.33
丙	最高销售额 最可能销售额 最低销售额	150 130 100	0.3 0.5 0.2	130	0.17

表 2-2 管理部门的预测值

管理部门	销售额状态	估计值(万元)	概 率	期望值(万元)	权 数
计划科	最高销售额 最可能销售额 最低销售额	160 150 120	0.3 0.5 0.2	147	0.5
生产科	最高销售额 最可能销售额 最低销售额	150 120 100	0.3 0.5 0.2	125	0.25
销售科	最高销售额 最可能销售额 最低销售额	140 120 100	0.3 0.5 0.2	122	0.25

表 2-3 5 位销售员的预测值

销售员	销售额状态	估计值(万元)	概 率	期望值(万元)	权 数
A	最高销售额 最可能销售额 最低销售额	100 80 60	0.3 0.5 0.2	82	0.2
B	最高销售额 最可能销售额 最低销售额	100 80 70	0.3 0.5 0.2	84	0.2

(续)

销售员	销售额状态	估计值（万元）	概率	期望值（万元）	权数
C	最高销售额 最可能销售额 最低销售额	110 90 70	0.3 0.5 0.2	92	0.2
D	最高销售额 最可能销售额 最低销售额	120 100 70	0.3 0.5 0.2	100	0.2
E	最高销售额 最可能销售额 最低销售额	100 90 70	0.3 0.5 0.2	89	0.2

2) 对上面各类人员的预测结果进行综合。根据同类人员中各人的经验丰富程度和重要程度，给予不同权数，采用加权平均法进行综合。综合预测值的计算式为

$$\hat{y}_j = \sum_{i=1}^{n_j} y_{ij} w_{ij}$$

$$(0 \leqslant w_{ij} \leqslant 1, \sum_{i=1}^{n_j} w_{ij} = 1)$$

式中，$\hat{y}_j$ 为第 j 类人员的综合预测值，在本例中，$j=1$，2，3 分别代表经理类、管理部门类和销售员类；y_{ij} 表示第 j 类人员中第 i 位的预测期望值；w_{ij} 表示 j 类人员中第 i 位的比重或权数；n_j 表示第 j 类人员的总人数。

假设经理、管理部门和销售员的各类预测方案期望值的权数见表 2-1～表 2-3，则各类人员的综合预测值分别为

$\hat{y}_1 = 138$ 万元 $\times 0.5 + 150$ 万元 $\times 0.33 + 130$ 万元 $\times 0.17 = 140.6$ 万元

$\hat{y}_2 = 147$ 万元 $\times 0.5 + 125$ 万元 $\times 0.25 + 122$ 万元 $\times 0.25 = 135.25$ 万元

$\hat{y}_3 = 82$ 万元 $\times 0.2 + 84$ 万元 $\times 0.2 + 92 \times 0.2 + 100$ 万元 $\times 0.2 + 89$ 万元 $\times 0.2 = 89.4$ 万元

3) 对三类预测值加以综合。在综合三方面的预测值时，应根据其重要程度的不同，给予不同权数。一般来说，经理的预测值统观全局，既能体现领导部门的要求，又能反映经营管理的现状，因而应给予较大的权数；而销售员的预测值，由于与他们承担的责任有关，一般偏低，所以给予较小的权数；至于管理部门的预测值，因他们直接从事经营管理活动，其预测值也较能反映客观实际，因此其权数应高于销售员的权数。假设经理方案的权数为 3，管理部门方案的权数为 2，销售员方案的权数为 1，则企业销售额的预测值为

$$\frac{140.6 \text{ 万元} \times 3 + 135.25 \text{ 万元} \times 2 + 89.4 \text{ 万元} \times 1}{3+2+1} = 130.28 \text{ 万元}$$

4) 对企业综合预测值做适当调整。这个综合预测值是对三类预测值加权平均后得到的，既低于经理的综合预测值，也低于管理部门的综合预测值，这显然是受销售员综合预测值偏低的影响而太保守了。为此，要对其进行调整。国外用得比较多的一个办法是用一个经验系数去修正原预测结果。具体做法是统计历年的预测值与实际销售额的差距，并计算这一差距的百分比作为调整系数，用调整系数来修订预测值。也可以召开会议，互相交换意见，

经过互相启发、互相补充，在充分发表意见的基础上，由预测组织者确定最终的预测值。

2.1.4 头脑风暴法

专家意见汇总预测法是在专家直观分析判断的基础上，综合专家的意见，对预测对象未来发展趋势做出的量的预测。但是，要想提高专家意见汇总法所做出预测的质量，就必须最大限度地调动专家的积极性，在不受外界影响、没有心理压力的情况下，充分发挥专家个人的聪明才智和创造性思维能力。头脑风暴法则是满足这些条件的一种预测方法，是与现代创造性思维及活动相适应的一种成效显著的综合创造技术。

头脑风暴法（Brainstorming）也称智力激励法，是美国 BBDD 广告公司的 A. F. 奥斯本（Alex F. Osborn）于1938年首创的一种创造性技术。"头脑风暴"原是精神病理学上的一个术语，是指精神病患者精神错乱时的胡思乱想。奥斯本借用来表示思维无拘无束、打破常规、自由奔放地联想，创造性地思考问题。具体地说，头脑风暴法就是针对某一问题，召集由有关人员参加的小型会议，在融洽轻松的会议气氛中，与会者敞开思想、各抒己见、自由联想、畅所欲言、互相启发、互相激励，使创造性设想发生连锁反应，从而获得多种解决问题的方法。奥斯本创建此法最初用于广告的创造性设计活动中，取得了显著成效，被称为创造力开发史上的重大里程碑。此后，他致力于这方面的研究。20世纪50年代，他总结了多年来的研究成果和实践经验，著书公布了"头脑风暴法"，引起全世界有关学者的兴趣，并激起了开发创造力的热潮。头脑风暴法可分为直接头脑风暴法（简称头脑风暴法）和质疑头脑风暴法（也称反头脑风暴法）。前者是指专家群体决策尽可能激发创造性，产生尽可能多的设想的方法；后者则是对前者提出的设想、方案逐一质疑，分析其现实可行性的方法。

目前，头脑风暴法作为一种创造性的思维方法，在预测、规划、社会问题处理、技术革新等许多领域得到了广泛应用。这正如奥斯本所说："只要遵循头脑风暴会议的规则，头脑风暴会议几乎可以解决各方面的问题。"

1. 注意事项

（1）选好专家

1）如果应邀专家彼此相互认识，就要从同一职位中挑选，领导者不应参加。如果应邀专家彼此互不认识，可以从不同职位的人员中挑选，但禁止宣布参加者的职位，主持会议者应一视同仁。

2）绝大多数应邀专家的研究领域应与预测对象的主题相一致，但同时应邀请一些学识渊博、经验丰富、对所讨论问题有较深理解的其他领域的专家参加会议。

3）选择专家不仅看其经验、知识能力，还要看他是否善于表达自己的意见。知识面广、思想活跃的专家，可以避免会议气氛沉闷，同时可以作为易激发的元素，使整个创造设想引起强烈的连锁反应。

4）参加会议的专家数目不宜太多，也不宜太少，这样可以在思维持续激发时间内把问题讨论得更深入，意见反映得也更全面。一般由 10～15 个专家组成专家预测小组。理想的专家预测小组应由如下人员组成：方法论学家——预测学家；设想产生者——专业领域专家；分析者——专业领域的高级专家，他们应当追溯过去，并及时评价对象的现状和发展趋势；演绎者——对所讨论问题具有充分的推断能力的专家。

头脑风暴法的领导和主持工作最好委托给预测学家或者对头脑风暴法比较熟悉的专家。

如果所讨论问题的专业面很窄，则应邀请该领域的专家和熟悉头脑风暴法的专家共同担任领导工作。因为该领域的专家对要解决的问题十分了解，知道如何提问题，而熟悉头脑风暴法的专家对引导科学论辩有足够的经验，也熟悉头脑风暴法的处理程序，有利于过程组织。同时，主持人在主持会议时，应头脑清晰、思路敏捷、作风民主，既善于活跃气氛，又善于启发引导。

头脑风暴会议时间一般以 20~60min 为宜。通常在头脑风暴会议开始时，主持人必须采取强制询问的方法。因为主持人能在 5~10min 营造一种自由交换意见的气氛并激起与会者发言的可能性很小。同时，头脑风暴会议会场布置要考虑到光线、噪声、室温等因素，做到环境宜人，给人以轻松舒适的感觉。

(2) 与会者应严格遵守的原则

1) 所讨论问题不宜太小，不得附加各种约束条件。
2) 倡导提新奇设想，越新奇越好。
3) 提出的设想越多越好。
4) 鼓励结合他人的设想提出新的设想。
5) 不允许私下交谈，不得宣读事先准备好的发言稿。
6) 与会者不论职位高低，一律平等相待。
7) 不允许批评或指责别人的设想。
8) 不允许对提出的创造性设想做判断性结论。
9) 不得以集体或权威意见的方式妨碍他人提出设想。
10) 提出的设想不分好坏，一律记录下来。

对会议上提出的设想应录音留存，或设一名记录员记录，以便不漏掉任何一个设想。会议结束后，由分析小组对会议产生的设想按如下程序整理、汇总：①就所有提出的设想编制名称一览表；②用专业术语说明每一设想；③找出重复和互为补充的设想，并在此基础上形成综合设想；④分组编制设想一览表。将提出的设想分析整理，进行严格的审查和评议，从中筛选出有价值的提案。

(3) 组织者应遵守的两条基本原则

1) **推迟判断原则**。这一原则是指不要过早地下断言、做结论，以避免束缚他人的想象力，熄灭创造性思想的火花。要求对与会者发言畅谈期间所提出的任何一种设想和看法，不管正确与否，也不管是否符合自己的想法，严禁对别人提的设想和意见提出怀疑和批评。不仅不准对别人的意见评头论足，而且也不允许对自己的发言做自我评判。即便已确知自己原来的发言是错误的，也不允许在此会议上做自我批评。总之，应自觉禁止一切形式的评判，不仅禁止否定性的评判，而且也禁止肯定性的颂扬，特别是夸大其词的溢美之言。例如，"这个方案太好了""您真是这方面的权威"等，类似这样恭维的话同样会妨碍创造性的发挥，并且也会妨碍与会者继续独立思考、寻求最佳设想的热情。

2) **数量保证质量的原则**。这一原则是指在有限的时间里所提出设想的数量越多越好，鼓励与会者要抓紧时间提出尽可能多的设想，以数量保证质量。据国外一项调查统计，一个在同一时间内能比别人多提出 2 倍设想的人，最后产生的有实用价值的设想可以比别人高出 10 倍。因此，要激发与会者尽可能多地提出自己的设想。

2. 实施步骤

（1）**准备**。会前的各项准备工作大体包括：

1）确定要解决的问题。若解决的问题涉及面很广或包含因素太多，应该把问题分解为若干单一明确的子问题，一次会议最好只解决一个问题。

2）根据要解决问题的性质挑选参加会议的人选。

3）拟定开会的邀请通知，并附上一张备忘录。备忘录上面应注明会议的主题以及涉及的具体内容。

（2）**"热身"**。人的大脑不是一下子就可以发动起来并立即投入高度紧张的工作的，它需要一个逐步"升温"的过程。此步骤的目的是形成一种热烈、欢愉和宽松的气氛，促使与会者的大脑尽快开动起来并处于"受激"状态。该过程一般只需几分钟就可以了。通常通过讲幽默故事或者提出一两个与会议主题关系不大的小问题的形式，促使与会者积极思考，并畅所欲言，表达自己的观点。

（3）**介绍问题**。主持人首先向与会者介绍所要解决的问题。介绍问题时，只能向与会者提出与问题有关的最低限度的信息，切忌把自己的初步设想全盘端出。同时，主持人要注意表达问题的技巧，发言尽量做到富有启发性。

（4）**重新叙述问题**。这里是指改变问题的表达方式。此步骤要在仔细分析所要解决问题的基础上，尽量找出不同方面，在每一方面都用"怎样……"的句型来表达。例如，假定要解决的问题是如何提高某企业的经济效益。那么，对此问题就可重新叙述如下：①怎样降低成本？②怎样扩大市场份额？③怎样减少库存，加快资金的周转速度？④怎样提高管理水平？⑤怎样搞好技术革新、技术改造？⑥怎样强化员工技术培训，提高员工的科学技术水平和工艺水平？⑦怎样引进人才，引进技术？⑧怎样减少浪费？⑨怎样加强员工的思想政治工作，调动积极因素，增强企业的凝聚力？⑩怎样提高企业的决策水平，切实做到决策的民主化和科学化等。

（5）**畅谈**。按会议所规定的原则，针对上面重新叙述的问题进行畅谈。在这一阶段，与会者充分发挥自己的创造能力，让思维自由驰骋，并借助和其他与会者之间的智力碰撞、思维共振、信息激发，提出大量创造性设想。这是头脑风暴法的关键阶段。

根据国内的实践经验，一次成功的头脑风暴法会议一般能产生出几十条设想。虽然其中绝大部分没有实用价值，但往往确实有几个设想既新颖又具有很强的实用性。

（6）**对有价值的设想加工整理**。会议主持者汇集有关人员，对会上提出的设想认真筛选。特别是对那些有价值的设想，要仔细研究和正确评价，并进行加工整理，去掉不合理、不科学或不切合实际的部分，补充、增加一些内容，使某些新颖、有价值的设想更完善。

例 2-2 头脑风暴法示例

有一年，美国北方格外寒冷，大雪纷飞，电线上积满冰雪，大跨度的电线常被积雪压断，严重影响了通信。过去，许多人试图解决这一问题，但都未能如愿以偿。后来，电信公司经理尝试用头脑风暴法解决这一难题。他召开了一次头脑风暴座谈会，参加会议的是不同专业的技术人员。会上，大家七嘴八舌地进行议论，在不到 1h 时间里，与会的 10 名技术人员共提出了 90 多条新设想：

● 设计一种专用的电线清雪机。

- 用电热来化解冰雪。
- 用振荡技术来清除积雪。
- 能否带上几把大扫帚,乘坐直升机去扫电线上的积雪?

最后,一种简单可行且高效率的清雪方法想了出来:依靠高速旋转的螺旋桨,即可将电线上的积雪迅速扇落。

随着发明创造活动的复杂化和课题涉及技术的多元化,单枪匹马式的冥思苦想将变得软弱无力,而"群起而攻之"的发明创造战术则显示出攻无不克的威力。

实践表明,头脑风暴法通过对所讨论问题公正、连续的分析,可以排除折中方案,发现、产生一组切实可行的方案。头脑风暴法在军事和民用预测中都得到了广泛应用。例如,在美国国防部制定长远科技规划时,曾邀请50名专家采用头脑风暴法开了两周会议。与会者的任务是对事先提出的工作文件提出非议,并通过讨论把文件变成协调一致的报告。结果,原工作文件中仅有25%~30%的意见得到保留。

2.1.5 德尔菲法

德尔菲是"Delphi"的中文译名。Delphi 是一处古希腊遗址,是传说中神谕灵验、可预卜未来的阿波罗神殿所在地。美国兰德公司在20世纪50年代与道格拉斯公司协作,研究如何通过有控制的反馈以更好地收集和改进专家意见的方法时,将"Delphi"作为代号。

德尔菲法是在个人判断法和头脑风暴法的基础上发展起来的一种直观的预测方法。目前,在长远规划者和决策者的心目中,德尔菲法具有较高的声望,并逐渐成为一种重要的规划决策工具。概括地说,德尔菲法是采用函询调查方式,向与所预测问题有关领域的专家分别提出问题,然后将他们回答的意见予以综合、整理、反馈,经过这样多次反复循环,最终得到一个比较一致的且可靠性也较高的意见。

1. 德尔菲法的特点

德尔菲法就是为了克服个人判断法和专家会议法的局限性,尽可能消除人的主观因素影响而创立的。它具有以下三个特点:

(1) **匿名性**。德尔菲法采用匿名函询的方式征求意见,即每位专家的分析判断是在背靠背的情况下进行的。在实施德尔菲法的过程中,应邀参加预测的专家互不相见,只与预测小组成员单线联系,消除了不良心理因素对专家判断客观性的影响。由于德尔菲法的匿名性,使得专家无须担心表达自己的想法会有损自己的威望,而且不会受口头表达能力的影响和时间的限制。因此,德尔菲法的匿名性有利于各种不同的观点得到充分发表。

(2) **反馈性**。德尔菲法在预测过程中要进行几轮(一般3~5轮)专家意见征询。预测机构对每一轮的预测结果进行统计、汇总,并提供有关专家的论证依据和资料,作为反馈材料发给每一位专家,供下一轮预测时参考。专家们根据多次的反馈资料,参考有价值的意见,深入思考,反复比较,从而更好地提出预测意见。

(3) **预测结果的统计特性**,也称**收敛性**。为了科学地综合专家们的预测意见和定量表示预测的结果,德尔菲法采用统计方法对专家意见进行汇总处理,从而使专家意见逐渐趋于一致,预测值趋于收敛。

德尔菲法具有以下几方面的优势：

（1）由于采用通信调查的方式，因此参加预测的专家数量可以多一些，这样可以提高预测结果的准确性。

（2）由于预测过程要经历多轮反复，并且从第二轮预测开始，每次预测时专家们都从背景资料上了解到别人的观点，所以他们在决定是坚持自己的观点，还是修正自己的预测意见时，需要经过周密的思考。经过多次思考，专家们不断地提高了自己观点的科学性，在此基础上得出的预测结果，其科学成分、正确程度必然较高。

（3）由于这种方法具有匿名性质，参加预测的专家完全可以根据自己的知识或经验提出意见，所以预测结果受权威的影响较小。

（4）由于最终的预测结果综合了全体专家的意见，集中了全体预测者的智慧，因此具有较高的可靠性和权威性。

2. 德尔菲法预测步骤

（1）*确定预测主题，归纳预测事件*。预测主题就是所要研究和解决的问题，是对本单位、部门、地区或国家今后的发展有重要影响而意见又有分歧的问题。一个主题可以包括若干个事件，事件是用来说明主题的重要指标。经典的德尔菲法要求应邀参加预测的专家围绕预测主题，提出应预测的事件，再由预测领导小组对专家提出的预测事件经筛选整理，排除重复和次要的，形成一组预测事件，根据预测要求编制预测事件调查表。确定预测主题和归纳、提出预测事件是德尔菲法的关键一步。

（2）*选择专家*。德尔菲法所要求的专家，应当是对预测主题和预测问题有深入研究、知识渊博、经验丰富、思路开阔、富于创造性和判断力的人。专家选择事关预测的成败，因此在选择时应注意以下两方面的问题：

1）*来源广泛*。德尔菲法要求专家来源广泛，这也是定性预测本身所需要的。一般应实行"三三制"，即首先选择本企业、本部门对预测问题有研究、了解市场的专家，占预测专家的1/3左右；其次选择与本企业、本部门有业务联系、关系密切的行业专家，约占1/3；最后从社会上有影响的知名人士中选择对市场和行业有研究的专家，约占1/3。这样才能从各方面对预测问题提出有根据的、有洞察力的见解。

2）*专家人数视预测主题规模而定*。人数太少则代表性差，而人数太多则难于组织。一般情况下，人数越多，精度越高，但超过50人时，进一步增加人数对提高预测精度的作用不大。因而专家小组的人数一般以10~50人为宜。但对重大问题的预测，专家小组的人数可扩大到100人左右。另外，由于种种原因，有些专家不是每轮都给予回答，甚至有可能中途退出，所以预选人数应适当多些。

（3）*预测过程*。当针对某一预测的专家小组成立之后，在预测领导小组的组织领导下，即可开始预测工作。经典德尔菲法的预测过程一般分为四轮，各轮内容大致如下：

第一轮，确定预测事件。询问调查表要求各成员根据所要预测的主题以各种形式提出有关的预测事件。也可由领导小组先征求少量专家意见集中后产生预测事件以做草案供进一步讨论，完毕后寄给预测领导小组，由领导小组将所提出的事件进行综合整理，统一相同事件，排除次要事件，用准确术语提出"预测事件一览表"。

第二轮，初次预测。将"预测事件一览表"发给专家小组各成员，要求他们对表中所列各事件做出预测，并相应地提出预测的理由，为改进预测而再次征询还需要补充哪些资料。调查表收回后,领导小组要对专家意见进行统计处理(一般采用四分位法,即根据返回的调查表,统计出每一事件发生的预测日期、数字或等级的中位数和上、下四分位点,将此结果再返回给专家小组各成员)。

第三轮,修改预测。预测领导小组将第二轮预测的统计资料寄给每位专家,请专家据此补充材料,再一次进行预测并充分陈述理由。特别注意让持极端意见的专家充分陈述理由。这是因为他们的依据可能是其他专家忽略的外部因素或未曾研究过的问题,这些依据往往对其他专家重新判断产生影响。

第四轮,最后预测。专家小组各成员再次进行预测,并根据领导小组的要求,做出或不做出新的论证。领导小组根据回答,再次计算出每一事件的平均值、加权平均,或者中位数、四分位点,得出日期、数字或等级等预测结果的事件一览表。

需要注意的是,最后一轮专家们的意见必须趋于一致或基本稳定,即大多数专家不再修改自己的意见。因此,征询次数应根据专家意见的收敛性而灵活掌握。

(4)确定预测值,做出预测结论。对专家应答结果进行量化分析和处理,是德尔菲法预测的最后阶段,也是最重要的阶段。处理方法和表达方式取决于预测问题的类型和对预测的要求。在实际中,通常采用以下几种方法:

1)**平均值法**。**平均值法**是指将各专家对预测目标的预测数值进行简单平均或者根据各专家的重要性进行加权平均,得出最终的预测结果。

例 2-3 某书刊经销商采用德尔菲法对某一专著的销售量进行预测。该经销商首先选择若干书店经理、书评家、读者、编审、销售代表和海外公司经理组成专家小组,将该专著和一些相应的背景材料发给各位专家,要求他们给出该专著最低销售量、最高销售量和最可能销售量三个数字,同时说明自己做出判断的主要理由。然后,将专家们的意见收集起来,归纳整理后返回到各位专家,要求他们参考他人的意见对自己的预测重新考虑。专家们完成第一轮预测并得到第一轮预测的汇总结果以后,除书店经理 B 外,其他专家在第二轮预测中都做了不同程度的修正。重复进行,在第三轮预测中,大多数专家又一次修改了自己的看法。第四轮预测时,所有专家都不再修改自己的意见。因此,专家意见收集过程在第四轮以后停止。根据各专家的意见,进行简单算术平均,最终预测结果为最低销售量 26 万册、最高销售量 60 万册,最可能销售量 46 万册。

2)**中位数法**。**中位数**是指将各专家对预测目标的预测数值按大小顺序进行排列,选择处于中间位置的那个数表示数据集中的一种特征数。当整个数列的数目为奇数时,中位数为居中位置的那个数;当整个数列的数目为偶数时,中位数则应为数列中居于中间位置的两个数的算术平均值。中位数代表专家预测意见的平均值,一般作为预测结果。把各专家的预测结果按其数值的大小排列,并将专家人数分成四等份,则位居 2/4 分点的预测结果可作为中位数,位居 1/4 分点的预测结果称为下四分位点数值(简称下四分位点),位居 3/4 四分点的预测结果称为上四分位点数值(简称上四分位点)。或者说,上、下四分位点是从数字序列的第一个数字开始,数到全体数据序列 1/4 和 3/4 处的位置。数列上、下四分位点之间的数值表明预测值的区间。预测区间越窄,即上、下四分位点间距越小,说明专家们的意见越集中,用中位数代表预测结果的可信程度就越高。

具体而言,当预测结果需要用数量或时间表示时,专家们的回答将是一系列可比较大小的数据或有前后顺序的时间。把专家们的回答按从小到大的顺序排列。例如，当有 n 个专家时，共有 n 个（包括重复的）答数排列如下：$x_1 \leq x_2 \leq \cdots \leq x_n$，设中位数及上、下四分位点分别用 $x_中$，$x_上$，$x_下$ 表示，则

$$x_中 = \begin{cases} x_{k+1} & n = 2k+1 \\ (x_k + x_{k+1})/2 & n = 2k \end{cases}$$

$$x_上 = \begin{cases} x_{(3k+3)/2} & n = 2k+1, k \text{ 为奇数} \\ (x_{1+3k/2} + x_{2+3k/2})/2 & n = 2k+1, k \text{ 为偶数} \\ x_{(3k+1)/2} & n = 2k, k \text{ 为奇数} \\ (x_{3k/2} + x_{1+3k/2})/2 & n = 2k, k \text{ 为偶数} \end{cases}$$

$$x_下 = \begin{cases} x_{(k+1)/2} & n = 2k+1 \text{ 或 } n = 2k, k \text{ 为奇数} \\ (x_{k/2} + x_{1+k/2})/2 & n = 2k+1 \text{ 或 } n = 2k, k \text{ 为偶数} \end{cases}$$

例 2-4 某部门采用专家预测法预测公司 2018 年运动智能手环销售额。16 位专家在最后一轮的预测值分别是（按从小到大的顺序排列）（单位：百万元）：

2.02，2.03，2.05，2.06，2.07，2.07，2.09，2.10，2.10，2.14，2.15，2.16，2.16，2.18，2.19，2.23

这里，$n = 16$ 是偶数，则 $k = n/2 = 8$，中位数 $x_中$ 是第 8 个数与第 9 个数的平均值，它们是 2.10 百万元，2.10 百万元，则预测期望值是

$$x_中 = (x_8 + x_9)/2 = 2.10 \text{ 百万元}$$

由于 $k = 8$ 是偶数，由上面公式得 $3k/2 = 12$，$1 + 3k/2 = 13$，则上四分位点 $x_上$ 是第 12 个数与第 13 个数的平均值，即

$$x_上 = (x_{12} + x_{13})/2 = 2.16 \text{ 百万元}$$

同理可得

$$x_下 = (x_4 + x_5)/2 = 2.065 \text{ 百万元}$$

运用四分位点法描述专家们的预测结果，则中位数表示专家们预测的协调结果（期望值），上、下四分位点表示专家们意见的分散程度，上、下四分位点的范围表示预测区间。当然，由于预测结果是以中位数为标志，完全不考虑偏离中位数较远（上、下四分位点以外）预测的预测意见，有时可能漏掉了具有独特见解的有价值的预见。

3）多种状态下的数据处理（对多种可能性水平下数据的处理）。实际中，为了提高预测的可靠性，人们往往针对某一事件的不同状态，或不同水平、不同情况进行预测，之后根据不同状态采用算术平均法、加权平均法、中位数加权法等进行计算，得出最终的预测数据。

例 2-5 某公司开发了一种新产品，聘请了业务经理、市场专家和销售人员 8 位专家，对新产品投放市场 1 年的销售量进行预测，以决定产量。在专家做出预测前，公司对产品的样品、特点、用途、用法进行了相应的介绍，并将同类产品的价格、销售情况作为背景资料，书面发给专家参考。而后采用德尔菲法，请专家们各自做出判断。经过 3 轮反馈之后，得到的结果见表 2-4。

表 2-4 新产品销售量预测值　　　　　　　　　　（单位：万件）

专家编号	第一轮			第二轮			第三轮		
	最低销售量	最可能销售量	最高销售量	最低销售量	最可能销售量	最高销售量	最低销售量	最可能销售量	最高销售量
1	500	750	900	600	750	900	550	750	900
2	200	450	600	300	500	650	400	500	650
3	400	600	800	500	700	800	500	700	800
4	750	900	1500	600	750	1500	500	600	1250
5	100	200	350	220	400	500	300	500	600
6	300	500	750	300	500	750	300	600	750
7	250	300	400	250	400	500	400	500	600
8	260	300	500	350	400	600	370	410	610
平均值	345	500	725	390	550	775	415	570	770

平均值预测：在预测时，最终一次判断是综合前几次的反馈做出的，因此，在预测时一般以最后一次判断为主。如果按照 8 位专家第三轮判断的平均值计算，则预测这个新产品的平均销售量为

$$\frac{415+570+770}{3}\text{万件}=585\text{万件}$$

加权平均预测：将最可能销售量、最低销售量和最高销售量分别按 0.50、0.20 和 0.30 的概率加权平均，则预测平均销售量为

$$(570\times0.5+415\times0.2+770\times0.3)\text{万件}=599\text{万件}$$

中位数预测：根据中位数计算公式，第三轮判断的最可能销售量、最低销售量和最高销售量三种水平下的中位数分别为 400 万件、550 万件、700 万件。将可最能销售量、最低销售量和最高销售量分别按 0.50、0.20 和 0.30 的概率加权平均，则预测平均销售量为

$$(550\times0.5+400\times0.2+700\times0.3)\text{万件}=565\text{万件}$$

3. 对等级比较答案的处理

常常请专家对某些项目的重要性进行排序。总分法是比较各项目重要程度的一种方法，其步骤为：

1）列出各评价项目，规定排在第 k 位的得分为 B_k。

2）对项目 j 计算其总得分

$$S_j=\sum_{k=1}^{N}B_kN_{j,k}$$

式中，$N_{j,k}$ 为赞同项目 j 排在第 k 位的专家人数。

3）根据各项目的 S_j 值排序。

例 2-6　在对智能制造发展趋势进行预测时，发给专家们的征询表中的第一题是："您认为在 2020 年以前下列各项目中哪几项应作为实现智能制造的主要目标？"（请选择其中 3 项，并按其重要性进行排序）

a. 迎合顾客个性化需求

b. 改善劳动条件
c. 提高劳动生产率
d. 缩短生产周期
e. 节约能源
f. 保证产品质量

当要求对 n 个项目排序时，评为第 1 位的给 n 分，第 2 位给 $n-1$ 分，…，第 n 位给 1 分。本例中要求选择 3 个项目排序，则评为第 1 位的给 3 分，第 2 位的给 2 分，第 3 位的给 1 分，没选上的给 0 分。

在本例中，$B_1=3$，$B_2=2$，$B_3=1$，假设对第三轮征询表做出回答的专家人数 $N=93$ 人：赞成 a 项排第 1 位的专家有 71 人（即 $N_{a,1}=71$ 人），赞成 a 项排第 2 位的专家有 15 人（$N_{a,2}=15$ 人），赞成 a 排第 3 位的有 2 人（$N_{a,3}=2$ 人），代入上式得 a 项目的总得分为

$$S_a = (3 \times 71 + 2 \times 15 + 1 \times 2)\text{分} = 245 \text{分}$$

由专家对其余五个项目的评分结果，算得项目总得分依次为 $S_b=36$ 分，$S_c=65$ 分，$S_d=5$ 分，$S_e=31$ 分，$S_f=168$ 分。比较总得分的大小，可以看出按重要性排在前三名的项目依次是 a，f，c，即在 2020 年以前，智能制造的主要目标是迎合顾客个性化需求，其次是保证产品质量，再次是提高劳动生产率。

4. 征询调查表设计

征询调查表是进行德尔菲法预测的一个主要工具，调查表设计得好坏直接影响着预测结果的优劣。设计调查表应注意以下几点：

（1）对德尔菲法做简要说明。由于德尔菲法并非人尽皆知，因此，调查表应有前言简要说明预测的目的与任务、专家应答在预测中的作用，同时对德尔菲法做出扼要说明。

（2）问题要集中而有限制。问题要集中并有针对性，以便使各个事件构成一个有机整体，引起专家回答问题的兴趣。问题的数量应适当，如果问题简单，数量可适当多些；问题复杂，应少几个。一般以不超过 25 个问题为宜。

（3）调查表应简练明确。表中所列问题应该明确，不含糊，能够使专家把主要精力用于思考问题，而不是用在理解复杂、混乱、含糊的调查表上。调查表的应答栏以选择一个数据或填空的方式最好，还应留有空白以便专家阐明意见和论证。在调查表上花些力气，能得到事半功倍的效果。

（4）给出预测事件实现的概率。例如，专家可能判断某事件在 2020 年实现的可能性分别为 60%，70%，90%，如果事先不给定事件实现的概率，那么某些专家的结果是按 90% 的实现概率给出，而另一些是按 70% 给出，等等，这样得到的结论无疑是混乱的。因此，应事先给出事件实现的概率，一般选取 90% 的概率比较适宜。

5. 对德尔菲法的评价

德尔菲法是系统分析方法在预测和价值判断领域中的一种有益延伸，它突破了传统的数量分析限制，为更合理地制定决策开阔了思路。德尔菲法的实质是利用专家的主观判断，通过信息的流通和反馈，使预测意见趋向一致，逼近实际值。

自应用德尔菲法以来，在大多数情况下，专家的预测意见趋向一致，预测结果具有收敛性。在少数情况下，无法取得一致意见。这通常是由于预测意见按不同的学术派别而相互对立。即使这样，它也能使预测者的见解明朗化，有利于对问题的深入研究。

此外，德尔菲法不受地区和人员的限制，用途广泛，费用较低，且能引导思维。实验表明，采用德尔菲法，预测结果是比较准确的。

德尔菲法尽管有很多优点，但并非十全十美，也存在着如下一些缺点：

（1）受主观因素的影响。预测精度取决于专家的学识、心理状态、智能结构、对预测对象的兴趣程度等主观因素的影响。

（2）缺乏深刻的理论论证。专家的预测通常建立在直观判断的基础上，缺乏理论上的严格论证与考证，因此预测结果往往是不稳定的。

（3）技术上不够成熟。如专家的概念没有一个统一的标准，选择专家时就容易出差错。征询调查表的设计也没有一个固定的方法，致使有些调查表设计太过粗糙。

尽管德尔菲法存在着某些缺陷和不足，但仍不失为一种比较有效的方法。在各类预测方法的使用中，特别是在缺乏足够数据的情形下，德尔菲法已占相当大的比重。实践中，很多预测学家对德尔菲法进行了广泛研究，对初始的经典德尔菲法进行了某些修正，并开发了一些派生德尔菲法。这类方法主要是对经典方法中的某些部分予以修正，借以排除经典德尔菲法的某些缺点。派生德尔菲法分为保持原有特点的派生方法和改变原特点的派生方法。改变原特点的派生方法多在常规德尔菲法的"匿名性"与"反馈性"上有所改变，部分取消匿名性和反馈性，从而更好地提高德尔菲法的实用性和有效性。

2.2 指标预测法与类比法

2.2.1 指标预测法

指标预测法是指根据经济发展中各种经济指标的变化，来分析判断市场未来发展变化趋势的方法。市场是企业生存发展的根基，科学的市场预测将有效指导企业生产实践中各种计划的合理确定。企业的市场预测，不仅要注意微观经济活动的变化，而且要注意宏观经济形势的变化对市场的影响，特别要注意经济周期变动对市场的影响。经济周期是指经济活动不断经历"低谷→扩张→高峰→收缩→低谷……"的循环周期性波动。1937 年，美国在研究经济周期时，发现工作时间长短的变化可作为经济繁荣与萧条的转折警示器：经济由繁荣转为萧条，并不是一开始就大量解雇工人，而是首先减少工作时间，开工不足；而由萧条转为繁荣，也并非一开始就大量雇用工人，而是首先增加工作时间。进一步研究表明，当时美国的工作时间一般是每周 40h，若工作时间明显大于 40h，就可预测出现"繁荣"；反之，就可预测出现"萧条"。而这种宏观经济的变化，必将影响到企业的生产经营，有时甚至会表现得非常突出。当一个国家的经济发展迅猛、市场需求旺盛时，企业就景气；当国家经济发展缓慢、市场疲软时，企业就不景气。所以，企业应注意宏观指标的变化，根据各指标之间所反映出的经济变化规律来进行预测，或修正、调整用其他方法得到的市场预测值。

指标预测法就是在分析历史经济形势波动的主要原因和特点的基础上，设计经济指标体系（或给出预警界限），监控了解市场行情变化，据此指导宏观管理与微观管理决策。如果体系内的市场、经济指标发生变化（或超过这一界限时），预示近期内的经济形势或市场行情运行可能发生重大变化，这时企业或其他机构应注意并考虑采取相应的对策。指标预测法的显著特点是简单、迅速、敏感，能够直观地反映市场、经济形势的波动。

指标预测法一般可分为领先落后指标法、扩散指数法和合成指数法。

1. 领先落后指标法

领先落后指标法是指根据经济发展有关指标变化同市场变化之间在时间上的先后顺序，来分析、判断、预测市场发展前景的一种预测方法。通常按照经济发展指标同市场变化的时间先后顺序，经济发展指标大致分为三类：先期指标、同步指标和落后指标。

（1）先期指标。先期指标也称先行指标，是指其循环转折变化出现的时间稳定地领先于经济景气循环相应转折变化的经济指标。这类指标是预警指标体系的主体，它的变动对市场行情的变动始终起预报或示警作用，如采购经理指数（PMI指数）、股票指数走势、货币供应量、新房开工率等。也可以根据相关事物发展变化的次序确定对应的先行指标，如将基建投资规模作为建材需求量变化的先行指标、石油价格变动作为化工产品价格变动的先行指标、城乡居民收入作为消费品零售额增长快慢的先行指标、商品供求关系变动作为价格涨跌的先行指标等。

（2）同步指标。同步指标也称一致指标，是指其循环转折变化在出现时间上与经济景气循环转折变化几乎同时出现（误差不超过2个月）的经济指标。这类经济指标是总体经济行为的衡量标志，如国内生产总值、工业销售收入、用电量、商品贸易收支、就业人数、个人收入、价格指数、生产物价指数、工业生产指数等。这些指标的上升和下降差不多与经济循环景气一致，可以显示一般经济的进展情况。在预警分析中，可用它们描述当前经济过程所处的景气状态，同时通过这类指标和先期指标在转折点上的时差，由先期指标的转折点预示同步指标何时出现相关的转折点。

（3）落后指标。落后指标也称迟行指标，是指其循环转折变动在出现的时间上稳定地落后于经济景气循环变动相应转折点（一般3个月以上、半个周期以内）的经济指标，如投资完成额、学生就业率、员工失业率、财政收入、企业未清偿债务等。这些指标在经济意义上可作为衡量是否过剩和失衡的标志。在预警分析中，其作用在于检验宏观经济波动过程是否确已超过某个转折点，进入另一景气状态。

选择哪些指标作为预警分析的指标体系，预示市场行情波动，可由理论分析和经验观测两种方式确定：通常对历史资料的分析，可以寻找并发现各种指标对经济周期反映在时间上的先期、同步或落后于经济周期转折点而发生变动的重复性和规则性，然后根据这种相关关系来预测未来的经济变动。

【案例 2-2】

从先行窗口看我国前景：在经济的周期循环中，一些经济变量先于经济景气变化，并预示着宏观经济的走势和前景。进入2016年第三季度，我国一些经济先行指标释放出积极信号，显示我国经济由降转稳的条件正逐步积累。

先行景气指标回暖，工业现筑底迹象。作为经济"先行官"和"风向标"，铁路货运量直接反映全社会物资流动程度，对于观察国民经济走势具有重要参考作用。8月，全国铁路货物发送量同比增长1%，自2013年9月以来首现正增长。进入9月，国家铁路货运发送量日均完成758万t，同比增长4.9%。其中，9月23—25日，全路连续3天单日装车达13万车以上，自 2014 年 12 月以来首次回到 13 万车水平。

单一领域的变化尚不足以做出趋势性判断。进入第三季度，工业领域一系列指标的转变，为我国经济释放出暖意。数据显示，9 月全社会用电量同比增长 6.9%，增速同比回升 7 个百分点。前三季度工业用电量同比增长 2%，增速较一季度和上半年分别加快 1.8 个百分点和 1.5 个百分点；9 月经营性贷款由上月的下降 417 亿元转为增加 2063 亿元，固定资产贷款由上月的下降 1001 亿元转为增加 2263 亿元，说明企业融资需求出现回升；与此同时，全国工业生产者出厂价格（PPI）打破连续 54 个月下降走势，同比上涨 0.1%；在工业品价格提升和政府大力降成本的作用下，工业企业效益逐步好转；3 月以来，各月工业增加值增速均在 6% 以上小幅波动；与之相印证，9 月我国制造业采购经理指数（PMI）为 50.4%，同上月持平，表明生产活动加快，需求保持增长，显现出阶段性趋稳迹象。

整体而言，2016 年以来，特别是进入第三季度，工业经济阶段性筑底迹象明显，生产运行总体平稳，工业经济活力渐增，企业预期有所好转。我国经济正步入 L 形的一横，站在新周期的底部和起点上。

（资料来源：新华社. http://www.gov.cn/xinwen/2016-10/25/content_5124062.htm）

2. 扩散指数法

扩散指数法（DI）是指根据一批领先经济指标的升降变化，计算出上升指标的扩散指数，然后以扩散指数为依据来判断市场未来的景气情况。这里的"扩散"是指不局限于运用某个或某几项经济指标，而是扩散到一批经济指标，即运用一批经济指标的变化来预测市场未来的发展趋势。所以，扩散指数法是经济变化和市场行情运行的晴雨表，它比任何单一指标都更具有可靠性和权威性。

用扩散指数法进行预测时，要预先选择能领先反映整个市场景气情况发生变化的重要经济指标（设为 C 个），并在对各个经济指标的循环波动进行测定的基础上，确定在某一时点上呈现上升趋势的指标（"+"号指标）的个数（设为 A 个），然后由下列扩散指数的计算公式，计算出该时点的扩散指数为

$$DI = \frac{A}{C} \times 100$$

根据国外的经验，当 DI > 50，达到 60 以上时，表示市场处于上升状态，即市场未来会出现景气情况；当 DI = 50 时，便认为市场已经到达转折点，即市场未来的发展由上升而下降，或由下降而转上升；当 DI < 50 时，达到 40 或以下时，表示市场处于下降状态，即市场未来会出现不景气情况。

例 2-7 某城市研制了一套经济监测系统，经济指标总数为 200 个，上个月应用此系统得出扩散指数为 55。本月监测发现，这些指标中有 120 个呈现上升趋势。根据扩散指数计算公式，即可得本月的扩散指数为

$$DI = \frac{A}{C} \times 100 = \frac{120}{200} \times 100 = 60$$

由此说明，该市场经济上升指标数大于下降指标数，市场处于上升状态，处于景气空间的前期，下期市场仍将上升。

3. 合成指数法

扩散指数法虽然能有效地预计经济形势和市场行情波动的转折点，但却不能明确地表示

经济形势和市场行情波动的强弱,为了弥补这一不足,可编制合成指数(CI)。合成指数法是指既能分析经济形势或市场行情变化的转折点,又能在某种意义上反映经济形势或市场行情波动振幅的一种关于市场景气情况的预测方法。例如,"中经"合成指数就是主要用来反映景气变动的方向和幅度,并对经济景气局面进行判断和测度的一类指标。

对企业进行市场预测来说,"中经"指数是一些非常有价值的宏观经济状况指标。通过观察研究这些指数,可以把握国家经济和全国市场的变化方向,这对企业具体项目的预测是非常具有参考价值的,对企业的市场运营也有很重要的提示作用。当然,对一些在市场研究方面具有一定实力的企业来说,可建立一套企业所在地区或所属行业的经济指标监测体系,从而对企业运作的具体市场领域进行市场景气情况的分析和判断,这样就更具针对性和准确性了。但对一般企业来说,借用"中经"指数判断市场景气情况不失为一种省时省力的好方法。

2.2.2 类比法

世界上有许多事物的发展变化规律带有某种相似性,尤其是在同类事物之间。类比法是指利用事物发生的时间差异和形式上的相同或相似,借用先行的、同类的、相似的事物的有关参数,来推断预测目标未来发展趋势与可能水平的一种对比推理预测方法。类比法一般适用于开拓新市场、预测顾客潜在购买力和需求量、预测新商品长期的销售变化规律等。类比法按应用形式可分为产品类比法、地区类比法、行业类比法和局部总体类比法。

(1) 产品类比法。许多产品在功能、构造、技术等方面具有相似性,而这些产品的市场发展规律也往往呈现某种相似性。因此,在新产品投放市场前,没有销售资料,不可能进行定量分析,但可以利用产品之间的这种相似性进行类推,通过对同类或相近产品的历史资料,如销售情况、市场需求等资料,来类比研究、分析、判断新产品投放市场后的销售预测值。例如,基于物联网的智能家具市场正在起步,由于历史销售资料不足,可以根据传统家具的销售资料进行类比分析,判定出其导入期、成长期、成熟期的变化规律。又如,根据LCD 液晶电视机的发展规律,推断出 LED 液晶电视机市场的大致发展趋势;根据台式计算机的变化趋势,推测笔记本计算机的市场需求变化规律,等等。

(2) 地区类比法。地区类比法是指依据其他地区(或国家)曾经发生过的事件来进行类推的市场预测方法。同一产品在不同地区有领先滞后的时差,可以根据领先地区的市场情况类推滞后地区的市场。在我国,由于地区之间经济发展的不平衡,落后地区市场的发展落后于发达地区。因此,落后地区的市场预测可以参照发达地区的经验。同样,相同发达程度的地区也可以相互参照,进行预测。例如,许多高档家电产品总是在城市先开始进入家庭,然后再进入农村家庭,因此,可以利用家电产品在城市市场的发展规律类推家电产品在农村的发展规律。

当然,在缺乏调查资料的情况下,也可以将其他国家产品或相似产品的市场发展趋势作为本国同类产品或相似产品市场预测的基础。例如,有关专家对我国小轿车需求前景预测时,曾根据日本、印度、巴西等国情况,对小轿车的价格与人均国民收入之比与轿车消费特征之间的关系进行分析。日本轿车是在家用电器达到饱和状态后开始普及的。1966 年,日本的家用电器(电视机、电冰箱、洗衣机等)普及率已达 90%左右,此时日本政府及时提出了"国民车"的设想,鼓励汽车厂家开发家庭用小轿车。这使得日本的普及型小轿车得到快速发展。到1976年，日本小轿车的普及率已达15.4辆/百人，可见当家用电器已基本满足人们的需求以后，轿车就成为需求的下一个热点。研究表明，轿车价格与年均家庭收入之比达到2~3时，轿车开始进入私人家庭消费；当达到1.4左右时，轿车需求进入迅速发展阶段，开始出现普及性消费。据国家统计局的抽样调查，在1992年，一些大城市，如上海、北京、广州、天津等地的家用电器拥有量已达90%以上。1992年全国年收入在5万元以上的家庭有530万户，也就是说，这些家庭已经是10万元左右价格轿车的潜在市场了。同时，根据国民经济发展的状况，预测到2009年，轿车将开始在大中城市普及，这为我国汽车制造业及公共交通的发展提供了宝贵依据。

例2-8 假设某企业建立的连锁店A过去6年的市场销售额见表2-5。目前该公司将新建连锁店B，试采用类比分析法分析连锁店B的市场销售发展趋势和销售额。

表2-5 连锁店A过去6年的市场销售额

年 份	2012	2013	2014	2015	2016	2017
销售额（百万元）	2.40	2.50	2.75	3.33	4.63	8.33
环比指数	1.00	1.04	1.10	1.21	1.39	1.80

由根据销售量数据求出的环比指数可见，连锁店A在开业后，其销售额呈逐年增长的趋势。其增长幅度分为三个阶段：第二年增长幅度4%，第三年增长幅度为10%，最后三年增长速度成倍变化。因此，连锁店A的销售额变化规律为：前两年为企业生命周期的诞生期的前段；2015—2016年属于诞生期后段；从2016年起，开始进入成长期。

根据企业和市场研究资料，连锁店B与连锁店A的经营业务基本相同，其他配货送货方式也基本相同，只是连锁店B建立在较繁华的区域，估计连锁店B在2018年的销售量可能是连锁店A在2012年销售额的2.1倍。根据连锁店A的发展规律，将可类比预测连锁店B的销售情况。

2018年连锁店B的销售额预测值为
$$240\text{万元} \times 2.1 = 504\text{万元}$$
2019年连锁店B的销售额预测值为
$$504\text{万元} \times 1.04 = 524\text{万元}$$
2020年连锁店B的销售额预测值为
$$524\text{万元} \times 1.1 = 576\text{万元}$$

（3）**行业类比法**。行业类比法是指根据同一产品在不同行业使用时间的先后，利用该产品在先使用行业所呈现出的特性，类推该产品在后使用行业规律的市场预测方法。许多产品的发展是先从某一行业市场开始的，然后逐步向其他行业推广。例如，计算机最初是在科研和教育领域使用，然后才转向民用和家用的。又如，预测者可以根据军工产品市场的发展预测民用产品市场的发展。因为军工行业中往往都是在技术上领先的产品，而军工行业就是民用行业产品的未来，因此，密切注视军工产品的发展动向，可以预测民用产品的发展空间与动向。现在的民航、计算机等都是军用转向民用的典范。

（4）**局部总体类比法**。局部总体类比法是指通过典型调查或其他方式进行一些具有代表性的调查，分析市场变化动态及发展规律，预测和类推全局或大范围市场变化的市场预测方法。局部总体类比法广泛适用于许多一般消费品和耐用消费品的近期、短期的需求量预测。例如，通过典型调研或抽样调研测算出某市某区域的电冰箱年销售数与百户居民数之比为20%，就可以此销售率来推算出该市的电冰箱年销售量。当然，也可以通过一些有代表性的城市和农村的调查分析，来对全国总需求情况进行推断。

2.3 概率预测法

2.3.1 主观概率法

主观概率是相对客观概率而言的。通常把基于柯尔莫哥洛夫公理系统上的概率称为客观概率。它是随机事件的一种客观属性，同人们在现实世界上能观察到的客观现象相符合。在一组相同条件下进行大量重复的独立试验时，一个随机事件出现的相对频率趋于它的概率。但是，在决策问题中，大量重复试验往往是不可能的。事实上，在决策问题中，事件往往只发生一次，对这种一次性事件的出现可能性也应给出量度。例如，为了决定今天下午去颐和园时是否带伞，首先必须对"今天下雨"的可能性做出判断；零售商为了决定某产品的进货量，必须首先对未来市场销售顺利的可能性做出判断。又如，学生成绩提高的概率、某项新产品开发成功的概率等，都是无法在相同条件的试验序列意义下解释的。它们是唯一的、一次性事件，但结果又是不确定的。为了预测这类事件出现的可能性，以便能进行某种决策，应扩大概率的解释，使得对它们的不确定性也能给出数值量度。这种数值量度称为*主观概率*。频率意义下概率的计算理论上是直接的，只要决定有关事件发生的相对频率即可。而主观概率的计算，仅能通过个人"内省"的办法来决定，即一个事件的主观概率是人们对这类事件出现可能性的一种信任程度，但绝不是主观臆断，而是基于对事件已有信息的一种理智上的判断。事件的主观概率随人们对它的信息量增加而改变，不是随机事件的唯一属性。如抛掷一枚硬币，即使它在物理上是完全对称的，也并不能直接导致正面朝上的概率为0.5，这还与抛掷的条件（如抛掷高度、用力大小）有关。若抛掷得比较低，而且用力甚微，则正面是否朝上严重依赖于抛掷前正面是否朝上，即掷出正面朝上的概率不完全是钱币的物理参数，还依赖于人们对其信息的掌握程度。如小明连续抛掷了10次硬币，正面出现了7次，则他下次抛掷硬币出现正面的可能性，人们往往认为不是0.5，而是大于0.5。

主观概率也应满足概率论中的一些条件。如有 n 个不同事件，它们互不相交且并集为整个样本空间，则它们的概率均非负且其和为1。

估计主观概率本质上属于德尔菲法，但通常也作为一种单独的预测方法使用，并命名为主观概率预测法。在估计主观概率时，各专家的估计值往往不同，一般采用主观概率加权平均法和累计概率中位数法进行计算处理。

1. 主观概率加权平均法

*主观概率加权平均法*是指以主观概率为权数，对专家的各种预测意见进行加权平均以作为专家集体预测结果的方法。上、下四分位数表示专家预测结果的分散程度。

主观概率加权平均法的基本过程为：

(1) 确定各种可能情况的主观概率。

(2) 主观概率加权平均，计算综合预测值。

(3) 根据以往预测误差或实际情景，修正预测结果。

例 2-9 某采用德尔菲法的征询表中，要求各专家预测某项新技术应用开发成功的可能性。参加预测的共有 10 位专家，对开发成功的主观概率估计如下：3 人估计为 0.7，2 人估计为 0.8，4 人估计为 0.6，1 人估计为 0.2。则主观概率的加权平均值为

$$\frac{3 \times 0.7 + 2 \times 0.8 + 4 \times 0.6 + 1 \times 0.2}{10} = 0.63$$

上、下四分位数可相应求得。

如果根据以往经验，人们在新技术、新产品开发中通常采取保守的态度，实际成功的概率约高于预测值 2%。因此，将预测值增加 2% 进行修正，则经修正的该新技术开发成功的可能性为 $0.63 \times (1 + 2\%) = 0.6426$。

2. 累计概率中位数法

累计概率中位数法是指根据累计概率，确定不同意见的预测中位数，对预测值进行点估计的一种方法。

累计概率中位数法的基本过程为：

（1）对未来各种结果的概率与累计概率进行主观估计，建立概率分布函数。

（2）根据概率分布函数进行预测。通常将累计概率分布的中位数确定为预测值的点估计值。

例 2-10 某企业过去 12 个月的产品销售量统计表见表 2-6，现采用累计概率中位法对下个月的产品销售量进行预测。

表 2-6　某企业过去 12 个月的产品销售量统计表　　（单位：万件）

月 份	1	2	3	4	5	6	7	8	9	10	11	12
销售量	50	52	55	58	57	61	63	66	70	75	78	80

（1）提供背景资料给相关专家。

（2）编制主观概率调查表。调查表中列出不同状态（销售量）可能实现的多个层次的概率，如 0.010，0.125，…，0.990 等，由调查人员填写各种状态下的预测值（见表 2-7）。

表 2-7　主观概率调查表　　（单位：万件）

被调查人姓名：　　　　编号：

累计概率	0.010	0.125	0.250	0.375	0.500	0.625	0.750	0.875	0.990
销售量									

其中，表 2-7 中第一列累计概率为 0.010 的商品销售量是可能的最小值，表示商品销售量小于该数值的可能性仅为 1%；而最后一列累计概率为 0.990 的商品销售量是可能的最大数值，表示商品销售量小于该数值的可能性为 99%，依此类推。

（3）汇总整理。本例共调查了 6 个人，对其填写的调查表进行整理汇总，并计算各栏的平均数。销售量主观概率汇总表见表 2-8。

（4）做出预测。从销售量主观概率汇总表可见，该公司下个月销售量只有 1% 的可能性小于 81.83 万件，也只有 1% 的可能性大于 98.83 万件，而大于和小于 91.67 万件的可能性各为 50%，可作为下个月销售量期望值的点估计值。

表 2-8　销售量主观概率汇总表　　　　　　　　（单位：万件）

被调查人员编号	累计概率								
	0.010	0.125	0.250	0.375	0.500	0.625	0.750	0.875	0.990
1	83	85	86	88	90	93	95	96	97
2	81	84	86	89	91	93	95	97	99
3	80	81	83	85	87	90	91	94	96
4	82	85	87	90	92	94	95	97	98
5	85	88	91	95	97	98	100	102	104
6	80	84	88	91	93	95	96	98	99
平均值	81.83	84.50	86.83	89.67	91.67	93.83	95.33	97.33	98.83

2.3.2　交叉影响分析法

交叉影响分析法又称**交叉概率法**，是美国学者戈登（Gordon）和海沃德（Hayward）于 1968 年在专家评分法和主观概率法基础上创立的一种定性预测方法。这种方法通过主观估计每个事件在未来发生的概率，以及事件之间相互影响的概率，利用交叉影响矩阵考察预测事件之间的相互作用，进而预测目标事件未来发生的可能性。它的价值在于把大量可能结果进行系统的整理，以此提高决策者对复杂现象的认识程度，从而提升有效制订计划和政策的能力。

交叉影响分析法的基本过程为：

（1）主观判断估计各种有关事件发生的概率，即初始概率。

（2）构造交叉影响矩阵，反映事件相互影响的程度。

设有一组预测事件 D_1，D_2，D_3，…，D_n，估计各自发生的初始概率分别为 P_1，P_2，P_3，…，P_n，事件 D_i 的发生对事件 D_j 的影响程度为 a_{ij}（i，j = 1，2，…，n），称为**交互影响系数**，其中 $a_{ii}=0$，$|a_{ij}| \leq 1$。若 $a_{ij} > 0$，则表示有正影响；若 $a_{ij} < 0$，则有负影响；若 $a_{ij}=0$，则没有影响。$|a_{ij}|$ 越接近于 1，表示影响程度越大，见表 2-9。

表 2-9　交叉影响系数表

交叉影响分类	无影响	弱负影响	弱正影响	强负影响	强正影响	很强负影响	很强正影响
a_{ij}	0	−0.5	+0.5	−0.8	+0.8	−1.0	+1.0

（3）根据事件间的相互影响，修正各事件发生的概率，根据修正后的结果做出预测。

通常利用随机数字表考察各事件是否发生。如果发生，就根据戈登（Golden）提出的经验公式计算已发生事件对其他诸事件的交叉影响而产生的过程概率 P'_j，当全部事件均考察到时，则完成一次试验；通过多次试验，最后由试验中各事件发生的次数与试验总次数对比，求得各事件在未来最终发生的概率 P^*，称为校正概率。试验次数越多，校正概率越稳定，预测效果就越理想。

1）在全部事件集合中随机抽取一个事件，如 D_i。

2）用随机数法确定事件 D_i 是否发生，即从 0~99 中随机抽取一数 k，与事件 D_i 的初始概率 P_i 相比较。如果 $k > 100 \times P_i$，则事件 D_i 不发生；如果 $k < 100 \times P_i$，则事件 D_i 发生。

3) 如果随机抽取的事件 D_i 不发生，将不影响其他事件，其他事件的初始概率均不改变；如果随机抽取的事件 D_i 发生，将影响其他事件，受其影响的各事件的概率将根据交叉影响矩阵，利用以下公式计算过程概率 P'_j：

$$P'_j = P_j + a_{ij}P_j(1-P_j)$$

若 $a_{ij} > 0$，则 P'_j 大于 P_j，说明事件 D_i 推进事件 D_j 的发生；否则，$a_{ij} < 0$，事件 D_i 阻碍事件 D_j 的发生。过程概率 P'_j 将在该次试验中取代交叉影响矩阵中的初始概率。

4) 再从剩下的未被抽取的诸事件中随机选择一个事件，重复上述三个步骤，若该事件发生了，则对其他事件的概率进行调整计算。其中，在用随机数法确定选取事件是否发生时，如果该事件的初始概率已经被调整，则通过将新获取的随机数与该事件调整后的概率来进行比较，判断其是否发生。

继续进行上述模拟过程，直至 n 个事件都被随机抽取一次为止，方完成一次试验，称为一轮模拟。

5) 将过程概率 P'_j 视为初始概率，再进行下一轮模拟。通过多轮模拟，如 1000 轮或更多轮的模拟后，由各事件发生的次数与试验总次数相比，得到该事件发生的概率值，称为在交叉影响作用下各事件的最终发生概率估计值，即事件的校正概率 P^*。

例 2-11 某企业在某工程项目建设过程中，通过调查分析，发现该项目存在的三大主要风险为工期延误、成本超支和质量缺陷。通过专家估计，上述三种风险发生的概率分别为 0.2，0.3，0.1。若不考虑它们之间的交叉影响，可能认为该项目没有特别严重的风险而忽视风险防范和风险控制。如考虑它们之间的交叉影响，设交叉影响矩阵见表 2-10，则可以利用交叉影响分析法，对该项目的风险水平做出新的估算。

表 2-10 交叉影响矩阵

事件（D_i）	初始概率（P_i）	对其他事件的影响		
		D_1	D_2	D_3
D_1	0.2	0	0.8	0.3
D_2	0.3	-0.5	0	-0.4
D_3	0.1	0.7	0.6	0

（1）选取一个事件 D_i，由 P_i 模拟事件 D_i 是否发生。

例如，先选 D_2，从 0~99 中随机抽取一数为 21，21 < 30，故事件 D_2 发生，计算过程概率为

$$P'_2 = 0.3$$
$$P'_1 = P_1 + a_{21}P_1(1-P_1) = 0.2 + (-0.5) \times 0.2 \times (1-0.2) = 0.12$$
$$P'_3 = P_3 + a_{23}P_3(1-P_3) = 0.1 + (-0.4) \times 0.1 \times (1-0.1) = 0.064$$

（2）在剩下事件中再随机选取一事件，如 D_1，抽取随机数为 11，11 < 12，故事件 D_1 发生，各事件的过程概率为（在此次实验中，上次实验得到的过程概率将取代交叉影响矩阵中的初始概率）

$$P'_1 = 0.12$$
$$P'_2 = P_2 + a_{12}P_2(1-P_2) = 0.3 + 0.8 \times 0.3 \times (1-0.3) = 0.468$$
$$P'_3 = P_3 + a_{13}P_3(1-P_3) = 0.064 + 0.3 \times 0.064 \times (1-0.064) = 0.082$$

(3) 最后选 D_3，抽取随机数为 56，56 > 8，故事件 D_3 不发生，其他事件的概率不发生改变。这一轮三次的修正概率列表见表 2-11。

表 2-11 修正概率表

	D_2	D_1	D_3
D_i 是否发生	发生	发生	不发生
P_1'	0.12	0.12	0.12
P_2'	0.3	0.468	0.468
P_3'	0.064	0.082	0.082

重复上述步骤多次，假设本例重复了 10 次，合计各种事件发生的次数，D_1 发生了 3 次，D_2 发生了 5 次，D_3 发生了 1 次，各种事件发生的次数和试验次数相比，计算每一事件发生的概率

$$P_1^* = \frac{3}{10} = 0.3$$

$$P_2^* = \frac{5}{10} = 0.5$$

$$P_3^* = \frac{1}{10} = 0.1$$

与初始概率相比，事件 D_1 和 D_2 的概率分别提高了 10% 和 20%，D_2 的概率高达 0.5，应引起足够的重视，而事件 D_3 的概率未发生变化。上述过程基本能够说明该方法的使用，但为了确保预测结果的准确性，理论上模拟应在千次以上，目前一般用计算机进行模拟运算。

【案例 2-3】 用德尔菲法预测研究生报考人数

近年高校扩招，研究生录取人数逐年增加，但与此同时，全国本科毕业生人数也逐年增加，就业压力加大，并且人才需求层次逐渐提高。一些高校校园的招聘活动，其中就不乏专门面对研究生的岗位。及早了解考研形势，对报名人数和录取比例有所判断，对大学生早下决定，关于考研与否、着手考研复习还是准备找工作等，具有重要的现实意义。因此，每年都会有一些机构或专家对考研人数进行预测。以下是 2007 年研究生报考人数的一个预测案例。

聘请了教育管理者、教育工作者和预测学者共 10 位专家，对 2007 年我国研究生报考人数用德尔菲法进行预测。在专家做出预测前，将 1997—2006 年考研报名人数与录取人数等作为背景资料，书面发给专家参考，见表 2-12。

表 2-12 1997—2006 年考研报名人数与录取人数　　　　（单位：万人）

年　份	1997	1998	1999	2000	2001	2002	2003	2004	2005	2006
报名人数	24.2	27.4	31.9	39.2	46	62.4	79.7	94.5	117.2	127.12
录取人数	5.1	5.8	6.5	8.5	11.05	19.5	27	33	32.494	40.28
录取比例	21.07%	21.17%	20.38%	21.68%	24.02%	31.25%	33.88%	34.92%	27.73%	31.69%

而后采用德尔菲法,请专家各自做出判断。经过三轮反馈之后,具体数据见表 2-13。

表 2-13 专家预测结果统计表　　　　　　　　　　　　（单位:万人）

专家编号	1	2	3	4	5	6	7	8	9	10
第一轮	130	120	128	137	124	156	134	121	110	123
第二轮	136	139	129	141	124	148	135	129	125	127
第三轮	136	143	130	142	138	141	135	134	131	136

从表 2-13 中不难看出,专家们在发表第二轮预测意见时,大部分的专家都修改了自己的第一轮预测意见,只有编号为 5 的专家坚持了自己第一轮的意见;专家们发表第三轮预测意见时,只有编号为 1,7 的专家坚持自己第二轮的意见。经过三轮征询后,专家们预测值的差距在逐步缩小。将每轮专家预测结果由小到大排序,并分别计算其中位数、极差及上、下四分位区间。

第一轮征询中,$x_{中} = (x_5 + x_6)/2 = 126$ 万人

$$x_{max} = 156 \text{ 万人}, \quad x_{min} = 110 \text{ 万人}, \quad R = x_{max} - x_{min} = 46 \text{ 万人}$$

上四分位点为 $x_{上} = x_8 = 134$ 万人,下四分位点为 $x_{下} = x_3 = 121$ 万人

上、下四分位区间为 [121, 134]

同理,

第二轮征询中,$x_{中} = 132$ 万人,$R = 24$ 万人,上、下四分位区间为 [127, 139]

第三轮征询中,$x_{中} = 136$ 万人,$R = 13$ 万人,上、下四分位区间为 [134, 141]

用平均值法确定最终预测值

$$\frac{136 + 143 + 130 + 142 + 138 + 141 + 135 + 134 + 131 + 136}{10} \text{ 万人} = 136.6 \text{ 万人}$$

根据教育部最终公布的数据显示,最终报名人数为 128.2 万人。可见,本次预测基本准确。

本章小结

1. 非模型预测法。 预测方法按照预测的属性可分为模型预测法和非模型预测法两大类。非模型预测法是指凭借预测者自身的专业知识、经验和综合分析能力,根据已掌握的历史资料和直观材料,对事物发展的趋势、方向和重大转折点做出估计与推测。在预测对象的历史数据缺乏、信息难以量化、影响因素难以分清主次或其主要因素难以用数学表达式模拟的情况下,非模型预测得到广泛应用。同时,由于社会研究的复杂性,往往需要对定量模型预测结果进行定性修正,因此,实践中模型预测与非模型预测二者相辅相成、相互补足、相互融合。

2. 专家预测法。 这是指以专家为信息索取的对象,依靠专家的经验、智慧来进行评估预测的一种方法。专家预测方法由于操作简单,不需要建立复杂的数学模型,在各个领域得到广泛应用,包括个人判断法、专家会议法、专家意见汇总预测法、头脑风暴法、德尔菲法等多种形式。

3. 指标预测法与类比法。指标预测法是指根据经济发展中各种经济指标的变化，来分析判断市场未来发展变化趋势的一种方法。它一般可分为领先落后指标法、扩散指数法和合成指数法。其中，领先落后指标法又将指标划分为先期指标、同步指标和落后指标。类比法是指利用事物发生的时间差异和形式上的相同或相似，借用先行的、同类的、相似的事物的有关参数，来推断预测目标未来发展趋势与可能水平的一种对比推理预测方法。它按应用形式可分为产品类比法、地区类比法、行业类比法、局部总体类比法。

4. 概率预测法。概率预测法主要包括主观概率法和交叉影响分析法。相对于客观概率，主观概率是预测者根据自己的实践经验和分析判断能力，对某种事件未来发生的可能性进行评估。在估计主观概率时，一般采用主观概率加权平均法和累计概率中位数法进行计算处理。交叉影响分析法是在专家评分法和主观概率法基础上创立的一种定性预测方法，即立足各事件的初始概率和交叉影响矩阵，对其发生的概率进行修正，得出新的预测结果。

非模型预测法包括多种具体的预测方法和预测技术，本章主要对常用的一些方法进行了介绍。此外，还包括联测法、转导法、弹性预测法等，具体内容可参考相关等书籍。

思考与练习

1. 头脑风暴法与德尔菲法的主要区别是什么？在专家选择上有何异同？
2. 若用德尔菲法预测 2025 年新能源汽车的普及率，你准备：
（1）如何挑选专家？
（2）设计预测咨询表应包含哪些内容？
（3）怎样处理专家意见？
（4）为了提高专家意见的回收率，你准备采用什么办法？
3. 某服装研究设计中心设计了一款新式时装，聘请了三位富有经验的时装推销员来参加试销和时装表演活动，最后请他们做出销路预测。预测结果如下：
甲：最乐观的销售量是 800 万件，最悲观的销售量是 600 万件，最可能的销售量是 700 万件。
乙：最乐观的销售量是 750 万件，最悲观的销售量是 550 万件，最可能的销售量是 640 万件。
丙：最乐观的销售量是 850 万件，最悲观的销售量是 600 万件，最可能的销售量是 700 万件。
甲、乙、丙这三位专家的经验彼此相当，试用专家意见汇总预测法预测新式时装的销售量。
4. 已知 15 位专家预测 2019 年平板电脑在某地区居民（以户为单位）中的普及率分别为 0.2，0.2，0.2，0.2，0.25，0.25，0.25，0.3，0.3，0.3，0.3，0.35，0.35，0.35，0.4。试求专家们的协调结果和预测的分散程度。
5. 某公司为实现某个目标，初步选定 a，b，c，d，e，f 六个工程，由于实际情况的限制，需要从其中选择三个。为慎重起见，公司总共聘请了 100 位公司内外的专家，请他们共同来完成这一艰巨的任务。如果你是最后的决策者，根据 100 位专家最后给出的意见（见表 2-14），如何做出最合理的决策？

表 2-14 专家意见表

排　序	1	2	3
a	30	10	20
b	10	10	40

(续)

排　序	1	2	3
c	16	10	20
d	10	15	0
e	14	46	10
f	20	9	10

6. 试分析德尔菲法的优点与不足。
7. 简述先期指标、同步指标和落后指标的区别，并举例说明。
8. 举例说明类比法的具体应用。
9. 简述交叉影响分析法的预测步骤。

第3章
确定型时间序列预测方法

【案例 3-1】　　国民经济产业结构分析

2010 年我国的 GDP 总额已超过日本,成为世界第二大经济体,而在经济高速增长的同时,经济发展中存在的问题也不断暴露出来。根据近 20 年三次产业结构的时间序列以及由此发现的规律以及趋势预测,在新常态下保持经济持续、健康发展,产业结构的转型升级至关重要。表 3-1 是 1997—2016 年我国的国内生产总值,表 3-2 是国内三大产业占 GDP 的比重,将上述数据绘制成图形,如图 3-1 和图 3-2 所示。对产业结构的时间序列进行分析,可以得到:

(1) 随着时间的变化,我国三次产业的产值都在逐年增加,但第一产业增幅较小,第二产业和第三产业增幅较大,而在 2012 年后,第三产业以绝对的增幅优势及总量超过第二产业。第三产业的兴盛和发展说明我国经济增长慢慢开始由依靠投资和进出口贸易转变为内需拉动。

(2) 我国第一产业所占比重总体呈下降趋势,第二产业的比重有所波动,到 2012 年后呈现比较明显的下降趋势,而第三产业呈现快速上升趋势。至 2016 年,第三产业占比已超过 50%,但相较美国第三产业一直高达 70%,我国第三产业还有很大的发展空间。

(3) 我国第三产业蓬勃发展。能否根据其历史数据、发展规律以及国外第三产业的发展规律,预测出我国第三产业的趋势值?进一步研究发现,我国的 GDP 总额和美国的差距越来越小,我们是否可以沾沾自喜?再比较一下两国的人均 GDP,又会有怎样的想法?

表 3-1　1997—2016 年我国的国内生产总值　　　　　　　　(单位:亿元)

年　份	1997	1998	1999	2000	2001	2002	2003	2004	2005	2006
国内生产总值	79715	85195.5	90564.4	100280.1	110863.1	121717.4	137422	161840.2	187318.9	219438.5
第一产业增加值	14265.2	14618.7	14549	14717.4	15502.5	16190.2	16970.2	20904.3	21806.7	23317
第二产业增加值	37546	39018.5	41080.9	45664.8	49660.7	54105.5	62697.4	74286.9	88084.4	104361.8
第三产业增加值	27903.8	31558.3	34934.5	39897.9	45700	51421.7	57754.4	66648.9	77427.8	91759.7
人均国内生产总值	6481	6860	7229	7942	8717	9506	10666	12487	14368	16738
年　份	2007	2008	2009	2010	2011	2012	2013	2014	2015	2016
国内生产总值	270232.3	319515.5	349081.4	413030.3	489300.6	540367.4	595244.4	643974	689052.1	744127.2
第一产业增加值	27788	32753.2	34161.8	39362.6	46163.1	50902.3	55329.1	58343.5	60862.1	63670.7
第二产业增加值	126633.6	149956.6	160171.7	191629.8	227038.8	244643.3	261956.1	277571.8	282040.3	296236
第三产业增加值	115810.7	136805.8	154747.9	182038	216098.6	244821.9	277959.3	308058.6	346149.7	384220.5
人均国内生产总值	20505	24121	26222	30876	36403	40007	43852	47203	50251	53980

资料来源:http://www.stats.gov.cn/tjsj/

表 3-2 国内三大产业占 GDP 的比重

年份	1997	1998	1999	2000	2001	2002	2003	2004	2005	2006
第一产业占比	0.178953	0.17159	0.160648	0.146763	0.139834	0.133015	0.12349	0.129167	0.116415	0.106258
第二产业占比	0.471003	0.457988	0.45361	0.455373	0.447946	0.444517	0.45624	0.459014	0.470238	0.475586
第三产业占比	0.350045	0.370422	0.385742	0.397865	0.41222	0.422468	0.42027	0.411819	0.413348	0.418157
年份	2007	2008	2009	2010	2011	2012	2013	2014	2015	2016
第一产业占比	0.10283	0.102509	0.097862	0.095302	0.094345	0.094199	0.092952	0.090599	0.088327	0.085564
第二产业占比	0.46861	0.469325	0.458838	0.463961	0.464007	0.452735	0.440082	0.43103	0.409316	0.398099
第三产业占比	0.42856	0.428166	0.4433	0.440738	0.441648	0.453066	0.466967	0.478371	0.502356	0.516337

资料来源：http://www.stats.gov.cn/tjsj/

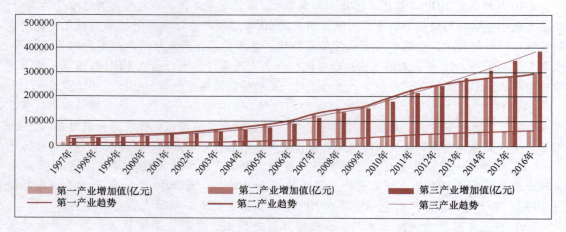

图 3-1 1997 年—2016 年我国的国内生产总值

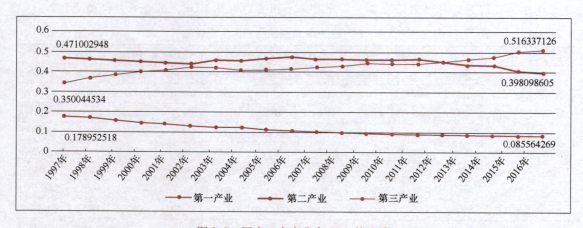

图 3-2 国内三大产业占 GDP 的比重

时间序列预测方法是指将预测目标的历史数据按照时间顺序排列成为时间序列，分析序列随时间的变化趋势，并建立数学模型进行外推的定量预测方法。这类方法以连贯性原理为依据，以假设事物过去和现在的发展变化趋势会继续延续到未来为前提条件。它撇开对事物

第 3 章 确定型时间序列预测方法

发展变化因果关系的具体分析，直接从时间序列统计数据中找出反映事物发展的演变规律，从而预测目标的未来发展趋势。

时间序列预测方法在国外早已有应用，我国则在 20 世纪 60 年代将其应用于水文预测研究。到 20 世纪 70 年代，随着计算机技术的发展，气象、地震等方面也已广泛应用时间序列预测方法。在经济分析领域，最早是美国哈佛大学的珀森斯（Warren Persons）教授将它应用于一般的商情预测。目前，时间序列预测方法已成为世界各国进行经济分析和经济预测的基本方法之一。

时间序列预测方法可分为随机型和确定型两大类，随机型时间序列预测方法使用了概率的方法，而确定型时间序列预测方法则使用了非概率的方法。本章讨论确定型时间序列预测方法，包括四部分内容：①时间序列与时间序列分析概述；②移动平均法；③指数平滑法；④时间序列分解法。

3.1 时间序列与时间序列分析概述

3.1.1 时间序列的含义

所谓**时间序列**，是指观察或记录到的一组按时间顺序排列的数据，经常用 X_1，X_2，$\cdots$，X_t，$\cdots$，X_n 表示。不论是经济领域中某一产品的年产量、月销售量、月库存量、在某市场上的价格变动等，或是社会领域中某一地区的人口数、某医院每日就诊的患者人数、铁路客流量等，还是自然领域中某一地区的日平均温度、月降雨量等，都形成了时间序列。

例 3-1

1997—2016 年全国研究生招生数如表 3-3 所示。

表 3-3　1997—2016 年全国研究生招生数　　　　　　　　　（单位：万人）

时间序列	X_1	X_2	X_3	X_4	X_5	X_6	X_7	X_8	X_9	X_{10}
指标	1997 年	1998 年	1999 年	2000 年	2001 年	2002 年	2003 年	2004 年	2005 年	2006 年
研究生招生数	6.3749	7.2508	9.2225	12.8484	16.5197	20.2611	26.8925	32.6286	36.4831	39.7925
时间序列	X_{11}	X_{12}	X_{13}	X_{14}	X_{15}	X_{16}	X_{17}	X_{18}	X_{19}	X_{20}
指标	2007 年	2008 年	2009 年	2010 年	2011 年	2012 年	2013 年	2014 年	2015 年	2016 年
研究生招生数	41.8612	44.6422	51.0953	53.8177	56.0168	58.9673	61.1381	62.1323	64.5055	66.7064

资料来源：http://www.stats.gov.cn/tjsj/

用 X_1 表示第一期的 1997 年全国研究生招生数 6.3749 万人，X_2 表示 1998 年全国研究生招生数 7.2508 万人，等等。X_1，X_2，$\cdots$，X_t，$\cdots$，X_n 是按时间次序排列的观测值。绘制 20 组历史数据的折线图，如图 3-3 所示。

20 年间全国研究生招生人数以时间序列的形式展现，可以明显看出该时间序列随时间的发展呈现一定的规律：①逐年上升的趋势；②增速在 2006 年开始放缓；③2008 年增速有变化，但从 2009 年开始，增速又趋于放缓。通过研究这些数据发展变化的趋势和程度并运用适当的数学方法构建预测模型，可以预测下一期即 2017 年甚至更远期的全国研究生招

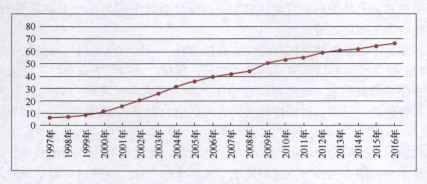

图 3-3　　1997—2016 年全国研究生招生数

生数。

3.1.2　时间序列分析

时间序列的基本特点就是每一个序列包含了产生该序列的系统的历史行为的全部信息。问题在于如何才能根据这些时间序列，比较精确地找出相应系统的内在统计特性和发展规律，尽可能多地从中提取人们需要的准确信息。用来实现上述目的的整个方法称为时间序列分析，简称时序分析。

时序分析是一种根据动态数据揭示系统动态结构和规律的统计方法，是统计学科的一个分支。其基本思想是根据系统有限长度的运行记录（观察数据），建立能够比较精确地反映时间序列中所包含的动态依存关系的数学模型，并借以对系统的未来行为进行预测。

时序分析具有以下三个特点：

（1）时序分析是根据预测目标过去至现在的变化趋势预测未来的发展，它的前提是假设预测目标的发展过程规律性会继续延续到未来，即以惯性原理为依据。

事物的现实是历史发展的结果，而事物的未来又是现实的延续，现实与未来是有联系的。时间序列分析法正是根据客观事物发展的这种连续性，利用历史数据推测预测对象未来的发展趋势。但事物未来的变化趋势会受到多种因素的影响，而各种影响因素又在不断地发展变化，事物的未来发展也不可能是过去历史的简单重复。随着时间推移，环境因素的制约和影响也在积累，因此，时间序列预测用于短期预测精度较高，中期预测其次，长期预测最低。

（2）时间序列数据的变化存在着规律性与不规律性。

时间序列中每一时期的数据都是由许多不同因素同时发生作用的综合结果。例如某商品的销售量，它可能会受到来自季节、天气、竞争者和政策法规等因素的综合影响而上下起伏，但其中很多因素对其影响是无法确切描述的。因此，时间序列分析根据变量过去的变化规律来建立模型，利用这个模型来预测该变量未来的变化。

（3）时间序列是一种简化。

时间序列预测方法假设预测对象的变化仅仅与时间有关，根据它的变化特征，以惯性原理推测其未来状态。事实上，预测对象与外部因素有着密切而复杂的联系。时间序列中的每一个数据都是许多因素综合作用的结果，整个时间序列则反映了外部因素综合作用下预测对象的变化过程。因此,预测对象仅与时间有关的假设是对外部因素复杂作用的简化,这种简化使预测更为直接和简便。

3.1.3 时间序列分析方法的分类

以某产品的月销售量为例,如果想要预测未来最近一期的销售量,最朴素的做法就是用最末一期的销售量作为下一期的预测值,因为通常人们认为现象的未来行为与现在的行为有关,于是出现了这样简单而实用的预测值。如果该产品是洗发水等与季节或假日并无特殊关联的产品,这样的预测结果可能会得到领导的赏识;但是,如果该产品是蚊帐、月饼等,季节或假日对其销售量有很大影响,这种朴素的预测方法就大打折扣了。即使已经很好地掌握了季节或者假日因素对销售量的影响,但也永远无法预估随机因素(如突发的自然灾害)对预测值的影响程度。

实践中人们逐步认识到时间序列的变动,主要是由长期趋势(在较长时间内连续不断地向一定的方向持续发展:上升的、下降的、持平的)、季节变动(在某一时期依一定周期规则性地变化)、循环变动(周期不定的波动变化)和不规则变动(各种偶然性因素引起的变动)而形成的。前三种变动是有一定规律的,是可以识别的,随机变动虽无法识别但可以用一些方法(如平均数等)予以消除。基于这种思想,消除了无法识别的随机变动,形成了长期趋势分析、季节变动分析和循环波动分析等一系列的确定型时间序列分析方法。

确定型时间序列分析是用一个确定型的模型去拟合所研究的时间序列。事实上,许多时间序列并不是时间 t 的确定型函数,而是由许多偶然因素共同作用的随机型波动,这些波动也并非完全杂乱无章,而是有一定的规律性。人们根据随机理论,对这类随机序列进行分析,相应的方法称为随机型时间序列分析方法(随机型时间序列分析方法将在后面章节详细讲解)。

3.1.4 确定型时间序列预测方法概述

确定型时间序列预测方法是用一个确定型的预测模型去拟合所研究的对象进行预测的方法。时间序列中每一期的数据都是由许多不同的因素同时发生作用的综合结果,根据各种因素的特点或影响效果,将这些因素分成长期趋势、季节变动、循环变动和不规则变动四大类,并认为时间序列是由这四大类变化形式构成或叠加的结果。

1. 长期趋势(T)

长期趋势是指由于某种关键因素的影响,时间序列在较长时间内连续不断地向一定的方向持续发展(上升或下降),或相对停留在某一水平上的倾向,反映了事物的主要变化趋势,是事物本质在数量上的体现。它是分析预测目标时间序列的重点。

例如,上海世博会 2010 年 5 月 1 日开园以来 37 天每天入园人数散点图如图 3-4 所示。这样一组时间序列,虽然在短时间内是上下起伏变动的,但在较长时间内还是朝着上升的趋势发展的,这种上升的势头就是其在一定研究期限内的长期趋势。

2. 季节变动(S)

季节变动是指由于自然条件和社会条件的影响,时间序列在某一时期依一定周期规则性地变化。它一般归因于一年内的特殊季节、节假日,典型的如农产品的季节生产、化肥、空调、服装、某些食品的周末热销等。

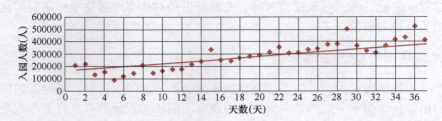

图3-4 上海世博会2010年5月1日开园以来37天每天入园人数散点图

观察上海世博会2010年5月1日开园以来37天每天入园人数的折线图（见图3-5）。可以看出，每天的入园人数呈现一种以7天（一周）为循环的规律变动。将这种有固定周期的变动称为季节变动。

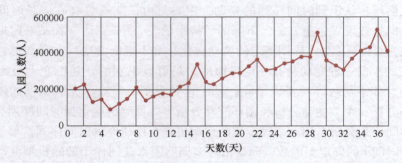

图3-5 上海世博会2010年5月1日开园以来37天每天入园人数折线图

3. 循环变动（C）

循环变动是以数年为周期的波动式的变动。它与长期趋势不同，不是向单一方向持续发展，而是涨落相间的波浪式起伏变动。它与季节变动也不同，其波动时间较长，变动周期长短不一。在市场经济条件下，由于竞争，会先出现一个经济扩张时期，紧接着是一个收缩时期，再接下来又是一个扩张时期等变化，通常在同一时间内影响到大多数经济部门，如农产品需求量、住宅的建设、汽车工业的发展、资本主义国家经济危机的变化周期等。这种循环往往是由高值到低值再回到高值的波浪形模式。

如图3-6所示，从2008年7月—2016年6月国际原油价格一直是上下起伏的，在长短不定的几年中总会有一个起伏。这种周期变动和周期规律的季节变动不同，体现了周期变动的涨落相间的波浪式起伏变化和周期不定的特点。

4. 不规则变动（I）

不规则变动是指各种偶然性因素引起的变动。这种变动又可分为突变和随机变动两类。所谓突变，是指诸如战争、自然灾害、意外事故、方针政策等的改变所引起的变动；随机变动是指由于各种随机因素所产生的影响，如股票价格的异动等。

如图3-7所示，2017年2月—2018年2月中国石油股价的变动除受自身经营的影响外，同时受到各种随机因素干扰，可能会出现毫无预兆的暴跌和暴涨。2018年2月5日开始的暴跌让很多人都始料不及。

上述各类影响因素的共同作用使时间序列数据发生变化，有的具有规律性，如长期趋势

第 3 章 确定型时间序列预测方法

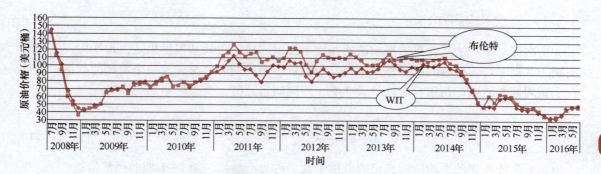

图 3-6 2008 年 7 月—2016 年 6 月国际原油价格

注：WTI 即 West Texas Intermediate（Crude Oil），美国西得克萨斯轻质原油；
布伦特原油（Brent Oil），出产于北大西洋北海布伦特地区。

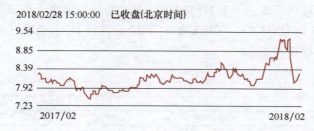

图 3-7 2017 年 2 月—2018 年 2 月中国石油 [601857] 股票历史交易数据

变动和季节性变动；有的不具有规律性，如不规则变动以及循环变动（从较长的时期观察也有一定的规律性，但短时间内的变动又是不规律的）。时间序列分析法就是运用统计方法和数学方法，把时间序列数据分解为 T, S, C, I 四类因素或其中的一部分，据此预测时间序列的发展规律。

对于一个具体的时间序列，如果在预测时间内没有突发性的变动且不规则变动对整个时间序列影响较小，并且有理由相信过去和现在的历史演变趋势将继续发展到未来，这时应根据所掌握的资料、时间序列的性质以及研究的目的来确定使用哪种预测方法。具体的确定型时间序列预测方法有移动平均法、指数平滑法、季节指数法、时间序列分解法以及差分指数平滑法和自适应过滤法等。确定型时间序列预测技术在经济和商业预测上被广泛应用，尽管有时该方法无法达到现代随机时序模型所能达到的预测精度，但仍是一种简单、经济和易于被大众接受的预测手段。本章将就前四种方法进行具体讨论。

3.2 移动平均法

移动平均法是一种改良的算术平均法，适用于短期预测。当时间序列受周期变动和不规则变动的影响较大，且不易显示出其发展趋势时，可用移动平均法消除这些因素的影响，分析、预测序列的未来趋势。移动平均法是一种常用的预测方法，即使在预测技术层出不穷的今天，该方法由于简单仍不失其实用的价值。

3.2.1 一次移动平均法

一次移动平均法是在算术平均法的基础上加以改进的。其基本思想是，每次取一定数量周期的数据平均，按时间顺序逐次推进。每推进一个周期时，舍去前一个周期的数据，增加一个新周期的数据，再进行平均。设 X_t 为 t 周期的实际值，**一次移动平均值**为

$$M_t^{(1)}(N) = \frac{X_t + X_{t-1} + \cdots + X_{t-N+1}}{N} = \frac{\sum_{i=0}^{N-1} X_{t-i}}{N} \tag{3-1}$$

式中，N 为计算移动平均值所选定的数据个数，称为**跨越期**。第 $t+1$ 期的预测值取

$$\hat{X}_{t+1} = M_t^{(1)} \tag{3-2}$$

如果将 $\hat{X}_{t+1}$ 作为第 $t+1$ 期的实际值，于是就可用式（3-2）计算第 $t+2$ 期的预测值 $\hat{X}_{t+2}$。一般地，可相应地求得以后各期的预测值。但由于误差的积累，对越远时期的预测误差越大，因此，一次移动平均法一般只应用于一个时期后的预测（即预测第 $t+1$ 期）。

如图 3-8 是 2017 年 12 月 1 日—2018 年 2 月 28 日连续 58 个交易日九牧王［601566］股票开盘价历史交易数据散点图。

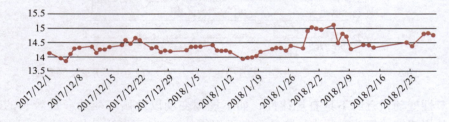

图 3-8 2017 年 12 月 1 日—2018 年 2 月 28 日九牧王［601566］
股票开盘价历史交易数据散点图

通过图形观察可以看出：该时间序列的历史数据的基本趋势变化不大，目标在某一个水平上下波动且波动没有一定的规律，如果要预测下一个交易日 $\hat{X}_{59}$ 的开盘价，最直接的方法就是用上一个交易日 $X_{58} = 14.76$ 的开盘价作为预测值，即 $\hat{X}_{59} = X_{58} = 14.76$。这种思路简单，但并没有均衡股价上下波动的随机因素，因此可以选择用所有历史数据的均值 $\overline{X}$ 作为下一期的预测值 $\hat{X}_{59} = \overline{X} = 14.37$。但远期的数据对预测值的影响微乎其微，可以选择最近几期的数据均值作为下一期的预测值，这样既考虑了均衡股价上下波动的随机因素，又更符合实际重视近期数据对预测值的影响。例如，选择最近五期数据的均值 $M_{58}^{(1)}(5) = \frac{1}{5}(X_{54} + X_{55} + X_{56} + X_{57} + X_{58}) = 14.66$ 作为下一期的预测值 $\hat{X}_{59} = M_{58}^{(1)}(5) = 14.66$。

当预测目标的基本趋势是在某一水平上下波动时，可以用一次移动平均方法建立预测模型。

例 3-2 某汽车配件销售公司某年 1~12 月的化油器销售量的统计数据见表 3-4 中第二行，试用一次移动平均法预测下一年 1 月（份）的销售量。

解 分别取 $N=3$ 和 $N=5$，按预测公式

$$\hat{X}_{t+1}(N=3) = M_t^{(1)}(3) = \frac{X_t + X_{t-1} + X_{t-2}}{3}$$

和

$$\hat{X}_{t+1}(N=5) = M_t^{(1)}(5) = \frac{X_t + X_{t-1} + X_{t-2} + X_{t-3} + X_{t-4}}{5}$$

计算 3 个月和 5 个月移动平均预测值，见表 3-4，预测图如图 3-9 所示。

表 3-4 化油器销售量及移动平均预测值表　　　　　　　　　（单位：只）

月 份	1	2	3	4	5	6	7	8	9	10	11	12	1
X_t	423	358	434	445	527	429	426	502	480	384	427	446	
$\hat{X}_{t+1}(N=3)$				405	412	469	467	461	452	469	456	430	419
$\hat{X}_{t+1}(N=5)$						437	439	452	466	473	444	444	448

由图 3-9 可以看出，实际销售量的随机波动较大，经过移动平均法计算后，随机波动显著减小，而且求取平均值所用的月数越多，即 N 越大，修匀的程度越强，波动也越小。但是在这种情况下，对实际销售量的变化趋势反应也越迟钝。反之，如果 N 取得越小，对销售量的变化趋势反应越灵敏，但修匀性越差，容易把随机干扰作为趋势反映出来。因此，N 的选择十分重要，N 应该取多大，应根据具体情况做出抉择。当 N 等于周期变动的周期时，则可消除周期变化的影响。

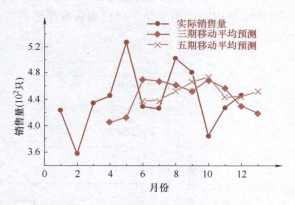

图 3-9 化油器销售量及移动平均预测值

在实用上，一般用对过去数据预测的均方误差 S 来作为选取 N 的准则。

当 $N=3$ 时，

$$S = \frac{1}{9}\sum_{t=4}^{12}(X_t - \hat{X}_t)^2 = \frac{28893}{9} = 3210.33$$

当 $N=5$ 时，

$$S = \frac{1}{7}\sum_{t=6}^{12}(X_t - \hat{X}_t)^2 = \frac{11143}{7} = 1591.86$$

计算结果表明，当 $N=5$ 时，S 较小，所以选取 $N=5$。预测下一年 1 月份的化油器销售量为 448 只。

在使用一次移动平均法时，应注意如下两点：

（1）一次移动平均法一般只适用于平稳模式。当被预测的变量的基本模式发生变化时，一次移动平均法的适应性比较差。

（2）一次移动平均法一般只适用于下一时期的预测。典型例子之一是生产经理要根据某一品类中的几百种不同产品的需求预测来安排生产。在这种情况下，所需要的是一种很容

易使用于每一个项目并能提供良好预测值的方法。移动平均法就是这样一种方法。当然,其必然前提是所要预测的变量在一个较短的时间范围之内表现为一个相当平稳的时间序列。

例 3-3 某产品的销售量呈现按月递增的线性趋势,见表 3-5。试用 $N=3$ 的一次移动平均法,预测第 9 个月的产品销售量。

表 3-5 某产品的销售量及预测值

月份	第1个月	第2个月	第3个月	第4个月	第5个月	第6个月	第7个月	第8个月	第9个月
销售量	3	4	5	6	7	8	9	10	
$M_t^{(1)}$				4	5	6	7	8	9
预测值					4	5	6	7	8	9

按照一次移动平均法,第 9 个月的预测值应该是 9 个单位,但通过作图,如图 3-10 所示,发现按照销售量线性递增的特性,依经验判断销售量应该是 11 个单位。同时,做 $N=3$ 时第 4 个月到第 8 个月的事后预测,发现预测值比观测值整整滞后了 2 个单位。可以发现,一次移动平均法应用于非平稳模型会有严重的滞后性。

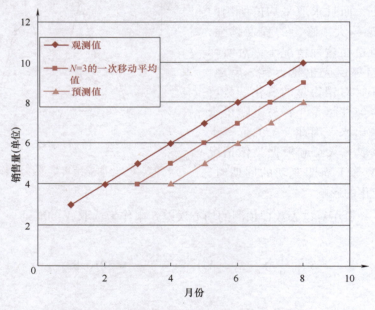

图 3-10 某产品销售量的观测值和预测值

3.2.2 二次移动平均法

前面已讲过,当预测变量的基本趋势发生变化时,一次移动平均法不能迅速地适应这种变化。当时间序列的变化为线性趋势时,一次移动平均法的滞后偏差使预测值偏低,不能进行合理的趋势外推。例如,线性趋势方程为

$$X_t = a + bt$$

式中,a,b 是常数。当 t 增加一个单位时间时,X_t 的增量为

$$X_{t+1} - X_t = a + b(t+1) - a - bt = b$$

因此，当时间从 t 增加至 $t+1$ 时，X_{t+1} 的值为 $a+b(t+1)$。如采用一次移动平均法计算，其预测值是

$$\hat{X}_{t+1} = \frac{X_t + X_{t-1} + \cdots + X_{t-N+1}}{N}$$

$$= a + bt - \frac{(N-1)b}{2}$$

由此有

$$X_{t+1} - \hat{X}_{t+1} = a + b(t+1) - \left[a + bt - \frac{(N-1)b}{2}\right]$$

$$= \frac{(N+1)b}{2}$$

从以上推导可以看出，每进行一次移动平均，得到的新序列就比原序列滞后 $b(N+1)/2$。也就是说，二次移动平均值低于一次移动平均值的距离，等于一次移动平均数值低于实际值的距离。因此，就有可能用如下方法进行预测：将二次移动平均数与一次移动平均数的距离加回到一次移动平均数上去作为预测值。如此改动后进行预测的结论将更加准确。

时间序列 X_1，X_2，$\cdots$，X_t 的一次移动平均数为

$$M_t^{(1)} = \frac{X_t + X_{t-1} + \cdots + X_{t-N+1}}{N}$$

时间序列 X_1，X_2，$\cdots$，X_t 的**二次移动平均数**定义为

$$M_t^{(2)} = \frac{M_t^{(1)} + M_{t-1}^{(1)} + \cdots + M_{t-N+1}^{(1)}}{N} \tag{3-3}$$

下面讨论如何利用移动平均的滞后偏差建立直线趋势预测模型。

设时间序列 $\{X_t\}$ 从某时期开始具有直线趋势，且认为未来时期也按此直线趋势变化，则可设此直线趋势预测模型为

$$\hat{X}_{t+T} = a_t + b_t T \tag{3-4}$$

式中，t 为当前的时期数；T 为由 t 至预测期的时期数，$T=1$，2，$\cdots$；a_t 为截距，b_t 为斜率，两者又称为**平滑系数**。

运用移动平均值来确定平滑系数，计算公式如下：

$$M_t^{(1)} = \frac{X_t + X_{t-1} + \cdots + X_{t-N+1}}{N}$$

$$M_t^{(2)} = \frac{M_t^{(1)} + M_{t-1}^{(1)} + \cdots + M_{t-N+1}^{(1)}}{N}$$

$$a_t = M_t^{(1)} + (M_t^{(1)} - M_t^{(2)}) = 2M_t^{(1)} - M_t^{(2)}$$

$$b_t = \frac{2(M_t^{(1)} - M_t^{(2)})}{N-1} \tag{3-5}$$

由此，将式（3-5）代入式（3-4）中去，便可求出 $\hat{X}_{t+T}$，从而进行预测。

二次移动平均法不仅能处理长期趋势呈水平模式的预测，同时又可应用于长期趋势呈线性增长趋势甚至季节变动模式的长期预测。这是它相对于一次移动平均法的优点。

移动平均法经常作为一种数据预处理方法用以消除周期波动。例如，对 2010 年上海世博会每天的入园人数，取 $N=7$ 做一次移动平均，则可以消除以周为单位的周期波动，从而显示出数据的长期趋势。同时，移动平均法对减弱随机干扰的影响也是很有效的。

二次移动平均法的预测模型是直线方程（一次方程），当实际值的变化趋势为二次或更高次多项式时，就要用三次或更高次的移动平均法，但此时可用其他更好的方法预测。这里就不再对更高次的移动平均法做讨论了。

例 3-4 从 1997 年开始，我国入境游游客人数呈上升趋势，但由于金融危机的发生，全球的国际旅游业都下滑得很厉害，许多国家的入境游客人数都大幅下降。从 2011 年开始，入境中国的外国游客人数不再如以前那么快速增长了，而且在 2013 年开始下降。直至 2015 年开始，低迷的入境游在 2016 年实现了 3.8% 的增长。根据国家旅游局的分析，国内外多重利好因素叠加，我国旅游市场发展优势显著增加。我国政治稳定、社会安定、安全的旅游目的地形象得到国际社会的广泛认可。G20 等一系列主场外交活动极大提升了我国的国际声誉，也提升了我国作为旅游目的地的国际影响力和吸引力。因此，预测未来入境游游客人数对我国应对和提升软硬实力具有重要意义。

表 3-6 是 1997—2016 年我国入境游客人数，其折线图如图 3-11 所示。通过图形观察可以看到，入境游客人数呈现一种上升的趋势，特别是 2009 年后逐年攀升态势稳定。试对该时间序列使用二次移动平均模型进行预测。

表 3-6　1997—2016 年我国入境游客人数　　　　　　　（单位：万人次）

时间序列	X_1	X_2	X_3	X_4	X_5	X_6	X_7	X_8	X_9	X_{10}
年份	1997 年	1998 年	1999 年	2000 年	2001 年	2002 年	2003 年	2004 年	2005 年	2006 年
入境游客	5758.79	6347.84	7279.56	8344.39	8901.30	9790.80	9166.21	10903.82	12029.23	12494.21
时间序列	X_{11}	X_{12}	X_{13}	X_{14}	X_{15}	X_{16}	X_{17}	X_{18}	X_{19}	X_{20}
年份	2007 年	2008 年	2009 年	2010 年	2011 年	2012 年	2013 年	2014 年	2015 年	2016 年
入境游客	13187.33	13002.74	12647.59	13376.22	13542.35	13240.53	12907.78	12849.83	13382.04	13844.38

（资料来源：http://www.stats.gov.cn/tjsj/）

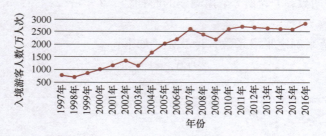

图 3-11　1997—2016 年我国入境游客人数

由式（3-5），取 $N=3$，则有

$$M_{20}^{(1)} = \frac{X_{20} + X_{19} + X_{18}}{3} = \frac{13844.38 + 13382.04 + 12849.83}{3} 万人次 = 13358.75 \text{ 万人次}$$

同理可以算出

$$M_{19}^{(1)} = 13046.55 \text{ 万人次}, M_{18}^{(1)} = 12999.38 \text{ 万人次}$$

$$M_{20}^{(2)} = \frac{M_{20}^{(1)} + M_{19}^{(1)} + M_{18}^{(1)}}{3} = 13134.89 \text{ 万人次}$$

$$a_{20} = M_{20}^{(1)} + (M_{20}^{(1)} - M_{20}^{(2)}) = 2M_{20}^{(1)} - M_{20}^{(2)} = 13582.61 \text{ 万人次}$$

$$b_{20} = 2(M_{20}^{(1)} - M_{20}^{(2)})/(3-1) = 223.86 \text{ 万人次}$$

得到 $t = 20$ 时的直线趋势预测模型为

$$\hat{X}_{20+T} = a_{20} + b_{20} * T = 13582.61 + 223.86 \times T$$

预测 2017 年和 2018 年,即第 21 期和第 22 期的我国入境游客人数为

$$\hat{X}_{21} = a_{20} + b_{20} \times 1 = (13582.61 + 223.86 \times 1) \text{ 万人次} = 13806.46 \text{ 万人次}$$

$$\hat{X}_{22} = a_{20} + b_{20} \times 2 = (13582.61 + 223.86 \times 2) \text{ 万人次} = 14030.32 \text{ 万人次}$$

为了评估二次移动平均法以及 N 值选取的合理性,也可以选取不同的跨越期 N 值进行预测。见表 3-7,可以根据均方误差最小的原则选取合适的 N 值。

表 3-7 1997—2016 年我国入境游客人数二次移动平均计算表 (单位:万人次)

时间序列	年 份	入境游客	$N=3$ 预测值	$N=3$ 误差平方	$N=5$ 预测值	$N=5$ 误差平方
X_1	1997 年	5758.79				
X_2	1998 年	6347.84				
X_3	1999 年	7279.56				
X_4	2000 年	8344.39				
X_5	2001 年	8901.3				
X_6	2002 年	9790.8	9884.532	8785.729		
X_7	2003 年	9166.21	10695.71	2339357		
X_8	2004 年	10903.82	10209.41	482205.2		
X_9	2005 年	12029.23	11026.25	1005978		
X_{10}	2006 年	12494.21	12139.62	125737.2	12275.13	47998.06
X_{11}	2007 年	13187.33	13785.63	357958.9	13006.44	32722.28
X_{12}	2008 年	13002.74	14324.71	1747593	13677.69	455553.99
X_{13}	2009 年	12647.59	13834.88	1409652	14507.85	3460560.57
X_{14}	2010 年	13376.22	13230.39	21266.06	14404.46	1057274.21
X_{15}	2011 年	13542.35	13126.89	172610.7	14242.95	490839.80
X_{16}	2012 年	13240.53	13470.52	52896.42	14084.70	712626.37
X_{17}	2013 年	12907.78	13769.81	743093.8	13629.58	521001.30
X_{18}	2014 年	12849.83	13153.79	92391.01	13336.28	236629.52
X_{19}	2015 年	13382.04	12587.5	631300.9	13284.06	9600.24
X_{20}	2016 年	13844.38	12955.55	790018.8	13214.10	397249.35
X_{21}	2017 年		13806.46		13337.02	
X_{22}	2018 年		14030.32		13367.72	
	均方误差			665389.63		674732.33

从图 3-12 可以看出，不同的跨越期 N 对预测值有不同的影响，因此，必须选择合适的跨越期。通过比较发现，$N=5$ 时均方误差较小，取 $N=5$ 时的二次移动平均预测模型对 2017 年和 2018 年我国入境游客人数进行预测，得 $\hat{X}_{21}=13278.39$ 万人次、$\hat{X}_{22}=13303.11$ 万人次。

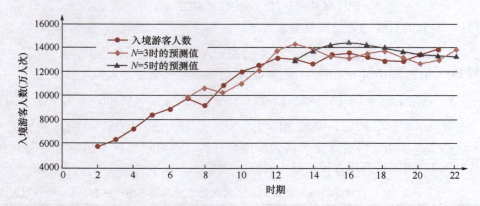

图 3-12　我国入境游客人数与 $N=3$，$N=5$ 时的二次移动平均预测值

3.3　指数平滑法

移动平均法计算简单易行，但存在明显的不足：第一，每计算一次移动平均值需要存储最近 N 个观察数据，当需要经常预测时有所不便。第二，移动平均实际上是对最近的 N 个观察值等权看待，而对第 $t-N$ 期以前的数据则完全不考虑，即最近 N 个观察值的加权系数都是 $1/N$，而第 $t-N$ 期以前的权系数都为 0。在实际经济活动中，最新的观察值往往包含着最多的关于未来情况的信息。所以，更切合实际的方法是对各期观察值依时间顺序加权。指数平滑法正是适应于这种要求，通过某种平均方式，消除历史统计序列中的随机波动，找出其中主要发展趋势的一种方法。根据平滑次数的不同，有一次指数平滑、二次指数平滑和高次指数平滑之分，但高次指数平滑法很少用。指数平滑法适合用于进行简单的时间序列分析和中、短期预测。

3.3.1　一次指数平滑法

设 X_0，X_1，…，X_n 为时间序列观察值，$S_1^{(1)}$，$S_2^{(1)}$，…，$S_n^{(1)}$ 为时间 t 的观察值的指数平滑值，则一次指数平滑值为

$$S_t^{(1)} = \alpha X_t + \alpha(1-\alpha) X_{t-1} + \alpha(1-\alpha)^2 X_{t-2} + \cdots \tag{3-6}$$

式中，α 为平滑系数，$0 < \alpha < 1$。

观察式（3-6），实际值 X_t，X_{t-1}，X_{t-2} 的加权系数分别为 α，$\alpha(1-\alpha)$，$\alpha(1-\alpha)^2$。显然有 $\sum_{j=0}^{\infty} \alpha(1-\alpha)^j = \dfrac{\alpha}{1-(1-\alpha)} = 1$，可以看出，加权系数呈指数式衰减，而加权平均又能消除或减弱随机干扰的影响，指数平滑法也由此得名。

将式（3-6）略加变换，得

$$S_t^{(1)} = \alpha X_t + (1-\alpha)[\alpha X_{t-1} + \alpha(1-\alpha)X_{t-2} + \cdots]$$
$$= \alpha X_t + (1-\alpha)S_{t-1}^{(1)} \tag{3-7}$$

式（3-7）可改写为
$$S_t^{(1)} = S_{t-1}^{(1)} + \alpha(X_t - S_{t-1}^{(1)}) \tag{3-8}$$

预测公式为
$$\hat{X}_{t+1} = S_t^{(1)} \tag{3-9}$$

或
$$\hat{X}_{t+1} = \hat{X}_t + \alpha(X_t - \hat{X}_t) \tag{3-10}$$

下面对移动平均值 $\{M_t^{(1)}\}$ 和指数平滑值 $\{S_t^{(1)}\}$ 做一比较：

$$M_t^{(1)} = \frac{1}{N}(X_t + X_{t-1} + \cdots + X_{t-N+1})$$
$$= \frac{1}{N}(X_t + X_{t-1} + \cdots + X_{t-N+1} + X_{t-N} - X_{t-N})$$
$$= \frac{X_t - X_{t-N}}{N} + M_{t-1}^{(1)}$$

假定样本序列具有水平趋势，将 X_{t-N} 用 $M_{t-1}^{(1)}$ 代替，则
$$M_t^{(1)} \approx \frac{1}{N}X_t - \frac{1}{N}M_{t-1}^{(1)} + M_{t-1}^{(1)}$$
$$= \frac{1}{N}X_t + \left(1 - \frac{1}{N}\right)M_{t-1}^{(1)} \tag{3-11}$$

将 $1/N$ 用 α 替换，式（3-11）即为式（3-7）的形式。

由式（3-7）可得
$$S_t^{(1)} = \alpha X_t + (1-\alpha)S_{t-1}^{(1)}$$
$$S_{t-1}^{(1)} = \alpha X_{t-1} + (1-\alpha)S_{t-2}^{(1)}$$
$$\vdots$$
$$S_1^{(1)} = \alpha X_1 + (1-\alpha)S_0^{(1)}$$

式中，$S_0^{(1)}$ 为指数平滑的初始值。逐项代入，得
$$S_t^{(1)} = \alpha X_t + \alpha(1-\alpha)X_{t-1} + \cdots + \alpha(1-\alpha)^{t-1}X_1 + (1-\alpha)^t S_0^{(1)} \tag{3-12}$$

指数平滑法克服了移动平均法的缺点，具有"厚今薄古"的特点。在算术平均中，所有数据的权重相等，均为 $1/N$；在一次移动平均中，最近 N 期数据的权重均为 $1/N$，其他为 0；而在指数平滑中，一次指数平滑值与所有的数据都有关，权重衰减，距离现在越远的数据，加权系数越小。权重衰减的速度取决于 α 的大小，α 越大，衰减越快，α 越小，衰减越慢。

从式（3-10）中可以看到，指数平滑法解决了移动平均法所存在的一个问题，即不再需要存储过去 N 期的历史数据，而只需要最近期的观察值 X_t、最近期的预测值 $\hat{X}_t$ 和加权系数 α，用这三个数即可计算出一个新的预测值，在进行连续预测时，计算量大大减小。

移动平均法中有 N 的选择问题，同样，在指数平滑法中也有参数 α 的选择问题。

式（3-10）可以给指数平滑法提供进一步的解释：

$$\hat{X}_{t+1} = \hat{X}_t + \alpha(X_t - \hat{X}_t)$$

在这个公式中，新预测值 $\hat{X}_{t+1}$ 仅仅是原预测值 $\hat{X}_t$ 加上加权系数 α 与前次预测值误差 $(X_t - \hat{X}_t)$ 的乘积。新预测值是在原预测值的基础上利用误差进行调整，这与控制论中利用误差反馈进行控制的原理有些类似。很明显，当 α 趋近于 1 时，新预测值将包括一个较大的调整；相反，当 α 趋近于 0 时，调整就很小。因此，α 的大小对预测效果的影响与在移动平均法中使用的平均期数 N 对预测效果的影响相同。

再来看式（3-12），不难发现，α 的大小实际上控制了时间序列在预测计算中的有效位数。例如，当 $\alpha = 0.3$ 时，前 10 期观察值 X_{t-10} 的加权系数 $\alpha(1-\alpha)^{10} \approx 0.008$，即前 10 期的观察值对预测的影响已经很小，这时预测模型中所包含时间序列的有效位数很短。当 $\alpha = 0.1$ 时，前 10 期的加权系数为 0.035，说明数 X_{t-10} 在预测中仍起着一定作用。因此，当 α 较小时，预测模型中所包含时间序列的有效位数就较大。

综合上述分析可知：α 较大，表示较倚重近期数据所承载的信息，修正的幅度较大，采用的数据序列较短；α 较小，表示修正的幅度较小，采用的数据序列较长。由此可以得到选择 α 的一些准则：

（1）如果预测误差是由某些随机因素造成的，即预测目标的时间序列虽有不规则起伏波动，但基本发展趋势比较稳定，只是由于某些偶然变动使预测产生或大或小的偏差，这时 α 应取小一点，以减小修正幅度，使预测模型能包含较长时间序列的信息。

（2）如果预测目标的基本趋势已经发生了系统的变化，也就是说，预测误差是由于系统变化造成的，则 α 的取值应该大一点。这样就可以根据当前的预测误差对原预测模型进行较大幅度的修正，使模型迅速跟上预测目标的变化。不过，α 取值过大，容易对随机波动反应过度。

（3）如果原始资料不足，初始值选取比较粗糙，α 的取值也应大一点。这样可以使模型加重对以后逐步得到的近期资料的依赖，提高模型的自适应能力，以便经过最初几个周期的校正后，迅速逼近实际过程。

（4）假如有理由相信用以描述时间序列的预测模型仅在某一段时间内能较好地表达这个时间序列，则应选择较大的 α 值，以减少对早期资料的依赖程度。

α 的选取范围一般以 0.01～0.3 为宜，注意到在式（3-11）的推导中，是用 α 代替 $1/N$ 的。但在早期阶段，选择较大的 α 往往是有益的，因为此时观察数较少，α 值大，给当前观察值的权数就大，从而减少了由于初始值 $S_0^{(1)}$ 选择不当而引起的偏差。

选取 α 的一种比较有效的方法是将已知时间序列分成两段，选取一系列 α 值，用前一段数据建立模型，对后一段进行事后预测，以事后预测误差为评价标准，从中选取最优的 α 值，再建立正式的预测模型。例如，已有某产品 3 年的月销售量统计序列，通常可取 $\alpha = 0.05, 0.1, 0.2, 0.3$，用前两年的统计数据建立平滑预测模型，对第三年的月销售量进行事后预测，然后对预测值与实际值进行比较，选取预测误差最小的 α 值作为实际预测时的平滑系数。

显然，上述方法仅仅在已有的历史观察数据很多时才适用。在历史观察数据不是太多的情况下，可以先用指数平滑法进行预测，然后选择均方误差最小的 α 值作为正式预测时的平滑系数。

例 3-5 现有某年 1～11 月对餐刀的需求量（见表 3-8），要用指数平滑法预测这一年

12 月的需求量。在表中选择 $\alpha=0.1$，0.5，0.9 三个值进行比较，由于在式（3-12）中 $S_0^{(1)}$ 未知，从而 $S_1^{(1)}$ 也未知，表中将 $X_0=2000$ 作为初始值 $S_0^{(1)}$（初始值的选取将在 3.3.2 节中作进一步讨论）。

表 3-8　指数平滑法预测误差的比较　　　　　　　　　　　　　（单位：把）

时期	需求量的观察值	$\alpha=0.1$ 时的预测值				$\alpha=0.5$ 时的预测值				$\alpha=0.9$ 时的预测值			
		需求量的预测值	误差	绝对误差	误差二次方	需求量的预测值	误差	绝对误差	误差二次方	需求量的预测值	误差	绝对误差	误差二次方
0	2000	—	—	—	—	—	—	—	—	—	—	—	—
1	1350	2000	-650	650	422500	2000	-650	650	422500	2000	-650	650	422500
2	1950	1935	15	15	225	1675	275	275	75625	1415	535	535	286225
3	1975	1937	38	38	1444	1813	162	162	26244	1897	78	78	6084
4	3100	1940	1160	1160	1345600	1894	1206	1206	1454436	1967	1133	1133	1283689
5	1750	2056	-306	306	93636	2497	-747	747	558009	2987	-1237	1237	1530169
6	1550	2026	-476	476	226576	2123	-573	573	328329	1874	-324	324	104976
7	1300	1978	-678	678	459684	1837	-537	537	288369	1582	-282	282	79524
8	2200	1910	290	290	84100	1558	642	642	412164	1328	872	872	760384
9	2770	1939	831	831	690561	1884	886	886	784996	2113	657	657	431649
10	2350	2023	327	327	106929	2330	20	20	400	2709	-359	359	122881
11		2056				2340				2386			
总计			461	4681	3431255		684	5698	4351072		423	6127	5028081
均值（取整数）			46	468	343126		68	570	435107		42	613	502808

从表中以及图 3-13 可以看出，$\alpha=0.1$，0.5，0.9 时，预测值不同，但当 $\alpha=0.1$ 时均方误差最小。因此，在进行预测时的平滑系数 α 取 0.1。预测 12 月（份）餐刀的需求量为

$$\hat{X}_{11}=2056 \text{ 把}$$

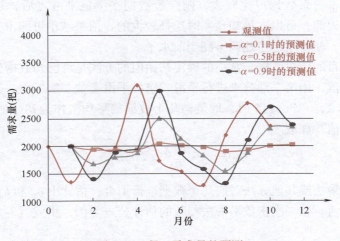

图 3-13　餐刀需求量的预测

3.3.2 二次指数平滑法

在本节开始提到了移动平均法在计算上的两个不足,虽然一次指数平滑法改善了这两个不足,但它和一次移动平均法同样对预测变量趋势发生变化时的预测问题不能适应。当预测变量的模式呈线性趋势时,二次指数平滑法可像二次移动平均法那样完成同样的任务,又可避免其两个不足。实际上,二次指数平滑法只需要存储四项数据。在多数情况下,这种方法要比二次移动平均法更受欢迎。

二次指数平滑法的基本原理与二次移动平均法完全相同。其计算公式如下:

二次指数平滑值为

$$S_t^{(2)} = \alpha S_t^{(1)} + (1-\alpha) S_{t-1}^{(2)} \tag{3-13}$$

其中

$$S_t^{(1)} = \alpha X_t + (1-\alpha) S_{t-1}^{(1)}$$

预测公式为

$$\hat{X}_{t+T} = a_t + b_t T \tag{3-14}$$

其中

$$a_t = S_t^{(1)} + (S_t^{(1)} - S_t^{(2)}) = 2S_t^{(1)} - S_t^{(2)} \tag{3-15}$$

$$b_t = \frac{\alpha}{1-\alpha}(S_t^{(1)} - S_t^{(2)}) \tag{3-16}$$

式中,α 为平滑系数;T 为所需预测的超前时期数;$S_t^{(1)}$ 为一次指数平滑值;$S_t^{(2)}$ 为二次指数平滑值。

在一次指数平滑法的计算公式式(3-8)中,取 $t=1$,则

$$S_1^{(1)} = S_0^{(1)} + \alpha(X_1 - S_0^{(1)}) \tag{3-17}$$

此时 $S_0^{(1)}$ 不能再由递推公式得到。对二次指数平滑法而言,由于同样的原因,需要确定其两个初始值 $S_0^{(1)}$ 和 $S_0^{(2)}$。在某种程度上,初始值的设置是一个纯理论性的问题。实际工作中,计算时间序列的指数平滑值,初始值的设置仅有最初的一次,而且,通常总会有或多或少的历史数据可以帮助我们从中确定一个合适的初始值。同时,从表 3-8 中很容易看出,如果数据序列较长,或者平滑系数选得比较大,则经过数期平滑链平滑之后,初始值 $S_0^{(1)}$ 对 $S_t^{(1)}$ 的影响就很小了。因此,可以在最初预测时选择较大的 α 值来减小可能由于初始值选取不当所造成的预测偏差,使模型迅速地调整到当前水平。

假定有一定数目的历史数据,常用的确定初始值的方法是将已知数据分成两部分,用第一部分来估计初始值,用第二部分来进行平滑,求各平滑参数。实际上,当数据个数 $n>15$ 时,取 $S_0^{(1)} = S_0^{(2)} = X_0$;当 $n \leq 15$ 时,取最初几个数据的平均值作为初始值。一般取前 3~5 个数据的算术平均值,如取

$$S_0^{(1)} = S_0^{(2)} = \frac{X_0 + X_1 + X_2}{3}$$

也可用最小二乘法或其他方法对前几个数据进行拟合,估计出 a_0 和 b_0,再根据 a_0 和 b_0 的关系式计算初始值。以二次指数平滑法参数的估计公式为例,由式(3-15)和式(3-16)可解得

第3章 确定型时间序列预测方法

$$S_t^{(1)} = a_t - \frac{(1-\alpha)}{\alpha} b_t$$

$$S_t^{(2)} = a_t - \frac{2(1-\alpha)}{\alpha} b_t \tag{3-18}$$

代入 $t = 0$，得

$$S_0^{(1)} = a_0 - \frac{(1-\alpha)}{\alpha} b_0$$

$$S_0^{(2)} = a_0 - \frac{2(1-\alpha)}{\alpha} b_0$$

用最小二乘法估计 a_0，b_0，代入上式就可得到二次指数平滑法的初始值。

如果没有足够的资料可供利用，上述两种方法就不能应用。只有等待某些数值变为可用的数值，或是硬性规定具有某种意义的初始值，并立即进行估计。如可采用下述方法：对一次指数平滑法，$S_0^{(1)} = X_0$；对二次指数平滑法，

$$S_0^{(2)} = S_0^{(1)} = X_0, a_0 = X_0, b_0 = \frac{(X_1 - X_0) + (X_3 - X_2)}{2}$$

例 3-6 1997—2016 年我国入境游客人数见表 3-9，其图形如图 3-14 所示，试用二次指数平滑法预测 2017 年和 2018 年我国入境游客人数。

表 3-9 不同值 α 下我国入境游客人数预测误差的比较　　　（单位：万人次）

时间序列	年份	入境游客	$\alpha = 0.1$ 预测值	误差二次方	$\alpha = 0.2$ 预测值	误差二次方	$\alpha = 0.3$ 预测值	误差二次方
X_1	1997	5758.79						
X_2	1998	6347.84	5758.79	346979.9	5758.79	346979.9	5758.79	346979.9
X_3	1999	7279.56	5876.6	1968297	5994.41	124912.8	6112.22	55516.78
X_4	2000	8344.39	6163.083	4758102	6532.032	33926.69	6865.639	268115.3
X_5	2001	8901.3	6619.264	5207688	7331.943	968459.1	7910.965	2443358
X_6	2002	9790.8	7117.404	7147044	8107.148	3095165	8796.329	5995096
X_7	2003	9166.21	7716.637	2101262	8990.846	6985478	9773.304	11733806
X_8	2004	10903.82	8097.839	7873528	9338.574	8944490	9878.843	12467983
X_9	2005	12029.23	8764.819	10656382	10249.27	15221153	10908.99	20804054
X_{10}	2006	12494.21	9551.544	8659284	11308.46	24607759	12088.54	32955605
X_{11}	2007	13187.33	10306.56	8298811	12201.17	34261425	12940.17	43458784
X_{12}	2008	13002.74	11078.63	3702195	13061.47	45072788	13733.2	54543577
X_{13}	2009	12647.59	11688.17	920478.3	13543.26	51774044	13961.91	57974014
X_{14}	2010	13376.22	12124.02	1568005	13687.92	53876832	13774.56	55156126
X_{15}	2011	13542.35	12628.02	836005.3	14030.35	59020938	14018.51	58839126
X_{16}	2012	13240.53	13076.96	26754.45	14289.79	63074525	14179.91	61341384
X_{17}	2013	12907.78	13384.9	227641.3	14305.2	63319617	14020.53	58870187
X_{18}	2014	12849.83	13566.33	513375	14139.38	60708115	13672.58	53651863

(续)

时间序列	年份	入境游客	α = 0.1		α = 0.2		α = 0.3	
			预测值	误差二次方	预测值	误差二次方	预测值	误差二次方
X_{19}	2015	13382.04	13695.12	98017.87	13960.81	57957338	13398.49	49711616
X_{20}	2016	13844.38	13897.42	2813.662	14014.97	58784911	13534.13	51642706
均方误差				3416456		32009414		33276837
X_{21}	2017		14148.61		14209.25		13864.31	
X_{22}	2018		14409.87		14464.95		14036.26	

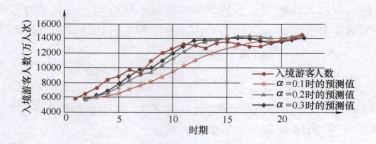

图 3-14 不同 α 值下入境游客人数预测值的比较

解：

初始值的确定：由于数据个数 20 > 15，取 $S_0^{(1)} = S_0^{(2)} = X_0 = 5758.79$ 万人次。

α 的确定：采用试算的方法，比较不同 α 值下我国入境游客人数的预测误差，选择均方误差最小的 α 值作为实际预测时的平滑系数 α。

以 2016 年第 20 期的事后预测和 2017 年、2018 年即第 21 期和第 22 期事前预测为例，取 α = 0.2，作为第 20 期的事后预测：

$$S_{19}^{(1)} = 0.2 X_{19} + (1-0.2) S_{18}^{(1)} = 12702.38 \text{ 万人次}$$

$$S_{19}^{(2)} = 0.2 S_{19}^{(1)} + (1-0.2) S_{18}^{(2)} = 11652.31 \text{ 万人次}$$

$$a_{19} = 2 S_{19}^{(1)} - S_{19}^{(2)} = 13752.45 \text{ 万人次}$$

$$b_{19} = \frac{0.2}{1-0.2}(S_{19}^{(1)} - S_{19}^{(2)}) = 262.518 \text{ 万人次}$$

第 20 期即 2016 年的事后预测值为

$$\hat{X}_{20} = a_{19} + b_{19} \times 1 = (13752.45 + 262.518) \text{ 万人次} = 14014.97 \text{ 万人次}$$

做第 21 期和第 22 期的预测为

$$S_{20}^{(1)} = 0.2 X_{20} + (1-0.2) S_{20}^{(1)} = 12930.78 \text{ 万人次}$$

$$S_{20}^{(2)} = 0.2 S_{20}^{(1)} + (1-0.2) S_{19}^{(2)} = 11908 \text{ 万人次}$$

$$a_{20} = 2 S_{20}^{(1)} - S_{20}^{(2)} = 13953.56 \text{ 万人次}$$

$$b_{20} = \frac{0.2}{1-0.2}(S_{20}^{(1)} - S_{20}^{(2)}) = 255.6943 \text{ 万人次}$$

从而，第 21 期和第 22 期的预测值为

$$\hat{X}_{21} = a_{20} + b_{20} \times 1 = (13953.56 + 255.70) \text{ 万人次} = 14209.25 \text{ 万人次}$$

$$\hat{X}_{22} = a_{20} + b_{20} \times 2 = (13953.56 + 255.70 \times 2) \text{ 万人次} = 14464.95 \text{ 万人次}$$

同理，计算不同 α 值下我国入境游客人数的事后预测值，并计算其均方差（见图 3-14）。可以发现，当 $\alpha = 0.2$ 时，均方误差最小。

这样，在实际预测时取平滑系数 $\alpha = 0.2$，2017 年和 2018 年即第 21 期和第 22 期的预测值为

$$\hat{X}_{21} = 14209.25 \text{ 万人次}$$

$$\hat{X}_{22} = 14464.95 \text{ 万人次}$$

3.3.3 讨论

在使用一次指数平滑法时，与使用一次移动平均法一样要注意：①数据应是相当平稳的，即其基本模式应是水平模式；②数据的基本模型发生变化时，这两种方法都不能很快地适应这种变化。然而，一般来讲，一次指数平滑法的预测效果不比一次移动平均法差，而且一次指数平滑法计算时的存储量小，所以一般宁可使用一次指数平滑法。

二次指数平滑法与二次移动平均法类似，它能处理水平模式的数据，也能处理长期趋势模式。与一次指数平滑法类似，二次指数平滑法的预测效果也不比二次移动平均法差，而且它的计算和存储量也要小得多。

但无论是指数平滑法还是移动平均法，它们都没有一个很好的办法来确定 N 或 α，而且它们均属于非统计的方法，难以使用确切的术语加以评价。

一次指数平滑法能处理水平模式，二次指数平滑法能处理线性变化的长期趋势模式。完全类似地，平滑的三次以及更高次形式可能发展并用于预测二次的或更为复杂的模式。用这种方法预测需要烦琐的计算，而且由于需要首先知道数据的实际模式，也使得这些高次形式难以应用。加之还有其他的预测方法也能用来迅速处理这些复杂模式，所以，比二次指数平滑法更高次的平滑方法实际上很少应用。

平滑方法最初由霍特（Holt）（1957）及布朗（Brown）（1956）提出，基本上在 1960 年前后开始发展起来，之后得到了非常广泛的应用，特别是在投资预测领域。

至此，我们已经对指数平滑法的一般计算程序和主要技术环节有了一个全面的了解。图 3-15 展示了指数平滑法的一般工作流程。

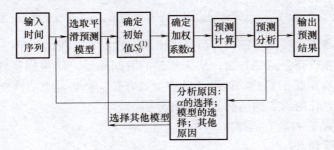

图 3-15 指数平滑法的一般工作流程

3.4 季节指数法

在产品的生产和销售活动中,有些产品是季节性生产而常年消费的,如农产品加工等;有些产品是常年生产而季节性消费的,如电风扇、空调、电暖气等;也有些产品是季节性生产、季节性消费的,如清凉饮料等。这些现象在一年内随着季节的转变而引起周期性变动。这种变动往往具有以下两种特点:

(1) 统计数据呈现以月、季为周期的循环变动。

(2) 这种周期性的循环变动并不是简单的循环重复,而是从多个周期的长时间变化中又呈现出一种发展趋势。

季节指数法又称**季节性变动预测法**,是指经济变量在一年内以季(月)的循环为周期特征,通过计算销售量(或需求量)的季节指数达到预测目的的一种方法。

季节指数预测法的操作过程:首先,分析判断时间序列观察期数据是否呈季节性波动。通常可将 3~5 年的资料按月或按季展开,绘制历史曲线图,以观察其在一年内有无周期性波动来做出判断;然后,再将各种因素结合起来考虑,即考虑其是否还受长期趋势变动的影响,是否受随机变动的影响等。

例 3-7 某商店按季统计的近 3 年 12 个季度空调销售额资料见表 3-10。

表 3-10 某商店 12 个季度空调销售额资料　　　　　　(单位:万元)

年　份	季度销售额(序列数)				合　计	季平均
	第一季度	第二季度	第三季度	第四季度		
2015	265 (1)	373 (2)	333 (3)	266 (4)	1237	309.25
2016	251 (5)	370 (6)	374 (7)	309 (8)	1304	326
2017	272 (9)	437 (10)	396 (11)	348 (12)	1453	363.25
季合计	788	1180	1103	923	3994	
同季平均数	262.67	393.33	367.67	307.67		
季节指数	0.7892	1.1818	1.1046	0.9244	4.00	
调整后的季节指数	0.7892	1.1818	1.1047	0.9244	4.00	
趋势季节指数	0.8140	1.1939	1.0936	0.8971	3.9986	
调整后的趋势季节指数	0.8143	1.1943	1.0940	0.8974	4.00	

可以看出,该商店空调销售额一方面呈现出周期性,在一年内,第一、四季度销售额较低,而第二、三季度较高;另一方面,从 3 年总的时间来看,销售额呈现出每年都有增长、周期(季)基本都有增长的趋势。这种变动称为**具有长期趋势的季节性变动**。

下面按是否考虑长期趋势的情况分别进行分析。

1. 不考虑长期趋势的季节指数法

计算方法及步骤如下:

已知资料见表 3-10,且知在 2018 年第二季度该商店空调的销售额为 420 万元,试预测 2018 年第三、四季度的销售额。

（1）计算历年同季（月）的平均数。假设历年同季平均数为 r_i，$i = 1$，2，3，4。3 年（$n = 3$）共有 12 个季度，其时间序列表示为 y_1，y_2，$\cdots$，y_{12}，那么

$$\begin{cases} r_1 = \dfrac{1}{n}(y_1 + y_5 + \cdots + y_{(4n-3)}) \\ \quad\quad\quad\quad \vdots \\ r_4 = \dfrac{1}{n}(y_4 + y_8 + \cdots + y_{(4n)}) \end{cases}$$

对本例，

$$r_1 = \frac{1}{3} \times (265 + 251 + 272) \text{万元} = 262.67 \text{万元}$$
$$\vdots$$
$$r_4 = \frac{1}{3} \times (266 + 309 + 348) \text{万元} = 307.67 \text{万元}$$

（2）计算各年的季平均值。假设以 $\bar{y}_t$ 表示第 t 年的季（月）平均值，$t = 1$，2，$\cdots$，n，那么各年季（月）平均值的计算公式为

$$\begin{cases} \bar{y}_1 = \dfrac{1}{4}(y_1 + y_2 + y_3 + y_4) \\ \bar{y}_2 = \dfrac{1}{4}(y_5 + y_6 + y_7 + y_8) \\ \quad\quad\quad\quad \vdots \\ \bar{y}_n = \dfrac{1}{4}(y_{4n-3} + y_{4n-2} + y_{4n-1} + y_{4n}) \end{cases}$$

对本例，

$$\bar{y}_1 = \frac{1}{4} \times (265 + 373 + 333 + 266) \text{万元} = 309.25 \text{万元}$$
$$\bar{y}_2 = \frac{1}{4} \times (251 + 370 + 374 + 309) \text{万元} = 326 \text{万元}$$
$$\bar{y}_3 = \frac{1}{4} \times (272 + 437 + 396 + 348) \text{万元} = 363.25 \text{万元}$$

（3）计算各季（月）的季节指数（α_i）。以历年同季（月）的平均数（r_i）与全时期的季（月）平均数（$\bar{y}$）之比为**季节指数** α_i，即 $\alpha_i = r_i / \bar{y}$，而

$$\bar{y} = \frac{1}{4n} \sum_{i=1}^{4n} y_i$$

因此，本例中各季的季节指数为

$$\alpha_1 = \frac{r_1}{\bar{y}} = \frac{262.67}{332.83} = 0.7892, \quad \alpha_2 = \frac{r_2}{\bar{y}} = \frac{393.33}{332.83} = 1.1818,$$
$$\alpha_3 = \frac{r_3}{\bar{y}} = \frac{367.67}{332.83} = 1.1047, \quad \alpha_4 = \frac{r_4}{\bar{y}} = \frac{307.67}{332.83} = 0.9244$$

从理论上讲，各季的季节指数之和应为 4，但是由于在实际计算过程中存在误差，或者统计数据不够完整，致使各季的季节指数之和大于（或小于）4，此时则应予以调整。调整后的季节指数 $F_i = \alpha_i k$，调整系数 k 等于理论季节指数之和 4 与实际季节指数之和 $\sum \alpha_i$ 之比。

本例中的季节指数不用调整。

（4）利用季节指数法进行预测。假设 $\hat{y}_t$ 为第 t 月的预测值，α_t 为第 t 月的季节指数，y_i 为第 i 月的实际值，α_i 为第 i 月的季节指数，则

$$\hat{y}_t = y_i \frac{\alpha_t}{\alpha_i}$$

本例中，

$$\hat{y}_{2018.3} = \left(420 \times \frac{1.1047}{1.1818}\right) 万元 = 392.6 \ 万元$$

$$\hat{y}_{2018.4} = \left(420 \times \frac{0.9244}{1.1818}\right) 万元 = 328.5 \ 万元$$

说明：对于本例，由于时间序列有着明显的线性增长趋势，因此使用不考虑长期趋势的季节指数法计算并不太合适。此方法一般适用于长期趋势不明显的数据序列。

2. 考虑长期趋势的季节指数法

长期趋势的季节指数法 是指在时间序列观察值资料既有季节周期变化，又有长期趋势变化的情况下，首先建立趋势预测模型，再在此基础上求得季节指数，最后建立数学模型进行预测的一种方法。

下面介绍其具体的预测方法及过程（例同上）：

（1）计算各年同季（月）平均数。

（2）计算各年的季（月）平均数（方法同上）。

（3）建立趋势预测模型，求趋势值。

根据各年的季（月）平均数时间序列，若呈现长期趋势，如线性趋势，则建立线性趋势预测模型 $\hat{y}_t = \hat{a} + \hat{b}t$，其中 $\hat{a}$ 和 $\hat{b}$ 可由参阅线性回归方法具体求出。根据趋势直线方程，求出历史上各季度（月）的 **趋势值**。

根据表 3-11，计算可得 $\hat{a} = 332.83$ 万元，$\hat{b} = 27$ 万元，线性趋势方程为 $\hat{y}_t = 332.83 + 27t$（以年为单位）。

表 3-11 考虑长期趋势的季节指数法　　　　　　　　　　（单位：万元）

年　份	年次 t	季平均数 y_t	ty_t	t^2
2015	-1	309.25	-309.25	1
2016	0	326	0	0
2017	1	363.25	363.25	1
合计	0	998.5	54	2

由于方程中的"27"是平均年增长量，若将方程转换为 t 以季为单位，则每季的平均增量为 $\hat{b}_0 = \hat{b}/4 = 6.75$ 万元，从而求得半个季度的增量为 3.375 万元。

当 $t = 0$ 时，$\hat{y}_t = 332.83$ 万元表示的趋势值应该是 2016 年第二季度后半季与第三季度前半季的季度趋势值，这是跨了"两个季度之半"而形成的非标准季度，所以，在确定"标准季度"，如 2016 第二季度趋势值时，应从 332.83 万元中减去半个季度的增量，即 2016 年第二季度的趋势值应为（332.83 - 3.375）万元 = 329.455 万元；同理，2016 第三季度的趋势

值为（332.83 + 3.375）万元 = 336.205 万元。

为了便于计算各季的趋势值，可将时间原点移出 2016 年第三季度，即以 $\hat{y}_t = 336.205$ 万元为基准，逐季递增或减一个季增量 6.75 万元，这时线性趋势方程变为 $\hat{y}_t = 336.205 + 6.75t$（以季为单位）。式中，$t$ 依次取值 −6，−5，−4，−3，−2，−1，0，1，2，3，4，5，可计算出 3 年内各季的趋势值。

(4) 计算出趋势值后，再计算出各年趋势值的同季平均（计算方法同同季平均）。

(5) 计算趋势季节指数，即表 3-10 中的"同季平均数"与"趋势值同季平均数"之比。例如，第一季度的比值为 262.67 万元/322.71 万元 = 0.8140。

(6) 对趋势季节指数进行修正（方法同上例）。

(7) 求预测值。预测的基本依据是预测期的趋势值乘以该期的季节指数，即预测模型为

$$\hat{y}'_t = \hat{y}_t k = (336.205 + 6.75t)k$$

如本例预测 2018 年第三、四季度，则有

$$\hat{y}'_{2018.3} = [(336.205 + 6.75 \times 8) \times 1.0936] 万元 = 426.73 万元$$
$$\hat{y}'_{2018.4} = [(336.205 + 6.75 \times 9) \times 0.8971] 万元 = 356.11 万元$$

当然，对趋势值的预测也可以用移动平均等方法来进行。具体采用何种方法，要根据历史数据的变化趋势来进行。

考虑长期趋势的季节指数预测曲线如图 3-16 所示。

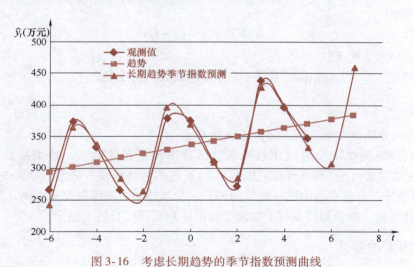

图 3-16 考虑长期趋势的季节指数预测曲线

3.5 时间序列分解法

前两节介绍的方法都是想把时间序列中隐含着的基本的、潜在的模式和随机波动区分开来。经过平均、平滑计算后，随机波动显著减小。但它们都没有试图去识别潜在模式更细小的部分。而在许多实例中，时间序列的模式可细分成两个或更多个因素，如空调、服装等的销售都具有季节性因素。显然，如果能知道某一个月的销售额中哪一部分反映需求的一般增

减,哪一部分反映季节变动,对管理人员实行管理控制是非常有益的。

在3.1节中已经看到,时间序列一般包括四类因素:长期趋势因素、季节变动因素、循环变动因素和不规则变动因素。这四种因素的组合形式一般有三类。记 X_t 为时间序列的全变动;T_t 为长期趋势;S_t 为季节指数;C_t 为循环指数;I_t 为不规则变动。

1. 乘法模式

$$X_t = T_t \times S_t \times C_t \times I_t$$

这种形式要求满足条件:

(1) X_t 与 T_t 有相同的量纲;S_t 为季节指数,C_t 为循环指数,两者皆为比例数。

(2) $\sum_{t=1}^{k} S_t = k$,k 为季节性周期长度。

(3) I_t 是独立随机变量序列,服从正态分布。

2. 加法模式

$$X_t = T_t + S_t + C_t + I_t$$

这种形式要求满足条件:

(1) X_t,T_t,S_t,C_t,I_t 均有相同的量纲。

(2) $\sum_{t=1}^{k} S_t = 0$,k 为季节性周期长度。

(3) I_t 是独立随机变量序列,服从正态分布。

3. 混合模式

$$X_t = T_t \times S_t + C_t + I_t$$

这种形式要求满足条件:

(1) X_t 与 T_t,C_t,I_t 有相同的量纲;S_t 为季节指数,为比例数。

(2) $\sum_{t=1}^{k} S_t = k$。

(3) I_t 是独立随机变量序列,服从正态分布。

时间序列分解法试图从时间序列中区分出这四种潜在的因素,特别是长期趋势因素(T)、季节变动因素(S)和循环变动因素(C)。显然,并非每一个预测对象中都存在着 T,S,C 这三种趋势,可能是其中的一种或两种。一个具体的时间序列究竟由哪几类变动组合,采取哪种组合形式,应根据所掌握的资料、时间序列及研究目的来确定。

3.5.1 各因素的确定

分解法的基础是容易理解而且直观的。不过最重要的是,它为预测和检验提供了独特和非常有用的资料。下面用一个例子来说明各因素分解的步骤。

设有某产品2006—2017年(48个季度)的季度销售额数据,见表3-12中的第二列,共有48个数据。如果将这些数据画在图上(见图3-17),可以看出有明显的长期趋势和季节变动。利用分解法,假设这48个数据可表示为 $X_t = T_t \times C_t \times S_t \times I_t$。这里 X_t 是原始数据,通过分析原始数据 X 来确定 T,C,S(剩下的则为 I)。

第 3 章 确定型时间序列预测方法

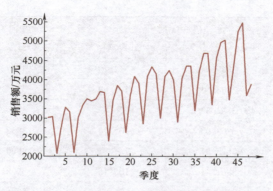

图 3-17 某产品 48 个季度的销售额

表 3-12 某产品 48 个季度的销售额数据及数据分解

季度	观察值 (X_t)（万元）	移动平均值 $(T \times C)$（万元）	$S \times I$ 比率（%）	长期趋势 (T)（万元）	循环变动 (C)（%）
1	3017.60	—	—	2820.74	—
2	3043.54	—	—	2858.95	—
3	2094.35	2741.33	76.40	2897.16	94.62
4	2809.84	2805.63	100.15	2935.36	95.58
5	3274.80	2835.57	115.49	2973.57	95.36
6	3163.28	2840.56	111.36	3011.78	94.31
7	2114.31	2894.24	73.05	3049.99	94.89
8	3024.57	2907.41	104.03	3088.19	94.15
9	3327.48	2989.96	111.29	3126.40	95.64
10	3493.48	3321.37	105.18	3164.61	104.95
11	3439.93	3437.92	100.06	3202.81	107.34
12	3490.79	3527.32	98.96	3241.02	108.83
13	3685.08	3569.26	103.25	3279.23	108.84
14	3661.23	3303.88	110.82	3317.43	99.59
15	2378.43	3296.07	72.16	3355.64	98.22
16	3459.55	3337.21	103.67	3393.85	98.33
17	3849.63	3347.20	115.01	3432.06	97.53
18	3701.18	3413.19	108.44	3470.26	98.36
19	2642.38	3444.68	76.71	3508.47	98.18
20	3585.52	3501.94	102.39	3546.68	98.74
21	4078.66	3553.41	114.78	3584.88	99.12
22	3907.06	3597.43	108.61	3623.09	99.29
23	2818.46	3723.42	75.70	3661.30	101.70
24	4089.50	3788.66	107.94	3699.50	102.41

(续)

季度	观察值 (X_t)（万元）	移动平均值 $(T \times C)$（万元）	$S \times I$ 比率（%）	长期趋势 (T)（万元）	循环变动 (C)（%）
25	4339.61	3849.04	112.75	3737.71	102.98
26	4148.60	3888.54	106.69	3775.92	102.98
27	2976.45	3887.33	76.57	3814.13	101.92
28	4084.64	3863.03	105.74	3852.33	100.28
29	4242.42	3825.27	110.91	3890.54	98.32
30	3997.58	3801.41	105.16	3928.75	96.76
31	2881.01	3789.31	76.03	3966.95	95.52
32	4036.23	3818.79	105.69	4005.16	95.35
33	4360.33	3909.53	111.53	4043.37	96.69
34	4360.53	3982.32	109.50	4081.57	97.57
35	3172.18	4029.20	78.73	4119.78	97.80
36	4223.76	4111.74	102.72	4157.99	98.89
37	4690.48	4195.23	111.81	4196.19	99.98
38	4694.48	4237.77	110.78	4234.40	100.08
39	3342.35	4326.24	77.26	4272.61	101.26
40	4577.63	4394.98	104.16	4310.82	101.95
41	4965.46	4477.87	110.89	4349.02	102.96
42	5026.05	4509.82	111.45	4387.23	102.79
43	3470.14	4496.90	77.17	4425.44	101.61
44	4525.94	4570.21	99.03	4463.64	102.39
45	5258.71	4686.09	112.22	4501.85	104.09
46	5489.58	4717.75	116.36	4540.06	103.91
47	3596.76	4556.66	78.93	4578.26	99.53
48	3881.60	—	—	4616.47	—

1. 移动平均数

把最初的 4 个数据（表示 2006 年 4 个季度的值）相加求平均值得到

$$\frac{X_1 + X_2 + X_3 + X_4}{4} = 2741.334 \text{ 万元}$$

这个数是没有季节性的，而且随机性因素也很小甚至没有。因为随机性围绕中间值波动，将 4 个数相加，正负波动在一定程度上相互抵消了，所以可认为其中已无随机性。这个平均值，其所对应的时间轴在第 2 季度和第 3 季度的中间。为了便于计算，将之放在第 3 季度，依此类推（这个问题在 3.5.3 中将有详细解释）。同样将第 2~5 个数据相加平均，得到

$$\frac{X_2 + X_3 + X_4 + X_5}{4} = 2805.63 \text{ 万元}$$

也不包含季节性，而且其随机性因素也很小。如此可得到 45 个数据，它们不包含季节性，

而且随机性因素很小甚至没有。也就是说，它们只包括长期趋势和循环变动两部分（TC）。这 45 个数据组成的序列称为**移动平均数序列**，用 MA 表示，即 MA = $T \times C$，如图 3-18 所示。

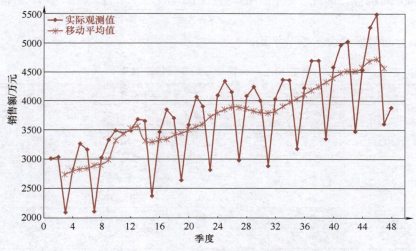

图 3-18　产品销售数据序列的移动平均值

2. 季节性

由于

$$\frac{X}{\mathrm{MA}} = \frac{T \times C \times S \times I}{T \times C} = S \times I \tag{3-19}$$

因此将观察值除以移动平均数得到的比率值就只包含季节性和随机性，从而这些比率包括了确定季节变动因素所需要的信息。如果某个比率值大于 100，意味着实际值 X 比移动平均数（$T \times C$）要大，由于 X 中包含季节性和随机性，因而当比率值大于 100 时，就意味着这个季度的季节性和随机性高于平均数；反之，如果比率小于 100，则表示季节性和随机性低于平均数。产品销售额与序列的移动平均值的比率如图 3-19 所示。

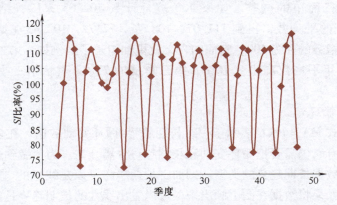

图 3-19　产品销售额与序列的移动平均值的比率

由式（3-19）可知，如果能将 $S \times I$ 中的随机性部分 I 去掉，就得到了季节指数。要做到这一点，只需注意随机性是指偶然的、没有一定模式、围绕均值上下波动的因素。因此，通过平均就能去掉随机性的影响。将表 3-12 中"$S \times I$ 比率"这一栏列成表 3-13 的形式，将各年同一季度的数据放在同一列中，求相同各季度的平均值，得到第一～四季度的平均数分别为 111.81，109.48，78.23，103.13。由于 2006—2017 年各年中相同季度的数值加以平均消除了大部分随机性，因此，这四个平均数仅仅代表了季节性。用代数式表示，即为

$$\overline{S \times I} = S \tag{3-20}$$

式中，$\overline{S \times I}$ 中上面的横线表示季节平均。

表 3-13　产品销售额的季节指数（%）

年份	各季度季节指数			
	第一季度	第二季度	第三季度	第四季度
2006	—	—	76.40	100.15
2007	115.49	111.36	73.05	104.03
2008	111.29	105.18	100.06	98.96
2009	103.25	110.82	72.16	103.67
2010	115.01	108.44	76.71	102.39
2011	114.78	108.61	75.70	107.94
2012	112.75	106.69	76.57	105.74
2013	110.91	105.16	76.03	105.69
2014	111.53	109.50	78.73	102.72
2015	111.81	110.78	77.26	104.16
2016	110.89	111.45	77.17	99.03
2017	112.22	116.36	78.93	
平均数	111.81	109.48	78.23	103.13
修正平均数	111.07	108.76	77.72	102.45

表 3-13 中的 4 个平均值相加之和为 402.65，不等于 400。为了使各季节性指数的平均数等于 100，须进行简单的调整。如果 400 被合计数 402.65 来除，结果是 0.9934。以 0.9934 乘以各季度的平均数，得到 111.07，108.76，77.72，102.45（见表中最后一行）。现在这 4 个季节性指数的和为 400，它们的含义就更加清楚了。例如，第二季度的 108.76 就表示第二季度比全年平均数高出 8.76%；第三季度的 77.72 表示第三季度比全年平均数低 22.28%。

3. 长期趋势和循环变动

前面介绍的公式 $MA = T \times C$ 表示了一组长期趋势-循环变动数值。在多数情况下，这样已能满足要求，但有时仍需要把循环变动和长期趋势分离开来。为了做到这一点，只需确定一种能最好地描述数据长期趋势的类型。例如，长期趋势可以是线性的、二次的、S 曲线或其他。对于本例，如果将数据在图上画出来，可以看出线性的长期趋势是比较合适的：

$$T_t = a + bt \tag{3-21}$$

$t = 1，2，3，\cdots，48$。用最小二乘法可求得模型的最佳拟合参数为

$$a = 2782.54，\ b = 38.21$$

因此，趋势直线方程为

$$T_t = 2782.54 + 38.21t$$

如图 3-20 所示。用此方程即可求得每个季度的趋势值。如第 20 季度（2015 年的第 4 季度）趋势值为

$$T_{20} = a + bt = 3546.74 \text{ 万元}$$

由于 $MA = T \times C$，因此

$$\frac{MA}{T} = \frac{T \times C}{T} = C \quad (3-22)$$

应用式（3-22）即可求得**循环指数** C。例如，第 45 季度的循环指数 C_{45} 等于表 3-12 中的移动平均数除以 T_{45}，即

$$C_{45} = \frac{4686.09}{2782.54 + 38.21 \times 45} = 104.09\%$$

如同季节指数，循环指数也采取百分比率。其值大于 100，表明该季度经济活动水平高于所有季度的平均值；其值小于 100，所表明的情况则刚好相反，如图 3-21 所示。

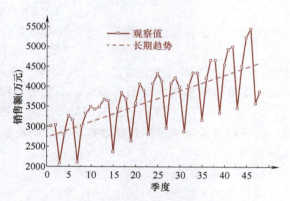

图 3-20　产品销售额的观察值及长期趋势

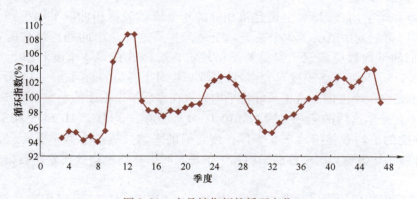

图 3-21　产品销售额的循环变化

循环变动因素比较复杂，且其变动周期较长，因而在短期预测中可以忽略不计，或将其归入趋势变化之中（称为趋势-循环因素）。人们更关心的是趋势和季节的识别。

至此就完成了对原始数据 X_t 的分解工作，其步骤总结如下：

(1) 用 $MA = T \times C$ 分析长期趋势和循环变动。
(2) 用 $X/MA = S \times I$ 分析季节性和随机性。
(3) 用 $\overline{S \times I} = S$ 分析季节性。
(4) 用趋势外推法中介绍的方法来分析长期趋势。
(5) 用 $MA/T = C$ 分析循环变动。

总之，分解法提供了分析时间序列各种因素的手段。它使用简单，只需要用加法、乘法和除法等四则运算即可，而且非常直观，能给企业提供一定时期内的大量信息。

3.5.2 根据分解法进行预测

用分解法确定了季节指数、趋势值和循环指数之后，就可以根据前面总结的步骤进行预测了。对2018年第一季度（第49季度）进行预测。数据的基本关系式为

$$X = T \times C \times S \times I$$

由于随机性无法直接进行预测，进行预测的关系式为

$$X = T \times C \times S$$

于是，计算出第49季度的 T_{49}，C_{49}，S_{49} 值，即可求得第49季度的预测值。表3-13中已得到第一季度的季节指数为111.07%，由趋势方程求得

$$T_{49} = (2782.54 + 38.21 \times 49) \text{万元} = 4654.83 \text{万元}$$

最后循环指数通常要根据判断估算出来，或者用某种方法预测得到。这里假定通过判断得到 $C_{49} = 98\%$，于是

$$X_{49} = T_{49} \times C_{49} \times S_{49} = 4654.83 \text{万元} \times 98\% \times 111.07\% = 5066.72 \text{万元}$$

同样可以对第50、51季度进行预测。

3.5.3 对分解法的进一步说明

1. 居中移动平均数

为了求得移动平均数 MA，上面是将相邻的4个原始数据相加取平均得到1个数，这样在表3-12的第三列中就少了3个数据。于是产生了这样一个问题：最初的4个数据被平均时，它们的平均数应该置于何处？严格地讲，应该放在第2季度和第3季度的中间（$(1+4)/2 = 2.5$，即第2.5季度）。其余数据取平均时也有类似的问题。但实际数据是表示各个季度而不是半个季度的，这里只好将平均数放在靠后半个季度的地方。假如对平均数再取平均，就不会产生这样的问题，因为如第1～4季度的平均数2741.34是指第2.5季度，而第2～5季度的平均数是指第3.5季度，则它们的平均数就是指第3季度（$(2.5+3.5)/2 = 3$）。这样的平均数称为居中移动平均数。于是，居中移动平均数比原始数据少4个（首尾各2个）。

现在，实际值除以居中移动平均值所得的比率（还是 SI）也可以用来计算季节指数，具体方法与前面所述完全一样。这样求得四个季度的季节指数分别为112.20%，109.44%，75.37%，103.17%，其和为400.18%，非常接近于400%。这正是移动平均数居中的缘故。

2. 分解法的改进

在前面所述分解法的基础上也可做一些改进，例如：

（1）修正原始数据中工作日或营业日的差额。由于各个月份（季度）的工作日是不尽相同的，这就会影响到销售额或其他所要预测的变量。因此，首先必须对数据进行调整。例如，对月度数据的调整可通过原始数据乘以30对工作日的比率来进行，即将各月度的原始数据折算到工作日均为30天的统一情况。

（2）利用统计方法来淘汰极值（即修改或舍去超出标准差3倍范围的数值），在分解法实施之前先对数据进行预处理。

（3）按上一节求得的季节指数还可进一步改进，并进行动态调整。因为实际上季节指数并不一定是一成不变的，它本身也是一个变化的时间序列。

还应注意到，运用分解法进行预测时，循环变动因素的确定是最为困难的。如果说有什么秘诀的话，那就是应具备足够数量的历史数据，以使管理人员了解循环模式是从哪里开始重复的，必要时可用图表的方法来帮助确定。由于循环模式可能会发生变化，按照管理人员的判断对循环模式做一些调整无疑是必要的。

在前面的两个小节中，是以一个周期为 4 的季度数据的例子来说明分解法的分解步骤和预测程序的。对周期为 12 的月度数据、周期为 7 的日常数据等其他情况，运用分解法的程序完全类似，在此不再举例。

分解法能帮助解释历史数据为什么变化，能使管理人员掌握各局部模式的变化。这些局部模式不仅能用以预测，而且也可用于管理之中，再加上容易被管理人员所理解，因此，分解法吸引了许多管理人员的注意，从而被大量地用于对实际问题的预测。经过成千上万个时间序列的反复检验，分解法被证明其效率和准确性都是较高的。当然，这种证明是经验的而非理论的，这也是它的主要缺点。它不能用统计的方法来检验，也不能建立置信区间。实际上，分解法仅适用于那些季节性较强的中、短期预测，当预测目标受外界干扰较大时，其预测能力会明显减弱。

3.6　基于 SPSS 软件的确定型时间序列分析与预测

IBM 社会科学统计软件包（Statistical Package for the Social Science，SPSS）是一种集成化的计算机数据处理应用软件。本书选择 IBM SPSS Statistics 25 中文版进行演示说明。

自英国伦敦 1851 年举办第一届世博会以来，直至 2012 年为止，全球已经举办了 41 届世博会。举办国都把实际客流量作为是否成功举办的重要指标之一。因此，分析和预测每日入园人数对世博会举办期间的管理和资源分配具有重要的意义。本节以 2010 年 5 月 1 日中国上海世博会开园以来每日入园人数为研究对象，对已有的 60 天每日入园人数建立时间序列预测模型，分析客流量的规律并预测未来直至闭馆前的每日客流量。

影响每日客流量的因素很多，如举办国的人均 GDP、园区规模（资金投入、园区面积、参展国家数量）、城市化水平等，因此可以从多维角度探讨该预测问题，但这样建立的预测模型较为复杂且涉及的数据和知识极其庞大。因此，从时间序列的角度探索该问题的预测模型，有可能在保证一定预测精度的前提下简化预测难度和复杂度。

本案例在建立预测模型之前需要做一些基本假设，包括：世博会在开园直至闭馆前不会因为外界原因闭馆；没有重大突发事件，客流量不会发生突变。

根据这些假设前提，可以利用现有数据建立预测模型进行预测，并可以根据不断更新的数据修正滞后的预测值。

1. 绘制时间序列趋势图，分析时序的变动规律

为了找到合适的模型，首先需要分析时间序列的变动特点。绘制时间序列的趋势图，是分析时序最直接、最简便的方法。根据时间序列的趋势图可以弄清楚两个问题：①数据是否存在整体趋势？如果存在这种趋势，是线性的还是非线性的，且这种趋势能否延续到预测区间？②数据是否存在季节变化？如果存在，这种季节的波动是稳定的还是随季节变动的？2010 年上海世博会开园以来 60 天日客流量数据见表 3-14。

表 3-14 2010 年上海世博会开园以来 60 天日客流量　　（单位：万人次）

时间	星期	时间序列	入园人数	时间	星期	时间序列	入园人数
2010-5-1	星期六	1	20.3	2010-5-31	星期一	31	32.75
2010-5-2	星期日	2	21.53	2010-6-1	星期二	32	31.11
2010-5-3	星期一	3	13.17	2010-6-2	星期三	33	36.95
2010-5-4	星期二	4	14.61	2010-6-3	星期四	34	41.75
2010-5-5	星期三	5	10.88	2010-6-4	星期五	35	43.69
2010-5-6	星期四	6	11.28	2010-6-5	星期六	36	52.46
2010-5-7	星期五	7	13.95	2010-6-6	星期日	37	41.73
2010-5-8	星期六	8	20.44	2010-6-7	星期一	38	48.78
2010-5-9	星期日	9	14.41	2010-6-8	星期二	39	51.09
2010-5-10	星期一	10	15.83	2010-6-9	星期三	40	41.34
2010-5-11	星期二	11	18.04	2010-6-10	星期四	41	39.13
2010-5-12	星期三	12	18.01	2010-6-11	星期五	42	40.3
2010-5-13	星期四	13	21.54	2010-6-12	星期六	43	42.46
2010-5-14	星期五	14	24.02	2010-6-13	星期日	44	41.73
2010-5-15	星期六	15	33.53	2010-6-14	星期一	45	50.32
2010-5-16	星期日	16	24.14	2010-6-15	星期二	46	55.2
2010-5-17	星期一	17	23.64	2010-6-16	星期三	47	37.9
2010-5-18	星期二	18	26.19	2010-6-17	星期四	48	39.41
2010-5-19	星期三	19	29.06	2010-6-18	星期五	49	41.44
2010-5-20	星期四	20	29.64	2010-6-19	星期六	50	42.88
2010-5-21	星期五	21	32.85	2010-6-20	星期日	51	36.12
2010-5-22	星期六	22	36.12	2010-6-21	星期一	52	41.51
2010-5-23	星期日	23	31.14	2010-6-22	星期二	53	40.98
2010-5-24	星期一	24	31.4	2010-6-23	星期三	54	40.41
2010-5-25	星期二	25	34.42	2010-6-24	星期四	55	44.71
2010-5-26	星期三	26	35.26	2010-6-25	星期五	56	48.09
2010-5-27	星期四	27	37.7	2010-6-26	星期六	57	55.35
2010-5-28	星期五	28	38.12	2010-6-27	星期日	58	48.68
2010-5-29	星期六	29	50.5	2010-6-28	星期一	59	45.83
2010-5-30	星期日	30	36.82	2010-6-29	星期二	60	45.26

根据表 3-14 中的数据绘制折线图。图 3-22 是 2010 年上海世博会从 2010 年 5 月 1 日起以日为单位，连续记录的 60 天入园人数，x 轴是对应的时间序号，单位为日。y 轴是入园人数，单位为万人次。通过观察时间序列的起点和终点，大致判断客流量总体趋势向上；通过观察极值，发现时间序列中极大值和极小值的出现有规律可循，呈现一定的周期性，即时间序列明显是以周为单元交替变化。同时，时间序列并不严格地遵守某种波动周期，在某些阶段波动剧烈，说明时间序列也受到随机因素的影响。

2. 基于 SPSS 的时间序列建模

（1）数据导入。原始数据用 Excel 格式保存，打开文件"2010 上海世博会客流量数据"，共三个时间序列，分别是"入园人数（60 日）""入园人数（92 日）""入园人数

第 3 章 确定型时间序列预测方法

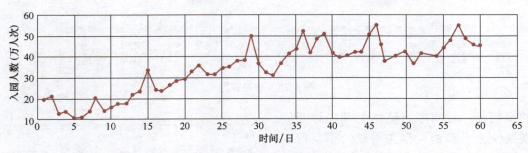

图 3-22　2010 年上海世博会 60 日客流量折线图

（102 日）"，如图 3-23 所示。以"入园人数（60 日）"数据建模，以"入园人数（102 日）"数据验证模型。也可以在 60 天数据的基础上每次增加 10 天数据用以观察模型的变化及预测的精度等。注意：在 Excel 中请确保时间单元格的格式是"日期"。

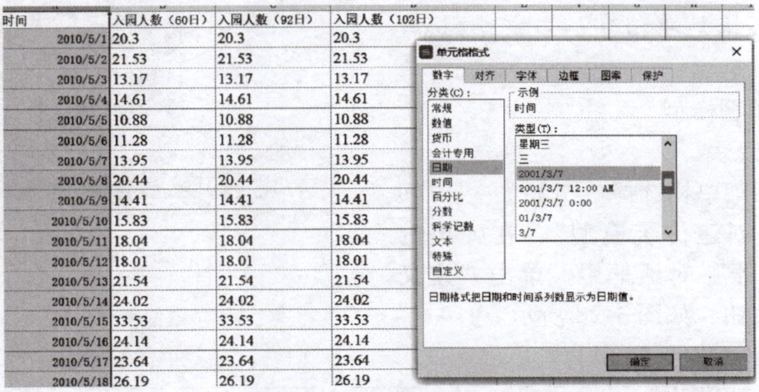

图 3-23　Excel 日期格式对话框

打开 SPSS Statistics 25，选择"文件"→"导入数据"→"Excel"，选择文件"2010 上海世博会客流量数据"。在"读取 Excel 文件"对话框中，"工作表"下拉列表选择"入园人数" [A1：D103]"，单击"确定"按钮，如图 3-24 所示。

在界面中，数据视图显示导入的数据，变量视图显示导入的四个变量的属性，如图 3-25 所示。

导入数据后，可以通过观察数据的图形变化趋势及特征对时间序列做初步分析。选择"分析"→"时间序列预测"→"序列图"，如图 3-26 所示完成设定。

单击"确定"按钮，生成"入园人数（60 日）"序列图，如图 3-27 所示。根据该图形可初步判断时间序列的整体趋势如何变化，是否有季节变化，如果有，则这种季节波动是随时间而加剧还是持续稳定存在。本例中，通过图

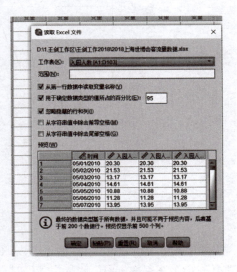

图 3-24　数据导入对话框

图 3-25 变量视图

形初步判断：时间序列整体上升趋势明显，呈现线性上升趋势；存在明显的季节特征，即一周内高点在每个周日；季节变化随序列无明显扩大，故应采用时间序列的加法模型而不是乘法模型。

通过以上的初步分析后，就可以在 SPSS 平台上构建预测模型。SPSS 提供三大类时间序列预测方法：指数平滑法、专家建模器、ARIMA。

（2）构建预测模型

1）指数平滑法

第一步：在菜单栏选择"分析"→"时间序列预测"→"创建传统模型"，在弹出的"时间序列建模器"对话框中，单击"定义日期和时间"按钮，如图 3-28 所示。

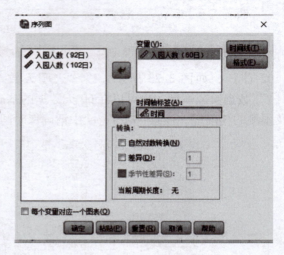

图 3-26 序列图对话框

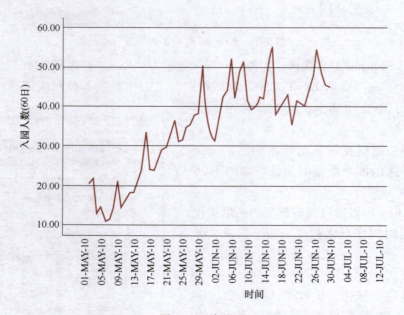

图 3-27 序列图

在弹出的"定义日期"对话框（见图 3-29）中，在左侧框中选择"周，日"，并将右侧"第一个个案是"栏下，"周"填"1"，"日"填"7"，单击"确定"按钮。在进行时

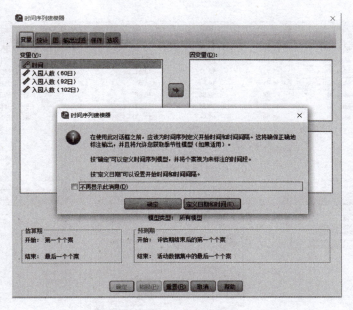

图 3-28 时间序列建模器对话框

间序列分析之前,需要定义时间间隔、周期、开始时间。由于本例中入园客流量是以日流量记录,并且之前分析得出季节的波动是以星期为波动周期的,因此,选择"周、日"为时间轴,同时定义起始时间是第一周,第一周的第一天是星期六。

在数据集中新增三个变量,分别是"WEEK_""DAT_""DATE_",分别代表时间序列的"第?周""周期?号""星期?"。如图 3-30 所示第一行数据的信息为:2010 年 5 月 1 日,入园人数为 20.3 万人次,第一周,周期号为 7,星期六。

第二步:时间设置完成后,继续选择"分析"→"时间序列预测"→"创建传统模型",在弹出的"时间序列建模器"对话框的左侧框中选择"入园人数(60日)"和"时间",导入右侧"因变量(D)"框中,"方法"选择"指数平滑",单击"条件"按钮,弹出"时间序列建模器:指数平滑条件选择"对话框,可选择"非季节性"或"季节性"。因为本例中时间序列明显呈现季节性,所以,尝试以"季节性"中的"简单季节性""温特斯加性""温特斯乘性"分别建立预测模型进行预测。如图 3-31 所示,选中"简单季节性"单选按钮,单击"继续"按钮。

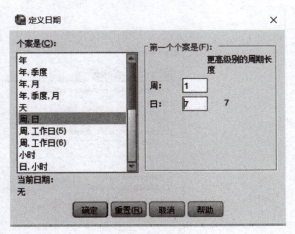

图 3-29 定义日期

在预测方法选择"指数平滑"以及"条件"选择"简单季节性"后,回到"时间序列建模器"对话框,选择"统计"标签,选中"显示预测值"复选按钮,如图 3-32 所示。

时间	入园人数（60日）	入园人数（92日）	入园人数（102日）	WEEK_	DAY_	DATE_
01-May-10	20.30	20.30	20.30	1	7	1 SAT
02-May-10	21.53	21.53	21.53	2	1	2 SUN
03-May-10	13.17	13.17	13.17	2	2	2 MON
04-May-10	14.61	14.61	14.61	2	3	2 TUE
05-May-10	10.88	10.88	10.88	2	4	2 WED
06-May-10	11.28	11.28	11.28	2	5	2 THU
07-May-10	13.95	13.95	13.95	2	6	2 FRI

图 3-30　新增时间序列标识变量

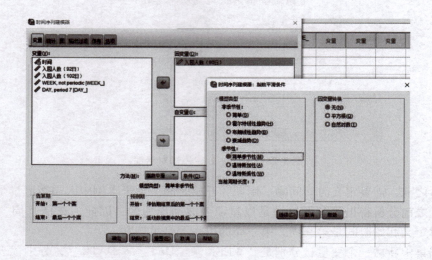

图 3-31　时序建模器：指数平滑条件对话框

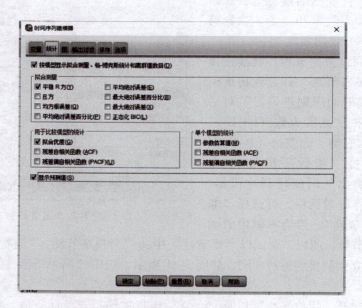

图 3-32　时间序列建模器"统计"对话框

在"时间序列建模器"的标签栏中选择"图",选中"序列""实测值""预测值"复选按钮,如图3-33所示。

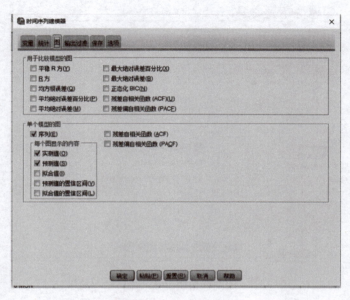

图3-33 时间序列建模器图形"显示"对话框

在"时间序列建模器"的标签栏中选择"保存",选中"预测值"复选按钮,如图3-34所示。

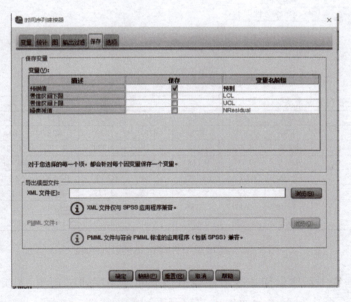

图3-34 时间序列建模器"保存"对话框

在"时间序列建模器"的标签栏中选择"选项",选中"评估结束后的第一个个案到指定日期之间的个案"单选按钮,并在"日期"中填"16""3",表示对未来直至16周的预测,如图 3-35 所示,单击"确定"按钮。

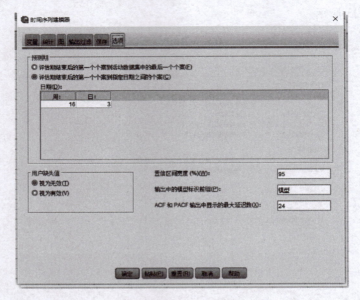

图 3-35　时间序列建模器"选项"对话框

第三步:在生成的查看器中,查看"指数平滑模型"中条件为"简单季节性"的预测结果,如图 3-36 所示。

模型描述

模型ID	入园人数(60日)_模型_1	模型类型 简单季节性

模型摘要

模型拟合度

拟合统计	平均值	标准误差	最小值	最大值	百分位数						
					5	10	25	50	75	90	95
平稳R方	.458	.	.458	.458	.458	.458	.458	.458	.458	.458	.458
R方	.878	.	.878	.878	.878	.878	.878	.878	.878	.878	.878
RMSE	4.228	.	4.228	4.228	4.228	4.228	4.228	4.228	4.228	4.228	4.228
MAPE	9.718	.	9.718	9.718	9.718	9.718	9.718	9.718	9.718	9.718	9.718
MaxAPE	62.190	.	62.190	62.190	62.190	62.190	62.190	62.190	62.190	62.190	62.190
MAE	3.132	.	3.132	3.132	3.132	3.132	3.132	3.132	3.132	3.132	3.132
MaxAE	13.186	.	13.186	13.186	13.186	13.186	13.186	13.186	13.186	13.186	13.186
正态化BIC	3.020	.	3.020	3.020	3.020	3.020	3.020	3.020	3.020	3.020	3.020

图 3-36　简单季节性模型描述及拟合度

同时,在数据集中新增由简单季节性模型生成的预测序列"预测_入园人数(60日)_模型_1",以及在查看器中得到由此而生成的预测序列的折线图,如图 3-37 所示。

上述操作完成后,可重复与第二步类似的操作,所不同的是选中"温特斯加性"复选按钮,在生成的查看器中,查看指数平滑模型中条件为温特斯加性的预测结果,如图 3-38 所示。

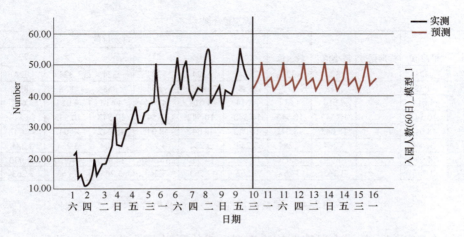

图 3-37 简单季节性模型预测序列的折线图

模型拟合度

拟合统计	平均值	标准误差	最小值	最大值	百分位数						
					5	10	25	50	75	90	95
平稳R方	.487	.	.487	.487	.487	.487	.487	.487	.487	.487	.487
R方	.884	.	.884	.884	.884	.884	.884	.884	.884	.884	.884
RMSE	4.167	.	4.167	4.167	4.167	4.167	4.167	4.167	4.167	4.167	4.167
MAPE	9.380	.	9.380	9.380	9.380	9.380	9.380	9.380	9.380	9.380	9.380
MaxAPE	63.565	.	63.565	63.565	63.565	63.565	63.565	63.565	63.565	63.565	63.565
MAE	2.981	.	2.981	2.981	2.981	2.981	2.981	2.981	2.981	2.981	2.981
MaxAE	14.990	.	14.990	14.990	14.990	14.990	14.990	14.990	14.990	14.990	14.990
正态化BIC	3.059	.	3.059	3.059	3.059	3.059	3.059	3.059	3.059	3.059	3.059

图 3-38 温特斯加性模型描述及拟合度

同时，在数据集中新增由温特斯加法模型生成的预测序列"预测_入园人数（60日）_模型_1_A"，以及在查看器中得到由此而生成的预测序列的折线图，如图3-39所示。

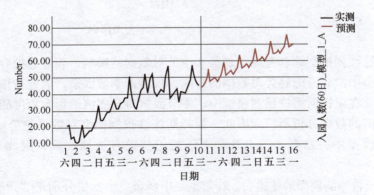

图 3-39 温特斯加性模型预测序列

类似的，还可以选中"温特斯乘性"复选按钮，在生成的查看器中，查看指数平滑模型中条件为温特斯加性的预测结果，如图3-40所示。

预测与决策教程

模型拟合度

拟合统计	平均值	标准误差	最小值	最大值	百分位数						
					5	10	25	50	75	90	95
平稳R方	.324	.	.324	.324	.324	.324	.324	.324	.324	.324	.324
R方	.858	.	.858	.858	.858	.858	.858	.858	.858	.858	.858
RMSE	4.614	.	4.614	4.614	4.614	4.614	4.614	4.614	4.614	4.614	4.614
MAPE	10.543	.	10.543	10.543	10.543	10.543	10.543	10.543	10.543	10.543	10.543
MaxAPE	48.042	.	48.042	48.042	48.042	48.042	48.042	48.042	48.042	48.042	48.042
MAE	3.284	.	3.284	3.284	3.284	3.284	3.284	3.284	3.284	3.284	3.284
MaxAE	14.930	.	14.930	14.930	14.930	14.930	14.930	14.930	14.930	14.930	14.930
正态化BIC	3.263	.	3.263	3.263	3.263	3.263	3.263	3.263	3.263	3.263	3.263

图 3-40 温特斯加性模型描述及拟合度

同时，在数据集中新增由温特斯加法模型生成的预测序列"预测_入园人数（60日）_模型_1_B"，以及在查看器中得到由此而生成的预测序列的折线图，如图 3-41 所示。

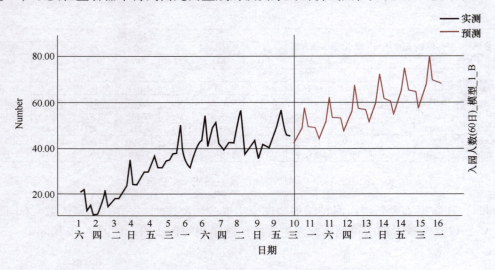

图 3-41 温特斯乘性模型预测序列

温特斯加性预测模型综合考虑了趋势和季节对数据的影响，较好地拟合了数据。由于简单季节预测模型中没有考虑趋势对数据的影响，仅考虑季节因素，因此，预测区间长期趋势呈现水平模式。在温特斯乘性预测模型中，季节因素对预测值的影响程度随着趋势的上升而增大，这与之前的数据分析不符。因此，温特斯加性预测模型对数据趋势的拟合效果最好。但是，在预测模型中，总有一些上升和下降的趋势没有被捕捉到，因此预测模型还需要改进。

完成以上三种预测模型的建模后，在数据集中新增三个变量分别是"预测_入园人数（60日）_模型_1""预测_入园人数（60日）_模型_1_A""预测_入园人数（60日）_模型_1_B"。这三个变量即为 SPSS 时间序列预测中指数平滑条件下分别用简单季节性预测模型、温特斯加性预测模型和温特斯乘性预测模型得到的预测序列，如图 3-42 所示。

最后，将"入园人数（102日）"的数据和三个预测模型得到的预测值进行比较：在菜

时间	入园人数（60日）	入园人数（92日）	入园人数（102日）	WEEK_	DAY_	DATE_	预测_入园人数（60日）_模型_1	预测_入园人数（60日）_模型_1_A	预测_入园人数（60日）_模型_1_B
01-May-10	20.30	20.30	20.30	1	7	1 SAT	21.02	20.97	20.31
02-May-10	21.53	21.53	21.53	2	1	2 SUN	13.99	13.95	17.78
03-May-10	13.17	13.17	13.17	2	2	2 MON	21.26	21.54	19.50
04-May-10	14.61	14.61	14.61	2	3	2 TUE	15.54	15.53	16.47
05-May-10	10.88	10.88	10.88	2	4	2 WED	10.89	12.81	14.54
06-May-10	11.28	11.28	11.28	2	5	2 THU	12.77	12.99	12.51
07-May-10	13.95	13.95	13.95	2	6	2 FRI	13.41	13.61	12.52

图 3-42　指数平滑条件下三个预测模型生成的预测序列

单栏选择"分析"→"时间序列预测"→"序列图"，并选择"入园人数（102 日）"和三个由不同指数平滑模型所得到的预测序列，得到如图 3-43 所示的结果。可以看出，简单季节性预测模型的预测结果反而更好一些。这是因为随着时间的推移，入园人数渐渐趋于饱和，甚至在闭园日入园人数有下降的趋势。因此，简单季节性预测模型虽然对数据的拟合效果没有温特斯加性预测模型好，但是对闭园日前客流量的预测结果却比较好。因此，长期趋势的预测除了要有足够的历史数据，还需要综合考虑其他因素，如闭园的时间、园区的容纳度、举办城市的 GDP 等信息。因此，用开园以来连续 60 日的入园人数预测未来一周的入馆人数比较合理，而对较长时间的预测，如对未来闭馆日前的入馆人数进行预测并不合适。至于选择简单季节性模型还是更复杂的模型，可以根据实际需要及最新数据，不断更新和修正预测模型。

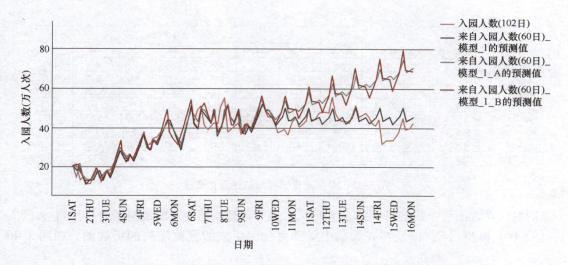

图 3-43　三个不用预测模型生成的预测序列与实际入园人数对比

2）专家建模器

第一步：选择"分析"→"时间序列预测"→"创建传统模型"，弹出"时间序列建模器"对话框，在左侧"变量"框中分别选择"入园人数（92 日）"和"时间"，导入右侧"因变量（D）"和"自变量（I）"框中，"方法"选择"专家建模器"。单击"条件"按钮，在弹出的对话框中选中"所有模型"单选按钮，如图 3-44 所示，其余设置与指数平滑法中对"时间序列建模器"的设置一致。

第二步：在生成的查看器中，查看"专家建模器"中条件为"考虑季节性模型"的预

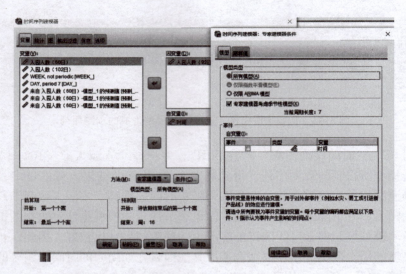

图 3-44 时间序列专家建模器对话框

测结果，如图 3-45 所示。结果表明，专家建模器还是选择"简单季节性"作为最合适的预测模型。

模型拟合度

拟合统计	平均值	标准误差	最小值	最大值	百分位数						
					5	10	25	50	75	90	95
平稳R方	.499	.	.499	.499	.499	.499	.499	.499	.499	.499	.499
R方	.888	.	.888	.888	.888	.888	.888	.888	.888	.888	.888
RMSE	3.721	.	3.721	3.721	3.721	3.721	3.721	3.721	3.721	3.721	3.721
MAPE	7.864	.	7.864	7.864	7.864	7.864	7.864	7.864	7.864	7.864	7.864
MaxAPE	65.632	.	65.632	65.632	65.632	65.632	65.632	65.632	65.632	65.632	65.632
MAE	2.696	.	2.696	2.696	2.696	2.696	2.696	2.696	2.696	2.696	2.696
MaxAE	14.426	.	14.426	14.426	14.426	14.426	14.426	14.426	14.426	14.426	14.426
正态化BIC	2.726	.	2.726	2.726	2.726	2.726	2.726	2.726	2.726	2.726	2.726

图 3-45 专家建模器模型描述及拟合度

同时，在数据集中新增基于 92 天入园人数由专家建模器生成的预测序列"预测_入园人数（92 日）_模型_1"，以及在查看器中得到由此而生成的预测序列的折线图，如图 3-46 所示。

第三步：在预测模型选择简单季节性模型的情况下，选择基于 60 天数据和 92 天数据得到的预测序列，分别与实际入园 102 天的数据进行比较，如图 3-47 所示。

可以看出，使用开园以来连续 92 天的入园人数并利用简单季节性模型生成的预测模型对未来 10 天的入馆人数进行预测比较合理。具体的预测数据可以通过查看数据集中预测序列获得。

除了指数平滑模型和专家建模器，SPSS 还提供了 ARIMA 时间序列模型进行预测，该方法对平稳的随机时间序列预测有很好的效果。其具体操作过程与上述两种方法基本一致。

本节通过不同的预测模型、不同数量的数据记录，对 2010 年上海世博会每日的客流量进行了预测。可以看出：时间序列只有在具有足够多的历史数据时才能显现出其长期趋势；

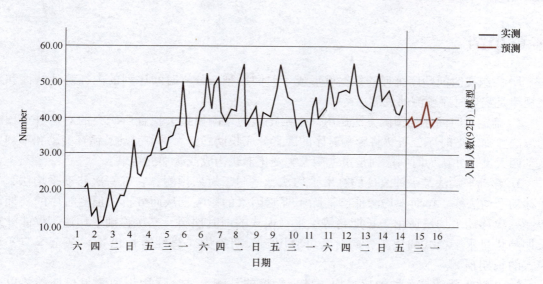

图 3-46　专家建模器预测序列

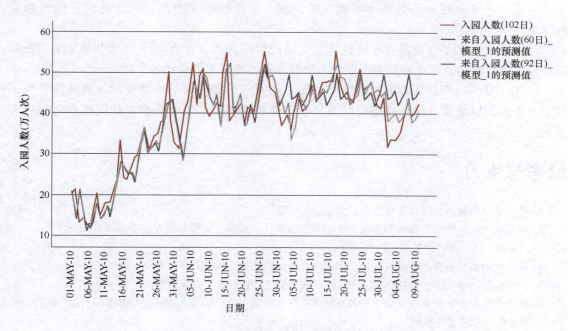

图 3-47　预测序列与历史数据的比较

季节变动周期对时间序列的预测影响较大；复杂的预测模型，其预测结果并不一定最好，应针对具体情况选择最适合的模型。在本例中，时间序列分析并不适用于对长期趋势的预测，短期预测效果较好。为了更好地预测长期趋势，就需要了解除时间因素外影响入园人数的其他因素，如 GDP、交通、天气、寒暑假等。除此之外，还需要分析历届世博会每日入园人数的变化趋势，综合考虑举办国的政治经济等因素。

本章小结

1. 一组按时间顺序排列的数据就形成了时间序列。分析时间序列的内在统计特性和发展规律是实现时序预测的关键。

2. 确定型时间序列预测方法是用一个确定型的预测模型去拟合所研究的对象进行预测的方法。确定型时序分析法将影响时序的因素分成长期趋势、季节变动、循环变动和不规则变动四大类,并认为时间序列是由这四大类变化形式构成或叠加的结果。

3. 移动平均法是一种改良的算术平均法,适用于短期预测。它有一次移动平均法、二次移动平均法等。移动平均法能够消除不规则因素的影响,从而分析、预测时序的长期趋势。一次移动平均法适用于长期趋势呈平稳模式的即时预测。二次移动平均法不仅能处理长期趋势呈水平模式的预测,同时又可应用于长期趋势(线性增长趋势)甚至季节变动模式的长期预测。

4. 指数平滑法是一种加权平均、重近轻远的预测方法,适用于预测呈长期趋势以及季节变动的对象。它有一次指数平滑法、二次指数平滑法以及高次指数平滑。一次指数平滑法适用于预测长期趋势呈水平模式的预测。二次指数平滑法适用于处理有线性趋势的时序。

5. 季节指数法是针对具有规律性季节变动的时序,通过计算时序数据中季节变动系数而达到预测目标的方法。它分为不考虑长期趋势和考虑长期趋势两种方法。

6. 时间序列分解法将影响时序变化的四种因素(长期趋势、季节变动、循环变动和不规则变动)加以区分,根据具体的预测对象选择影响因素和组合模型,从而实现对时序的预测。

思考与练习

1. 什么是时间序列?时间序列预测方法有什么假设?
2. 移动平均法的模型参数 N 的数值大小对预测值有什么影响?选择参数 N 应考虑哪些问题?
3*. 试推导出三次移动平均法的预测公式。
4. 移动平均法与指数平滑法各有什么特点?为什么说指数平滑法是移动平均法的改进?
5. 试比较移动平均法、指数平滑法和时间序列分解法,它们各自有什么优缺点?
6. 指数平滑法的平滑系数 α 的大小对预测值有什么影响?选择平滑系数 α 应考虑哪些问题?确定指数平滑的初始值应考虑哪些问题?
7. 时间序列分解法一般包括哪些因素?如何从时间序列中分解出不同的因素?
8*. 在利用时间序列分解法进行预测时,实际假定季节指数是不变的。如果季节指数发生变化,又该如何利用时间序列分解法进行预测?
9. 已知某类产品连续 15 个月的销售额如表 3-15 所示。
(1)分别取 $N=3$,$N=5$,计算一次移动平均数,并利用一次移动平均法对下个月的产品销售额进行预测。
(2)取 $N=3$,计算二次移动平均数,并建立预测模型,求第 16、17 个月的产品销售额预测值。

表 3-15　某产品连续 15 个月的销售额

时间序号	1	2	3	4	5	6	7	8	9	10	11	12	13	14	15
销售额（万元）	10	15	8	20	10	16	18	20	22	24	20	26	27	29	29

（3）用一次指数平滑法预测下一个月的产品销售量，并对第 14、15 个月的产品销售额进行事后预测。分别取 $\alpha=0.1$，0.3，0.5，$S_0^{(1)}$ 为最早的三个数据的平均值。

10*. 利用 3.6 节中的数据，使用 SPSS 软件对"入园人数（92 日）"字段用时间序列分解模型对未来 10 天的入园人数进行预测，讨论长期趋势是线性趋势还是曲线趋势，哪个更合适？并将预测结果与简单季节预测模型进行比较。

入园人数数据表

第 4 章
随机型时间序列预测方法

【案例 4-1】

网上拍卖作为电子商务中的主要交易模式之一,受到了许多研究者的关注。Zheng^㊀通过对同时拍卖进行实验研究认为,具有弹性结束规则的同质物品的拍卖,其拍卖价格最终应该是一致的。2008 年奥运会闭幕后,许多奥运物品都先后在网上举行了拍卖,其中最引人瞩目的是奥运会开幕式中 2008 面青铜缶的拍卖。2009 年 3 月 15 日,经过精心挑选的 90 面青铜缶在金马甲网站采用同时向上叫价的方式进行拍卖(其他缶分别于 2009 年 3 月 8 日和 18 日采用现场拍卖的方式进行出售)。通过对所收集到的缶的拍卖数据进行统计分析可知,拍卖成交价格在一天之内呈现出了明显的分离。90 场缶拍卖的平均成交价格为 142627.78 元,价格标准差为 51477.27 元,是拍卖平均成交价格的 36%,拍卖价格的分离程度较大。在这 90 场拍卖中,相继结束的拍卖成交价格之间是否存在着某种关系?这种关系可否通过数学模型来描述?是否可以根据建立的数学模型来对拍卖成交价格进行预测?

上述问题可以通过本章介绍的随机型时间序列预测方法来解决。此方法的优点在于,它能利用一套有相当明确规定的准则来处理复杂的模式,预测精度也比较高。但同时为了达到高的精确度,其计算过程相对比较复杂,预测成本也比较高。

随机型时间序列预测方法建立预测模型的过程可以分为四个阶段:

第一阶段:根据建模的目的和理论分析,确定模型的基本形式。

第二阶段:进行模型识别,即从一大类模型中选择出一类试验模型。

第三阶段:将所选择的模型应用于所取得的历史数据,求得模型的参数。

第四阶段:检验得到的模型是否合适。若合适,则可以用于预测或控制;若不合适,则返回第二阶段重新选择模型。

建模流程如图 4-1 所示。

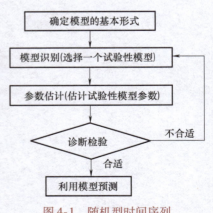

图 4-1 随机型时间序列分析预测方法建模过程

㊀ Zheng M L. Bidding Behavior and Price Formation with Competing Auctions: Evidence from eBay. Working Paper, University of Toronto, 2000.

根据随机型时间序列预测方法建模顺序，本章依次讨论随机型时间序列模型、ARMA 模型的相关分析、模型的识别、ARMA 模型的参数估计以及模型的检验与预报。

4.1 随机型时间序列模型

本节讨论随机型时间序列的几种常用模型。从实用观点来看，这些模型能够表征任何模式的时间序列数据。这几类模型是：①自回归（AR）模型；②移动平均（MA）模型；③自回归移动平均（ARMA）模型；④求和自回归移动平均（ARIMA）模型。

4.1.1 随机时间序列

所谓**随机时间序列**，是指 $\{X_n | n = 0, \pm 1, \pm 2, \cdots, \pm N, \cdots\}$，这里对每个 n，X_n 都是一个随机变量。以下简称为**时间序列**。

定义 4-1 时间序列 $\{X_n | n = 0, \pm 1, \pm 2, \cdots\}$ 称为是**平稳**的，如果它满足：

（1）对任一 n，$E(X_n) = C$，C 是与 n 无关的常数。

（2）对任意的整数 n 和 k，

$$E(X_{n+k} - C)(X_n - C) = \gamma_k$$

式中，γ_k 与 n 无关。

γ_k 称为时间序列 $\{X_n\}$ 的**自协方差函数**（Autocovariances Function）；$\rho_k = \gamma_k / \gamma_0$ 称为**自相关函数**（Autocorrelation Function，ACF）；k 称为滞后期。平稳性定义中的两个条件，也就是说时间序列的均值和自协方差函数不随时间的变化而变化。显然，$\gamma_{-k} = \gamma_k$，$\rho_{-k} = \rho_k$，$k \geq 0$。

不失一般性，对一个平稳时间序列 $\{X_n | n = 0, 1, \cdots\}$，可以假设它的均值为零。若不然，运用零均值化方法对序列进行一次平移变换，即令 $X'_n = X_n - C$，$n = 0, 1, \cdots$，则 $\{X'_n\}$ 是一个零均值的平稳时间序列。这样做便于下面进行统一讨论。

可以把所要研究的对象，如某商品的月销售量，看作一个随机时间序列 $\{X_n\}$；将手中所有的观察值 $\{x_1, x_2, \cdots, x_n\}$，如最近 5 年该商品的月销售量统计数据，看作这个随机时间序列的一个样本。若想要预测未来某一时期该商品的月销售量，关键的问题是要掌握随机序列 $\{X_n\}$ 的统计特性。但是，我们并不了解 $\{X_n\}$ 的统计特性，而手中只有 $\{X_n\}$ 的一个样本。所以，可以根据手中的样本去估计 $\{X_n\}$ 的概率特性，也就是建立时间序列 $\{X_n\}$ 的统计模型，用它来近似实际时间序列，从而做出对未来的预测。

4.1.2 自回归（AR）模型

自回归模型（Autoregressive Model，AR 模型）的一般形式为

$$X_n = \varphi_1 X_{n-1} + \varphi_2 X_{n-2} + \cdots + \varphi_p X_{n-p} + \varepsilon_n \tag{4-1}$$

式中，$\varphi_1, \cdots, \varphi_p$ 为模型参数；X_n 为因变量；$X_{n-1}, X_{n-2}, \cdots, X_{n-p}$ 为"自"变量，这里"自"变量是指同一（因此称为"自"）变量，但属于以前各个时期的数值，所谓自回归即为此含义；$\{\varepsilon_n | n = 0, \pm 1, \cdots\}$ 是**白噪声序列**，即

$$E(\varepsilon_n) = 0, \quad E(\varepsilon_n \varepsilon_{n+k}) = \begin{cases} \sigma_\varepsilon^2, & k = 0 \\ 0, & k \neq 0 \end{cases}$$

也就是说，随机时间序列 $\{\varepsilon_n\}$ 的均值为零，方差为 σ_ε^2，且互不相关，它代表不能用模型说明的随机因素。假定 $E(X_t \varepsilon_n) = 0 (t < n)$，即在 t 时刻以后的随机因素对当前的数据值无影响。p 为模型的**阶数**。用 AR(p) 来简记此模型。

引入**向后推移算子** B：
$$B^k X_n = X_{n-k}, \quad B^k C = C, \quad k = 0, 1, \cdots (C \text{ 为常数})$$

并记
$$\Phi_p(B) = 1 - \varphi_1 B - \varphi_2 B^2 - \cdots - \varphi_p B^p$$

则式（4-1）可重写为
$$\Phi_p(B) X_n = \varepsilon_n \tag{4-2}$$

称多项式方程 $\Phi_p(\lambda) = 0$ 为 AR(p) 模型的**特征方程**，它的 p 个根 $\lambda_1, \lambda_2, \cdots, \lambda_p$ 称为模型的**特征根**。如果这 p 个特征根都在单位圆外，即
$$|\lambda_i| > 1, \quad i = 1, 2, \cdots, p$$
则称 AR(p) 模型是稳定的或平稳的，称上式为**平稳性条件**。

这里应引起注意的是，**平稳时间序列** $\{X_n\}$ 是指 X_n 的均值为常数（设其为零）且自相关函数为齐次的随机时间序列；而平稳的 AR(p) 则是指它满足平稳性条件：$\Phi_p(\lambda) = 0$ 的根均在单位圆外。这两种"平稳"是两个不同的概念。

例如，对于 AR(1) 模型，其特征方程为
$$1 - \varphi_1 \lambda = 0$$

特征根 $\lambda_1 = \varphi_1^{-1}$，从而 AR(1) 的平稳性条件是 $|\varphi_1| < 1$。在条件 $|\varphi_1| < 1$ 下，有
$$X_n = \varepsilon_n + \varphi_1 X_{n-1} = \cdots = \sum_{k=0}^{N-1} \varphi_1^k \varepsilon_{n-k} + \varphi_1^N X_{n-N} = \sum_{k=0}^{\infty} \varphi_1^k \varepsilon_{n-k} \tag{4-3}$$

由于 ε_k 表示第 k 期的预测误差，因此，上式表示对平稳的 AR(1) 模型，X_n 可由过去各期误差的线性组合表示。其实可以证明，对任意的平稳 AR(p) 模型，X_n 都可由过去各期误差的线性组合表示。平稳性保证 $\Phi_p(B)$ 的**逆算子**存在，但一般为无穷阶的，即 $\Phi_p^{-1}(B) = \sum_{n=0}^{\infty} \alpha_n B^n$，从而 $X_n = (\sum_{k=0}^{\infty} \alpha_k B^k) \varepsilon_n$。这里只讨论平稳的 AR($p$) 模型。

注：式（4-3）中假定序列 X_n 是负向无穷的。

由式（4-1）知，如果：
(1) 能够证明式（4-1）的确是恰当的方程，
(2) 能够确定 p 的数值，
(3) 能够确定模型参数 $\varphi_1, \cdots, \varphi_p$，

那么，在式（4-1）去掉 ε_n 项后，就得到预测公式 $\hat{X}_{n+1} = \varphi_1 X_n + \varphi_2 X_{n-1} + \cdots + \varphi_p X_{n-p+1}$，由此进行预测就很容易了。可惜的是，并非所有时间序列都能用式（4-1）的 AR(p) 模型来表示。因此，还要考虑其他模型。

4.1.3 移动平均（MA）模型

式（4-3）说明在平稳的 AR(p) 模型中，X_n 可由过去各期误差的线性组合表示；而当 AR(p) 模型非平稳时，线性表示就难以成立了。**移动平均模型**就是当 X_n 可由过去有限期误

差线性表示的情形。其公式为

$$X_n = \varepsilon_n - \theta_1 \varepsilon_{n-1} - \theta_2 \varepsilon_{n-2} - \cdots - \theta_q \varepsilon_{n-q} \tag{4-4}$$

式中，$\{\varepsilon_n\}$ 是白噪声序列。称满足上式的模型为 q 阶移动平均模型（Moving Average Model of Order q），简记为 MA(q)。与 AR(p) 模型类似，式（4-4）可写成如下算子形式：

$$X_n = \Theta_q(B)\varepsilon_n$$

$$\Theta_q(B) = 1 - \theta_1 B - \theta_2 B^2 - \cdots - \theta_q B^q \tag{4-5}$$

称 $\Theta_q(\lambda) = 0$ 为 MA(q) 模型的特征方程，它的 q 个根称为 MA(q) 的特征根。如果 MA(q) 的特征根都在单位圆外，则称此 MA(q) 模型是可逆的。

例如，对于 MA(1) 模型，其特征方程为

$$1 - \theta_1 \lambda = 0$$

于是特征根为 θ_1^{-1}，从而可逆性条件为 $|\theta_1| < 1$。在此条件下，由

$$X_n = (1 - \theta_1 B)\varepsilon_n$$

可推得

$$\varepsilon_n = (1 - \theta_1 B)^{-1} X_n = \sum_{k=0}^{\infty} \theta_1^k B^k X_n = \sum_{k=0}^{\infty} \theta_1^k X_{n-k} \tag{4-6}$$

这是一个无限阶的自回归过程。其实，对于阶数 $q \geq 1$，均可证明对可逆的 MA(q) 模型，ε_n 均可表示为过去各期数据 X_{n-k} 的线性组合。与 AR(p) 中一样，可逆性保证了 $\Theta_q(B)$ 的逆算子存在。因此 AR(p) 与 MA(q) 模型是互相对偶的两个模型，总假定 MA(q) 模型是可逆的。

4.1.4 自回归移动平均（ARMA）模型

在建立一个实际时间序列模型时，可能既有自回归部分，又有移动平均部分。例如：

$$X_n - \varphi_1 X_{n-1} - \cdots - \varphi_p X_{n-p} = \varepsilon_n - \theta_1 \varepsilon_{n-1} - \cdots - \theta_q \varepsilon_{n-q} \tag{4-7}$$

或者写成算子形式：

$$\Phi_p(B) X_n = \Theta_q(B) \varepsilon_n$$

简记此模型为 ARMA(p, q)，括号中的第一个参数 p 是自回归阶数，第二个参数 q 是移动平均的阶数，故称之为 (p, q) 阶的自回归移动平均模型。在实际应用中，p 和 q 的值很少超过 3。对 ARMA(p, q) 模型，总假定 $\Phi_p(B)$ 和 $\Theta_q(B)$（作为变量为 B 的多项式）无公共因子，分别满足平稳性条件和可逆性条件。如果 $\Phi_p(B)$ 满足平稳性条件，称 ARMA(p, q) 是平稳的；如果 $\Theta_q(B)$ 满足可逆性条件，称 ARMA(p, q) 是可逆的。对平稳的 ARMA(p, q) 模型，X_n 可表示为过去各期误差 ε_n，ε_{n-1}，ε_{n-2}，$\cdots$ 的线性组合；对可逆的 ARMA(p, q) 模型，ε_n 可表示为过去各期数据 X_n，X_{n-1}，X_{n-2}，$\cdots$ 的线性组合。

由于自回归模型不存在其他自变量，不受模型变量"相互独立"假定条件的约束，因此，用 AR 模型及其原理可以构成多种模型以解决普通回归预测中由于自变量选择、多重共线性、序列相关等原因所造成的困难。此外，在 AR 模型中，各种因素对预测目标的影响是通过它们在时间过程中的综合体现被考虑的，是将序列历史观察值作为诸因素影响与作用的结果用于建立其本身的历史序列线性回归模型的，因此，用普通最小二乘法就可以对模型进行估计和求解。在这一点上，AR 模型比其他类型的时间序列模型都优越，应用得也最广泛。

4.1.5 求和自回归移动平均（ARIMA）模型

前面介绍的三类模型仅适用于描述平稳的时间序列，而实际应用中遇到的时间序列往往是非平稳的，尤其是在经济管理中遇到的时间序列。尽管从实际应用的角度看，用适当的自回归模型去近似一个稳定或不稳定的时间序列，在理论和方法上都是可行的，但人们常用差分化的方法将非平稳序列化成平稳序列来求解。

有些时间序列常呈现出一种特殊的非平稳性，称之为**齐次非平稳性**；只要进行一次或多次差分，就可以将其化为平稳序列。差分的次数称为**齐次化的阶**。这样的时间序列可用求和自回归移动平均模型来描述。

定义**差分**

$$\nabla X_n = X_n - X_{n-1}$$

引入**差分算子**$\nabla = 1 - B$。n 阶差分可定义为 $\nabla^n = (1-B)^n$，如二阶差分

$$\nabla^2 X_n = (1-B)^2 X_n = (1 - 2B + B^2) X_n = X_n - 2X_{n-1} + X_{n-2}$$

或者

$$\nabla^2 X_n = \nabla(\nabla X_n) = \nabla X_n - \nabla X_{n-1} = X_n - 2X_{n-1} + X_{n-2}$$

（p，d，q）阶求和自回归移动平均模型为

$$\Phi_p(B) \nabla^d X_n = \Theta_q(B) \varepsilon_n \tag{4-8}$$

即 $\nabla^d X_n$ 是 ARMA(p, q) 序列。式中，d 为求和阶数；p 和 q 分别为 $Y_n \triangleq \nabla^d X_n$ 序列的自回归和移动平均的阶数。如式（4-8）所示的求和自回归移动平均模型用 ARIMA(p, d, q) 表示。

对这类非平稳序列，假定 n 从 1 开始 X_n 才有定义，并且假定 X_n 的前 d 个随机变量 X_1, X_2, …, X_d 均值为零，方差有限且与 $\{\nabla^d X_n\}$ 不相关，因而也与 ε_n 不相关。

对于 ARIMA(p, d, q) 序列，它可以通过 d 阶差分化成平稳的 ARMA(p, q) 序列，从而化成前面三类模型。但这种将 ARMA 推广到 ARIMA 的非平稳序列是非本质性的，所以本书也不再详细讨论。

4.1.6 季节性模型

对于含有季节性周期的时间序列，也可用季节差分的方法将其化成平稳序列。例如，对月度波动，可以用**月度差分**$\nabla_{12} = 1 - B^{12}$ 对 X_n 做运算：

$$\nabla_{12} X_n = X_n - X_{n-12}$$

对季度波动，可以用**季度差分**

$$\nabla_4 X_n = (1 - B^4) X_n = X_n - X_{n-4}$$

消除数据中的季节性影响。**鲍克斯-詹金斯（Box-Jeknins）季节模型**为

$$\Phi_p(B) \nabla^d \nabla_{12} X_n = \Theta_q(B) \varepsilon_n \tag{4-9}$$

若取 $p = d = q = 1$，则上述模型可展开为

$$(1 - \varphi_1 B)(1 - B)(1 - B^{12}) X_n = (1 - \theta_1 B) \varepsilon_n$$

有时随机干扰项 ε_n 也是与季节相关的。这时，可以用模型

$$\Phi_p(B) \nabla^d \nabla_{12} X_n = \Theta_q(B) \nabla_{12} \varepsilon_n$$

来描述。例如

$$(1-\varphi_1 B)(1-B)(1-B^{12})X_n = (1-\theta_1 B)(1-B^{12})\varepsilon_n$$

就描述了一个既有线性发展趋向、又含月度周期变动的随机型时间序列模型。如果能预测到 X_n 的长期趋势 $f(n)$，则 $X_n - f(n)$ 就是零均值了。

4.2 ARMA 模型的相关分析

本节简要介绍 ARMA 序列的自相关函数和偏相关函数及其性质，并讨论它们与模型参数之间的关系。AR(p) 和 MA(q) 序列是 ARMA(p, q) 序列的特例，但 AR(p) 和 MA(q) 序列有各自独特的性质。本节就 AR(p)，MA(q)，ARMA(p, q) 三类模型分别进行讨论。

设 $\{X_n\}$ 是一个零均值的平稳时间序列，定义 $\{X_n\}$ 的滞后期为 k 的自协方差函数为

$$\gamma_k = \gamma_{-k} = E[X_n X_{n-k}], \quad k \geq 0$$

由此定义 $\{X_n\}$ 的滞后期为 k 的自相关函数为

$$\rho_k = \rho_{-k} = \frac{\gamma_k}{\gamma_0}, \quad k \geq 0$$

4.2.1 AR(p) 序列的自相关函数

设 $\{X_n\}$ 满足 AR(p) 模型，称 $\{X_n\}$ 为 AR(p) 序列。重写式 (4-1)，

$$X_n = \varphi_1 X_{n-1} + \varphi_2 X_{n-2} + \cdots + \varphi_p X_{n-p} + \varepsilon_n$$

用 X_{n-k} 乘上式两边，再取均值，则对任意的 $k > 0$，有

$$\begin{aligned}\gamma_k = E[X_n X_{n-k}] &= E[\varphi_1 X_{n-1} X_{n-k} + \varphi_2 X_{n-2} X_{n-k} + \cdots + \varphi_p X_{n-p} X_{n-k} + \varepsilon_n X_{n-k}]\\ &= \varphi_1 \gamma_{k-1} + \varphi_2 \gamma_{k-2} + \cdots + \varphi_p \gamma_{k-p}, \quad k > 0\end{aligned} \quad (4\text{-}10)$$

因此又有（两边同除以 γ_0）

$$\rho_k = \varphi_1 \rho_{k-1} + \varphi_2 \rho_{k-2} + \cdots + \varphi_p \rho_{k-p}, \quad k > 0 \quad (4\text{-}11)$$

或者写成算子形式（以下为方便起见，省掉 $\Phi_p(B)$ 的下标 p）

$$\Phi(B)\rho_k = 0, \quad k > 0$$

这就是 AR(p) 的自相关函数所满足的方程。由于 $\Phi(\lambda) = 0$ 的根均在单位圆外，由差分方程的理论可知：

若 $\Phi(\lambda) = 0$ 的根互不相同，为 $\lambda_1, \lambda_2, \cdots, \lambda_p$，则式 (4-11) 的通解为

$$\rho_k = c_1 \lambda_1^{-k} + c_2 \lambda_2^{-k} + \cdots + c_p \lambda_p^{-k}, \quad k > 0 \quad (4\text{-}12)$$

式中，$c_1, c_2, \cdots, c_p$ 为常数。对任意的 $k > 0$，$\rho_{-k} = \rho_k$，而 $\rho_0 = 1$，故由式 (4-12) 知，$c_1, c_2, \cdots, c_p$ 由以下方程组确定：

$$\begin{cases} c_1 + c_2 + \cdots + c_p = 1 \\ c_1(\lambda_1^k - \lambda_1^{-k}) + c_2(\lambda_2^k - \lambda_2^{-k}) + \cdots + c_p(\lambda_p^k - \lambda_p^{-k}) = 0, \quad k = 1, 2, \cdots, p-1 \end{cases}$$

若 $\Phi(\lambda) = 0$ 有重根，如 $\lambda_1 = \lambda_2 = \cdots = \lambda_r$，则式 (4-12) 前 r 项应改为

$$(c_1 + c_2 k + \cdots + c_r k^{r-1}) \lambda_1^{-k}$$

一般地，设 $\Phi(\lambda) = 0$ 有根 $\lambda_1, \lambda_2, \cdots, \lambda_s$，重数分别为 $r_1, r_2, \cdots, r_s$（$\sum_{i=1}^{s} r_i = p$），则式 (4-11) 的通解为

$$\rho_k = (c_{1,1} + c_{1,2}k + \cdots + c_{1,r_1}k^{r_1-1})\lambda_1^{-k} + (c_{2,1} + c_{2,2}k + \cdots + c_{2,r_2}k^{r_2-1})\lambda_2^{-k}$$
$$+ \cdots + (c_{s,1} + c_{s,2}k + \cdots + c_{s,r_s}k^{r_s-1})\lambda_s^{-k}$$

不管 $\Phi(\lambda) = 0$ 有无重根，总可证明存在正常数 g_1，g_2 使
$$|\rho_k| \leq g_1 e^{-g_2 k}, \quad k \geq 0$$

即 ρ_k 随 k 的增加按指数形式衰减，呈"拖尾"状。

上面介绍了从模型参数 φ_1，φ_2，$\cdots$，φ_p 求自相关函数 ρ_k 的方法。但实际上，我们并不知道时间序列 $\{X_n\}$，而只知道其一个样本，从而我们并不知道 φ_1，φ_2，$\cdots$，φ_p。根据统计理论，自相关函数 ρ_k 可从样本估计得到，模型参数 φ_k 则是未知的，因此需要从 ρ_k 来求得 φ_1，φ_2，$\cdots$，φ_p。在式（4-11）中，取 $k=1, 2, \cdots, p$，可得如下线性方程组：

$$\begin{cases} \rho_1 = \varphi_1 + \varphi_2 \rho_1 + \cdots + \varphi_p \rho_{p-1} \\ \rho_2 = \varphi_1 \rho_1 + \varphi_2 + \cdots + \varphi_p \rho_{p-2} \\ \quad \vdots \\ \rho_p = \varphi_1 \rho_{p-1} + \varphi_2 \rho_{p-2} + \cdots + \varphi_p \end{cases} \tag{4-13}$$

将 $\rho_1, \cdots, \rho_p$ 的估计值代入式（4-13），则可求得参数 φ_1，φ_2，$\cdots$，φ_p 的估计值。称式（4-13）为尤尔-沃克（Yule-Walker）方程，它是参数估计的基本方程。

为求白噪声的方差 σ_ε^2，由式（4-1）有
$$\sigma_\varepsilon^2 = E[\varepsilon_n^2] = E(X_n - \varphi_1 X_{n-1} - \cdots - \varphi_p X_{n-p})^2$$
$$= E[X_n^2 - 2\sum_{j=1}^p \varphi_j X_n X_{n-j} + \sum_{i,j=1}^p \varphi_i \varphi_j X_{n-i} X_{n-j}]$$
$$= \gamma_0 - 2\sum_{j=1}^p \varphi_j \gamma_j + \sum_{i,j=1}^p \varphi_i \varphi_j \gamma_{j-i}$$

而由式（4-10）可知
$$\sum_{j=1}^p \varphi_j \gamma_j = \sum_{i,j=1}^p \varphi_i \varphi_j \gamma_{j-i}$$

代入 σ_ε^2 的表达式，得
$$\sigma_\varepsilon^2 = \gamma_0 - \sum_{j=1}^p \varphi_j \gamma_j = \gamma_0 - \sum_{i,j=1}^p \varphi_i \varphi_j \gamma_{j-i} \tag{4-14}$$

当从样本求得样本自协方差函数 ρ_k，并进而求得模型参数 φ_i 的估计值后，代入上式即得白噪声的方差 σ_ε^2 的估计值。

4.2.2 MA(q) 序列的自相关函数

当 $\{X_n\}$ 为 MA(q) 序列时，即
$$X_n = \varepsilon_n - \theta_1 \varepsilon_{n-1} - \cdots - \theta_q \varepsilon_{n-q} = -\sum_{i=0}^q \theta_i \varepsilon_{n-i}$$

（其中记 $\theta_0 = -1$）则由定义可得，对任意的 $k \geq 0$，有
$$\gamma_k = E[X_n X_{n+k}] = E\left(\sum_{i=0}^q \sum_{j=0}^q \theta_i \theta_j \varepsilon_{n-i} \varepsilon_{n+k-j}\right)$$
$$= \begin{cases} \sigma_\varepsilon^2 (1 + \theta_1^2 + \theta_2^2 + \cdots + \theta_q^2) & k = 0 \\ \sigma_\varepsilon^2 (-\theta_k + \theta_1 \theta_{k+1} + \cdots + \theta_{q-k} \theta_q) & 1 \leq k \leq q \\ 0 & k > q \end{cases} \tag{4-15}$$

$$\rho_k = \begin{cases} 1 & k=0 \\ (-\theta_k + \theta_1\theta_{k+1} + \cdots + \theta_{q-k}\theta_q)/(1+\theta_1^2+\cdots+\theta_q^2) & 1 \leq k \leq q \\ 0 & k>q \end{cases} \quad (4\text{-}16)$$

上述两式说明，当 X_t 与 X_n 的相距步数 $|t-n|>q$ 时，X_t 与 X_n 不相关，即 MA(q) 序列的自协方差（或自相关）函数 γ_k（或 ρ_k）从 $k>q$ 以后全部为零。这一性质称为"**截尾**"（对应于 AR(p) 序列中的"拖尾"）性。反过来也可以证明，若一个平稳时间序列的自协方差函数截尾，那么它必定是 MA(q) 序列。

式（4-15）和式（4-16）已经表明了 ρ_k 与 MA(q) 的参数 θ_1，θ_2，$\cdots$，θ_q，σ_ε^2 之间的相互关系。根据这个关系，由模型参数 θ_1，θ_2，$\cdots$，θ_q 及白噪声序列的方差 σ_ε^2 可求得自相关系数。反过来，由自相关系数 $\rho_k (0 \leq k \leq q)$ 也可以解出 θ_1，θ_2，$\cdots$，θ_q，σ_ε^2。当然，在这里 ρ_k 与 θ_i 之间的关系是非线性关系，而在 AR(p) 中 ρ_k 与 φ_i 之间的关系则是线性关系。

4.2.3 ARMA(p，q) 序列的自相关函数

当序列 $\{X_n\}$ 为 ARMA 序列时，由于比较复杂，下面只给出结论。

(1) 当 $k>q$ 时，
$$\Phi(B)\rho_k = 0 \quad (4\text{-}17)$$

此式与式（4-11）类似，但这里的 k 是从 $q+1$ 开始的。而 ρ_1，$\cdots$，ρ_q 的结构则比较复杂，本书不再讨论。

当 $\Phi(\lambda)=0$ 无重根时，假设其 p 个根为 λ_1，$\cdots$，λ_p，则式（4-17）的通解为
$$\rho_k = c_1\lambda_1^{-k} + c_2\lambda_2^{-k} + \cdots + c_p\lambda_p^{-k}, \quad k>q-p \quad (4\text{-}18)$$

它仍然具有"拖尾"性。

(2) 若已知 ρ_0，ρ_1，$\cdots$，利用式（4-17），取 $k=q+1$，$q+2$，$\cdots$，$q+p$，得到关于 φ_1，φ_2，$\cdots$，φ_p 的线性方程组

$$\begin{cases} \rho_{q+1} = \varphi_1\rho_q + \varphi_2\rho_{q-1} + \cdots + \varphi_p\rho_{q-p+1} \\ \rho_{q+2} = \varphi_1\rho_{q+1} + \varphi_2\rho_q + \cdots + \varphi_p\rho_{q-p+2} \\ \vdots \\ \rho_{q+p} = \varphi_1\rho_{q+p-1} + \varphi_2\rho_{q+p-2} + \cdots + \varphi_p\rho_q \end{cases} \quad (4\text{-}19)$$

由此可解出自回归参数 φ_1，φ_2，$\cdots$，φ_p。

为求移动平均参数 θ_1，θ_2，$\cdots$，θ_q，令
$$\overline{X}_n = X_n - \varphi_1 X_{n-1} - \varphi_2 X_{n-2} - \cdots - \varphi_p X_{n-p}$$

从而
$$\overline{X}_n = \varepsilon_n - \theta_1\varepsilon_{n-1} - \cdots - \theta_q\varepsilon_{n-q}$$

即 $\{\overline{X}_n\}$ 为 MA(q) 序列，其自协方差函数 $\overline{\gamma}_k$ 可通过 $\{X_n\}$ 的自协方差函数 γ_k 求得，即

$$\overline{\gamma}_k = E\left(X_n - \sum_{j=1}^p \varphi_j X_{n-j}\right)\left(X_{n+k} - \sum_{i=1}^p \varphi_i X_{n+k-i}\right)$$

$$= \gamma_k - \sum_{i=1}^p \varphi_i \gamma_{k-i} - \sum_{j=1}^p \varphi_j \gamma_{k+j} + \sum_{i,j=1}^p \varphi_i\varphi_j\gamma_{k+j-i}$$

$$= \sum_{i,j=0}^p \varphi_i\varphi_j\gamma_{k+j-i}$$

其中最后一个求和项中,假定 $\varphi_0 = -1$。有了 $\bar{\gamma}_k$ 后,将它代入式(4-15)中可解出移动平均序列的参数 $\theta_1, \cdots, \theta_q$ 和白噪声序列的方差 σ_ε^2。

将 ρ_k 的性质总结如下:对 MA(q) 序列,ρ_k 是截尾的;对 AR(p) 序列,ρ_k 是拖尾的,它们能用式(4-12)(当 $\Phi(\lambda)=0$ 无重根时)统一表示;对 ARMA(p, q) 序列,ρ_k 是拖尾的,而且当 $k > q - p$ 时,ρ_k 能用式(4-18)(当 $\Phi(x) = 0$ 无重根时)统一表示,但 $\rho_1, \cdots, \rho_{q-p}$(当 $q > p$ 时)不能用式(4-18)表示。

4.2.4 偏相关函数

由上述三小节的讨论可知,ρ_k 的截尾性是 MA 序列的特有标志,而拖尾性则是 AR 序列和 ARMA 序列所共有的特征。那么自然要问,有没有用来区分 AR 序列与 ARMA 序列的标志呢?为此,先引入**偏相关函数**(Partial AutoCorrelation Function,PACF)的概念。

对 $k \geq 1$,考虑用 $X_{n-1}, X_{n-2}, \cdots, X_{n-k}$ 对 X_n 做最小方差估计,即考虑回归方程 $X_n = \varphi_{k1} X_{n-1} + \varphi_{k2} X_{n-2} + \cdots + \varphi_{kk} X_{n-k}$,最优系数 $\varphi_{k1}, \varphi_{k2}, \cdots, \varphi_{kk}$,使得

$$\delta_k \triangleq E\left[X_n - \sum_{j=1}^{k} \varphi_{kj} X_{n-j} \right]^2$$

$$= \gamma_0 - 2\sum_{j=1}^{k} \varphi_{kj} \gamma_j + \sum_{i,j=1}^{k} \varphi_{kj} \varphi_{ki} \gamma_{j-i}$$

达到最小。为此,只需对 δ_k 求 $\varphi_{kj}(j=1, 2, \cdots, k)$ 的偏导数 $\dfrac{\partial \delta_k}{\partial \varphi_{kj}}$,并令其为零,即得 $\varphi_{kj}(j=1, 2, \cdots, k)$ 满足的方程

$$\begin{pmatrix} 1 & \rho_1 & \rho_2 & \cdots & \rho_{k-1} \\ \rho_1 & 1 & \rho_1 & \cdots & \rho_{k-2} \\ \vdots & \vdots & \vdots & & \vdots \\ \rho_{k-1} & \rho_{k-2} & \rho_{k-3} & \cdots & \rho_1 \end{pmatrix} \begin{pmatrix} \varphi_{k1} \\ \varphi_{k2} \\ \vdots \\ \varphi_{kk} \end{pmatrix} = \begin{pmatrix} \rho_1 \\ \rho_2 \\ \vdots \\ \rho_k \end{pmatrix} \quad (4\text{-}20)$$

求解此方程即可得 $\varphi_{kj}(j=1, 2, \cdots, k)$。

称序列 $\varphi_{kk}(k=1, 2, \cdots)$ 为 $\{X_n\}$ 的**偏相关函数**。

对 AR(p) 序列 $\{X_n\}$,由 δ_k 的定义知,对任意的 $k \geq p$,

$$\delta_k = E\left(\sum_{j=1}^{p} \varphi_j X_{n-j} + \varepsilon_n - \sum_{j=1}^{k} \varphi_{kj} X_{n-j} \right)^2$$

$$= E\left(\varepsilon_n + \sum_{j=1}^{p} (\varphi_j - \varphi_{kj}) X_{n-j} - \sum_{j=p+1}^{k} \varphi_{kj} X_{n-j} \right)^2$$

$$= \sigma_\varepsilon^2 + E\left(\sum_{j=1}^{p} (\varphi_j - \varphi_{kj}) X_{n-j} - \sum_{j=p+1}^{k} \varphi_{kj} X_{n-j} \right)^2$$

显然,对任意的 $k \geq p$,若取

$$\varphi_{kj} = \begin{cases} \varphi_j, & 1 \leq j \leq p \\ 0, & p < j \leq k \end{cases}$$

则 δ_k 达到最小值 σ_ε^2。由此可见,AR(p) 序列的偏相关函数 φ_{kk} 在 $k > p$ 后等于零,即是**截尾**的。反过来也成立,即偏相关函数的截尾性是 AR 序列特有的标志。

从式（4-20）可得 φ_{kj} 的递推算法：

$$\begin{cases} \varphi_{11} = \rho_1 \\ \varphi_{k+1,k+1} = \left(\rho_{k+1} - \sum_{j=1}^{k}\varphi_{k+1-j}\varphi_{kj}\right)\left(1 - \sum_{j=1}^{k}\rho_j\varphi_{kj}\right)^{-1} \\ \varphi_{k+1,j} = \varphi_{kj} - \varphi_{k+1,k+1}\varphi_{k,k-(j-1)}, \quad j=1,2,\cdots,k \end{cases} \quad (4\text{-}21)$$

对 MA 序列或 ARMA 序列，也可类似地引入偏相关函数。同样可以证明，对 MA 序列或 ARMA 序列，其偏相关函数是<u>拖尾</u>的，即存在正常数 g_1, g_2 使

$$|\varphi_{kk}| \leq g_1 e^{-g_2 k}, \quad k \geq p-q$$

表 4-1 对这三类序列的相关性质进行了比较。

表 4-1 ARMA 序列的分类性质一览表

模型 表现形式 类别	AR(p)	MA(q)	ARMA(p,q)
模型方程	$\Phi(B)X_n = \varepsilon_n$	$X_n = \Theta(B)\varepsilon_n$	$\Phi(B)X_n = \Theta(B)\varepsilon_n$
平稳条件	$\Phi(\lambda)=0$ 的根全在单位圆外	当然平稳	$\Phi(\lambda)=0$ 的根全在单位圆外
可逆条件	一定可逆	$\Theta(\lambda)=0$ 的根全在单位圆外	$\Theta(\lambda)=0$ 的根全在单位圆外
传递形式	$X_n = \Phi^{-1}(B)\varepsilon_n$	$X_n = \Theta(B)\varepsilon_n$	$X_n = \Phi^{-1}(B)\Theta(B)\varepsilon_n$
逆转形式	$\varepsilon_n = \Phi(B)X_n$	$\varepsilon_n = \Theta^{-1}(B)X_n$	$\varepsilon_n = \Theta^{-1}(B)\Phi(B)X_n$
自相关函数	拖尾	截尾	拖尾
偏相关函数	截尾	拖尾	拖尾

例 4-1 设有平稳时间序列 $\{X_n\}$，$\{Y_n\}$，$\{Z_n\}$，其自相关函数（ACF）及偏相关函数（PACF）如图 4-2、图 4-3 和图 4-4 所示。试识别这三个时间序列的类型。

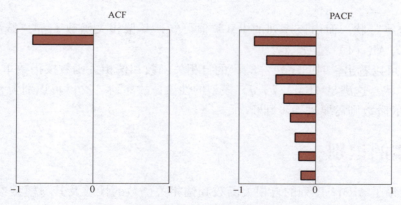

图 4-2 序列 $\{X_n\}$ 的 ACF 与 PACF 值

由图 4-2 可以看出，时间序列 $\{X_n\}$ 的自相关函数 1 阶"截尾"。而由其 PACF 值可知，该序列的偏相关函数按指数单调收敛到零，其偏相关函数呈"拖尾"状，故序列 $\{X_n\}$ 可识别为 MA(1) 模型。

由图 4-3 可以看出，时间序列 $\{Y_n\}$ 的自相关函数 ACF 按指数单调收敛到零，其自相

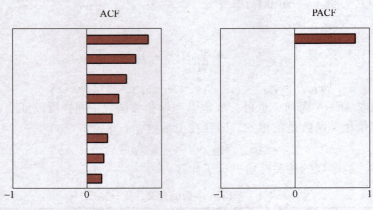

图 4-3　序列 $\{Y_n\}$ 的 ACF 与 PACF 值

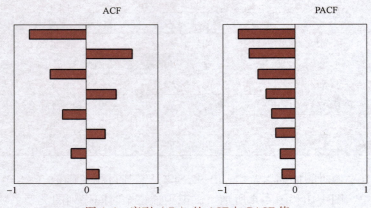

图 4-4　序列 $\{Z_n\}$ 的 ACF 与 PACF 值

关函数呈"拖尾"状。而由该序列的 PACF 值可知，其偏相关函数 1 阶"截尾"，故序列 $\{Y_n\}$ 可识别为 AR（1）模型。

由图 4-4 可以看出，时间序列 $\{Z_n\}$ 的自相关函数和偏相关函数按指数单调收敛到零，均呈"拖尾"状。这满足 ARMA(p, q) 模型的性质，故序列 $\{Z_n\}$ 可识别为 ARMA(p, q) 模型。p 和 q 的阶数则需要进一步判断。

4.3　模型的识别

上一节讨论了 ARMA 序列的自相关函数和偏相关函数的性质及其与模型参数之间的关系。本节需要讨论这样的问题：如果 $\{X_n\}$ 是一未知其模式的 ARMA 序列，现获得了它的一段样本数据 $x_1, x_2, \cdots, x_N$，如何根据这 N 个数据对 $\{X_n\}$ 的模型做出估计？或者，更具体些，如何判断和估计出模型的阶数 p, q 和参数 $\varphi_1, \cdots, \varphi_p, \theta_1, \cdots, \theta_q$ 以及 σ_ε^2？通常，对 p, q 的估计称为模型识别，对 $\varphi_1, \cdots, \varphi_p, \theta_1, \cdots, \theta_q, \sigma_\varepsilon^2$ 的估计称为参数估计。假定所讨论的时间序列是平稳的。对非平稳的情形，假定经过某种处理（如差分、季节差分等）后，可以化为平稳的序列。仍然假定序列均值为零。

我们是用自相关函数识别模型阶数的，故先讨论自相关函数的估计。

4.3.1　样本自相关函数与样本偏相关函数

假设已经得到了时间序列 $\{X_n\}$ 的一段样本值 $x_1, x_2, \cdots, x_N$，其中 N 称为样本长度。定义 $\{X_n\}$ 的**样本自协方差** $\hat{\gamma}_k$ 和**样本自相关函数** $\hat{\rho}_k$ 为

$$\hat{\gamma}_k = \hat{\gamma}_{-k} = \frac{1}{N}\sum_{t=1}^{N-k} x_t x_{t+k}, \ k=0, 1, 2, \cdots, N-1$$

$$\hat{\rho}_k = \hat{\rho}_{-k} = \hat{\gamma}_k / \hat{\gamma}_0, \ k=0, 1, 2, \cdots, N-1$$

也有人采用如下定义：

$$\hat{\gamma}_k^* = \frac{1}{N-k}\sum_{t=1}^{N-k} x_t x_{t+k}, \ k=0, 1, 2, \cdots, N-1$$

显然，$\hat{\gamma}_k^* = \frac{N}{N-k}\hat{\gamma}_k$，因此，当 N 远远大于 k 时，$\hat{\gamma}_k^*$ 与 $\hat{\gamma}_k$ 是近似相等的（称为渐近相等）。而当 N 足够大时，为确定阶数，只需对并不太大的 k 估计出 ρ_k 即可。

有了样本自相关函数，便可按式（4-20）那样定义样本偏相关函数。解方程组

$$\begin{pmatrix} 1 & \hat{\rho}_1 & \hat{\rho}_2 & \cdots & \hat{\rho}_{k-1} \\ \hat{\rho}_1 & 1 & \hat{\rho}_1 & \cdots & \hat{\rho}_{k-2} \\ \vdots & \vdots & \vdots & & \vdots \\ \hat{\rho}_{k-1} & \hat{\rho}_{k-2} & \hat{\rho}_{k-3} & \cdots & 1 \end{pmatrix} \begin{pmatrix} \hat{\varphi}_{k1} \\ \hat{\varphi}_{k2} \\ \vdots \\ \hat{\varphi}_{kk} \end{pmatrix} = \begin{pmatrix} \hat{\rho}_1 \\ \hat{\rho}_2 \\ \vdots \\ \hat{\rho}_k \end{pmatrix} \quad (4\text{-}22)$$

得到 $\hat{\varphi}_{kk}(k=1, 2, \cdots)$，这就是 $\{X_n\}$ 的样本偏相关函数。也可按式（4-21）递推计算，只需将式中的 ρ_j 换为 $\hat{\rho}_j$ 即可。

如果 $\{X_n\}$ 为 ARMA 序列，$\hat{\gamma}_k$ 和 $\hat{\rho}_k$ 作为 γ_k，ρ_k 的估计量具有如下性质：

性质 1　它们是渐近无偏估计，即

$$\lim_{N\to\infty} E\hat{\gamma}_k = \gamma_k, \ \lim_{N\to\infty} E\hat{\rho}_k = \rho_k, \ k\geqslant 0$$

性质 2　如 $\{X_n\}$ 是 MA(q) 序列，则对 $k>q$，$\hat{\rho}_k$ 的渐近分布为正态分布

$$N\left(0, \frac{1}{N}\left(1 + 2\sum_{t=1}^{q} \hat{\rho}_t^2\right)\right)$$

性质 3　设 $\{X_n\}$ 为 AR(p) 序列，则 $\hat{\varphi}_{kk}$ 是 φ_{kk} 的渐近无偏估计

$$\lim_{N\to\infty} E\hat{\varphi}_{kk} = \varphi_{kk} = \begin{cases} \varphi_k, & k\leqslant p \\ 0, & k>p \end{cases}$$

进而对 $k>p$，$\hat{\varphi}_{kk}$ 的渐近分布为正态分布 $N(0, 1/N)$。

4.3.2　模型识别

本节根据上一段中讨论的样本自相关和样本偏相关函数的性质来估计 $\{X_n\}$ 的模型阶数，即 p，q 的值。若 $\{X_n\}$ 是求和模型，则还要确定 d 的值。

（1）**识别的依据**。根据第 4.2 节中 ARMA 序列自相关、偏相关函数的性质，若样本自相关函数 $\hat{\rho}_k$ 在 $k>q$ 后截尾，则判断 $\{X_n\}$ 是 MA(q) 序列；若 $\hat{\varphi}_{kk}$ 在 $k>p$ 以后截尾，则判断是 AR(p) 序列；若 $\hat{\rho}_k$，$\hat{\varphi}_{kk}$ 都不截尾，且都被负指数型数列所控制（即拖尾的），则应判断为 ARMA 序列，但尚不能判定其阶数。在其他情况下，需要考虑求和、季节性、非平稳

性等。

（2）$\hat{\rho}_k$ 和 $\hat{\varphi}_{kk}$ 截尾性的判断。自相关和偏相关函数 ρ_k 和 φ_{kk} 的截尾性是指它们从某个 q 或 p 值后全为零。但由于 $\hat{\rho}_k$，$\hat{\varphi}_{kk}$ 是 ρ_k，φ_{kk} 的估计值，它们必然有误差，所以，即使 $\{X_n\}$ 为 MA(q) 序列，$k > q$ 后 $\hat{\rho}_k$ 也不会全等于零，而只是在零上、下波动。由性质 2，对 MA(q) 序列，当 $k > q$ 时，$\rho_k = 0$，而 $\hat{\rho}_k$ 的渐近分布为正态分布，由正态分布的性质知

$$P\left\{|\hat{\rho}_k| \leq \frac{1}{\sqrt{N}}\sqrt{\left(1 + 2\sum_{t=1}^{q}\hat{\rho}_t^2\right)}\right\} \approx 68.3\%$$

$$P\left\{|\hat{\rho}_k| \leq \frac{2}{\sqrt{N}}\sqrt{\left(1 + 2\sum_{t=1}^{q}\hat{\rho}_t^2\right)}\right\} \approx 95.5\%$$

根据精度要求选定概率 0.683 或 0.955，然后对每个 $k > 0$，逐个检验 $\hat{\rho}_{k+1}$, $\hat{\rho}_{k+2}$, $\cdots$, $\hat{\rho}_{k+m}$（m 一般取 $\sqrt{N}$ 或 $N/10$），检验其中满足 $|\hat{\rho}_i| \leq \frac{1}{\sqrt{N}}\sqrt{\left(1 + 2\sum_{t=1}^{q}\hat{\rho}_t^2\right)}$ 的 $\hat{\rho}_i$ 比例是否达到了 68.3% 或者满足 $|\hat{\rho}_i| \leq \frac{2}{\sqrt{N}}\sqrt{\left(1 + 2\sum_{t=1}^{q}\hat{\rho}_t^2\right)}$ 的 $\hat{\rho}_i$ 比例是否达到了 95.5%。对某一 $q^* \geq 1$，若在 $k = 1$，2，$\cdots$，$q^* - 1$ 时均没有达到，而在 $k = q^*$ 时达到了，就称 $\hat{\rho}_k$ 在 q^* 以后截尾，于是判断序列 $\{X_n\}$ 为 MA(q^*) 序列。同理，对 AR(p) 模型，对每个 $k > 0$，逐个检验 $\hat{\varphi}_{k+1,k+1}$，$\cdots$，$\hat{\varphi}_{k+m,k+m}$，看其中满足 $|\hat{\varphi}_{ii}| \leq 1/\sqrt{N}$ 的 $\hat{\varphi}_{ii}$ 比例是否达到了 68.3% 或者满足 $|\hat{\varphi}_{ii}| \leq 2/\sqrt{N}$ 的 $\hat{\varphi}_{ii}$ 比例是否达到了 95.5%。若在 $k = 1$，$\cdots$，$p^* - 1$ 处都没有达到，在 p^* 处达到，则可判断此序列为 AR(p^*) 序列。

（3）混合模型定阶。若时间序列 $\{X_n\}$ 的样本自相关函数和偏相关函数均不截尾，但较快地收敛到零，则序列很可能是 ARMA 序列。不过，这时其中的 p，q 比较难以判别。识别 p，q，可以从低阶到高阶逐个取 (p, q) 为 $(1, 1)$，$(1, 2)$，$(2, 1)$，$(2, 2)$ 等值进行尝试。所谓尝试，就是先认定 (p, q) 为某值（如 $(1, 1)$），然后进行下一步的参数估计，并定出估计模型，再用后面将要介绍的检验方法检验该估计模型是否可被接受，也就是与实际序列拟合得好不好。若不被接受，就调整 (p, q) 的尝试值，重新进行参数估计和检验，直到被接受为止。初看起来这个方法似乎过于烦琐，其实，下面将会看到，即便是已经判定一个时间序列为 AR 或 MA 序列，也要通过诊断检验后才能放心使用。

（4）求和阶数 d 的识别。若 $\hat{\rho}_k$ 和 $\hat{\varphi}_{kk}$ 都不截尾，而且（至少有一个）下降趋势很慢，则可认为它们不是拖尾的，这时可重新计算并按要领 (1)(2)(3) 分析差分序列 $\nabla X_n (n = 2, \cdots, N)$ 的样本自相关和样本偏相关函数。若这两个函数仍不截尾且至少有一个下降很慢，则可再考虑对 $\nabla^2 X_n (n = 3, 4, \cdots, N)$ 进行分析，直到某一次 $\nabla^d X_n (n = d + 1, \cdots, N)$ 的样本自相关或样本偏相关函数截尾或都为拖尾为止。这时的 d 即为求和阶数。在实际使用中，d 一般不超过 2，否则必须检查原序列是否存在周期波动或其他影响。若能根据数据的来源直接提供 d 的值，则不必对它进行估计。

（5）确定周期。如果时间序列 $\{X_n\}$ 存在周期波动，如月度波动，那么序列 $\{X_n\}$ 中的数据点就会同那些领先或滞后 12 个月的相应数据点存在某种程度的相关。换句话说，就是在 X_t 与 X_{t-12} 之间存在某种程度的相关。由于 X_t 与 X_{t-12} 的相关和 X_{t-12} 与 X_{t-24} 的相关一样，故在 X_{t-12} 与 X_{t-24} 之间也存在一定的相关。这些相关都应在自相关函数 ρ_k 中表现出来。

因此，若序列存在月度周期波动，那么在 $k = 12$，24，36 时，自相关函数 ρ_k 应出现高峰。所以，通过观察样本自相关函数中的峰值，可以识别时间序列是否存在周期波动。若存在，可先进行月度差分，再按上述准则进行识别。对周期为季度的情形是完全类似的。

（6）**去掉 $\{X_n\}$ 的均值项**。若 $\{X_n\}$ 中包含非随机的均值项 f_n，那么在计算样本自相关函数和样本偏相关函数以及对序列进行模型识别和参数估计时，一定要先设法将均值去掉。常用的办法是用样本均值 $\hat{\mu} = \frac{1}{N}\sum_{t=1}^{N} x_t$ 代替 f_n，再用 $Z_n = X_n - f_n$ 代替 $\{X_n\}$ 进行分析；或者将 f_n 看作数列 $x_1, \cdots, x_N$ 的长期趋势，可用回归预测法求出，然后用 $Z_n = X_n - f_n$ 代替 X_n 进行分析。

上面介绍的模型识别方法实际上是以自相关函数和偏相关函数估计为主，以直观检验为辅，并把两者结合起来进行识别的方法。其一般步骤是首先画出数据依时间变化的图形，对序列的平稳性、周期性等进行直观性的初步检查和判断，以确定所分析的序列大约是何种类型的序列。如果是求和型或周期型，先对数据进行处理，然后再计算模型的样本自相关函数和样本偏相关函数，以确定模型阶次。在此值得指出的是，上面虽然给出了详细的模型识别条件和用以判别相关函数截尾特性的公式，但因样本相关函数仅仅是一个参数估计值，所以往往会偏离理论值。尤其当样本比较小时，这种差别就更大。因此，在运用相关函数识别模型时，一般要求时间序列长度 N 不小于 50，滞后周期 k 取小于或等于 $N/4$。

例 4-2 20 世纪七八十年代，生鲜物流并不发达，大棚种植技术也不够先进。因此，一到冬季，新鲜蔬菜的供应量就会减少。而此时，北京市的居民就会储藏大量的大白菜，对新鲜蔬菜的购买需求也会降低。北京市 1977 年 1 月至 1981 年 12 月新鲜蔬菜月销售量统计见表 4-2。从图 4-5 中可以看到，蔬菜的月销售量呈现很强的季节性。试识别此时间序列的模型。

表 4-2 北京市 1977 年 1 月~1981 年 12 月新鲜蔬菜月销售量统计

解： 先将原始序列零均值化，再计算其样本自相关函数与偏相关函数，输出结果如图 4-6 所示（已将计算机输出结果做了整理）。从图 4-6 中可见，X_t 的样本自相关函数 $\hat{\rho}_k$ 在 $k = 12$，24 时很高。这表明该序列具有很强的季节非平稳性。这与对实际情况的分析和图 4-5 所示的图形是一致的。为消除月度季节性影响，对原序列进行差分，计算 $\nabla_{12} X_t$ 的相关函数，结果如图 4-7 所示。从图中可见，$\nabla_{12} X_t$ 的自相关函数近似正弦波，且两种相关函数衰减都很缓慢。这说明 $\nabla_{12} X_t$ 仍不是平稳序列，故需再进行一次一阶差分 $\nabla\nabla_{12} X_t$，并计算其相关函数，如图 4-8 所示。从中可以看出，随着 k 的增加，$\hat{\rho}_k$、$\hat{\varphi}_{kk}$ 迅速下降，故可以认为 $\nabla\nabla_{12} X_t$ 是平稳序列。此外，从图 4-8 中还可看到，当 $k = 12$ 时，$\hat{\rho}_k = -0.332$，其值仍较高，说明残差序列中可能具有一阶季节相关，故用 $(1 - B^{12})\varepsilon_t$ 加以描述。经过以上识别，最后选择的模型结构形式如下：

$$(1-\varphi B)\nabla_{12}X_t = (1-\theta B^{12})\varepsilon_t$$

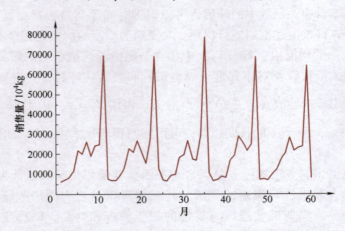

图 4-5　北京市 1977 年 1 月至 1981 年 12 月新鲜蔬菜月销售量

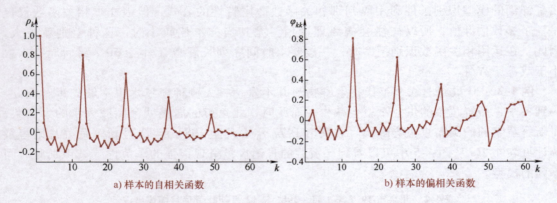

图 4-6　X_t 的样本自相关函数和偏相关函数

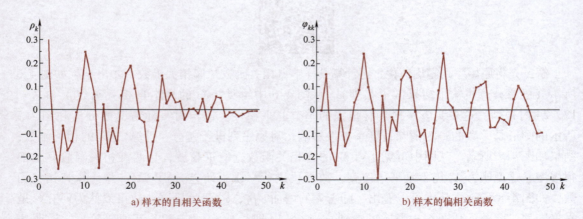

图 4-7　$\nabla_{12}X_t$ 的相关函数

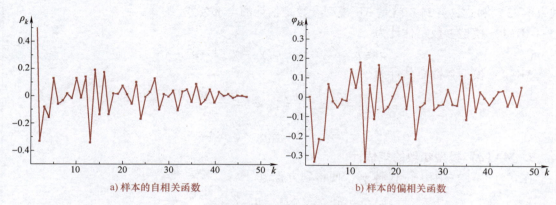

图 4-8 $\nabla\nabla_{12}X_t$ 的相关函数

4.4 ARMA 模型的参数估计

前一节利用一串样本序列 $x_1, x_2, \cdots, x_N$ 确定 $\{X_n\}$ 的模型类型,即确定 ARMA 序列的阶数 p, q。这一节将讨论模型参数的估计方法。由于模型结构不同、统计特性不同以及预测精度的要求不同,参数估计方法也不相同,本节主要介绍常用的矩估计方法和最小二乘估计法。

4.4.1 矩估计方法

设 $\{X_n\}$ 是 ARMA(p, q) 序列,由 4.2 节的讨论可知,$\{X_n\}$ 的自协方差函数、自相关函数可以通过 $\{X_n\}$ 的模型参数表达出来。如果将这些公式中的 γ_k, ρ_k 换成 $\hat{\gamma}_k, \hat{\rho}_k$,从中解出 $\hat{\varphi}_1, \cdots, \hat{\varphi}_p, \hat{\theta}_1, \cdots, \hat{\theta}_q, \hat{\sigma}_\varepsilon^2$,它们便分别是 $\varphi_1, \cdots, \varphi_p, \theta_1, \cdots, \theta_q, \sigma_\varepsilon^2$ 的**相关矩估计**(简称矩估计)。

由于当样本长度 N 足够大后,估计 $\hat{\gamma}_k, \hat{\rho}_k$ 分别接近各自的真值 γ_k 和 ρ_k,所以也可期望 $\hat{\varphi}_1, \cdots, \hat{\varphi}_p, \hat{\theta}_1, \cdots, \hat{\theta}_q, \hat{\sigma}_\varepsilon^2$ 接近它们各自的真值。这种方法简单易懂,不过在某些情况下精度较差。但是,当 $\{X_n\}$ 为 AR(p) 序列时,矩估计的精度也是很好的。此外,在实际应用中还须注意估计得到的参数是否使模型平稳、可逆,只有使模型平稳、可逆,才能用来预报。

1. AR(p) 模型参数的矩估计

在方程组 (4-13) 中,以 $\hat{\rho}_k$ 代替 ρ_k,并解出 $\hat{\varphi}_1, \cdots, \hat{\varphi}_p$,即得

$$\begin{pmatrix} \hat{\varphi}_1 \\ \hat{\varphi}_2 \\ \vdots \\ \hat{\varphi}_p \end{pmatrix} = \begin{pmatrix} 1 & \hat{\rho}_1 & \cdots & \hat{\rho}_{p-1} \\ \hat{\rho}_1 & 1 & \cdots & \hat{\rho}_{p-2} \\ \vdots & \vdots & & \vdots \\ \hat{\rho}_{p-1} & \hat{\rho}_{p-2} & \cdots & 1 \end{pmatrix}^{-1} \begin{pmatrix} \hat{\rho}_1 \\ \hat{\rho}_2 \\ \vdots \\ \hat{\rho}_p \end{pmatrix} \quad (4\text{-}23)$$

常称 $\hat{\varphi}_1, \cdots, \hat{\varphi}_p$ 为 $\varphi_1, \cdots, \varphi_p$ 的尤尔-沃克估计。代入式 (4-14) 得

$$\hat{\sigma}_\varepsilon^2 = \hat{\gamma}_0 - \sum_{j=1}^p \hat{\varphi}_j \hat{\gamma}_j = \hat{\gamma}_0 - \sum_{i,j=1}^p \hat{\varphi}_i \hat{\varphi}_j \hat{\gamma}_{j-i} \quad (4\text{-}24)$$

式 (4-23) 和式 (4-24) 就是 AR 模型参数矩估计的全部公式。

AR(1) 模型参数矩估计为

$$\hat{\varphi}_1 = \hat{\rho}_1, \quad \hat{\sigma}_\varepsilon^2 = \hat{\gamma}_0 - \hat{\varphi}_1 \hat{\gamma}_1 = \hat{\gamma}_0(1 - \hat{\rho}_1^2)$$

AR(2) 模型参数矩估计为

$$\hat{\varphi}_1 = \frac{\hat{\rho}_1(1 - \hat{\rho}_2)}{1 - \hat{\rho}_1^2}, \quad \hat{\varphi}_2 = \frac{\hat{\rho}_2 - \hat{\rho}_1^2}{1 - \hat{\rho}_1^2}$$

$$\sigma_\varepsilon^2 = \hat{\gamma}_0 (1 - \hat{\varphi}_1 \hat{\rho}_1 - \hat{\varphi}_2 \hat{\rho}_2)$$

2. MA(q) 模型参数的矩估计

在式 (4-15) 中用 $\hat{\gamma}_k$ 代替 γ_k，便得到方程组

$$\hat{\gamma}_k = \begin{cases} \hat{\sigma}_\varepsilon^2 (1 + \hat{\theta}_1^2 + \cdots + \hat{\theta}_q^2), & k = 0 \\ \hat{\sigma}_\varepsilon^2 (-\hat{\theta}_k + \hat{\theta}_1 \hat{\theta}_{k+1} + \cdots + \hat{\theta}_{q-k} \hat{\theta}_q), & 1 \leq k \leq q \end{cases} \quad (4\text{-}25)$$

解出 $\hat{\theta}_k (1 \leq k \leq q)$ 和 $\hat{\sigma}_\varepsilon^2$，便得到 MA($q$) 的模型参数的矩估计。式 (4-25) 是一个 $q+1$ 元的二次方程组，这里给出两种解法：

（1）**直接解法**：对 $q = 1$，式 (4-25) 成为

$$\begin{cases} \hat{\gamma}_0 = \hat{\sigma}_\varepsilon^2 (1 + \hat{\theta}_1^2) \\ \hat{\gamma}_1 = \hat{\sigma}_\varepsilon^2 \hat{\theta}_1 (-1) \end{cases}$$

可解得两组解（仅当 $|\hat{\rho}_1| \leq \frac{1}{2}$）

$$\hat{\sigma}_\varepsilon^2 = \hat{\gamma}_0 \frac{1 \pm \sqrt{1 - 4\hat{\rho}_1^2}}{2}, \quad \hat{\theta}_1 = \frac{-2\hat{\rho}_1}{1 \pm \sqrt{1 - 4\hat{\rho}_1^2}}$$

由于解必须使模型 MA(1) 可逆，即 $|\hat{\theta}_1| < 1$，故 $\hat{\sigma}_\varepsilon^2$ 和 $\hat{\theta}_1$ 为

$$\hat{\sigma}_\varepsilon^2 = \hat{\gamma}_0 \frac{1 + \sqrt{1 - 4\hat{\rho}_1^2}}{2}, \quad \hat{\theta}_1 = \frac{-2\hat{\rho}_1}{1 + \sqrt{1 - 4\hat{\rho}_1^2}}$$

当 $q = 2$，$q = 3$ 及以上时，直接解法就变得越来越复杂，此处不再讨论。

（2）**线性迭代法**：将式 (4-25) 改写为

$$\begin{cases} \hat{\sigma}_\varepsilon^2 = \hat{\gamma}_0 (1 + \hat{\theta}_1^2 + \cdots + \hat{\theta}_q^2)^{-1} \\ \hat{\theta}_k = -(\hat{\gamma}_k / \hat{\sigma}_\varepsilon^2 - \hat{\theta}_1 \hat{\theta}_{k+1} - \cdots - \hat{\theta}_{q-k} \hat{\theta}_q), \quad k = 1, \cdots, q \end{cases} \quad (4\text{-}26)$$

给出 $\hat{\sigma}_\varepsilon^2$，$\hat{\theta}_k$ 的一组初值（如取 $\hat{\sigma}_\varepsilon^2(0) = \hat{\gamma}_0$，$\hat{\theta}_k(0) = 0$），代入式 (4-26) 的右边，可计算出第一次迭代值 $\hat{\sigma}_\varepsilon^2(1)$，$\hat{\theta}_k(1)$，$k = 1, \cdots, q$；再将第一次迭代值代入式 (4-26) 的右边，求出第二次迭代值；如此迭代，直到对于某个 m，$\hat{\sigma}_\varepsilon^2(m)$，$\hat{\theta}_k(m)$ 和第 $m-1$ 次迭代值 $\hat{\sigma}_\varepsilon^2(m-1)$，$\hat{\theta}_k(m-1)$ 相差不大时（如这两步各迭代值之差的绝对值都小于事先预定的精度），便停止迭代，并取 $\hat{\sigma}_\varepsilon^2(m)$，$\hat{\theta}_k(m)$ ($k = 1, \cdots, q$) 为式 (4-26) 的解。这里应注意的是模型必须可逆，若求得的 $\hat{\sigma}_\varepsilon^2(m)$，$\hat{\theta}_k(m)$ 使 MA(q) 不可逆，则改变初始值，重新迭代。

也可采用其他的迭代法来求解多元二次方程组 (4-25) 或方程组 (4-26) 的解，如牛

顿-拉夫逊（Newton-Raphson）算法（可见数值方法的有关文献）。

3. ARMA(p, q) 模型参数的矩估计

在式（4-19）中以 $\hat{\rho}_k$ 代替 ρ_k，求得 $\hat{\varphi}_1$, …, $\hat{\varphi}_p$ 为

$$\begin{pmatrix} \hat{\varphi}_1 \\ \hat{\varphi}_2 \\ \vdots \\ \hat{\varphi}_p \end{pmatrix} = \begin{pmatrix} \hat{\rho}_q & \hat{\rho}_{q-1} & \cdots & \hat{\rho}_{q+1-p} \\ \hat{\rho}_{q+1} & \hat{\rho}_q & \cdots & \hat{\rho}_{q+2-p} \\ \vdots & \vdots & & \vdots \\ \hat{\rho}_{q+p-1} & \hat{\rho}_{q+p-2} & \cdots & \hat{\rho}_q \end{pmatrix}^{-1} \begin{pmatrix} \hat{\rho}_{q+1} \\ \hat{\rho}_{q+2} \\ \vdots \\ \hat{\rho}_{q+p} \end{pmatrix} \quad (4-27)$$

这里 $\hat{\rho}_k$ 是样本的自相关函数，可由观测数据计算。

此时，对 ARMA(p, q) 模型

$$X_n - \hat{\varphi}_1 X_{n-1} - \cdots - \hat{\varphi}_p X_{n-p} = \varepsilon_n - \theta_1 \varepsilon_{n-1} - \cdots - \theta_q \varepsilon_{n-q}$$

定义 $Z_n = \Phi_p(B) X_n = X_n - \hat{\varphi}_1 X_{n-1} - \cdots - \hat{\varphi}_p X_{n-p}$，则 $Z_n = \Theta_q(B) \varepsilon_n$，即 Z_n 是 MA(q) 序列，其自协方差函数 $\gamma_k(Z_n)$ 可由 X_n 的自协方差函数 γ_k 表示为

$$\gamma_k(Z_n) = E[Z_n Z_{n+k}] = \sum_{i,j=0}^{p} \hat{\varphi}_i \hat{\varphi}_j \gamma_{k+j-i}$$

其中 $\hat{\varphi}_0 = -1$。记 $\gamma_k(Z_n) = \mu_k$，从而 Z_n 的样本自协方差函数为

$$\hat{\mu}_k = \sum_{i,j=0}^{p} \hat{\varphi}_i \hat{\varphi}_j \hat{\gamma}_{k+j-i}$$

将 $\hat{\mu}_k$ 作为 Z_n 的自协方差函数 μ_k 的估计值，运用 MA(q) 模型参数的矩估计方法即可求出 $\hat{\sigma}_\varepsilon^2$, $\hat{\theta}_k (k=1, 2, \cdots, q)$。

从上述参数估计的步骤可见，对 MA 和 ARMA 模型而言，这种估计方法的精度比 AR 的更差。所以，对 MA 和 ARMA 模型参数的估计最好采用接下来所要讨论的方法。

4.4.2 最小二乘估计

这里讨论如何把 ARMA 序列的参数估计问题转化为最小二乘问题，分两种情况讨论。

1. AR(p) 序列参数的最小二乘估计

将 AR(p) 模型式（4-1）改写为（样本序列长度为 N）

$$\begin{cases} X_{p+1} = \varphi_1 X_p + \varphi_2 X_{p-1} + \cdots + \varphi_p X_1 + \varepsilon_{p+1} \\ X_{p+2} = \varphi_1 X_{p+1} + \varphi_2 X_p + \cdots + \varphi_p X_2 + \varepsilon_{p+2} \\ \quad \vdots \\ X_N = \varphi_1 X_{N-1} + \varphi_2 X_{N-2} + \cdots + \varphi_p X_{N-p} + \varepsilon_N \end{cases} \quad (4-28)$$

对 $1 \leq k \leq N-p$，记 $\overline{X}_k = X_{p+k}$，$\overline{\varepsilon}_k = \varepsilon_{p+k}$；再令 $\overline{\boldsymbol{X}} = (\overline{X}_1, \overline{X}_2, \cdots, \overline{X}_k)^T$，$\boldsymbol{\varphi} = (\varphi_1, \varphi_2, \cdots, \varphi_p)^T$ 以及

$$f_k(\boldsymbol{\varphi}, \overline{\boldsymbol{X}}) = \varphi_1 \overline{X}_{k-1} + \varphi_2 \overline{X}_{k-2} + \cdots + \varphi_p \overline{X}_{k-p}$$

于是式（4-28）便成为如下形式：

$$\overline{X}_k = f_k(\boldsymbol{\varphi}, \overline{\boldsymbol{X}}) + \overline{\varepsilon}_k, \quad 1 \leq k \leq N-p \quad (4-29)$$

设样本序列为 $\{x_1, x_2, \cdots, x_N\}$。所谓参数向量 $\boldsymbol{\varphi}$ 的最小二乘估计 $\hat{\boldsymbol{\varphi}}^L$，就是选取 $\boldsymbol{\varphi}$ 的估计量 $\hat{\boldsymbol{\varphi}}^L = (\hat{\varphi}_1^L, \cdots, \hat{\varphi}_p^L)$，使得误差二次方和

$$S(\boldsymbol{\varphi}) = \sum_{k=1}^{N-p} \overline{\varepsilon}_k^2 = \sum_{k=1}^{N-p} [\overline{X}_k - f_k(\boldsymbol{\varphi}, \overline{\boldsymbol{X}})]^2$$
$$= \sum_{k=1}^{N-p} (x_{k+p} - \varphi_1 x_{k+p-1} - \cdots - \varphi_p x_k)^2$$

达到极小。其中已经把式（4-29）中的 $\overline{X}_k$ 换成了 $AR(p)$ 序列的样本值 x_{k+p}。

为求 $S(\boldsymbol{\varphi})$ 的极小值，求 $S(\boldsymbol{\varphi})$ 对 φ_j 的偏导数，令其为零，得

$$\sum_{k=1}^{N-p} (x_{k+p} - \varphi_1 x_{k+p-1} - \cdots - \varphi_p x_k) x_{k+p-j} = 0, \ j = 1, 2, \cdots, p$$

再将上式改写成

$$\frac{\varphi_1}{N}\sum_{k=1}^{N-p} x_{p+k-1}x_{p+k-j} + \frac{\varphi_2}{N}\sum_{k=1}^{N-p} x_{p+k-2}x_{p+k-j} + \cdots + \frac{\varphi_p}{N}\sum_{k=1}^{N-p} x_k x_{p+k-j}$$
$$= \frac{1}{N}\sum_{k=1}^{N-p} x_{p+k}x_{p+k-j}, \ j = 1, 2, \cdots, p$$

令

$$\hat{\gamma}_{j-i}^L = \frac{1}{N}\sum_{k=1}^{N-p} x_{p+k-i}x_{p+k-j}$$

则上面的方程组近似地成为

$$\begin{cases} \hat{\varphi}_1^L \hat{\gamma}_0^L + \hat{\varphi}_2^L \hat{\gamma}_1^L + \cdots + \hat{\varphi}_p^L \hat{\gamma}_{p-1}^L = \hat{\gamma}_1^L \\ \hat{\varphi}_1^L \hat{\gamma}_1^L + \hat{\varphi}_2^L \hat{\gamma}_0^L + \cdots + \hat{\varphi}_p^L \hat{\gamma}_{p-2}^L = \hat{\gamma}_2^L \\ \vdots \\ \hat{\varphi}_1^L \hat{\gamma}_{p-1}^L + \hat{\varphi}_2^L \hat{\gamma}_{p-2}^L + \cdots + \hat{\varphi}_p^L \hat{\gamma}_0^L = \hat{\gamma}_p^L \end{cases} \quad (4\text{-}30)$$

由此可求得 $\boldsymbol{\varphi}$ 的最小二乘估计 $\hat{\boldsymbol{\varphi}}^L = (\hat{\varphi}_1^L, \cdots, \hat{\varphi}_p^L)$ 的近似解。可见在 AR 序列情形下，参数 $\boldsymbol{\varphi}$ 的最小二乘估计 $\hat{\boldsymbol{\varphi}}^L$ 能通过求解一个线性方程组获得。

依据 $\varepsilon_n = X_n - \varphi_1 X_{n-1} - \cdots - \varphi_p X_{n-p}$，在 $\boldsymbol{\varphi}$ 的估计后，ε_n 可估计为

$$\hat{\varepsilon}_n = x_n - \hat{\varphi}_1^L x_{n-1} - \cdots - \hat{\varphi}_p^L x_{n-p}, \ n = p+1, p+2, \cdots, N$$

因此，$\hat{\sigma}_\varepsilon^2$ 的最小二乘估计取作

$$\hat{\sigma}_\varepsilon^2 = \frac{1}{N-p}\sum_{n=p+1}^{N} \hat{\varepsilon}_n^2 = \frac{1}{N-p} S(\hat{\boldsymbol{\varphi}}^L) \quad (4\text{-}31)$$

容易看出，当 N 较大时，$\hat{\gamma}_k^L \approx \hat{\gamma}_k$，因此 $\hat{\boldsymbol{\varphi}}^L$ 与矩估计式（4-23）是十分相近的。

2. MA 和 ARMA 序列参数的最小二乘估计

$MA(q)$ 序列和 $ARMA(p, q)$ 序列参数的最小二乘估计方法类似，这里只叙述 $ARMA(p, q)$ 序列的估计方法。

假设通过对 $\{X_n\}$ 的一个样本序列 $x_1, x_2, \cdots, x_N$ 的识别结果判定 $\{X_n\}$ 为 $ARMA(p, q)$ 序列。令向量 $\overline{\boldsymbol{\varphi}} = (\varphi_1, \cdots, \varphi_p, \theta_1, \cdots, \theta_q)^T$，递推地计算 $\hat{\varepsilon}_n$：

$$\begin{cases} \hat{\varepsilon}_n = 0, \ n \leq p \\ \hat{\varepsilon}_n = x_n - \sum_{i=1}^{p} \varphi_i x_{n-i} + \sum_{i=1}^{q} \theta_i \hat{\varepsilon}_{n-i}, \ n = p+1, p+2, \cdots, N \end{cases} \quad (4\text{-}32)$$

定义残差二次方和

$$S(\overline{\varphi}) = \sum_{n=p+1}^{N} \hat{\varepsilon}_n^2 \tag{4-33}$$

使 $S(\overline{\varphi})$ 达到极小的 $\hat{\overline{\varphi}}^L = (\hat{\varphi}_1^L, \cdots, \hat{\varphi}_p^L, \hat{\theta}_1^L, \cdots, \hat{\theta}_q^L)$ 称为 $\overline{\varphi}$ 的最小二乘估计。

求式（4-33）的极小值是一个普通的求极值问题，读者可以在动态规划中找到各种各样的解法。

4.4.3 方法的比较

矩估计法不要求满足某种最优化约束条件，所以常称之为粗估计；而最小二乘法是要求满足"使残差二次方和 $S(\varphi)$ 达到极小"这一优化约束条件的，其精度较高，所以称之为精估计。还有其他一些精估计方法，如最小二次方和法，但当 N 较大时，这些精估计方法的精度相差不大，而最小二乘法简便易懂，计算量也小，因此，最小二乘法是一种较好的方法。

但对于 $AR(p)$ 序列而言，矩估计和最小二乘法的精度相差不大，计算步骤和计算量也一样。对于 MA 和 ARMA 序列，如果精度要求不高，可用矩估计，因为其计算量相对于最小二乘法要小一些；如果精度要求较高，则可用最小二乘法，但此法的计算量相对于矩估计要大得多，其求解一般用动态规划方法。总的来看，对 AR 序列，矩估计和最小二乘法的精度都较高；对 MA 和 ARMA 序列，最小二乘法的精度相对于矩估计要高，但相对于 AR 序列的估计，其精度要差些。鉴于 AR 序列的预报也比 MA 和 ARMA 序列的预报方便，实际应用中应尽量选用 AR 模型来逼近真实序列。另外，当样本个数 N 相同时，在通常情况下，模型的总阶数 $p+q$ 越高，各参数的估计精度越差。因此，应尽量采用低阶模型。

除此之外，还有极大似然估计，基于人工智能技术的参数估计法，如神经网络、支持向量回归等在时间序列建模中的运用。

4.5 模型的检验与预报

4.5.1 模型的检验

客观世界中出现的时间序列是纯粹的 ARMA 序列者并不多见，用 ARMA 序列来描述实际中的时间序列主要是当作一种近似手段使用。

前面讨论的模型识别和参数估计的过程，可看作是根据已获得的一段有限样本序列来选用一个适当 ARIMA(p, d, q) 模型（可称为估计模型）去拟合真实时间序列。至于拟合后的优劣程度如何，主要通过实际应用效果来检验。但在应用于实际之前，最好能用数学方法对估计模型做一番检验，看看它与真实情况的相近程度如何。

对模型进行检验的基本思想为：假定 $\{X_n\}$ 被估计为 ARIMA(p, d, q) 序列，即 $\Phi_p(B)\nabla^d X_n = \Theta_q(B)\varepsilon_n$，且模型是平稳的和可逆的，那么 $\varepsilon_n = \Theta_q^{-1}(B)\Phi_p(B)\nabla^d X_n$ 就应当为白噪声序列。因此，若能从样本序列 $x_1, x_2, \cdots, x_N$ 求得 ε_n 的一段样本值 $\hat{\varepsilon}_1, \hat{\varepsilon}_2, \cdots, \hat{\varepsilon}_N$，便可以对"$\varepsilon_n$ 是白噪声序列"这一命题进行数理统计中的假设检验。如果肯定这一命题，

就认为估计模型拟合得较好；否则，模型拟合得不好。

由于白噪声序列互不相关，因此对于拟合模型的优劣程度，研究残差 ε_n 的自相关函数是最直接、最直观的方法。也就是说，如果模型是合适的，ε_n 的自相关函数就不应该存在不可识别的结构。对所有大于 1 的延迟，ε_n 的自相关函数与零应该没有什么显著的不同。

1. 残差 ε_n 的计算

这里我们根据样本序列 x_1, x_2, $\cdots$, x_N 计算残差序列 ε_n。

若估计模型为 $\mathrm{AR}(p)$，即 $\Phi_p(B) X_n = \varepsilon_n$ 时，则

$$\hat{\varepsilon}_n = x_n - \varphi_1 x_{n-1} - \cdots - \varphi_p x_{n-p}, \quad n = p+1, p+2, \cdots, N$$

注意，仍以 φ_j 表示参数，而不再用 $\hat{\varphi}_j$，也即对 AR 模型，从观察数据 x_1, x_2, $\cdots$, x_N 可以得到相应准确的残差样本值 $\hat{\varepsilon}_{p+1}$, $\hat{\varepsilon}_{p+2}$, $\cdots$, $\hat{\varepsilon}_N$。

对 $\mathrm{MA}(q)$ 和 $\mathrm{ARMA}(p, q)$ 模型，ε_n 不能精确求得，其近似值可由 4.4 节的式（4-32）递推求得。

2. 构造统计量进行检验

设已求得残差的一段样本值 $\hat{\varepsilon}_1$, $\hat{\varepsilon}_2$, $\cdots$, $\hat{\varepsilon}_N$，计算

$$\hat{\rho}_k(\varepsilon) = \sum_{t=1}^{N-k} \hat{\varepsilon}_t \hat{\varepsilon}_{t+k} \Big/ \sum_{t=1}^{N} \hat{\varepsilon}_t^2, \quad k = 1, 2, \cdots, N-1$$

取一个适当的正整数 m，构造统计量

$$Q_m = N \sum_{k=1}^{m} \hat{\rho}_k^2(\varepsilon) \tag{4-34}$$

可以证明，如果 $\hat{\varepsilon}_n$ 确实为白噪声序列，那么 Q_m 近似地服从自由度为 m 的 χ^2 分布。因此，对"$\hat{\varepsilon}_n$ 是白噪声序列"的检验就转化为对"Q_m 是自由度为 m 的 χ^2 分布"的检验。可按如下步骤进行：

（1）确定显著性水平 α（常取 α 为 0.05 和 0.01），根据 α 和 m 查统计表（见表 4-3）得到相应的 $\chi^2_{m,\alpha}$ 值。

表 4-3 $\chi^2_{m,\alpha}$ 表

$\chi^2_{m,\alpha}$ m α	20	21	22	23	24	25	26	27	28	29	30
0.05	31.4	32.7	33.9	35.2	36.4	37.7	38.9	40.1	41.3	42.6	43.8
0.01	37.6	38.9	40.3	41.6	43.0	44.3	45.6	47.0	48.3	49.6	50.9

（2）通过式（4-34）计算出 Q_m 值。若 $Q_m \leq \chi^2_{m,\alpha}$，则认为 Q_m 服从自由度为 m 的 χ^2 分布，从而 $\hat{\varepsilon}_n$ 为白噪声序列，即估计模型是适用的；若 $Q_m > \chi^2_{m,\alpha}$，则认为估计模型同实际序列拟合得不好，需对模型做修改。

m 一般小于 $N/4$，当 N 在数百以上时，m 可取 20~30。

4.5.2 模型的改进

如果通过上面的检验判断模型拟合得不好，那么使用这个模型去解决实际问题中的预报、控制等问题时，其效果也不会好。因此，应设法改进原来假想的模型，或者用其他方法

给出对时间序列的进一步描述。

设求得的 $\{X_n\}$ 的模型为 ARIMA(p, d, q)，即 $\{\nabla^d X_n\}$ 为 ARMA(p, q)：

$$\Phi_p(B)\nabla^d X_n = \Theta_q(B)\varepsilon_n \tag{4-35}$$

运用上面的方法进行检验，若认为假想模型拟合得不好，则可以利用原先假想的模型式 (4-35) 和样本数据 $x_1, x_2, \cdots, x_N$ 计算出的误差值 $\varepsilon_1, \varepsilon_2, \cdots, \varepsilon_N$ 再做一次识别和估计。例如，误差 ε_n 为 ARIMA(p_1, d_1, q_1) 序列，即

$$\Phi'_{p_1}(B)\nabla^{d_1}\varepsilon_n = \Theta'_{q_1}(B)\varepsilon'_n \tag{4-36}$$

这里用 Φ'_{p_1}，Θ'_{q_1}，ε'_n 是为了区别原有的模型。当然也可以对这一模型按前一小节的方法进行检验，若被接受，就得到了一个新的模型

$$\Phi_p(B)\Phi'_{p_1}(B)\nabla^{d_1+d}X_n = \Theta_q(B)\Theta'_{q_1}(B)\varepsilon'_n \tag{4-37}$$

从原则上说，如果模型式 (4-36) 仍不被接受，还可以继续上述的改进步骤。但在实际应用中，很可能实际序列已经不能用 ARIMA 这类模型来拟合了，而需要对序列做其他方面的分析。

4.5.3 模型的预报

现在用 $\hat{X}_k(l)$ 表示根据序列的历史值 $x_k, x_{k-1}, \cdots, x_1$，对未来 l 期的值 X_{k+l} 所做的预报值。当然，在实际问题中并不可能知道全部历史值，而只能知道有限个历史值。然而，当历史数据 $x_k, x_{k-1}, \cdots, x_1$ 的个数足够多，即 k 很大以后，用全部历史预报与用 k 个历史值预报的效果几乎是一样的。

从上面的定义，$\hat{X}_k(l)$ 可用下面的公式表示

$$\hat{X}_k(l) = E[X_{k+l} | X_k = x_k, X_{k-1} = x_{k-1}, \cdots] \tag{4-38}$$

显然，对于 $l \leq 0$，$\hat{X}_k(l) = X_{k+l}$。实际上，由上式定义的 $\hat{X}_k(l)$ 是 X_{k+l} 的最小方差线性估计。

1. AR(p) 序列的预报

设 $\{X_n\}$ 为 AR(p) 序列

$$X_n = \varepsilon_n + \varphi_1 X_{n-1} + \varphi_2 X_{n-2} + \cdots + \varphi_p X_{n-p}$$

从而

$$X_{k+l} = \varepsilon_{k+l} + \varphi_1 X_{k+l-1} + \varphi_2 X_{k+l-2} + \cdots + \varphi_p X_{k+l-p}$$

两边关于 $X_k, X_{k-1}, \cdots$ 取数学期望，可得 $\hat{X}_k(l)$ 满足的方程

$$\hat{X}_k(l) = \varphi_1 \hat{X}_k(l-1) + \varphi_2 \hat{X}_k(l-2) + \cdots + \varphi_p \hat{X}_k(l-p), \quad l > 0$$

再由 $\hat{X}_k(-l) = X_{k-l}$ $(l \geq 0)$，可得 AR(p) 序列关于 l 的递推公式

$$\begin{cases} \hat{X}_k(1) = \varphi_1 X_k + \varphi_2 X_{k-1} + \cdots + \varphi_p X_{k-p+1} \\ \hat{X}_k(2) = \varphi_1 \hat{X}_k(1) + \varphi_2 X_k + \cdots + \varphi_p X_{k-p+2} \\ \qquad\qquad\vdots \\ \hat{X}_k(p) = \varphi_1 \hat{X}_k(p-1) + \varphi_2 \hat{X}_k(p-2) + \cdots + \varphi_p X_k \\ \hat{X}_k(l) = \varphi_1 \hat{X}_k(l-1) + \varphi_2 \hat{X}_k(l-2) + \cdots + \varphi_p \hat{X}_k(l-p), \quad l > p \end{cases} \tag{4-39}$$

2. MA(q) 序列的预报

设 $\{X_n\}$ 为 MA(q) 序列

$$X_n = \varepsilon_n - \theta_1 \varepsilon_{n-1} - \theta_2 \varepsilon_{n-2} - \cdots - \theta_q \varepsilon_{n-q}$$

在 ARMA 序列的定义中假定 $E[X_t \varepsilon_n] = 0$（对 $t < n$），即对 $t > 0$，ε_{t+k} 与 $X_k, X_{k-1}, \cdots$ 是无关的；又 ε_n 为白噪声序列，从而对 $t > 0$，$E[\varepsilon_{k+t} | X_k, X_{k-1}, \cdots] = 0$。因此，对于 $l > q$，$\hat{X}_k(l) = 0$。

对于 AR(p) 序列的预报，为给出各个未来时刻 X_{k+l}（$l > 0$）的预报值，可以由式（4-39）递推计算。对于 MA(q) 序列而言，当 $l > q$ 时，$\hat{X}_k(l) = 0$，为了掌握对各个未来时刻的预报值，实际上只需知道 $\hat{X}_k(l)$（$l = 1, 2, \cdots, q$）就够了。从表面上来看，似乎比 AR(p) 序列的预报简单，然而，要直接求出 $\hat{X}_k(l)$（$l = 1, 2, \cdots, q$），其计算量是很大的，并不比 AR(p) 序列简单（这里不讨论直接求 $\hat{X}_k(l)$ 的方法）。

下面给出从 $\hat{X}_k(l)$（$l = 1, 2, \cdots, q$）和新获得的数据 x_{k+1} 求出 $\hat{X}_{k+1}(l)$（$l = 1, 2, \cdots, q$）的递推公式。令向量

$$\hat{\boldsymbol{X}}_k = (\hat{X}_k(1), \hat{X}_k(2), \cdots, \hat{X}_k(q))^T$$

并称 $\hat{\boldsymbol{X}}_k$ 为 MA(q) 序列的预报向量，它和 $\hat{X}_k(l) = 0$（$l > q$）一起描述了在 k 时刻对未来的全部预报结果。

递推公式为

$$\hat{\boldsymbol{X}}_{k+1} = \begin{pmatrix} \theta_1 & 1 & 0 & \cdots & 0 \\ \theta_2 & 0 & 1 & \cdots & 0 \\ \vdots & \vdots & \vdots & & \vdots \\ \theta_{q-1} & 0 & 0 & \cdots & 1 \\ \theta_q & 0 & 0 & \cdots & 0 \end{pmatrix} \hat{\boldsymbol{X}}_k + \begin{pmatrix} \theta_1 \\ \theta_2 \\ \vdots \\ \theta_q \end{pmatrix} x_{k+1} \tag{4-40}$$

用式（4-40）递推计算 $\hat{\boldsymbol{X}}_k$，对每一时刻 k，求 $\hat{\boldsymbol{X}}_{k+1}$ 的计算量都是相同的。而递推的初始值可以取某个时刻 k_0 的 $\hat{\boldsymbol{X}}_{k_0}$，当 k_0 较小时，可取 $\hat{\boldsymbol{X}}_{k_0} = 0$；$k$ 越大，初始值用式（4-40）迭代所得 $\hat{\boldsymbol{X}}_k$ 的影响越小。实际上，由模型的可逆性可知，式（4-40）的递推式是渐近稳定的，当 k 变大时，初始值的影响将逐渐消失。

3. ARMA(p, q) 序列的预报

设 $\{X_n\}$ 为 ARMA(p, q) 序列

$$X_n - \varphi_1 X_{n-1} - \cdots - \varphi_p X_{n-p} = \varepsilon_n - \theta_1 \varepsilon_{n-1} - \cdots - \theta_q \varepsilon_{n-q}$$

关于 ARMA 序列的预报，分为两步：

（1）求格林函数 $G_0, G_1, \cdots, G_q$。令 $G_0 = 1$，由如下递推式即可求出 $G_1, G_2, \cdots, G_q$：

$$G_l = \sum_{j=1}^{l} \varphi_j^* G_{l-j} - \theta_l^* \quad (l = 1, 2, \cdots, q)$$

式中

$$\varphi_j^* = \begin{cases} 0, & j > p \\ \varphi_j, & j \leq p \end{cases}, \quad \theta_j^* = \begin{cases} 0, & j > q \\ \theta_j, & j \leq q \end{cases}$$

(2) 定义预报向量 $\hat{\boldsymbol{X}}_k = (\hat{X}_k(1), \hat{X}_k(2), \cdots, \hat{X}_k(q))^\mathrm{T}$，则

$$\hat{\boldsymbol{X}}_{k+1} = \begin{pmatrix} -G_1 & 1 & 0 & \cdots & 0 & 0 \\ -G_2 & 0 & 1 & \cdots & 0 & 0 \\ \vdots & \vdots & \vdots & & \vdots & \vdots \\ -G_{q-1} & 0 & 0 & \cdots & 0 & 1 \\ -G_q + \varphi_q^* & \varphi_{q-1}^* & \varphi_{q-2}^* & \cdots & \varphi_2^* & \varphi_1^* \end{pmatrix} \hat{\boldsymbol{X}}_k + \begin{pmatrix} G_1 \\ G_2 \\ \vdots \\ G_{q-1} \\ G_q \end{pmatrix} x_{k+1} + \begin{pmatrix} 0 \\ 0 \\ \vdots \\ 0 \\ \sum_{j=q+1}^{p} \varphi_j^* x_{k+q-j+1} \end{pmatrix}$$

(4-41)

$$\hat{X}_{k+1}(l) = \varphi_1 \hat{X}_{k+1}(l-1) + \varphi_2 \hat{X}_{k+1}(l-2) + \cdots + \varphi_p \hat{X}_{k+1}(l-p), \quad l > p$$

当 $p \leq q$ 时，约定式（4-41）右边第三项为 0，而对 $t \leq 0$，$\hat{X}_{k+1}(t) = x_{k+1+t}$。用式（4-41）递推计算时，其初始值 $\hat{\boldsymbol{X}}_{k_0}$ 的取法及其对 $\hat{\boldsymbol{X}}_{k+1}$ 的影响同 MA(q) 序列预报中的情形。

上面给出了 AR(p)，MA(q)，ARMA(p, q) 序列的预报方法，对于后两者，仅仅给出了预报的方法，略去了公式的推导。对于 ARIMA(p, d, q) 序列，或者季节性模型的序列，由于它们都是通过对 ARMA 型平稳序列的求和运算得到的一种非平稳序列，因此，这类序列的预报是根据平稳序列的预报方法来定义和计算的，即根据产生这些非平稳序列的 $Y_n = \nabla^d X_n$ 的预报值 $\hat{Y}_k(l)$，求出这些序列本身的预报值 $\hat{X}_k(l)$。具体不再介绍。

4.6 案例 4-1 分析

本章一开始介绍了随机型时间序列建模方法和流程，并经过具体章节的阐述和分析为解决实际预测问题提供了理论基础和操作指导。为了更好地学习和总结，在本章结束部分利用 SPSS 软件对案例 4-1 进行具体的分析和解答。

青铜缶的成交价格的原始数据见表 4-4（表中缶号的排列依其拍卖成交的时间先后为序）。这里按照随机型时间序列建模流程对青铜缶的成交价格数据序列进行分析，以确定和选择正确的预测模型。

第一步：确定模型的基本形式

（1）对原始数据按照拍卖成交的时间先后顺序进行排序，见表 4-4。

（2）先将表 4-4 中的成交价格序列零均值化，得到新序列 $\{X_t\}$，$t = 1, 2, \cdots, 85$。运行 SPSS 25.0 中文版，单击"文件"→"打开"→"数据"，选择需要导入的数据文件，导入数据，如图 4-9 所示。

（3）做出时间序列的时序图以检验序列的平稳性。单击"分析"→"时间序列预测"→"序列图"，将序列"缶号"移动至"时间轴标签"，将序列"零均值处理后的成交价格"移动至"变量"，单击"确定"按钮，得到时间序列 $\{X_t\}$ 的时序图，如图 4-10 所示。从

图中可以看出，前 85 场拍卖的成交价格呈上升的趋势，为一非平稳时间序列。

表 4-4　90 面青铜缶成交价格

缶　号	成交价格（元）	缶　号	成交价格（元）	缶　号	成交价格（元）
缶 0006 号	94700	缶 1890 号	288000	缶 1002 号	160200
缶 0444 号	82700	缶 0926 号	90200	缶 1858 号	150700
缶 0951 号	79200	缶 0004 号	113700	缶 0164 号	150100
缶 0168 号	200000	缶 0015 号	111500	缶 0413 号	160100
缶 1916 号	109500	缶 0222 号	86200	缶 0588 号	86200
缶 1959 号	76200	缶 0016 号	93200	缶 0901 号	190700
缶 0777 号	99500	缶 1999 号	131200	缶 1098 号	192700
缶 1085 号	78200	缶 0808 号	110200	缶 2005 号	201200
缶 0035 号	99500	缶 1012 号	130200	缶 0008 号	205200
缶 0059 号	95200	缶 1118 号	105700	缶 1965 号	192000
缶 0129 号	89000	缶 0650 号	141200	缶 0002 号	203200
缶 0555 号	86200	缶 1155 号	96000	缶 1884 号	180500
缶 1004 号	83200	缶 0020 号	110700	缶 0388 号	180500
缶 0818 号	204500	缶 0038 号	170200	缶 2003 号	220700
缶 0960 号	87200	缶 0128 号	100800	缶 0005 号	212100
缶 0066 号	82700	缶 1008 号	150500	缶 1356 号	191200
缶 1057 号	86900	缶 0030 号	100500	缶 1593 号	200200
缶 1046 号	81000	缶 1001 号	100500	缶 0666 号	190200
缶 0003 号	112200	缶 1113 号	103200	缶 0898 号	220200
缶 1966 号	92500	缶 0883 号	101000	缶 1938 号	232000
缶 0029 号	83700	缶 1909 号	110200	缶 0239 号	191200
缶 0046 号	98200	缶 1068 号	100200	缶 1818 号	200200
缶 0896 号	110200	缶 2006 号	141200	缶 0688 号	198000
缶 0971 号	94200	缶 1978 号	110200	缶 0060 号	200200
缶 0829 号	91900	缶 1110 号	131200	缶 0706 号	190200
缶 1987 号	111000	缶 0353 号	160700	缶 0888 号	171000
缶 0534 号	218700	缶 0063 号	150200	缶 0709 号	200200
缶 0135 号	105500	缶 1984 号	184000	缶 0018 号	210700
缶 1878 号	119500	缶 0056 号	158600	缶 2001 号	250500
缶 0333 号	95200	缶 1532 号	151000	缶 0166 号	249200

注：将对缶 0888，0709，0018，2001 及 0166 号的成交价格进行验证性事后预测。

而 ARMA 建模的基本条件是要求待预测的数据序列满足平稳性条件，即个体值要围绕序列均值上下波动，不能有明显的上升或下降趋势。如果出现上升或下降趋势，则需要对原始序列进行平稳化处理。

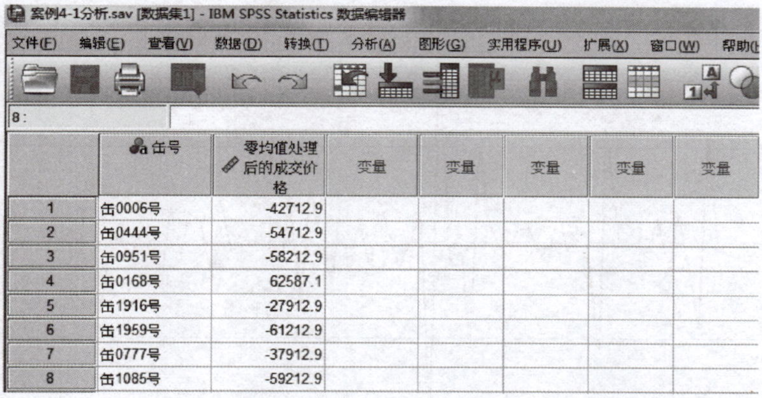

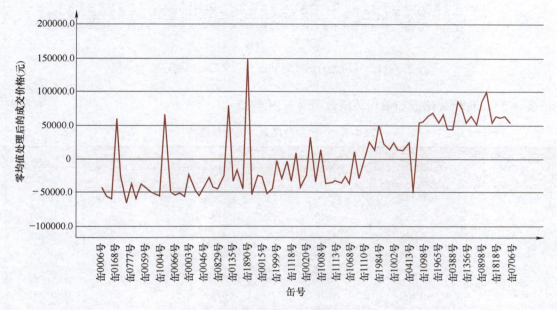

图 4-9 导入数据窗口

图 4-10 时间序列 $\{X_t\}$ 的时序图

单击"分析"→"时间序列预测"→"序列图",将序列"缶号"移动至"时间轴标签",将序列"零均值处理后的成交价格"移动至"变量",选中"差异",将其值设为 1,单击"确定"按钮,得到图 4-11。

经过一阶差分处理后的时间序列图如图 4-11 所示。可以看出,差分序列 $\{\nabla X_t\}$ 在水平线上下波动,序列 $\{\nabla X_t\}$ 具有平稳性。

(4)纯随机性检验。利用 Box-Ljung 统计量对平稳的一阶差分序列 $\{\nabla X_t\}$ 进行纯随机性检验。

单击"分析"→"时间序列预测"→"自相关",将序列"零均值处理后的成交价格"移动至"变量",选中"差异",将其值设为 1,单击"选项"可设置最大滞后期(本例使用默认值"16"),单击"继续"按钮,再单击"确定"按钮,得到差分序列自相关函数表

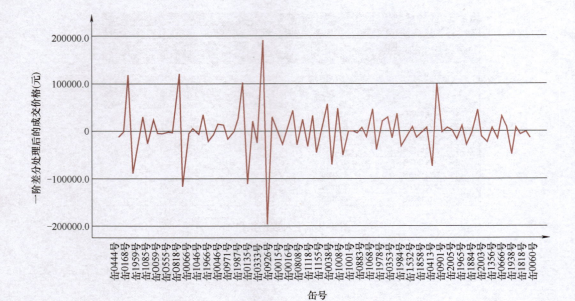

图 4-11　一阶差分后的时间序列 $\{\nabla X_t\}$ 的时序图

（见表 4-5）、自相关函数和偏相关函数图（见图 4-12）。

表 4-5　一阶差分序列纯随机性检验

滞后期	自相关函数	标准误差[a]	Box-Ljung 统计		
			值	自由度	显著性[b]
1	-0.538	0.107	25.208	1	0.000
2	0.055	0.107	25.474	2	0.000
3	-0.067	0.106	25.871	3	0.000
4	0.098	0.105	26.738	4	0.000
5	0.000	0.105	26.738	5	0.000
6	-0.050	0.104	26.972	6	0.000
7	-0.011	0.103	26.984	7	0.000
8	0.049	0.103	27.210	8	0.001
9	-0.139	0.102	29.059	9	0.001
10	0.223	0.101	33.923	10	0.000
11	-0.174	0.101	36.929	11	0.000
12	-0.023	0.100	36.981	12	0.000
13	0.203	0.099	41.173	13	0.000
14	-0.156	0.098	43.688	14	0.000
15	0.096	0.098	44.661	15	0.000
16	-0.203	0.097	49.027	16	0.000

a. 假定的基本过程为独立性（白噪声）。

b. 基于渐近卡方近似值。

表 4-5 Box-Ljung 统计量列中的显著性[b] < 0.01，且从 $Q_{16} = 49.027 > \chi^2_{20,0.01} = 37.6$ 可知，能以 99% 的把握拒绝序列纯随机的原假设。因而可以认为差分以后的序列不属于纯随机波动，该序列不仅可以视为是平稳的，而且还蕴含着值得提取的信息，可以用来建立 ARMA 模型。

第二步：模型识别

（1）方法 1：作序列的自相关与偏相关函数图，确定基本模型的形式。由图 4-12 可以直观地看出，差分处理后时间序列的自相关函数呈"截尾"状，而偏相关函数图均呈"拖尾"状，序列 $\{\nabla X_t\}$ 为 MA 序列。图 4-12 中两条水平线分别表示置信度上限和置信度下限，柱形分别表示序列的自相关函数（ACF）以及偏相关函数（PACF）。

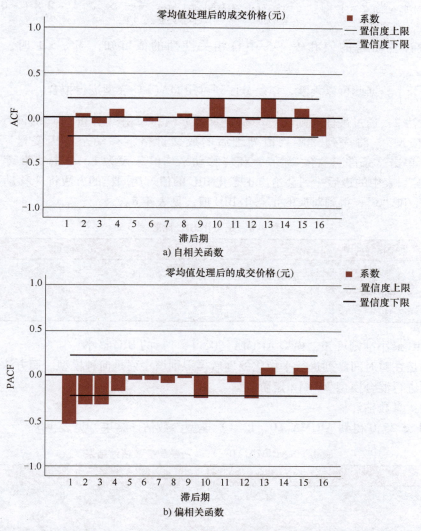

图 4-12　一阶差分序列的自相关及偏相关函数

由于自相关和偏相关函数 ρ_k，ϕ_{kk} 的截尾性是指它们从某个 q 或 p 值后全为零，但由于 $\hat{\rho}_k$，$\hat{\phi}_{kk}$ 分别是 ρ_k，ϕ_{kk} 的估计值，它们必然有误差，所以即使 $\{X_t\}$ 为 MA(q) 序列，$k > q$

后，$\hat{\rho}_k$ 也不会全为零，而是在零值上下波动。由 4.3.2 节可知，根据精度要求确定概率 0.683 或 0.955，然后对每一个滞后期 $k > 0$，逐个检验 $\hat{\rho}_{k+1}$，$\hat{\rho}_{k+2}$，…，$\hat{\rho}_{k+m}$（m 一般取 $\sqrt{N}$ 或 $N/10$），检验其中满足 $|\hat{\rho}_i| \leq \frac{1}{\sqrt{N}} \sqrt{\left(1 + 2\sum_{t=1}^{q} \hat{\rho}_i^2\right)}$ 的 $\hat{\rho}_i$ 个数的比例是否达到了 68.3% 或者满足 $|\hat{\rho}_i| \leq \frac{2}{\sqrt{N}} \sqrt{\left(1 + 2\sum_{t=1}^{q} \hat{\rho}_i^2\right)}$ 的 $\hat{\rho}_i$ 的比例是否达到了 95.5%。对某一 $q^* \geq 1$，若在 $k = 1, 2, \cdots, q^* - 1$ 时均没有达到，而在 $k = q^*$ 时达到了，就说 $\hat{\rho}_k$ 在 q^* 以后截尾，于是判断序列 $\{X_t\}$ 为 MA(q^*) 序列。

对于本例，当 $q = 1$ 时，$\frac{2}{\sqrt{N}} \sqrt{\left(1 + 2\sum_{t=1}^{q} \hat{\rho}_i^2\right)} = \frac{2}{\sqrt{85}} \times \sqrt{[1 + 2 \times (-0.538)^2]} =$ 0.273，比较计算所得的值和表 4-5 中自相关性列的值可知，当 $q > 1$ 时，$|\hat{\rho}_i| \leq \frac{2}{\sqrt{N}} \sqrt{\left(1 + 2\sum_{t=1}^{q} \hat{\rho}_i^2\right)}$。据此可以判断，该差分序列可用 MA(1) 模型进行拟合。

(2) 方法 2：通过最佳准则函数法确定具体 q 值。单击"分析"→"时间序列预测"→"创建传统模型"，将序列"零均值处理后的成交价格"移动至"因变量"，方法选择"ARIMA"，单击"条件"，将"差值"和"移动平均值"设为 1，单击"继续"按钮。在"模型拟合度"表中的最后一列会给出正态化 BIC 的值。用同样的方法将"移动平均值"分别设为"2"和"3"，得到对应的正态化 BIC 值，见表 4-6。

表 4-6 正态化 BIC 比较表

ARIMA (p, d, q) 模型	正态化 BIC
ARIMA (0, 1, 1)	21.143
ARIMA (0, 1, 2)	21.202
ARIMA (0, 1, 3)	21.267

根据 BIC 最小准则可知，模型 ARIMA (0, 1, 1) 的 BIC 最小。

方法 1 是在对时间序列进行平稳化处理后再识别该序列是何种模型。而方法 2 则可直接对时间序列进行混合模型 ARIMA 定阶。

第三步：参数估计

通过 SPSS 25.0 得到 ARIMA (0, 1, 1) 模型参数估计结果，见表 4-7。

表 4-7 ARIMA (0, 1, 1) 模型参数估计结果

		估算	标准误差	t	显著性
常量		1332.198	531.129	2.508	0.014
差异		1			
MA	滞后 1	0.879	0.056	15.655	0.000

由表 4-7 可见，常数项 C 及移动平均系数 θ_1 所对应的显著性均小于显著性检验水平 0.05，说明模型的参数是显著的。

第四步：模型诊断

由于 ARIMA（p，d，q）模型的识别与估计是在假设随机扰动项是一白噪声的基础上进行的，因此，如果估计的模型确认正确的话，残差应代表一白噪声序列。如果通过所估计的模型计算的样本残差不代表白噪声，则说明模型的识别与估计有误，需重新识别与估计。在实际检验时，主要检验残差序列是否存在自相关。

单击“分析”→“时间序列预测”→“创建传统模型”，将序列“零均值处理后的成交价格”移动至“因变量”，方法选择“ARIMA”，单击“条件”，将“差值”和“移动平均值”设为1，单击“继续”；再单击“保存”按钮，将“噪声残值”勾选“保存”；单击“选项”，将 ACF 和偏 ACF 输出中显示的最大滞后期设为“16”，单击“确定”按钮，即可得到“噪声残值”列，如图4-13所示。

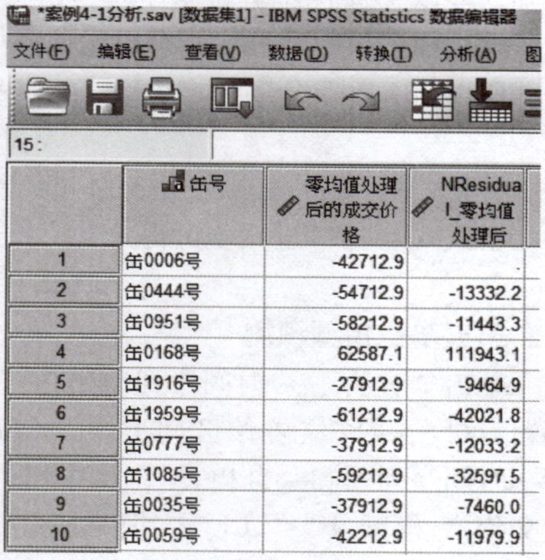

	缶号	零均值处理后的成交价格	NResidual_零均值处理后
1	缶0006号	-42712.9	.
2	缶0444号	-54712.9	-13332.2
3	缶0951号	-58212.9	-11443.3
4	缶0168号	62587.1	111943.1
5	缶1916号	-27912.9	-9464.9
6	缶1959号	-61212.9	-42021.8
7	缶0777号	-37912.9	-12033.2
8	缶1085号	-59212.9	-32597.5
9	缶0035号	-37912.9	-7460.0
10	缶0059号	-42212.9	-11979.9

图4-13　生成残差值

单击“分析”→“时间序列预测”→“自相关”，将序列“NResidual_零均值处理后的成交价格”移动至“变量”，取消“差异”，单击“确认”按钮，即可得到表4-8。

表4-8　ARIMA（0，1，1）模型残差自相关函数表

滞后期	自相关函数	标准误差[a]	Box-Ljung 统计		
			值	自由度	显著性[b]
1	-0.066	0.107	0.382	1	0.536
2	0.016	0.107	0.404	2	0.817
3	-0.007	0.106	0.408	3	0.939
4	0.104	0.105	1.392	4	0.846
5	0.014	0.105	1.410	5	0.923
6	-0.071	0.104	1.882	6	0.930
7	-0.054	0.103	2.160	7	0.950
8	-0.022	0.103	2.205	8	0.974
9	-0.088	0.102	2.950	9	0.966
10	0.156	0.101	5.313	10	0.869
11	-0.088	0.101	6.087	11	0.868
12	0.032	0.100	6.190	12	0.906
13	0.202	0.099	10.327	13	0.667
14	-0.054	0.098	10.633	14	0.715
15	0.026	0.098	10.704	15	0.773
16	-0.102	0.097	11.799	16	0.758

a. 假定的基本过程为独立性（白噪声）。

b. 基于渐近卡方近似值。

表 4-8 中 Box-Ljung 统计中的显著性值均大于 0.01，且从 $Q_{16} = 11.796 < \chi^2_{20,0.01} = 37.6$ 可知，能以 99% 的把握接受序列为白噪声序列的假设。因而说明数据序列所蕴含的信息已被所建立模型很好地提取，可以用该模型进行预测。

所以，一阶差分序列 $\{\nabla X_t\}$ 的 MA（1）模型为

$$\nabla X_t = C + \varepsilon_t - \theta_1 \varepsilon_{t-1} \tag{4-42}$$

式中，∇X_t 表示第 t 场成交价格的一阶差分；C 为常数项；θ_1 为移动平均系数；ε_t 为白噪声。

由式（4-42）进一步可得

$$X_t = 1332.054 + X_{t-1} - 0.879\varepsilon_{t-1} + \varepsilon_t \tag{4-43}$$

第五步：模型预测

单击"分析"→"时间序列预测"→"创建传统模型"，单击"保存"按钮，将"预测值""置信区间下限""置信区间上限"勾选"保存"，即可得到这三个值数据列。单击"分析→时间序列预测→自相关"，将序列"零均值处理后的成交价格""预测_零均值处理后的成交价格_模型_1""LCL_零均值处理后的成交价格_模型_1""UCL_零均值处理后的成交价格_模型_1"移动至"变量"，将序列"缶号"移动至"时间轴标签"，取消"差异"，单击"确定"按钮，得到零均值处理后的成交价格、预测值、置信区间的时序图，如图 4-14 所示。

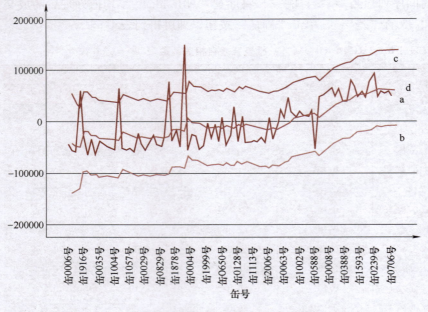

图 4-14　预测结果时序图（单位：元）

由图 4-14 可以看出，所建立的模型较好地拟合了零均值处理后的成交价格序列的变化趋势，并由所建立的模型可知相继结束得拍卖价格之间存在一定相关性，可用该模型对缶的成交价格进行预测。

利用最终选定模型 ARIMA（0，1，1），即式（4-43）对缶 0888 号、缶 0709 号、缶 0018 号、缶 2001 号、缶 0166 号的成交价格进行预测，可得到表 4-9，表中列出了预测值与

实际值。

表 4-9 模型的实际值与预测值　　　　　　　　　　　　（单位：元）

缶 号	实 际 值	预 测 值
缶 0888 号	171000	206571.25
缶 0709 号	200200	207903.30
缶 0018 号	210700	209235.36
缶 2001 号	250500	210567.41
缶 0166 号	249200	211899.46

本章小结

本章及第 3 章研究的时间序列均为随机时间序列。只是在第 3 章中，认为利用移动平均等方法去掉时间序列的随机扰动后，可用确定性方法分解出时间序列的长期趋势、季节变动和循环变动，进而对时间序列进行预测，故称之为确定型时间序列分析方法。本章则从随机性的观点去研究时间序列本身，故称之为随机型时间序列分析方法。

时间序列可分为两大类：平稳时间序列及非平稳时间序列。

平稳时间序列可用三种模型来描述：AR(p)，MA(q)，ARMA(p, q)。而这三种模型均有其各自的特征：AR(p) 序列的自相关函数拖尾、偏相关函数截尾；MA(q) 序列自相关函数截尾、偏相关函数拖尾；而 ARMA(p, q) 序列的自相关函数及偏相关函数均拖尾。利用这些特征便可识别出所研究的平稳时间序列可用这三种模型中的哪一种描述，进而对模型参数进行估计。

但由于在解决实际问题时所得到的数据序列只是所研究时间序列的一个样本序列，只好利用序列的样本自相关函数、样本偏相关函数去近似序列的自相关函数和偏相关函数，以判断这些函数是拖尾的还是截尾的，进而进行模型识别和参数估计。而这种近似、估计是否合理，必须进行检验。当检验通过后，就可以利用所得到的模型对时间序列进行预测了。

对于一般的非平稳时间序列，如同一般的非线性问题，对其进行建模、预测是很困难的。但对于具有齐次非平稳性以及含有季节周期这两类时间序列，可以用差分算子将其化为平稳序列，进而建立 ARMA 模型。

随机型时间序列预测方法的内容非常丰富，本章只是对其基本的理论、方法进行了介绍。有兴趣的读者可以进一步参考专门的论著。

思考与练习

1. 写出平稳时间序列的三个基本模型的基本形式及算子表达式。如何求它们的平稳域或可逆域？
2. 从当前系统的扰动对序列的影响看，AR(p) 序列与 MA(q) 序列有何差异？
3. 把下面各式写成算子表达式：

（1） $X_t = 0.5X_{t-1} + \varepsilon_t$

（2） $X_t = 0.3X_{t-1} + 0.5X_{t-2} + \varepsilon_t + 0.7\varepsilon_{t-1}$

(3) $X_t - X_{t-1} = \varepsilon_t - 0.45\varepsilon_{t-1}$

4. 判别第 3 题中的模型是否满足可逆性和平稳性条件。

5. 试述三个基本随机型时间序列的自相关函数及偏相关函数的特性。

6. 已知 AR（1）模型为 $x_t = 0.7x_{t-1} + \varepsilon_t$，$\varepsilon_t \sim N(0, 0.5)$，求 $E(x_t)$，ρ_2 和 φ_{22}。

7. 设有如下 AR(2) 过程：$X_t = X_{t-1} - 0.5X_{t-2} + \varepsilon_t$，$\varepsilon_t \sim N(0, 0.5)$。

（1）写出该过程的尤尔-沃克方程，并由此解出 ρ_1 和 ρ_2。

（2）求 X_t 的方差。

8. 设有 6 组 30 个随机数的前 10 个样本的自相关和偏相关函数如下，试判别下列时间序列的类型。

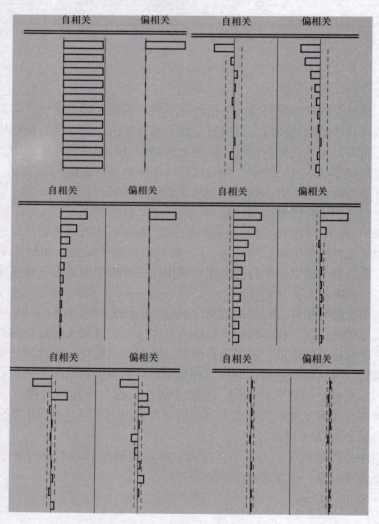

图 4-15 样本的自相关和偏相关函数

9. （1）设有平稳 AR（2）序列 $\{x_t\}$，$x_n = 7.61$，$x_{n-1} = 6.02$，且 $x_t = 1.2x_{t-1} - 0.55x_{t-2} + \varepsilon_t$，试求未来三期的预报值。

（2）设有平稳 MA（2）序列 $\{x_t\}$，$\hat{\varepsilon}_n = 0.4$，$\hat{\varepsilon}_{n-1} = -0.6$，且 $x_t = \varepsilon_t - 0.5\varepsilon_{t-1} + 0.06\varepsilon_{t-2}$，试求未来三期的预报值。

10. 某市 1995—2003 年各月的工业生产总值见表 4-10。试对 1995—2002 年数据建模，2003 年的数据留作检验模型的预测结果。

提示：首先做出工业生产总值的时序图，通过时序图判断数据是否具有明显的周期性或平稳性。

表 4-10 某市 1995—2003 年各月的工业生产总值　　　　（单位：亿元）

时　期	总　产　值	时　期	总　产　值	时　期	总　产　值
199501	10.93	199801	12.94	200101	15.73
199502	9.34	199802	11.43	200102	13.14
199503	11	199803	14.36	200103	17.24
199504	10.58	199804	14.57	200104	17.93
199505	11.29	199805	14.25	200105	18.82
199506	11.84	199806	15.86	200106	19.12
199507	10.62	199807	15.18	200107	17.7
199508	10.9	199808	15.94	200108	19.87
199509	12.77	199809	16.54	200109	21.17
199510	12.15	199810	16.9	200110	21.44
199511	12.24	199811	16.88	200111	22.14
199512	12.3	199812	18.1	200112	22.45
199601	9.91	199901	13.7	200201	17.88
199602	10.24	199902	10.88	200202	16
199603	10.41	199903	15.79	200203	20.29
199604	10.47	199904	16.36	200204	21.03
199605	11.51	199905	17.22	200205	21.78
199606	12.45	199906	17.75	200206	22.51
199607	11.32	199907	16.62	200207	21.55
199608	11.73	199908	16.96	200208	22.01
199609	12.61	199909	17.69	200209	22.68
199610	13.04	199910	16.4	200210	23.02
199611	13.14	199911	17.51	200211	24.55
199612	14.15	199912	19.73	200212	24.67
199701	10.85	200001	13.73	200301	19.61
199702	10.3	200002	12.85	200302	17.15
199703	12.74	200003	15.68	200303	22.46
199704	12.73	200004	16.79	200304	23.19
199705	13.08	200005	17.59	200305	23.4
199706	14.27	200006	18.51	200306	26.26
199707	13.18	200007	16.8	200307	22.91
199708	13.75	200008	17.27	200308	24.03
199709	14.42	200009	20.83	200309	23.94
199710	14.57	200010	19.18	200310	24.12
199711	14.25	200011	21.4	200311	25.87
199712	15.86	200012	23.76	200312	28.25

第 5 章 马尔可夫预测方法

【案例 5-1】

森特维尔（Centerville）小镇的天气每天都在快速变化。如果今天是晴天，则明天出现晴天的可能性就比今天是雨天明天出现晴天的可能性大。如果今天是晴天，则明天也是晴天的概率为 0.8；而今天是雨天，则明天是晴天的概率为 0.6。即使考虑了今天之前所有各天的天气状态，这个概率值也不会发生改变。

森特维尔小镇的天气变化可看作一个随机过程 $\{X_t\}$。从某天（这一天被记为第 0 天）开始，连续记录随后每一天（第 t 天）的气象状况，$t=0,1,2,\cdots$，第 t 天系统的状态可能为 0（代表第 t 天为晴天），也可能为 1（代表第 t 天为雨天）。因此，对于 $t=0,1,2,\cdots$，随机变量 X_t 可表示为

$$X_t = \begin{cases} 0 & \text{如果第 } t \text{ 天是晴天} \\ 1 & \text{如果第 } t \text{ 天是雨天} \end{cases}$$

因此，随机过程 $\{X_t\} = \{X_0, X_1, X_2, \cdots\}$ 是一种描述森特维尔小镇天气状态随时间变化的数学表达式。

（资料来源：Hillier F S, Lieberman G J. 运筹学导论[M] 胡运权，等译. 北京：清华大学出版社，2007：714-715.）

类似上述系统状态动态变化问题的表述和预测可以通过马尔可夫预测方法来完成。**马尔可夫预测方法**不需要大量历史资料，而只需对近期状况做详细分析。它可用于产品的市场占有率预测、期望报酬预测、人力资源预测等，还可用来分析系统的长期平衡条件，为决策提供有意义的参考。

5.1 马尔可夫分析的基本原理

马尔可夫（A. A. Markov）是俄国数学家。20 世纪初，他在研究中发现自然界中有一类事物的变化过程仅与事物的近期状态有关，而与事物的过去状态无关。具有这种特性的随机过程称为**马尔可夫过程**。设备维修和更新、人才结构变化、资金流向、市场需求变化等许多经济和社会行为都可用这一类过程来描述或近似，其应用范围非常广泛。

5.1.1 马尔可夫链

为了表征一个系统在变化过程中的特性（状态），可以用一组随时间进程而变化的变量

来描述。如果系统在任何时刻上的状态是随机的，则变化过程就是一个随机过程。

设有参数集 $T \subset (-\infty, +\infty)$，如果对任意的 $t \in T$，总有一随机变量 X_t 与之对应，则称 $\{X_t, t \in T\}$ 为一随机过程。

若 T 为离散集（不妨设 $T = \{t_0, t_1, t_2, \cdots, t_n, \cdots\}$），同时 X_t 的取值也是离散的，则称 $\{X_t, t \in T\}$ 为离散型随机过程。

设有一离散型随机过程，它所有可能处于的状态的集合为 $S = \{1, 2, \cdots, N\}$，称其为状态空间。系统只能在时刻 $t_0, t_1, t_2, \cdots$ 改变它的状态。为了简便，以下将 X_{t_n} 等简记为 X_n。

一般地说，描述系统状态的随机变量序列不一定满足相互独立的条件。也就是说，系统将来的状态与过去时刻以及现在时刻的状态是有关系的。在实际情况中，也有具有这种性质的随机系统：系统在每一时刻（或每一步）的状态，仅仅取决于前一时刻（或前一步）的状态。这个性质称为无后效性，即所谓马尔可夫假设。具备这个性质的离散型随机过程，称为马尔可夫链。用数学语言来描述就是：

如果对任一 $n > 1$，任意的 $i_1, i_2, \cdots, i_{n-1}, j \in S$，恒有

$$P\{X_n = j | X_1 = i_1, X_2 = i_2, \cdots, X_{n-1} = i_{n-1}\} = P(X_n = j | X_{n-1} = i_{n-1}) \tag{5-1}$$

则称离散型随机过程 $\{X_t, t \in T\}$ 为马尔可夫链。

例如，在荷花池中有 N 片荷叶，编号为 $1, 2, \cdots, N$。假设有一只青蛙随机地从这片荷叶上跳到另一片荷叶上，青蛙的运动可看作一个随机过程。在时刻 t_n，青蛙所在的那片荷叶，称为青蛙所处的状态。那么，青蛙在未来处于什么状态，只与它现在所处的状态 i（$i = 1, 2, \cdots, N$）有关，而与它以前在哪片荷叶上无关。此过程就是一个马尔可夫链。

由于系统状态的变化是随机的，因此，必须用概率描述状态转移的各种可能性的大小。

5.1.2 状态转移矩阵

马尔可夫链是一种描述动态随机现象的数学模型，它建立在系统"状态"和"状态转移"的概念之上。所谓系统，就是人们所研究的事物对象；所谓状态，是表示系统的一组记号。当确定了这组记号的值时，也就确定了系统的行为，并说系统处于某一状态。系统状态常表示为向量，故称之为状态向量。例如，已知某月 A，B，C 三种品牌洗衣粉的市场占有率分别是 0.3，0.4，0.3，则可用向量 $\boldsymbol{P} = (0.3, 0.4, 0.3)$ 来描述该月市场洗衣粉销售的状况。

当系统由一种状态变为另一种状态时，称之为状态转移。例如，洗衣粉销售市场状态的转移就是各种牌号洗衣粉市场占有率的变化。显然，这类系统由一种状态转移到另一种状态完全是随机的，因此，必须用概率描述状态转移的各种可能性的大小。

如果在时刻 t_n 系统的状态为 $X_n = i$ 的条件下，在下一个时刻 t_{n+1} 系统状态为 $X_{n+1} = j$ 的概率 $p_{ij}(n)$ 与 n 无关，则称此马尔可夫链是齐次马尔可夫链，并记

$$p_{ij} = P\{X_{n+1} = j | X_n = i\}, \quad i, j = 1, 2, \cdots, N$$

称 p_{ij} 为状态转移概率。显然有

$$p_{ij} \geq 0, i, j = 1, 2, \cdots, N$$

$$\sum_{j=1}^{N} p_{ij} = 1, i = 1, 2, \cdots, N$$

转移矩阵　设系统的状态转移过程是一个齐次马尔可夫链,状态空间 $S = \{1, 2, \cdots, N\}$ 为有限集合,状态转移概率为 p_{ij},则称矩阵

$$P = \begin{pmatrix} p_{11} & p_{12} & \cdots & p_{1N} \\ p_{21} & p_{22} & \cdots & p_{2N} \\ \vdots & \vdots & & \vdots \\ p_{N1} & p_{N2} & \cdots & p_{NN} \end{pmatrix} \tag{5-2}$$

为该系统的**状态转移概率矩阵**,简称**转移矩阵**。

为了论述和计算的需要,引入下述有关概念:

概率向量　对任意的行向量(或列向量),如果其每个元素均非负且总和等于1,则称该向量为概率向量。

概率矩阵　由概率向量作为行向量所构成的方阵称为概率矩阵。

对一个概率矩阵 P,若存在正整数 m 使 P^m 的所有元素均为正数,则称矩阵 P 为**正规概率矩阵**。

例如,矩阵

$$A = \begin{pmatrix} 0.7 & 0.3 \\ 0.5 & 0.5 \end{pmatrix}$$

中每个元素均非负,每行元素之和皆为1,且为2阶方阵,故矩阵 A 为概率矩阵。

概率矩阵有如下性质:如果 A,B 皆是概率矩阵,则 AB 也是概率矩阵;如果 A 是概率矩阵,则 A 的任意次幂 A^m($m \geq 0$)也是概率矩阵。

对 $k \geq 1$,记

$$p_{ij}^{(k)} = P\{X_{n+k} = j | X_n = i\}$$
$$P^{(k)} = (p_{ij}^{(k)})_{N \times N} \tag{5-3}$$

称 $p_{ij}^{(k)}$ 为 k 步状态转移概率,$P^{(k)}$ 为 k 步状态转移概率矩阵。它们均与 n 无关(从下面的式(5-4)也可看出)。

特别地,当 $k=1$ 时,$p_{ij}^{(1)} = p_{ij}$ 为1步状态转移概率。马尔可夫链中任何 k 步状态转移概率都可由1步状态转移概率求出。

由全概率公式可知,对 $k \geq 1$ 有(其中 $P^{(0)}$ 表示单位矩阵)

$$p_{ij}^{(k)} = P\{X_{n+k} = j | X_n = i\}$$
$$= \sum_{l=1}^{N} P\{X_{n+k-1} = l | X_n = i\} \cdot P\{X_{n+k} = j | X_{n+k-1} = l\}$$
$$= \sum_{l=1}^{N} p_{il}^{(k-1)} p_{lj}, i,j = 1,2,\cdots,N$$

其中用到马尔可夫链的"无记忆性"和齐次性。用矩阵表示,即为 $P^{(k)} = P^{(k-1)}P$,从而可得

$$P^{(k)} = P^k, k \geq 1 \tag{5-4}$$

记 t_0 为过程的开始时刻,$p_i(0) = P\{X_0 = X(t_0) = i\}$,则称

$$P(0) = (p_1(0), p_2(0), \cdots p_N(0))$$

为**初始状态概率向量**。

如已知齐次马尔可夫链的转移矩阵 $\boldsymbol{P}=(p_{ij})_{N\times N}$ 以及初始状态概率向量 $\boldsymbol{P}(0)$，则任一时刻的状态概率分布也就确定了：

对 $k\geqslant 1$，记 $p_i(k)=P\{X_k=i\}$ 则由全概率公式有

$$p_i(k) = \sum_{j=1}^{N} p_j(0) \cdot p_{ji}^{(k)}, i=1,2,\cdots,N, k\geqslant 1 \tag{5-5}$$

若记向量 $\boldsymbol{P}(k)=(p_1(k), p_2(k),\cdots, p_N(k))$，则上式可写为

$$\boldsymbol{P}(k)=\boldsymbol{P}(0)\boldsymbol{P}^{(k)}=\boldsymbol{P}(0)\boldsymbol{P}^k \tag{5-6}$$

由此可得

$$\boldsymbol{P}(k)=\boldsymbol{P}(k-1)\boldsymbol{P} \tag{5-7}$$

例 5-1 案例 5-1 的马尔可夫链表示

在案例 5-1 中，森特维尔小镇的天气变化是一个随机过程 $\{X_t\}$ ($t=0,1,2,\cdots$)，其取值可表示为

$$X_t = \begin{cases} 0 & \text{如果第 } t \text{ 天是晴天} \\ 1 & \text{如果第 } t \text{ 天是雨天} \end{cases} \quad (t=0,1,2,\cdots)$$

由题设可知

$$P\{X_{t+1}=0|X_t=0\}=0.8, \quad P\{X_{t+1}=0|X_t=1\}=0.6$$

此外，由于第二天的天气状态不受今天之前天气状态的影响，即有

$$\begin{aligned} P\{X_{t+1}=0|X_t=0,X_{t-1}=k_{t-1},\cdots,X_1=k_1,X_0=k_0\}&=P\{X_{t+1}=0|X_t=0\} \\ P\{X_{t+1}=0|X_t=1,X_{t-1}=k_{t-1},\cdots,X_1=k_1,X_0=k_0\}&=P\{X_{t+1}=0|X_t=1\} \end{aligned} \tag{5-8}$$

在式（5-8）中，当用 $X_{t+1}=1$ 替换 $X_{t+1}=0$ 时，这些等式也是成立的。因此，该随机过程具有马尔可夫属性，从而是马尔可夫链。

应用本节介绍的概念，则 1 步转移概率可表示为

$$p_{00}=P\{X_{t+1}=0|X_t=0\}=0.8 \quad (t=0,1,2,\cdots)$$
$$p_{10}=P\{X_{t+1}=0|X_t=1\}=0.6 \quad (t=0,1,2,\cdots)$$

由于 $p_{00}+p_{01}=1$，$p_{10}+p_{11}=1$，故 $p_{01}=1-0.8=0.2$，$p_{11}=1-0.6=0.4$。

因此，状态转移矩阵可表示为

$$\boldsymbol{P} = \begin{matrix} \text{状态} \\ 0 \\ 1 \end{matrix} \begin{pmatrix} p_{00} & p_{01} \\ p_{10} & p_{11} \end{pmatrix} = \begin{matrix} \text{状态} \\ 0 \\ 1 \end{matrix} \begin{pmatrix} 0.8 & 0.2 \\ 0.6 & 0.4 \end{pmatrix}$$

其中转移概率是指从行状态到列状态的概率。状态 0 代表晴天；状态 1 代表雨天。矩阵中转移概率即指在当前天气状态下，第二天为雨天或晴天的概率值。

图 5-1 所描述的状态转移图与转移概率矩阵提供了相同信息，图中的两个节点（圆圈）

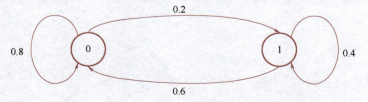

图 5-1 案例 5-1 中的状态转移图

代表了天气的两种可能状态。箭头代表从当天到第二天的可能转移。箭头上的数字代表转移概率。

例 5-2 案例 5-1 的 n 步转移矩阵

运用上述公式计算案例 5-1 的 1 步转移矩阵 $\boldsymbol{P}$ 的 n 次方,求解其各 n 步转移矩阵。

2 步转移矩阵为

$$\boldsymbol{P}^{(2)} = \boldsymbol{PP} = \begin{pmatrix} 0.8 & 0.2 \\ 0.6 & 0.4 \end{pmatrix}^2 = \begin{pmatrix} 0.76 & 0.24 \\ 0.72 & 0.28 \end{pmatrix}$$

该 2 步转移矩阵说明,如果今天是晴天(0),那么两天后仍为晴天(0)的概率为 0.76,为雨天(1)的概率为 0.24;如果今天是雨天(1),那么两天后为晴天(0)的概率为 0.72,为雨天(1)的概率为 0.28。

3 天、4 天或 5 天后的天气状态转移概率可通过计算 3 步、4 步和 5 步转移矩阵得到

$$\boldsymbol{P}^{(3)} = \boldsymbol{P}^3 = \boldsymbol{PP}^2 = \begin{pmatrix} 0.8 & 0.2 \\ 0.6 & 0.4 \end{pmatrix}\begin{pmatrix} 0.76 & 0.24 \\ 0.72 & 0.28 \end{pmatrix} = \begin{pmatrix} 0.752 & 0.248 \\ 0.744 & 0.256 \end{pmatrix}$$

$$\boldsymbol{P}^{(4)} = \boldsymbol{P}^4 = \boldsymbol{PP}^3 = \begin{pmatrix} 0.8 & 0.2 \\ 0.6 & 0.4 \end{pmatrix}\begin{pmatrix} 0.752 & 0.248 \\ 0.744 & 0.256 \end{pmatrix} = \begin{pmatrix} 0.75 & 0.25 \\ 0.749 & 0.251 \end{pmatrix}$$

$$\boldsymbol{P}^{(5)} = \boldsymbol{P}^5 = \boldsymbol{PP}^4 = \begin{pmatrix} 0.8 & 0.2 \\ 0.6 & 0.4 \end{pmatrix}\begin{pmatrix} 0.75 & 0.25 \\ 0.749 & 0.251 \end{pmatrix} = \begin{pmatrix} 0.75 & 0.25 \\ 0.75 & 0.25 \end{pmatrix}$$

注意:在 5 步转移矩阵中有一个十分有趣的现象,即该矩阵两行的值完全一样,这表明 5 天之后的天气状态的概率与 5 天前的天气状态无关。因此,这个 5 步转移矩阵中每行的概率被称为该马尔可夫链的平稳概率,表示晴天的概率是 0.75,雨天的概率是 0.25。

例 5-3 考察一台机床的运行状态。机床的运行存在正常和故障两种状态。由于出现故障带有随机性,故可将机床的运行看作一个状态随时间变化的随机系统。可以认为,机床以后的状态只与目前的状态有关,而与过去的状态无关,即具有无后效性。因此,机床的运行过程可看作一个马尔可夫链。

设正常状态为 1,故障状态为 2,即机床的状态空间由两个元素组成。机床在运行过程中出现故障,这时从状态 1 转移到状态 2;处于故障状态的机床经维修恢复到正常状态,即从状态 2 转移到状态 1。

现以一个月为时间单位。经观察统计,已知从某月份到下月份机床出现故障的概率为 0.2,即 $p_{12}=0.2$;保持正常状态的概率为 $p_{11}=0.8$。在这一时间,故障机床经维修恢复到正常状态的概率为 0.9,即 $p_{21}=0.9$;不能修好的概率为 $p_{22}=0.1$。机床的状态转移情况如图 5-2 所示。

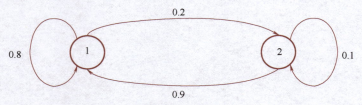

图 5-2 机床的状态转移图

由机床的 1 步转移概率得到状态转移概率矩阵

$$P = \begin{pmatrix} p_{11} & p_{12} \\ p_{21} & p_{22} \end{pmatrix} = \begin{pmatrix} 0.8 & 0.2 \\ 0.9 & 0.1 \end{pmatrix}$$

若已知本月机床的状态向量 $P(0) = (0.85 \quad 0.15)$，现要预测机床 2 个月后的状态。先求出 2 步转移概率矩阵

$$P^{(2)} = P^2 = \begin{pmatrix} 0.8 & 0.2 \\ 0.9 & 0.1 \end{pmatrix}^2 = \begin{pmatrix} 0.82 & 0.18 \\ 0.81 & 0.19 \end{pmatrix}$$

矩阵的第一行表明，本月处于正常状态的机床，两个月后仍处于正常状态的概率为 0.82，转移到故障状态的概率为 0.18；第二行表明，本月处于故障状态的机床，两个月后转移到正常状态的概率为 0.81，仍处于故障状态的概率为 0.19。

于是，两个月后机床的状态向量为

$$P(2) = P(0)P^{(2)} = (0.85 \quad 0.15) \begin{pmatrix} 0.82 & 0.18 \\ 0.81 & 0.19 \end{pmatrix}$$
$$= (0.8185 \quad 0.1815)$$

5.1.3 稳态概率矩阵

在马尔可夫链中，已知系统的初始状态和状态转移概率矩阵，就可推断出系统在任意时刻可能所处的状态。现在需要研究当 k 不断增大时，$P(k)$ 的变化趋势。

1. 平稳分布

设 $X = (x_1, x_2, \cdots, x_N)$ 为一状态概率向量，P 为状态转移概率矩阵。若

$$XP = X \tag{5-9}$$

即

$$\sum_{i=1}^{N} x_i p_{ij} = x_j, j = 1, 2, \cdots, N$$

则称 X 为马尔可夫链的一个<u>平稳分布</u>。若随机过程某时刻的状态概率向量 $P(k)$ 为平稳分布，则称过程处于<u>平衡状态</u>。一旦过程处于平衡状态，则过程经过 1 步或多步状态转移之后，其状态概率分布保持不变。也就是说，<u>过程一旦处于平衡状态后将永远处于平衡状态</u>。

对于所讨论的状态有限（即 N 个状态）的马尔可夫链，平稳分布必定存在[①]。特别地，当此马尔可夫链不可约时，平稳分布唯一。此时，求解方程 (5-9)，即可得到系统的平稳分布。其中，马尔可夫链为不可约的定义如下：

设齐次马尔可夫链 $\{X_t, t = 0, 1, 2, \cdots\}$ 的状态空间为 S，如果存在某个正整数 m，使得 $\{X_t, t = 0, 1, 2, \cdots\}$ 的 1 步转移概率矩阵 P 的 m 次幂 $P^m = (p_{ij}^{(m)})_{N \times N}$ 中每个元素都大于 0，则称此<u>马尔可夫链是不可约的</u>。[②] 可以通俗地理解为，马尔可夫链的任意两个状态之间都是可以相互转移的。

[①] 摘自：毛用才，胡奇英. 随机过程 [M]. 西安：西安电子科技大学出版社，1998.
[②] 摘自：张卓奎，陈慧婵. 随机过程 [M]. 西安：西安电子科技大学出版社，2004.

2. 稳态分布

对于概率向量 $\boldsymbol{\pi} = (\pi_1, \pi_2, \cdots, \pi_N)$，如对任意的 $i, j \in S$，均有

$$\lim_{m \to \infty} p_{ij}^{(m)} = \pi_j$$

则称 $\boldsymbol{\pi}$ 为稳态分布。此时，不管初始状态概率向量如何，均有

$$\lim_{m \to \infty} p_j(m) = \lim_{m \to \infty} \sum_{i=1}^{N} p_i(0) p_{ij}^{(m)} = \sum_{i=1}^{N} p_i(0) \lim_{m \to \infty} p_{ij}^{(m)} = \sum_{i=1}^{N} p_i(0) \pi_j = \pi_j$$

或

$$\lim_{m \to \infty} \boldsymbol{P}(m) = \lim_{m \to \infty} (p_1(m), p_2(m), \cdots, p_N(m)) = \boldsymbol{\pi} = (\pi_1, \pi_2, \cdots, \pi_N)$$

这也是称 $\boldsymbol{\pi}$ 为稳态分布的理由。

设存在稳态分布 $\boldsymbol{\pi} = (\pi_1, \pi_2, \cdots, \pi_N)$，则由于下式恒成立

$$\boldsymbol{P}(k) = \boldsymbol{P}(k-1)\boldsymbol{P}$$

$k \to +\infty$，就得

$$\boldsymbol{\pi} = \boldsymbol{\pi}\boldsymbol{P} \tag{5-10}$$

即，有限状态马尔可夫链的稳态分布如存在，那么它也是平稳分布。

对任一状态 i，如果 $\{k \mid k \geq 1, p_{ii}^{(k)} > 0\}$ 的最大公约数为 1，则称 i 是非周期状态[○]。换而言之，若状态 i 是周期为 d 的周期性状态，则当且仅当 $k \in \{d, 2d, 3d, \cdots\}$ 时，才存在 $p_{ii}^{(k)} > 0$，或者说除 $k \in \{d, 2d, 3d, \cdots\}$ 之外，均有 $p_{ii}^{(k)} = 0$。如果一个马尔可夫链的所有状态均是非周期的，则称此马尔可夫链是非周期的。

对有限状态非周期的马尔可夫链，稳态分布必存在，对不可约非周期的马尔可夫链，稳态分布和平稳分布相同且均唯一。

例 5-4 设一马尔可夫链的转移矩阵为

$$\boldsymbol{P} = \begin{pmatrix} 0.50 & 0.25 & 0.25 \\ 0.50 & 0.00 & 0.50 \\ 0.25 & 0.25 & 0.50 \end{pmatrix}$$

解：（1）$\boldsymbol{P}$ 不可约

$$\boldsymbol{P}^{(2)} = \boldsymbol{P}^2 = \begin{pmatrix} 0.4375 & 0.1875 & 0.375 \\ 0.375 & 0.25 & 0.375 \\ 0.375 & 0.1875 & 0.4375 \end{pmatrix}$$

$\boldsymbol{P}^2$ 中每个元素均大于 0，由定义可知，$\boldsymbol{P}$ 是不可约的。

（2）$\boldsymbol{P}$ 非周期。由 $p_{11}^{(1)} > 0$，$p_{11}^{(2)} > 0$，而 1，2 的最大公约数为 1，故状态 1 为非周期状态。

同理可得，状态 2，3 均为非周期状态。故 $\boldsymbol{P}$ 是非周期的。

（3）由于 $\boldsymbol{P}$ 不可约且是非周期的，求解如下方程组：

$$\begin{cases} \boldsymbol{X}\boldsymbol{P} = \boldsymbol{X} \\ \sum_{i=1}^{N} x_i = 1 \end{cases}$$

[○] 摘自：毛用才，胡奇英. 随机过程 [M]. 西安：西安电子科技大学出版社，1998.

得 $X = (0.4, 0.2, 0.4)$。这就是该马尔可夫链的稳态分布，而且也是平稳分布。

5.2 马尔可夫预测的应用

马尔可夫预测是利用某一系统的现在状况及其发展动向去预测系统未来状况的一种预测方法。它在技术与经济发展以及现代企业的经营管理中，均可为决策者制定决策提供较科学的未来信息。马尔可夫预测范围广泛，如在预测企业的发展规模和产品销售份额、分析顾客（消费者）流向、选择销售及服务地点、选择维修策略、制订设备更新方案以及决定最优工作分配等方面均有显著成效。应用马尔可夫分析，对环境保护、生态平衡等复杂大系统的未来状况进行预测，对各种环境污染治理策略的选择等，均可取得良好的效果。

5.2.1 市场占有率的预测

下面结合例题来说明如何预测市场占有率。

例 5-5 伍迪公司、布卢杰·里维公司、雷恩公司（分别用字母 A，B，C 代表）是美国中西部地区三家主要灭虫剂厂商。根据历史资料得知，公司 A，B，C 产品销售额的市场占有率分别为 50%，30%，20%。由于 C 公司实行了改善销售与服务方针的经营管理决策，其产品销售额逐期稳定上升，而 A 公司却有所下降。通过市场调查发现，三家公司的顾客流动情况见表 5-1，其中产品销售周期是季度。现在的问题是，按照目前的趋势发展下去，A 公司的产品销售额或客户转移的影响将严重到何种程度？更全面地，三家公司的产品销售额占有率将如何变化？

表 5-1 A，B，C 三家公司的顾客流动情况　　　　　　　　　　（单位：人）

公司	周期 0 的顾客数	周期 1 的供应公司		
		A	B	C
A	5000	3500	500	1000
B	3000	300	2400	300
C	2000	100	100	1800
周期 1 的顾客数	—	3900	3000	3100

将表 5-1 中的数据化为转移概率，对研究分析未来若干周期的顾客流向更为有利。表 5-2 列出了各公司顾客流动的转移概率。表 5-2 中的数据是每家公司在一个周期中的顾客数与前一周期的顾客数相除所得。表中每一行表示某公司从一个周期到下一个周期将能保住的顾客数百分比，以及将要流失到竞争者的顾客数百分比。表中每一列表示各公司在下一周期将能保住的顾客数百分比，以及该公司将要从竞争对手那里获得的顾客数百分比。

表 5-2 顾客流动的转移概率

公司	A	B	C
A	3500/5000 = 0.7	500/5000 = 0.1	1000/5000 = 0.2
B	300/3000 = 0.1	2400/3000 = 0.8	300/3000 = 0.1
C	100/2000 = 0.05	100/2000 = 0.05	1800/2000 = 0.9

如用矩阵来表示表 5-2 中的数据,就得到如下的状态转移矩阵:

$$\boldsymbol{P} = \begin{pmatrix} & A & B & C \\ A & 0.7 & 0.1 & 0.2 \\ B & 0.1 & 0.8 & 0.1 \\ C & 0.05 & 0.05 & 0.9 \end{pmatrix} \tag{5-11}$$

$\boldsymbol{P}$ 中数据表示一个随机挑选的顾客,从一个周期到下一个周期仍购买某一公司产品的可能性或概率。例如,随机挑选一名 A 公司的顾客,他在下一周期仍购买 A 公司产品的概率为 0.7,购买 B 公司产品的概率为 0.1,购买 C 公司产品的概率为 0.2。

1. 未来各周期市场占有率的计算

以 A,B,C 公司作为要分析的系统的状态,那么状态概率向量就分别为三家公司的产品销售额的市场占有率。初始状态概率向量为

$$\boldsymbol{P}(0) = (p_1(0), p_2(0), p_3(0)) = (0.5, 0.3, 0.2)$$

转移矩阵由式(5-11)给出。于是,可用式(5-6)计算未来各期的市场占有率。如状态转移一次后第一周期的市场占有率向量为

$$\boldsymbol{P}(1) = \boldsymbol{P}(0)\boldsymbol{P} = (0.5, 0.3, 0.2) \begin{pmatrix} 0.7 & 0.1 & 0.2 \\ 0.1 & 0.8 & 0.1 \\ 0.05 & 0.05 & 0.9 \end{pmatrix}$$

$$= (0.39, 0.3, 0.31)$$

可以由式(5-6)递推求得未来各期的市场占有率。

2. 稳态市场占有率

从转移矩阵 $\boldsymbol{P}$ 中可以看出,A 公司的市场占有率将逐期下降,而 C 公司的市场占有率则将逐期上升(用式(5-6)计算出 $\boldsymbol{P}(k)$ 即可验证)。从经营决策和管理的角度来看,自然希望了解公司的市场占有率最终将达到什么样的水平,亦即需要知道稳态市场占有率。

由于式(5-11)中的 $\boldsymbol{P}$ 是不可约非周期的,所以稳态市场占有率即为平衡状态下的市场占有率,亦即马尔可夫链的平稳分布。

由前面的讨论知道,求解如下方程组:

$$\begin{cases} (x_1, x_2, x_3) \begin{pmatrix} 0.7 & 0.1 & 0.2 \\ 0.1 & 0.8 & 0.1 \\ 0.05 & 0.05 & 0.9 \end{pmatrix} = (x_1, x_2, x_3) \\ x_1 + x_2 + x_3 = 1 \end{cases}$$

解得

$$x_1 = 0.1765, x_2 = 0.2353, x_3 = 0.5882$$

即 A,B,C 三家公司的市场占有率最终将分别达到 17.65%,23.53%,58.82%。

对本例来说,当销售份额达到平衡时,所有公司都各占总销售额中的一部分保持不变。但在某些情况下,参与竞争的公司或厂商中可能有一个或多个被完全逐出市场。例如,对于转移矩阵

$$\boldsymbol{P} = \begin{pmatrix} & A & B & C \\ A & 1 & 0 & 0 \\ B & 0.1 & 0.7 & 0.2 \\ C & 0.1 & 0.1 & 0.8 \end{pmatrix}$$

A 公司从 B 与 C 公司双方得到顾客，而从不失去顾客，容易推知照此趋势发展下去，A 公司将独占 100% 的市场。这一点从式（5-9）的求解中也可看出。

最后指出，平衡状态存在的条件与初始状态概率向量无关。

3. 销售策略对市场占有率的影响

从本例的上述分析可以看出，A 公司的市场占有率将从 50% 降至最终的 17.65%，当然这是假定以状态转移概率保持不变作为分析的前提的。如果公司的经营决策者看到了这种不利趋势，就会制定某种策略（如销售策略）来扭转这种不利趋势，使公司在市场上保持较有利的地位。下面就两种不同的销售策略，讨论如何利用马尔可夫分析帮助公司管理人员评价销售策略对销售份额的影响。可类似分析其他的经营策略。

（1）保留策略。保留策略是指尽力保留公司原有顾客较大百分比的各种经营方针与对策，如采用提供优质服务等方法。设 A 公司采用这样的保留策略后，减少了其原有顾客向 C 公司的流失，使保留率从原来的 70% 提高到 85%，则转移矩阵成为

$$\begin{pmatrix} 0.85 & 0.10 & 0.05 \\ 0.10 & 0.80 & 0.10 \\ 0.05 & 0.05 & 0.90 \end{pmatrix}$$

新的平衡状态下，A，B，C 三家公司的市场占有率分别为 31.6%，26.3%，42.1%，A 公司的市场占有率从 17.65% 提高到 31.6%。

（2）争取策略。争取策略是指从竞争者拥有的顾客中争取顾客的各种经营方针与对策，如通过广告等方法。设 A 公司通过争取策略，能从上一周期内向另外两家公司购货的顾客中各争取 15%，则转移矩阵成为

$$\begin{pmatrix} 0.70 & 0.10 & 0.20 \\ 0.15 & 0.75 & 0.10 \\ 0.15 & 0.05 & 0.80 \end{pmatrix}$$

在新的平衡状态下，A，B，C 三家公司的市场占有率分别为 33.3%，30%，36.7%。

在实际工作中，市场占有率仅仅是经营者制定决策的一个考虑因素。为制定出正确的决策，还可能要考虑其他因素，如采取策略的费用等。

5.2.2 期望报酬预测

一个与经济有关的马尔可夫型随机系统中，系统获得的报酬也会随状态的不同而不同。设有一台机器，它在第 n 周期的状态用 X_n 表示

$$X_n = \begin{cases} 0 & \text{第 } n \text{ 周期正常} \\ 1 & \text{第 } n \text{ 周期失效} \end{cases}$$

进一步假定，机器正常时，每一个周期可带来 v 元的收益，并且在下一周期失效的概率为 p，当机器失效时，需对其进行更换，更换的费用为 d，修理时间为一个周期，下一个周期初修好开始工作。于是 $\{X_n\}$ 是一个齐次马尔可夫链，其状态空间为 $S = \{0, 1\}$，转移矩阵为

$$P = \begin{pmatrix} 1-p & p \\ 1 & 0 \end{pmatrix}$$

但这是一个带报酬的马尔可夫链。

一般地，设 $\{X_n\}$ 是状态空间为 $S = \{1, 2, \cdots, N\}$ 的齐次马尔可夫链，其转移矩阵

为 $\boldsymbol{P}=(p_{ij})_{N\times N}$。设 $r(i)$ 表示某周期系统处于状态 i 时获得的报酬,称这样的马尔可夫链是**具有报酬的**。显然,$r(i)>0$ 时,称为盈利、收益等;$r(i)<0$ 时,称为亏损、费用等。对于这样一个带报酬的马尔可夫链,第 n 周期的报酬是一个随机变量。

下面分三种目标函数来讨论:

1. 有限时段期望总报酬

记 $v_k(i)$ 表示初始状态为 i 的条件下,到第 k 步状态转移前所获得的**期望总报酬**($k \geq 1$, $i \in S$)

$$v_k(i) = \sum_{n=0}^{k-1} 第 n 周期的期望报酬$$

$$= \sum_{n=0}^{k-1} E\{r(X_n) | X_0 = i\}$$

$$= \sum_{n=0}^{k-1} \sum_{j=1}^{N} p_{ij}^{(n)} r(j)$$

若记列向量 $\boldsymbol{V}_k = (v_k(1), v_k(2), \cdots, v_k(N))^T$, $\boldsymbol{r} = (r(1), r(2), \cdots, r(N))^T$,则上式可写为

$$\boldsymbol{V}_k = \sum_{n=0}^{k-1} \boldsymbol{P}^n \boldsymbol{r} = (\boldsymbol{I} + \boldsymbol{P} + \boldsymbol{P}^2 + \cdots + \boldsymbol{P}^{k-1}) \boldsymbol{r} \tag{5-12}$$

进而,可证明有如下递推式

$$v_{k+1}(i) = r(i) + \sum_{j=1}^{N} p_{ij} v_k(j), k \geq 0, i = 1, 2, \cdots, N$$

$$v_0(i) = 0, i = 1, 2, \cdots, N \tag{5-13}$$

于是可用上式递推求得 $v_k(i)$。

2. 无限时段单位时间平均报酬

对 $i \in S$,定义初始状态为 i 的无限时段单位时间平均报酬为

$$v(i) = \lim_{k \to \infty} v_k(i)/k$$

记

$$p_{ij}^* = \lim_{k \to \infty} \sum_{t=1}^{k-1} p_{ij}^{(t)}/k \quad i,j = 1, 2, \cdots, N$$

矩阵 $\boldsymbol{P}^* = (p_{ij}^*)_{N \times N}$,则由式(5-12)可证得

$$v(i) = \sum_{j=1}^{N} p_{ij}^* r(j) \tag{5-14}$$

于是为求 $v(i)$,只需求得 $\boldsymbol{P}^*$ 即可,但一般要求出 $\boldsymbol{P}^*$ 并不是一件容易的事情。这里只讨论如下特殊情况:

考虑稳态分布 $\boldsymbol{\pi} = (\pi_1, \pi_2, \cdots, \pi_N)$ 存在的这种特殊情况。由上节可知,转移矩阵 $\boldsymbol{P}$ 非周期即可保证 $\boldsymbol{\pi}$ 存在。当 $\boldsymbol{\pi}$ 存在时,它也是平稳分布。注意到数学分析中的一个结论:设数列 $\{a_n\}$ 有极限 a,则

$$\lim_{k \to \infty} \frac{\sum_{n=0}^{k-1} a_n}{k} = a$$

于是有如下结论:

结论 设所考虑的马尔可夫链存在稳态分布 $\boldsymbol{\pi}$,则 $p_{ij}^* = \pi_j, j = 1,2,\cdots,N$。进而若式(5-10)有唯一解 $\boldsymbol{X} = (x_1, x_2, \cdots, x_N)$,则有

$$p_{ij}^* = \pi_j = x_j \quad j = 1,2,\cdots,N \tag{5-15}$$

实际上,如果 $\boldsymbol{\pi}$ 存在,当式(5-10)有唯一解 $\boldsymbol{X}$ 时,由于稳态分布必为平稳分布,故 $\pi_j = x_j$。特别地,对于不可约非周期的马尔可夫链,式(5-15)恒成立。于是可先求解式(5-10)得 $\boldsymbol{X}$,然后由式(5-15)求得 $v(i)$。

3. 无限时段期望折扣总报酬

在现实生活中,今年的1元钱将大于明年的1元钱。也就是说,明年的1元钱折算到现在计算,就不值1元钱了,如为 $\beta \in (0,1)$,这个 β 就称为<u>折扣因子</u>。实际上,在工程问题中,在企业管理中,当考虑贷款、折旧等时,都必须考虑到资金的增值问题。

如将钱存于银行,年息为 ρ,则 ρ 与 β 有如下关系

$$\beta = \frac{1}{1+\rho}$$

如果一个周期为一个月,那么只需将 ρ 理解为月息即可。这里折扣因子 β 一般在区间 $(0,1)$ 中。

对有报酬的马尔可夫链,定义从状态 i 出发的<u>无限时段期望折扣总报酬</u>为

$$v_\beta(i) = \sum_{t=0}^{\infty} \beta^t \times 第 t 周期的期望报酬, i \in S \tag{5-16}$$

于是

$$v_\beta(i) = \sum_{t=0}^{\infty} \beta^t \sum_{j=1}^{N} p_{ij}^{(t)} r(j) \tag{5-17}$$

若记向量 $\boldsymbol{V}_\beta = (v_\beta(1), v_\beta(2), \cdots, v_\beta(N))^{\mathrm{T}}$,则上式的向量/矩阵形式为

$$\boldsymbol{V}_\beta = \sum_{t=0}^{\infty} \beta^t \boldsymbol{P}^t \boldsymbol{r} = (\boldsymbol{I} - \beta \boldsymbol{P})^{-1} \boldsymbol{r} \tag{5-18}$$

与有限时段中的式(5-13)类似,由式(5-17)可得

$$\begin{aligned} v_\beta(i) &= r(i) + \beta \sum_{t=1}^{\infty} \left(\beta^{t-1} \sum_{j=1}^{N} p_{ij}^{(t)} r(j) \right) \\ &= r(i) + \beta \sum_{l=1}^{N} p_{il} \sum_{t=0}^{\infty} \beta^t \sum_{j=1}^{N} p_{lj}^{(t)} r(j) \\ &= r(i) + \beta \sum_{l=1}^{N} p_{il} r(j) v_\beta(l), i \in S \end{aligned} \tag{5-19}$$

显然,线性方程组(5-19)的解即为式(5-18)所表示的。

称 $v_k(i)$,$v(i)$,$v_\beta(i)$ 为具有报酬的马尔可夫链的三种目标函数,利用其中任一个目标函数,可以讨论不同策略的优劣。

例 5-6 最佳维修策略的选择。研究一化工企业对循环泵进行季度维修的过程。该化工企业对泵进行定期检查,在每次检查中,把泵按其外壳及叶轮的腐蚀程度定为五种状态中的一种。这五种状态是:

状态1:优秀状态,无任何故障或缺陷。

状态 2：良好状态，稍有腐蚀。
状态 3：及格状态，轻度腐蚀。
状态 4：可用状态，大面积腐蚀。
状态 5：不可运行状态，腐蚀严重。

该企业可采用的维修策略有以下几种：

单状态策略：泵处于状态 5 时才进行修理，每次修理费用为 500 元。

两状态策略：泵处于状态 4 和 5 时进行修理，处于状态 4 时每次修理费用为 250 元，处于状态 5 时每次修理费用为 500 元。

三状态策略：泵处于状态 3，4，5 时进行修理，处于状态 3 时每次修理费用为 200 元，处于状态 4 和 5 时的修理费用同前。

目前，该企业采用的维修策略为"单状态策略"。

假定不管处于何种状态，只要进行修理，泵的状态都将在本周期内恢复为状态 1。已知在不进行任何修理时的状态转移概率见表 5-3。

表 5-3 不修理时的状态转移概率

泵在第 n 周期的状态	泵在第 $n+1$ 周期的状态				
	1	2	3	4	5
1	0.00	0.60	0.20	0.10	0.10
2	0.00	0.30	0.40	0.20	0.10
3	0.00	0.00	0.40	0.40	0.20
4	0.00	0.00	0.00	0.50	0.50
5	0.00	0.00	0.00	0.00	1.00

现在要确定哪种策略的费用最低，目标为长期运行单位时间平均报酬。容易看出，在单状态、两状态、三状态下的转移概率矩阵分别为

$$P_1 = \begin{pmatrix} 0.0 & 0.6 & 0.2 & 0.1 & 0.1 \\ 0.0 & 0.3 & 0.4 & 0.2 & 0.1 \\ 0.0 & 0.0 & 0.4 & 0.4 & 0.2 \\ 0.0 & 0.0 & 0.0 & 0.5 & 0.5 \\ 1.0 & 0.0 & 0.0 & 0.0 & 0.0 \end{pmatrix} \quad P_2 = \begin{pmatrix} 0.0 & 0.6 & 0.2 & 0.1 & 0.1 \\ 0.0 & 0.3 & 0.4 & 0.2 & 0.1 \\ 0.0 & 0.0 & 0.4 & 0.4 & 0.2 \\ 1.0 & 0.0 & 0.0 & 0.0 & 0.0 \\ 1.0 & 0.0 & 0.0 & 0.0 & 0.0 \end{pmatrix}$$

$$P_3 = \begin{pmatrix} 0.0 & 0.6 & 0.2 & 0.1 & 0.1 \\ 0.0 & 0.3 & 0.4 & 0.2 & 0.1 \\ 1.0 & 0.0 & 0.0 & 0.0 & 0.0 \\ 1.0 & 0.0 & 0.0 & 0.0 & 0.0 \\ 1.0 & 0.0 & 0.0 & 0.0 & 0.0 \end{pmatrix}$$

下面分别来求三种策略下的 $v(i)$：

(1) 单状态策略。此时 $r(1)=r(2)=r(3)=r(4)=0$，$r(5)=500$ 元，将 P_1 代入式 (5-9) 可解得唯一的平稳分布为

$$X = (x_1, x_2, \cdots, x_N) = (0.199, 0.170, 0.180, 0.252, 0.199)$$

而 P_1 显然是不可约非周期的，从而 X 也为稳态分布，由此及式 (5-14)、式 (5-15) 可得

$$v(i) = \sum_{j=1}^{5} x_j r(j) = 500 \text{元} \times 0.199 = 99.50 \text{元}$$

（2）两状态策略。$r(1) = r(2) = r(3) = 0$，$r(4) = 250$ 元，$r(5) = 500$ 元，与（1）中类似，可知

$$X = \pi = (0.266, 0.228, 0.241, 0.168, 0.097)$$

从而由式（5-14）、式（5-15）有

$$v(i) = \sum_{j=1}^{5} x_j r(j) = 0.168 \times 250 \text{元} + 0.097 \times 500 \text{元} = 90.50 \text{元}$$

（3）三状态策略。$r(1) = r(2) = 0$，$r(3) = 200$ 元，$r(4) = 250$ 元，$r(5) = 500$ 元，于是

$$X = \pi = (0.35, 0.30, 0.19, 0.095, 0.065)$$

$$v(i) = \sum_{j=1}^{5} x_j r(j) = 0.19 \times 200 \text{元} + 0.095 \times 250 \text{元} + 0.065 \times 500 \text{元} = 94.25 \text{元}$$

因此，两状态策略为最优策略，平均每周期的费用为 90.50 元。从上面的计算可以发现，$v(i)$ 均与 i 无关。其实，若式（5-15）成立，则由式（5-14）知，$v(i)$ 总与 i 无关，即单位时间平均报酬（或费用）与起始状态无关。

【案例 5-2】

某影像器材公司存储了一种特殊的照相机，这种照相机每周都会被订购。假设 $D_1, D_2, \cdots$ 分别代表第一周、第二周，$\cdots$ 的照相机需求量（如果库存不为空，则该产品将会被售出），则随机变量 D_t（$t = 1, 2, \cdots$）取值等于第 t 周被卖出去的照相机数量（如果库存不够，则该值还包括损失的数量）。

假设 D_t 是一个满足均值为 1 的泊松分布随机变量。X_0 表示照相机的初始数量；X_1 表示第 1 周周末照相机的数量；X_2 表示第 2 周周末照相机的数量等。随机变量 X_t（$t = 0, 1, 2, \cdots$）的取值等于在第 t 周周末照相机的数量。

假设 $X_0 = 3$，则表示第 1 周该公司拥有这种照相机的数量为 3 部。

$\{X_t\} = \{X_0, X_1, X_2, \cdots\}$ 也是一个随机过程，随机变量 X_t 表示在时刻 t 系统的状态。

基于以下订购策略介绍该随机过程随时间变化的过程：

在第 t 周周末（周六晚），公司都需要制作下周一将要提交的订购单。公司使用如下订购策略：

$$\begin{cases} \text{如果 } X_t = 0, \text{ 则订购 3 部照相机;} \\ \text{如果 } X_t > 0, \text{ 则不订购照相机。} \end{cases}$$

因此，库存照相机数量总是在最小值 0 和最大值 3 之间波动，因而系统在 t 时刻（第 t 周周末）的可能状态为 0、1、2 或 3。

由于每个随机变量 X_t（$t = 0, 1, 2, \cdots$）表示了系统在第 t 周周末的状态，所以它的可能取值为 0、1、2 或 3。X_t 被表示为

$$X_t = \begin{cases} \max\{3 - D_{t+1}, 0\} \\ \max\{X_t - D_{t+1}, 0\} \end{cases} \quad t = 0, 1, 2, \cdots \quad (5\text{-}20)$$

案例分析

1. 案例的马尔可夫链表示

在本案例中，X_t 表示第 t 周周末公司的库存照相机数量，即 X_t 表示系统在时刻 t 的状态。假设系统当前状态 $X_t = i$，则该案例表明，X_{t+1} 仅与 D_{t+1}（即第 $t+1$ 周照相机的需求量）和 X_t 有关。由于 X_{t+1} 与 t 时刻系统的库存记录无关，因此，随机过程 $\{X_t\}$（$t = 0, 1, 2, \cdots$）具有马尔可夫属性，是马尔可夫链。

现在讨论如何计算该过程的转移概率，即（一步）转移矩阵中的各元素。

$$P = \begin{matrix} & \text{状态} & 0 & 1 & 2 & 3 \\ & 0 \\ & 1 \\ & 2 \\ & 3 \end{matrix} \begin{pmatrix} p_{00} & p_{01} & p_{02} & p_{03} \\ p_{10} & p_{11} & p_{12} & p_{13} \\ p_{20} & p_{21} & p_{22} & p_{23} \\ p_{30} & p_{31} & p_{32} & p_{33} \end{pmatrix}$$

假设 D_{t+1} 是满足均值为 1 的泊松分布的随机变量，因此有 $p(D_{t+1} = n) = \dfrac{e^{-1}}{n!}$（$n = 0, 1, \cdots$），即

$$p(D_{t+1} = 0) = e^{-1} = 0.368$$

$$p(D_{t+1} = 1) = e^{-1} = 0.368$$

$$p(D_{t+1} = 2) = \frac{1}{2}e^{-1} = 0.184$$

$$p(D_{t+1} \geq 3) = 1 - p(D_{t+1} \leq 2) = 1 - (0.368 + 0.368 + 0.184) = 0.08$$

矩阵 P 中的第一行表示库存从状态 $X_t = 0$ 到某个状态 X_{t+1} 的概率值。根据该案例上述表达式所示：

如果 $X_t = 0$，则 $X_{t+1} = \max\{3 - D_{t+1}, 0\}$，因而，对转移到 $X_{t+1} = 3$，$X_{t+1} = 2$ 或 $X_{t+1} = 1$，有

$$p_{03} = P\{D_{t+1} = 0\} = 0.368$$

$$p_{02} = P\{D_{t+1} = 1\} = 0.368$$

$$p_{01} = P\{D_{t+1} = 2\} = 0.184$$

从 $X_t = 0$ 到 $X_{t+1} = 0$ 的转移意味着在第 $t+1$ 周的照相机需求量为 3 或者更多，因为该周周初有 3 部照相机被增加到正被消耗的库存中。所以有

$$p_{00} = P\{D_{t+1} \geq 3\} = 0.080$$

对于矩阵 P 中的其他行，根据式（5-20），下一状态为 $X_{t+1} = \max\{X_t - D_{t+1}, 0\}$（如果 $X_t \geq 1$）。这意味着 $X_{t+1} \leq X_t$，即 $p_{12} = 0$，$p_{13} = 0$ 且 $p_{13} = 0$，对于其他转移而言

$$p_{11} = P\{D_{t+1} = 0\} = 0.368$$

$$p_{20} = P\{D_{t+1} \geq 1\} = 1 - p\{D_{t+1} = 0\}\, 0.632$$

$$p_{22} = P\{D_{t+1} = 0\} = 0.368$$

$$p_{21} = P\{D_{t+1} = 0\} = 0.368$$

$$p_{23} = P\{D_{t+1} \geq 2\} = 1 - P\{D_{t+1} \leq 1\} = 1 - (0.368 + 0.368) = 0.264$$

对于矩阵 $\boldsymbol{P}$ 中的最后一行,第 $t+1$ 周开始的库存中有 3 部照相机,转移概率的计算同第一行的计算方法一样。因此,该过程完整的转移矩阵为

$$\boldsymbol{P} = \begin{array}{c} \text{状态} \\ 0 \\ 1 \\ 2 \\ 3 \end{array} \begin{pmatrix} 0 & 1 & 2 & 3 \\ 0.080 & 0.184 & 0.368 & 0.368 \\ 0.632 & 0.368 & 0 & 0 \\ 0.264 & 0.368 & 0.368 & 0 \\ 0.080 & 0.184 & 0.368 & 0.368 \end{pmatrix}$$

该矩阵的状态转移如图 5-3 所示。图中的四个节点(圆圈)代表每个周末库存照相机数量的四种可能状态,箭头代表从一种状态到另一种状态的转移,箭头上的数字代表转移概率。

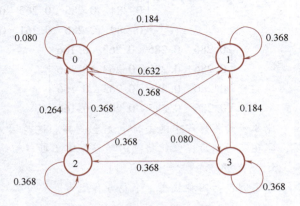

图 5-3 库存案例的状态转移

2. 案例的 n 步转移矩阵

通过上述分析可知案例的 1 步转移矩阵 $\boldsymbol{P}$,求解 2 步转移概率矩阵 $\boldsymbol{P}^{(2)}$

$$\boldsymbol{P}^{(2)} = \boldsymbol{P}^2 = \begin{pmatrix} 0.080 & 0.184 & 0.368 & 0.368 \\ 0.632 & 0.368 & 0 & 0 \\ 0.264 & 0.368 & 0.368 & 0 \\ 0.080 & 0.184 & 0.368 & 0.368 \end{pmatrix} \begin{pmatrix} 0.080 & 0.184 & 0.368 & 0.368 \\ 0.632 & 0.368 & 0 & 0 \\ 0.264 & 0.368 & 0.368 & 0 \\ 0.080 & 0.184 & 0.368 & 0.368 \end{pmatrix}$$

$$= \begin{pmatrix} 0.249 & 0.286 & 0.300 & 0.165 \\ 0.283 & 0.252 & 0.233 & 0.233 \\ 0.351 & 0.315 & 0.233 & 0.097 \\ 0.249 & 0.286 & 0.300 & 0.165 \end{pmatrix}$$

2 步转移概率矩阵说明,假设第 1 周周末的库存照相机数量为 1 部,则两周后库存照相机数量为 0 的概率是 0.283,即 $p_{10}^{(2)} = 0.283$。类似地,假设第一周周末的库存数量为 2 部,则两周后库存数量为 3 部的概率是 0.097,即 $p_{23}^{(2)} = 0.097$。

4 步转移概率矩阵为

$$\boldsymbol{P}^{(4)} = \boldsymbol{P}^4 = \boldsymbol{P}^{(2)} \boldsymbol{P}^{(2)} = \begin{pmatrix} 0.249 & 0.286 & 0.300 & 0.165 \\ 0.283 & 0.252 & 0.233 & 0.283 \\ 0.284 & 0.319 & 0.233 & 0.097 \\ 0.289 & 0.286 & 0.300 & 0.165 \end{pmatrix} \begin{pmatrix} 0.249 & 0.286 & 0.300 & 0.165 \\ 0.283 & 0.252 & 0.233 & 0.283 \\ 0.284 & 0.319 & 0.233 & 0.097 \\ 0.289 & 0.286 & 0.300 & 0.165 \end{pmatrix}$$

$$= \begin{pmatrix} 0.289 & 0.286 & 0.261 & 0.164 \\ 0.282 & 0.285 & 0.268 & 0.166 \\ 0.284 & 0.283 & 0.263 & 0.171 \\ 0.289 & 0.286 & 0.261 & 0.164 \end{pmatrix}$$

该矩阵说明,假设第 1 周周末的库存照相机数量为 1 部,则四周后库存数量为 0 的概率是 0.282,即 $p_{10}^{(4)} = 0.282$,类似地,假设第 1 周周末的库存照相机数量为 2 部,则四周后库存数量为 3 部的概率是 0.171,即 $p_{23}^{(4)} = 0.171$。

现在求库存照相机数量 8 周后的转移概率,可用相同的方法从下面计算得到的 8 步转移矩阵中得到。

$$P^{(8)} = P^8 = P^{(4)}P^{(4)} = \begin{pmatrix} 0.289 & 0.286 & 0.261 & 0.164 \\ 0.282 & 0.285 & 0.268 & 0.166 \\ 0.284 & 0.283 & 0.263 & 0.171 \\ 0.289 & 0.286 & 0.261 & 0.164 \end{pmatrix} \begin{pmatrix} 0.289 & 0.286 & 0.261 & 0.164 \\ 0.282 & 0.285 & 0.268 & 0.166 \\ 0.284 & 0.283 & 0.263 & 0.171 \\ 0.289 & 0.286 & 0.261 & 0.164 \end{pmatrix}$$

$$= \begin{pmatrix} 0.286 & 0.285 & 0.263 & 0.166 \\ 0.286 & 0.285 & 0.263 & 0.166 \\ 0.286 & 0.285 & 0.263 & 0.166 \\ 0.286 & 0.285 & 0.263 & 0.166 \end{pmatrix}$$

此8步转移矩阵中的每行也完全一样。这是因为每行的概率都达到了马尔可夫链的平稳概率，即在某时刻后，系统状态的转移概率不再与初始状态相关。

3. 稳态概率在案例中的应用

本案例包括四种状态，平稳方程组为

$$\pi_0 = \pi_0 \cdot p_{00} + \pi_1 p_{10} + \pi_2 p_{20} + \pi_3 p_{30}$$

$$\pi_1 = \pi_0 \cdot p_{01} + \pi_1 p_{11} + \pi_2 p_{21} + \pi_3 p_{31}$$

$$\pi_2 = \pi_0 \cdot p_{02} + \pi_1 p_{12} + \pi_2 p_{22} + \pi_3 p_{32}$$

$$\pi_3 = \pi_0 \cdot p_{03} + \pi_1 p_{13} + \pi_2 p_{23} + \pi_3 p_{33}$$

$$\pi_0 + \pi_1 + \pi_2 + \pi_3 = 1$$

将 p_{ij} 的值代入上述方程组可得

$$\pi_0 = 0.080\pi_0 + 0.623\pi_1 + 0.624\pi_2 + 0.080\pi_3$$

$$\pi_1 = 0.184\pi_0 + 0.368\pi_1 + 0.368\pi_2 + 0.184\pi_3$$

$$\pi_2 = 0.368\pi_0 + 0.368\pi_2 + 0.368\pi_3$$

$$\pi_3 = 0.368\pi_0 + 0.368\pi_3$$

$$\pi_0 + \pi_1 + \pi_2 + \pi_3 = 1$$

解联立方程组得到

$$\pi_0 = 0.286, \quad \pi_1 = 0.285, \quad \pi_2 = 0.263, \quad \pi_3 = 0.166$$

这说明，8周之后，公司库存照相机数量为0，1，2和3部的概率分别为0.286，0.285，0.263和0.166。

（资料来源：HILLIER, LIEBERMAN. 运筹学导论［M］胡运权，等译. 北京：清华大学出版社，2007：715，718-719，727-728.）

本章小结

1. **随机过程** 随机过程可以用来表征一个系统在变化的过程中的特性（状态），可以用一组随时间进程而变化的变量来描述。如果系统在任何时刻上的状态是随机的，则变化过程就是一个随机过程。如果时间集合为离散集，而且对应的状态取值也是离散的，则称这样的随机过程为离散型随机过程。

2. **马尔可夫链** 满足无后效性的离散型随机过程称为马尔可夫链。无后效性是指系统在每一时刻（或每一步）的状态，仅仅取决于前一时刻（或前一步）的状态。

3. **状态转移矩阵** 当系统从一种状态变为另一种状态时，称之为状态转移；如果能知道系统从"当前时刻的某个状态"转移到"下一时刻的另一状态"的概率,即<u>一步状态转移概率</u>,那么由状态空间中所有一步状态转移概率构成的矩阵就称为<u>状态转移矩阵</u>。

4. 稳态概率矩阵 稳态概率矩阵用来推断系统在未来较长的周期中系统的状态。可通过求解和分析系统的平稳分布(矩阵)和稳态分布(矩阵)来分析系统发展是否会达到稳态。

思考与练习

1. 设某市场销售甲、乙、丙三种品牌的同类型产品,购买该产品的顾客变动情况如下:过去买甲品牌产品的顾客,在下一季度中有15%转买乙品牌产品,10%转买丙品牌产品。原买乙品牌产品的顾客,有30%转卖甲品牌产品,同时有10%转卖丙品牌产品。原买丙品牌产品的顾客中有5%转买甲品牌产品,同时有15%转买乙品牌产品。经营甲品牌产品的工厂在当前的市场条件下是否有利于扩大产品的销售?

2. 某产品每月的市场状态有畅销和滞销两种,3年来的市场状态记录见表5-4。状态1代表畅销,状态2代表滞销,试求市场状态转移的1步和2步转移概率矩阵。

表5-4 某产品的市场状态记录

月份	1	2	3	4	5	6	7	8	9	10	11	12	13	14	15	16
市场状态	1	1	1	2	2	1	1	1	1	1	2	2	1	2	1	1
月份	17	18	19	20	21	22	23	24	25	26	27	28	29	30	31	32
市场状态	1	1	2	2	2	1	1	2	1	1	1	1	2	2	1	1

3. 某市三种主要品牌甲、乙、丙彩电的市场占有率分别为23%,18%,29%,其余市场为其他各种品牌的彩电所占有。根据抽样调查,顾客对各类彩电的爱好变化为

$$\begin{pmatrix} 0.5 & 0.1 & 0.15 & 0.25 \\ 0.1 & 0.5 & 0.2 & 0.2 \\ 0.15 & 0.05 & 0.5 & 0.3 \\ 0.2 & 0.2 & 0.2 & 0.4 \end{pmatrix}$$

其中,矩阵元素a_{ij}表示上月购买i品牌彩电而下月购买j品牌彩电的概率;$i=1,2,3,4$分别表示甲、乙、丙和其他品牌的彩电。

(1) 试建立该市各品牌彩电市场占有率的预测模型,并预测未来3个月各种品牌彩电市场占有率的变化情况。

(2) 假定该市场彩电销售量为4.7万台,预测未来3个月各品牌彩电的销售量。

(3) 分析各品牌彩电市场占有率变化的平衡状态。

(4) 假定生产甲品牌彩电的企业采取某种经营策略(如广告宣传等),竭力保持了原有顾客爱好不向其他品牌转移,其余不变。分析彩电市场占有率的平衡状态。

4. 某高校教师队伍可分为助教、讲师、副教授、教授、流失及退休五个状态。2018年有助教150人,讲师280人,副教授130人,教授80人。根据历史资料分析,可得各类职称转移概率矩阵如下

$$P = \begin{pmatrix} 0.6 & 0.4 & 0 & 0 & 0 \\ 0 & 0.6 & 0.25 & 0 & 0.15 \\ 0 & 0 & 0.55 & 0.21 & 0.24 \\ 0 & 0 & 0 & 0.80 & 0.20 \\ 0 & 0 & 0 & 0 & 1 \end{pmatrix}$$

试分析3年后的教师结构及3年内为保持编制不变应引进多少人员充实教师队伍。

5. 某商品每月的市场状况有畅销和滞销两种。产品如果畅销则获利 50 万元；滞销则亏损 30 万元。已知状态转移概率矩阵如下：

$$P = \begin{pmatrix} p_{11} & p_{12} \\ p_{21} & p_{22} \end{pmatrix} = \begin{pmatrix} 0.5 & 0.5 \\ 0.78 & 0.22 \end{pmatrix}$$

试问：如果当前月份该产品畅销，则第 4 月前所获得的期望总利润为多少？

6. 某工厂一台机床的磨损程度为以下三种状态之一：状态 1：没有磨损；状态 2：有轻微磨损；状态 3：严重磨损。在不对机床进行修理时的一步状态转移概率矩阵见表 5-5。该厂对机床做定期检查，如果在第 n 期决定修理，则下次检查时机床处于没有磨损的全新状态。维修策略是当机床处于状态 3 时才修理，处于状态 3 时的修理费是 300 元。

表 5-5　不同磨损状态之间状态转移概率

状态转移概率		第 $n+1$ 期的状态		
		状态 1	状态 2	状态 3
第 n 期的状态	状态 1	0	0.9	0.1
	状态 2	0	0.6	0.4
	状态 3	0	0	1

求：在该维修策略下，
（1）设备磨损状态的平稳分布。
（2）在无限时段运行时，单位时段平均维修费是多少？

第 6 章 灰色预测方法

【案例 6-1】

在实际的预测工作中,由于各种原因,有时可能会导致部分统计指标的数据量不足,使得传统基于大量统计数据建立预测模型的方法失效。例如,我国城镇基本医疗保险参保人数这一统计指标,从 2011 年起才有了连续的统计数据,具有明显的"少数据"特征。表 6-1 是我国 2011—2015 年城镇基本医疗保险年末参保人数的数据。

表 6-1　我国 2011—2015 年城镇基本医疗保险年末参保人数

时间	2011 年	2012 年	2013 年	2014 年	2015 年
人数(万人)	47343.2	53641.3	57072.6	59746.9	66581.6

(资料来源:国家统计局 http://data.stats.gov.cn/easyquery.htm?cn=C01)

根据这些数据,能否发现近 5 年城镇基本医疗保险年末参保人数变化的规律?这种规律是否可以通过数学模型来描述?是否可以根据建立的数学模型来预测未来几年城镇基本医疗保险年末参保人数?

上述问题可以通过本章介绍的灰色预测方法来解决。此方法的优点在于"少数据"建模,允许数据序列少到 4 个。灰色预测通过对原始数据处理建立灰色模型,发现、掌握系统发展规律,对系统的未来状态做出科学的定量预测。本章将主要介绍灰色预测的概念,灰色预测模型的构造、检验和应用,并对数列预测、区间预测和灾变预测做简要介绍。

6.1 灰色预测的概念

6.1.1 灰色系统及灰色预测

1. 灰色系统

灰色系统产生于控制理论的研究中。

若一个系统的内部特征是完全已知的,即系统的信息是充足完全的,称之为白色系统。

若一个系统的内部信息是一无所知的,只能从它同外部的联系来观测研究,便称之为黑色系统。

灰色系统介于二者之间,灰色系统的一部分信息是已知的,另一部分是未知的。

区别白色和灰色系统的重要标志是系统各因素之间是否有确定的关系。

在工程技术、社会、经济、农业、生态、环境等各种系统中，经常会遇到信息不完全的情况。例如，在农业方面，农田耕作面积往往因许多非农业因素而改变，因此很难准确计算农田产量、产值，这是缺乏耕地面积信息；在生物防治方面，害虫与天敌之间的关系即使是明确的，但天敌与饵料、害虫与害虫之间的许多关系却不明确，这是缺乏生物之间的关联信息；一项土建工程，尽管材料、设备、施工计划、图样是齐备的，可还是很难估计施工进度与质量，这是缺乏劳动力及技术水平的信息；一般社会经济系统，除了输出的时间数据列（如产值、产量、总收入、总支出等）外，其输入数据列不明确或者缺乏，因而难以建立确定的完整的模型，这是缺乏系统信息；工程系统是客观实体，有明确的"内""外"关系（即系统内部与系统外部，或系统本体与系统环境），可以较清楚地明确输入与输出，因此可以较方便地分析输入对输出的影响，可是社会、经济系统是抽象的对象，没有明确的"内""外"关系，不是客观实体，因此就难以分析输入（投入）对输出（产出）的影响，这是缺乏"模型信息"（即用什么模型，用什么量进行观测控制等信息）。信息不完全的情况归纳起来有：元素（参数）信息不完全；结构信息不完全；关系信息（特指"内""外"关系）不完全；运行的行为信息不完全。

一个商店可看作是一个系统，在人员、资金、损耗、销售信息完全明确的情况下，可计算出该店的盈利大小、库存多少，可以判断商店的销售态势、资金的周转速度等。这样的系统是白色系统。

遥远的某个星球也可以看作一个系统，虽然知道其存在，但体积多大，质量多少，距离地球多远，这些信息完全不知道。这样的系统是黑色系统。

人体是一个系统，人体的一些外部参数（如身高、体温、脉搏等）是已知的，而其他一些参数，如人体穴位的生物、化学、物理性能，生物的信息传递等尚未知道透彻。这样的系统是灰色系统。

显然，黑色、灰色、白色都是一种相对的概念。世界上没有绝对的白色系统，因为任何系统总有未知的部分；也没有绝对的黑色系统，因为既然一无所知，也就无所谓该系统的存在了。

2. 灰色系统的特点

灰色系统理论以"部分信息已知、部分信息未知"的"小样本""贫信息"不确定型系统为研究对象。灰色系统有如下三个特点：

（1）用灰色数学来处理不确定量，使之量化。在数学发展史上，最早研究的是确定型微分方程，即在拉普拉斯决定论框架内的数学。他认为一旦有了描写事物的微分方程及初值，就能确知事物任何时候的运动。随后发展了概率论与数理统计，用随机变量和随机过程来研究事物的状态和运动。模糊数学则研究没有清晰界限的事物，如儿童和少年之间没有确定的年龄界限加以截然划分等，它通过隶属度函数来使模糊概念量化。因此，能用模糊数学来描述如语言、不精确推理以及若干人文科学。灰色系统理论则认为不确定量是灰数，用灰色数学来处理不确定量，同样能使不确定量予以量化。

（2）充分利用已知信息寻求系统的运动规律。研究灰色系统的关键是如何使灰色系统白化、模型化、优化。

灰色系统视不确定量为灰色量，提出了灰色系统建模的具体数学方法，它能利用时间序列来确定微分方程的参数。灰色预测不是把观测到的数据序列视为一个随机过程，而是看作随时间变化的灰色量或灰色过程,通过累加生成和累减生成逐步使灰色量白化,从而建立相应于微分方程解的模型并做出预报。这样,对某些大系统和长期预测问题就可以发挥作用。

(3) 灰色系统理论能处理贫信息系统。灰色预测模型只要求较短的观测资料即可,这与时间序列分析、多元分析等概率统计模型要求较长的观测资料不同。因此,对某些只有少量观测数据的系统来说,灰色预测是一种有用的工具。

3. 灰色预测

灰色预测是基于 GM(其中 G 表示灰色(Grey),M 表示模型(Model))模型来进行定量预测,包括数列预测、区间预测和畸变预测等。

(1) 数列预测。用等时距观测到的反映预测对象特征的一系列数量(如产量、销量、人口数量、存款数量、利率等)构造灰色预测模型,预测未来某一时刻的特征量,或者达到某特征量的时间。

(2) 区间预测。通过模型预测其未来取值的变化范围。

(3) 畸变预测(灾变预测)。通过模型预测异常值出现的时刻,预测异常值什么时候出现在特定时区内。

上述灰色预测方法的共同特点如下:
(1) 允许少数据预测。
(2) 允许对灰因果律事件进行预测,包括:

1) 灰因白果律事件。例如,在粮食生产预测中,影响粮食生产的因子很多,多到无法枚举,称为灰因;然而粮食产量却是具体的,称为白果。粮食预测即为灰因白果律事件预测。

2) 白因灰果律事件。例如,在开发项目前景预测时,开发项目的投入是具体的,为白因;而项目的效益暂时不很清楚,为灰果。项目前景预测即为白因灰果律事件预测。

(3) 具有可检验性。具体包括建模可行性的级比检验(事前检验)、建模精度检验(模型检验)和预测的滚动检验(预测检验)。

6.1.2 序列生成算子

灰色系统理论认为,尽管客观世界表象复杂、数据离乱,但作为现实系统,总具有特定的整体功能,因此,看似离乱的数据中必然蕴含某种内在规律。灰色系统基于序列生成算子的作用,通过对原始数据处理,挖掘其变化规律。这是一种通过数据寻找数据的现实规律的途径,称为灰色信息挖掘。下面介绍几种在灰色建模过程中可能用到的几类算子。

1. 初值生成算子

设 $X = (x(1), x(2), \cdots, x(n))$ 为原序列,则初值生成算子 INIT 为

$$\text{INIT}: \omega(k) = \frac{x(k)}{x(1)}, \quad k = 1, 2, \cdots, n \tag{6-1}$$

2. 均值生成算子

设 $X = (x(1), x(2), \cdots, x(n))$ 为原序列,则均值生成算子 AVG 为

$$\text{AVG}: \omega(k) = \frac{x(k)}{x(\text{AVG})}, \quad k = 1, 2, \cdots, n$$

$$x(\text{AVG}) = \frac{1}{n} \sum_{k=1}^{n} x(k) \tag{6-2}$$

3. 区间生成算子

设 $X = (x(1), x(2), \cdots, x(n))$ 为原序列，

$$x(\max) = \max_k x(k), \quad x(\min) = \min_k x(k)$$

则区间生成算子 INTV 为

$$\text{INTV}: \omega(k) = \frac{x(k) - x(\min)}{x(\max) - x(\min)}, \quad k = 1, 2, \cdots, n \tag{6-3}$$

4. 级比生成算子

设序列 $X = (x(1), x(2), \cdots, x(n))$，$x(k) \geqslant 0$，则称

$$\sigma(k) = \frac{x(k)}{x(k-1)}, \quad k = 2, 3, \cdots, n \tag{6-4}$$

为序列 X 的级比生成算子。若 $x(k) = 0$，则给所有数据加一个常数 C，做平移处理即可。

根据原始序列 X 的级比生成 $\sigma(k)$ 大小，可以判断 GM(1, 1) 建模的可行性。其中，第一个 "1" 表示一阶方程；第二个 "1" 表示一个变量。只有当 $\sigma(k)$ 全部落入级比界区 $(e^{-\frac{2}{n+1}}, e^{\frac{2}{n+1}})$ 内时，才能建立满意的 GM(1, 1) 模型。

5. 累加生成算子

1-AGO 指一次累加生成。

记原始序列为

$$X^{(0)} = (x^{(0)}(1), x^{(0)}(2), \cdots, x^{(0)}(n))$$

累加生成序列为

$$X^{(1)} = (x^{(1)}(1), x^{(1)}(2), \cdots, x^{(1)}(n))$$

式中，上标 "0" 表示原始序列；上标 "1" 表示一次累加生成序列。其中，

$$x^{(1)}(k) = \sum_{i=1}^{k} x^{(0)}(i) = x^{(1)}(k-1) + x^{(0)}(k), \quad k = 1, 2, \cdots, n \tag{6-5}$$

6. 累减生成数（IAGO）

累减生成是累加生成的逆运算。

记原始序列为 $X^{(1)} = (x^{(1)}(1), x^{(1)}(2), \cdots, x^{(1)}(n))$，对 $X^{(1)}$ 做一次累减生成，则得生成序列 $X^{(0)} = (x^{(0)}(1), x^{(0)}(2), \cdots, x^{(0)}(n))$。其中，$x^{(0)}(k) = x^{(1)}(k) - x^{(1)}(k-1)$，规定 $x^{(1)}(0) = 0$。

累加生成与累减生成之间的关系如图 6-1 所示。

$$X^{(0)} \xrightarrow{\text{1-AGO}} X^{(1)} \xrightarrow{\text{IAGO}} X^{(0)}$$

图 6-1　累加生成与累减生成之间的关系

6.2 灰色系统建模

GM 模型是灰色系统预测理论的基本模型，尤其是 GM(1, 1) 模型应用十分广泛。本节将介绍 GM(1, 1) 模型的四种基本形式，包括原始差分 GM(1, 1) 模型（Original Difference Grey Model, ODGM）、均值 GM(1, 1) 模型（Even Grey Model, EGM）、均值差分 GM(1, 1) 模型（Even Difference Grey Model, EDGM）和离散 GM(1, 1) 模型（Discrete Grey

Model，DGM）。同时，对 GM(1，1) 模型检验的方法和 GM(1，1) 残差模型的建模过程进行简要说明。

6.2.1 GM(1，1) 模型

1. 原始差分 GM(1，1) 模型（ODGM）

定义 6.1 设 $X^{(0)} = (x^{(0)}(1), x^{(0)}(2), \cdots, x^{(0)}(n))$ 为原始序列，$X^{(1)} = (x^{(1)}(1), x^{(1)}(2), \cdots, x^{(1)}(n))$ 为累加生成序列，则称

$$x^{(0)}(k) + ax^{(1)}(k) = b, k = 1, 2, \cdots, n \tag{6-6}$$

为 GM(1，1) 模型的原始形式。式 (6-6) 实质上是一个差分方程。式中，a 为发展系数；b 为灰色作用量。设 $\hat{\alpha} = (a, b)^{\mathrm{T}}$ 为待估计参数向量，式 (6-6) 中的最小二乘估计参数列满足

$$\hat{\alpha} = (B^{\mathrm{T}} B)^{-1} B^{\mathrm{T}} Y \tag{6-7}$$

式中，

$$Y = \begin{pmatrix} x^{(0)}(2) \\ x^{(0)}(3) \\ \vdots \\ x^{(0)}(n) \end{pmatrix}, B = \begin{pmatrix} -x^{(1)}(2) & 1 \\ -x^{(1)}(3) & 1 \\ \vdots & \vdots \\ -x^{(1)}(n) & 1 \end{pmatrix}$$

基于 GM(1，1) 模型的原始形式和式 (6-7) 估计模型参数，直接以原始差分方程式 (6-6) 的解作为时间响应式，所得的模型称为 GM(1，1) 模型的原始差分形式，简称原始差分 GM(1，1) 模型（ODGM）。

原始差分 GM(1，1) 模型的时间响应式为

$$\hat{x}^{(1)}(k) = \left[x^{(0)}(1) - \frac{b}{a} \right] \left(\frac{1}{1+a} \right)^k + \frac{b}{a}, k = 1, 2, \cdots, n \tag{6-8}$$

2. 均值 GM(1，1) 模型（EGM）

定义 6.2 令 $Z^{(1)} = (z^{(1)}(2), z^{(1)}(3), \cdots, z^{(1)}(n))$ 为紧邻均值生成序列，其中

$$z^{(1)}(k) = 0.5 x^{(1)}(k) + 0.5 x^{(1)}(k-1), k = 2, 3, \cdots, n \tag{6-9}$$

称

$$x^{(0)}(k) + az^{(1)}(k) = b \tag{6-10}$$

为 GM(1，1) 模型的均值形式。式 (6-10) 中的参数向量 $\hat{\alpha} = (a, b)^{\mathrm{T}}$ 同样可以利用式 (6-7) 进行估计，其中矩阵 B 的元素发生了变化，即

$$B = \begin{pmatrix} -z^{(1)}(2) & 1 \\ -z^{(1)}(3) & 1 \\ \vdots & \vdots \\ -z^{(1)}(n) & 1 \end{pmatrix}$$

定义 6.3 称

$$\frac{\mathrm{d} x^{(1)}(t)}{\mathrm{d} t} + ax^{(1)}(t) = b \tag{6-11}$$

为 GM(1，1) 模型均值形式 $x^{(0)}(k) + az^{(1)}(k) = b$ 的白化方程，也称影子方程。

按照最小二乘法估计式 (6-7) 中的参数向量 $\hat{\alpha} = (a, b)^{\mathrm{T}}$，借助白化方程式 (6-11)

的解构造 GM(1，1) 时间响应式的差分、微分混合模型称为 GM(1，1) 模型的均值混合形式，简称均值 GM(1，1) 模型（EGM）。均值 GM(1，1) 模型是目前影响最大、应用最为广泛的一种形式，通常提到的 GM(1，1) 模型往往就是指 EGM。

(1) 时间响应函数为

$$\hat{x}^{(1)}(t) = \left[x^{(0)}(1) - \frac{b}{a}\right]e^{-a(t-1)} + \frac{b}{a} \tag{6-12}$$

(2) 均值 GM(1，1) 模型的时间响应式为

$$\hat{x}^{(1)}(k) = \left[x^{(0)}(1) - \frac{b}{a}\right]e^{-a(k-1)} + \frac{b}{a}, k = 1,2,\cdots,n \tag{6-13}$$

(3) 均值 GM(1，1) 模型的时间响应式的累减还原式为

$$\hat{x}^{(0)}(k) = \hat{x}^{(1)}(k) - \hat{x}^{(1)}(k-1), k = 1,2,\cdots,n \tag{6-14}$$

3. 均值差分 GM(1，1) 模型（EDGM）

定义 6.4 基于 GM(1，1) 模型的均值形式估计模型参数，直接以式（6-14）的解作为时间响应式所得模型称为 GM(1，1) 模型的**均值差分形式**，简称均值差分 GM(1，1) 模型（EDGM）。

均值差分 GM(1，1) 模型的时间响应式为

$$\hat{x}^{(1)}(k) = \left[x^{(0)}(1) - \frac{b}{a}\right]\left(\frac{1-0.5a}{1+0.5a}\right)^k + \frac{b}{a}, k = 1,2,\cdots,n \tag{6-15}$$

4. 离散 GM(1，1) 模型（DGM）

定义 6.5 称

$$x^{(1)}(k+1) = \beta_1 x^{(1)}(k) + \beta_2 \tag{6-16}$$

为 GM(1，1) **模型的离散形式**，简称离散 GM(1，1) 模型（DGM）。

参数向量 $\hat{\boldsymbol{\beta}} = (\beta_1, \beta_2)^T$ 估计式与式（6-7）类似。式中

$$\boldsymbol{Y} = \begin{pmatrix} x^{(1)}(2) \\ x^{(1)}(3) \\ \vdots \\ x^{(1)}(n) \end{pmatrix} \quad \boldsymbol{B} = \begin{pmatrix} x^{(1)}(1) & 1 \\ x^{(1)}(2) & 1 \\ \vdots & \vdots \\ x^{(1)}(n-1) & 1 \end{pmatrix}$$

离散 GM(1，1) 模型的时间响应式为

$$\hat{x}^{(1)}(k) = \left[x^{(0)}(1) - \frac{\beta_2}{1-\beta_1}\right]\beta_1^k + \frac{\beta_2}{1-\beta_1}, k = 1,2,\cdots,n \tag{6-17}$$

有关建模的问题说明如下：

(1) 原始序列 $\boldsymbol{X}^{(0)}$ 中的数据不一定要全部用来建模，对原始数据的取舍不同，所得模型也不同，即 a 和 b 不同。

(2) 数据的取舍应保证建模序列等时距、相连，不得出现跳跃。

(3) 一般建模数据序列应当由最新的数据及其相邻数据构成。当再出现新数据时，可采用两种方法处理：一是将新信息加入原始序列中，重估参数；二是去掉原始序列中最老的一个数据，加上最新的数据，所形成的序列和原序列维数相等，再重估参数。

例 6-1 2011—2016 年全国就业人数数据见表 6-2，试建立 GM(1，1) 模型对 2017 年全国就业人数进行预测。

表 6-2　2011—2016 年全国就业人数

时间	2011 年	2012 年	2013 年	2014 年	2015 年	2016 年
人数（万人）	75828	76105	76420	76704	76977	77253

解　设 $X^{(0)} = (75828, 76105, 76420, 76704, 76977, 77253)$

构造累加生成序列

$$X^{(1)} = (75828, 151933, 228353, 305057, 382034, 459287)$$

计算 $X^{(1)}$ 的紧邻均值生成序列

$$Z^{(1)} = (113880.5, 190143, 266705, 343545.5, 420660.5)$$

得到 GM(1, 1) 模型的时间响应式为

$$\hat{x}^{(1)}(k+1) = 20424943.59 e^{0.00372k} - 20349115.59$$

计算得到

$$\hat{X}^{(1)} = (75828, 151950.29, 228356.28, 305047.03, 382023.61, 459287.07)$$

$$\hat{X}^{(0)} = (75828, 76122.29, 76405.99, 76690.75, 76976.58, 77263.46)$$

进一步检验其精度：列出残差检验表见表 6-3。

表 6-3　残差检验表

时间	实际数据 $X^{(0)}(k)$	模拟数据 $\hat{X}^{(0)}(k)$	绝对残差	相对残差
2011 年	75828	75828	0	0.00%
2012 年	76105	76122.29	17.29	0.02%
2013 年	76420	76405.99	14.01	0.02%
2014 年	76704	76690.75	13.25	0.02%
2015 年	76977	76976.58	0.42	0.00%
2016 年	77253	77263.46	10.46	0.01%

平均相对残差 $\overline{\Phi} = 0.01\% < 0.01$，模型精确度为优。

最后，对 2017 年全国就业人数进行预测得到 $\hat{x}^{(0)}(7) = 77551.41$ 万人，即预测 2017 全国就业人数约为 77551.41 万人，与实际值 77640 万人相比，相对残差仅为 0.11%。

6.2.2　GM(1, 1) 模型检验

对建立的 GM(1, 1) 模型可采用残差检验、灰色关联度检验或后验差检验等方法进行检验。模型经检验合格后才能用于预测。

1. 残差检验

残差检验是指对模型值和实际值的残差进行逐点检验。首先按照模型计算生成 $\hat{x}^{(0)}(i)$，然后计算原始序列 $X^{(0)} = (x^{(0)}(i), i = 1, 2, \cdots, n)$ 与 $\hat{X}^{(0)} = (\hat{x}^{(0)}(i), i = 1, 2, \cdots, n)$ 的绝对残差序列

$$\Delta^{(0)}(i) = |x^{(0)}(i) - \hat{x}^{(0)}(i)|, i = 1, 2, \cdots, n$$

及相对残差序列

$$\varphi_i = \frac{\Delta^{(0)}(i)}{x^{(0)}(i)} \quad i = 1, 2, \cdots, n$$

并计算平均相对残差

$$\overline{\Phi} = \frac{1}{n} \sum_{i=1}^{n} \varphi_i \tag{6-18}$$

给定 α，当 $\overline{\Phi} < \alpha$ 且 $\varphi_n < \alpha$ 成立时，称模型为残差合格模型。一般地，α 取 0.01，0.05，0.10 所对应的模型分别为优、合格、勉强合格。

2. 灰色关联度检验

灰色关联度检验，即通过考察模型值曲线和建模序列曲线的相似程度进行检验，用灰色关联度测度。首先计算 $\hat{X}^{(0)}$ 和 $X^{(0)}$ 的灰色关联系数，然后计算灰色关联度。根据经验，灰色关联度大于 0.6 为满意。

定义 6.6

设参考序列为

$$X_0 = (x_0(1), x_0(2), \cdots, x_0(n))$$

比较序列为

$$X_i = (x_i(1), x_i(2), \cdots, x_i(n))$$

则关联系数定义为

$$\eta_i(k) = \frac{\min_j \min_l |x_0(l) - x_j(l)| + \lambda \max_j \max_l |x_0(l) - x_j(l)|}{|x_0(k) - x_i(k)| + \lambda \max_j \max_l |x_0(l) - x_j(l)|} \tag{6-19}$$

式中，$|x_0(k) - x_i(k)|$ 为第 k 点 X_0 与 X_i 的绝对差；$\min_j \min_l |x_0(l) - x_j(l)|$ 为两级最小差，其中 $\min_l |x_0(l) - x_j(l)|$ 为第一级最小差，表示在 X_j 序列中找出各点与 X_0 的最小差；$\min_j (\min_l |x_0(l) - x_j(l)|)$ 为第二级最小差，表示在各序列中找出的最小差基础上寻求所有序列中的最小差；$\max_j \max_l |x_0(l) - x_j(l)|$ 为两级最大差，其含义与最小差相似；λ 称为分辨系数，$0 < \lambda < 1$，一般 λ 取 0.5。

对于单位不一、初值不同的序列，在计算关联系数之前可以使用初值生成算子、均值生成算子或区间生成算子等方法，将变量化为无量纲的相对数值。

关联系数只表示各个时刻参考序列和比较序列之间的关联程度，为了从总体上了解序列之间的关联程度，必须求出它们的平均值，即<mark>灰色关联度</mark>。其计算公式为

$$r_i = \frac{1}{n} \sum_{k=1}^{n} \eta_i(k) \tag{6-20}$$

3. 后验差检验

后验差检验，即对残差分布的统计特性进行检验。检验步骤如下：

（1）计算原始序列 $X^{(0)}$ 的均值

$$\overline{x}^{(0)} = \frac{1}{n} \sum_{i=1}^{n} x^{(0)}(i)$$

（2）计算原始序列 $X^{(0)}$ 的均方差

$$S_1 = \left[\frac{\sum_{i=1}^{n}(x^{(0)}(i) - \overline{x}^{(0)})^2}{n-1}\right]^{\frac{1}{2}}$$

(3) 计算残差的均值

$$\overline{\Delta} = \frac{1}{n}\sum_{i=1}^{n}\Delta^{(0)}(i)$$

(4) 计算残差的均方差

$$S_2 = \left[\frac{\sum_{i=1}^{n}(\Delta^{(0)}(i) - \overline{\Delta})^2}{n-1}\right]^{\frac{1}{2}}$$

(5) 计算方差比 C

$$C = \frac{S_2}{S_1}$$

(6) 计算小残差概率

$$p = P\{|\Delta^{(0)}(i) - \overline{\Delta}| < 0.6745 S_1\}$$

若对给定的 $C_0 > 0$,当 $C < C_0$ 时,称模型为均方差比合格模型;对给定的 $P_0 > 0$,当 $p > P_0$ 时,称模型为小残差概率合格模型。

若相对残差、灰色关联度、后验差检验在允许的范围内(见表6-4),则可以用所建的模型进行预测,否则应进行残差修正。

表6-4 模型检验参照表

残差 $\overline{\Phi}$, φ_n	关联度 r	方差比 C	小残差概率 p	模型精度
<0.01	>0.90	<0.35	>0.95	优
<0.05	>0.80	<0.5	>0.80	合格
<0.10	>0.70	<0.65	>0.70	勉强合格
>0.10	<0.70	>0.65	<0.70	不合格

6.2.3 GM(1,1) 残差模型

当原始数据序列 $X^{(0)}$ 建立的 GM(1,1) 模型检验不合格或不够精确时,可以考虑对残差序列建立 GM(1,1) 模型,对原来的模型进行修正。

定义6.7 设 $X^{(0)}$ 为原始序列,$X^{(1)}$ 为 $X^{(0)}$ 的 1-AGO 序列,GM(1,1) 模型的时间响应式为

$$\hat{x}^{(1)}(k+1) = \left[x^{(0)}(1) - \frac{b}{a}\right]e^{-ak} + \frac{b}{a}$$

则称

$$\frac{d\hat{x}^{(1)}(k+1)}{dk} = (-a)\left[x^{(0)}(1) - \frac{b}{a}\right]e^{-ak} \tag{6-21}$$

为导数还原值。

记 $\hat{x}^{(0)}(k+1) = \hat{x}^{(1)}(k+1) - \hat{x}^{(1)}(k)$ 为累减还原值,则

$$\frac{\mathrm{d}\hat{x}^{(1)}(k+1)}{\mathrm{d}k} \neq \hat{x}^{(0)}(k+1) \tag{6-22}$$

当$|a|$充分小时,有$\frac{\mathrm{d}\hat{x}^{(1)}(k+1)}{\mathrm{d}k} \approx \hat{x}^{(0)}(k+1)$,这说明微分还原和差分还原的结果十分接近。鉴于导数还原值和累减还原值不一致,为了减少往复运算造成的误差,往往用$X^{(1)}$的残差来修正$X^{(1)}$的模拟值$\hat{x}^{(1)}(k+1)$。

定义6.8 设
$$\varepsilon^{(0)} = (\varepsilon^{(0)}(1), \varepsilon^{(0)}(2), \cdots, \varepsilon^{(0)}(n)),$$
$$\varepsilon^{(0)}(k) = x^{(1)}(k) - \hat{x}^{(1)}(k), k = 1, 2, \cdots, n$$

式中,$\varepsilon^{(0)}$为$X^{(1)}$的残差序列。若存在k_0满足:

(1) $\forall k \geq k_0$,$\varepsilon^{(0)}(k)$的符号一致;

(2) $n - k_0 \geq 4$,则称
$$(|\varepsilon^{(0)}(k_0)|, |\varepsilon^{(0)}(k_0+1)|, \cdots, |\varepsilon^{(0)}(n)|)$$

为可建模残差尾段。据此建立相应的GM(1,1)模型,得到时间响应式为

$$\hat{\varepsilon}^{(1)}(k+1) = \left[\varepsilon^{(0)}(k_0) - \frac{b_\varepsilon}{a_\varepsilon}\right]e^{-a_\varepsilon(k-k_0)} + \frac{b_\varepsilon}{a_\varepsilon}, k \geq k_0 \tag{6-23}$$

用$\hat{\varepsilon}^{(0)}$对$\hat{X}^{(1)}$进行修正,则称修正后的时间响应式

$$\hat{x}^{(1)}(k+1) = \begin{cases} \left[x^{(0)}(1) - \frac{b}{a}\right]e^{-ak} + \frac{b}{a}, k < k_0 \\ \left[x^{(0)}(1) - \frac{b}{a}\right]e^{-ak} + \frac{b}{a} \pm a_\varepsilon\left[\varepsilon^{(0)}(k_0) - \frac{b_\varepsilon}{a_\varepsilon}\right]e^{-a_\varepsilon(k-k_0)}, k \geq k_0 \end{cases} \tag{6-24}$$

为**残差修正GM(1,1)模型**,简称残差GM(1,1)。

根据由$\hat{X}^{(1)}$到$\hat{X}^{(0)}$的不同还原方式,可得到不同的残差修正时间响应式。

(1) 若
$$\hat{x}^{(0)}(k) = \hat{x}^{(1)}(k) - \hat{x}^{(1)}(k-1) = (1 - e^a)\left[x^{(0)}(1) - \frac{b}{a}\right]e^{-a(k-1)}$$

则相应残差修正时间响应式

$$\hat{x}^{(0)}(k+1) = \begin{cases} (1 - e^a)\left[x^{(0)}(1) - \frac{b}{a}\right]e^{-ak}, k < k_0 \\ (1 - e^a)\left[x^{(0)}(1) - \frac{b}{a}\right]e^{-ak} \pm a_\varepsilon\left[\varepsilon^{(0)}(k_0) - \frac{b_\varepsilon}{a_\varepsilon}\right]e^{-a_\varepsilon(k-k_0)}, k \geq k_0 \end{cases} \tag{6-25}$$

称为累减还原式的残差修正模型。

(2) 若
$$\hat{x}^{(0)}(k) = (-a)\left[x^{(0)}(1) - \frac{b}{a}\right]e^{-ak}$$

则相应残差修正时间响应式

$$\hat{x}^{(0)}(k+1) = \begin{cases} (-a)\left[x^{(0)}(1) - \frac{b}{a}\right]e^{-ak}, k < k_0 \\ (-a)\left[x^{(0)}(1) - \frac{b}{a}\right]e^{-ak} \pm a_\varepsilon\left[\varepsilon^{(0)}(k_0) - \frac{b_\varepsilon}{a_\varepsilon}\right]e^{-a_\varepsilon(k-k_0)}, k \geq k_0 \end{cases} \tag{6-26}$$

称为导数还原式的残差修正模型。

6.3 数列预测

数列预测是对系统变量的未来取值进行预测,均值 GM(1,1) 模型是较为常用的数列预测模型。根据实际情况,也可以考虑采用其他灰色模型。在定性分析的基础上,定义适当的序列算子,对算子作用序列建立预测模型,通过精度检验后,即可用来进行预测。

例 6-2 河南某乡镇企业产值近 4 年的数据由统计资料查得,即有序列 $X^{(0)}$:
$$X^{(0)} = (x^{(0)}(1), x^{(0)}(2), x^{(0)}(3), x^{(0)}(4)) = (10155, 12588, 23480, 35388)$$
试对第 5~9 年该企业的产值进行预测。

解 引入二阶弱化算子 D^2,令
$$X^{(0)}D = (x^{(0)}(1)d, x^{(0)}(2)d, x^{(0)}(3)d, x^{(0)}(4)d)$$
式中
$$x^{(0)}(k)d = \frac{1}{4-k+1}[x^{(0)}(k) + x^{(0)}(k+1) + \cdots + x^{(0)}(4)], k=1,2,3,4$$
以及
$$X^{(0)}D^2 = (x^{(0)}(1)d^2, x^{(0)}(2)d^2, x^{(0)}(3)d^2, x^{(0)}(4)d^2)$$
式中
$$x^{(0)}(k)d^2 = \frac{1}{4-k+1}[x^{(0)}(k)d + x^{(0)}(k+1)d + \cdots + x^{(0)}(4)d], k=1,2,3,4$$
于是
$$X^{(0)}D^2 = (27260, 29547, 32411, 35388) \triangleq X = (x(1), x(2), x(3), x(4))$$
X 的 1-AGO 序列为
$$X^{(1)} = (x^{(1)}(1), x^{(1)}(2), x^{(1)}(3), x^{(1)}(4)) = (27260, 56807, 89218, 124606)$$
设
$$\frac{dx^{(1)}(t)}{dt} + ax^{(1)}(t) = b$$
按最小二乘法求得参数 a, b 的估计值
$$\hat{a} = -0.089995, \hat{b} = 25790.28$$
可得 GM(1,1) 模型白化方程
$$\frac{dx^{(1)}(t)}{dt} - 0.089995x^{(1)}(t) = 25790.28$$
其时间响应式为
$$\begin{cases} \hat{x}^{(1)}(k+1) = 313834e^{0.089995k} - 286574 \\ \hat{x}^{(0)}(k+1) = \hat{x}^{(1)}(k+1) - \hat{x}^{(1)}(k) \end{cases} \quad (6\text{-}27)$$
由此得到模拟序列
$$\hat{X} = (\hat{x}(1), \hat{x}(2), \hat{x}(3), \hat{x}(4)) = (27260, 29553, 32337, 35381)$$
残差序列
$$\varepsilon^{(0)} = (\varepsilon^{(0)}(1), \varepsilon^{(0)}(2), \varepsilon^{(0)}(3), \varepsilon^{(0)}(4)) = (0, -6, 74, 7)$$

相对残差序列

$$\Delta = \left(\left|\frac{\varepsilon^{(0)}(1)}{x^{(0)}(1)}\right|, \left|\frac{\varepsilon^{(0)}(2)}{x^{(0)}(2)}\right|, \left|\frac{\varepsilon^{(0)}(3)}{x^{(0)}(3)}\right|, \left|\frac{\varepsilon^{(0)}(4)}{x^{(0)}(4)}\right| \right)$$
$$= (0, 0.0002, 0.00228, 0.0002) \triangleq (\Delta_1, \Delta_2, \Delta_3, \Delta_4)$$

平均相对残差

$$\overline{\Delta} = \frac{1}{4}\sum_{k=1}^{4}\Delta_k = 0.00067 = 0.067\% < 0.01$$

且 $\Delta_4 = 0.0002 < 0.01$,所以模型为优。

故可用式（6-27）进行预测。这里给出 5 个预测值：

$$\hat{X}^{(0)} = (\hat{x}^{(0)}(5), \hat{x}^{(0)}(6), \hat{x}^{(0)}(7), \hat{x}^{(0)}(8), \hat{x}^{(0)}(9))$$
$$= (38714, 42359, 46348, 50712, 55488)$$

6.4 区间预测

当原始数据存在不规则波动的情形时，人们通常无法找到合适的模型描述其变化趋势，从而无法对其未来变化进行准确预测。这时，可以考虑预测其未来取值的变化范围，即灰色区间预测。

定义 6.9 设 $X = (x(1), x(2), \cdots, x(n))$, $X(t)$ 为对应的序列折线，$f_u(t)$ 和 $f_s(t)$ 为光滑连续曲线。若对任意 t, 恒有

$$f_u(t) < X(t) < f_s(t)$$

则称 $f_u(t)$ 为 $X(t)$ 的**下界函数**，$f_s(t)$ 为 $X(t)$ 的**上界函数**，并称

$$S = \{(t, X(t)) | X(t) \in [f_u(t), f_s(t)]\}$$

为 $X(t)$ 的**取值域**。对固定的 $t_0 > n$, 称 $[f_u(t_0), f_s(t_0)]$ 为 $x(t_0)$ 的**预测区间**。

定义 6.10 设 $X^{(0)} = (x^{(0)}(1), x^{(0)}(2), \cdots, x^{(0)}(n))$ 为原始序列，其 1-AGO 序列为 $X^{(1)} = (x^{(1)}(1), x^{(1)}(2), \cdots, x^{(1)}(n))$。令

$$\sigma_{\max} = \max_{1\leqslant k\leqslant n}\{x^{(0)}(k)\}, \sigma_{\min} = \min_{1\leqslant k\leqslant n}\{x^{(0)}(k)\}$$

则 $X^{(1)}$ 下界函数 $f_u(n+t)$ 和上界函数 $f_s(n+t)$ 分别为

$$f_u(n+t) = x^{(1)}(n) + t\sigma_{\min}, f_s(n+t) = x^{(1)}(n) + t\sigma_{\max} \quad (6-28)$$

由式（6-28）可以得到 $X^{(1)}$ 的取值域

$$S = \{(t, X^{(1)}(t)) | t > n, X^{(1)}(t) \in [f_u(t), f_s(t)]\}$$

并称为 $X^{(1)}$ 的**喇叭形预测**，如图 6-2 所示。对固定的 $n + t_0 > n$, 称 $[x^{(1)}(n) + t_0\sigma_{\min}, x^{(1)}(n) + t_0\sigma_{\max}]$ 为 $x^{(1)}(n+t_0)$ 的**预测区间**。

定义 6.11 设 $X^{(0)}$ 为原始序列，$X_u^{(0)}$ 是 $X^{(0)}$ 的下缘点连线所对应的序列，$X_s^{(0)}$ 是 $X^{(0)}$ 上缘点连线所对应的序列，分别取 $X_u^{(0)}$ 和 $X_s^{(0)}$ 对应的 GM(1, 1) 时间响应式

$$\hat{x}_u^{(1)}(k+1) = \left[x_u^{(0)}(1) - \frac{b_u}{a_u}\right]\exp(-a_u k) + \frac{b_u}{a_u} \quad (6-29)$$

和

$$\hat{x}_s^{(1)}(k+1) = \left[x_s^{(0)}(1) - \frac{b_s}{a_s}\right]\exp(-a_s k) + \frac{b_s}{a_s} \quad (6-30)$$

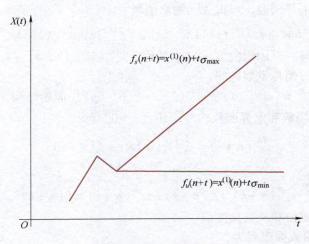

图 6-2 喇叭形预测区间

为 $X^{(1)}$ 的下界函数和上界函数,可得 $X^{(1)}$ 的取值域

$$S = \{(t, X^{(1)}(t)) \mid X^{(1)}(t) \in [\hat{X}_u^{(1)}(t), \hat{X}_s^{(1)}(t)]\}$$

并称为 $X^{(1)}$ 的**包络区域**,如图 6-3 所示。对固定的 $k_0 + 1 > n$,称 $[\hat{x}_u^{(1)}(k_0+1), \hat{x}_s^{(1)}(k_0+1)]$ 为 $x(k_0+1)$ 的**包络预测区域**,简称包络区域。

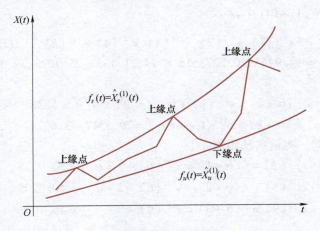

图 6-3 包络区域

定义 6.12 设 $X^{(0)}$ 为原始数据序列,取 $X^{(0)}$ 中 m 组不同的数据序列可建立 m 个不同的 GM(1,1) 模型,设对应参数分别为 $\hat{a}_i = (a_i, b_i)^T$, $i = 1, 2, \cdots, m$。令

$$-a_{\max} = \max_{1 \le i \le m}\{-a_i\}, \quad -a_{\min} = \min_{1 \le i \le m}\{-a_i\}$$

分别取与 $-a_{\max}$ 和 $-a_{\min}$ 对应的 GM(1,1) 时间响应式

$$\hat{x}_u^{(1)}(k+1) = \left[x_u^{(0)}(1) - \frac{b_{\min}}{a_{\min}}\right]\exp(-a_{\min}k) + \frac{b_{\min}}{a_{\min}} \qquad (6-31)$$

$$\hat{x}_s^{(1)}(k+1) = \left[x_s^{(0)}(1) - \frac{b_{\max}}{a_{\max}}\right]\exp(-a_{\max}k) + \frac{b_{\max}}{a_{\max}} \qquad (6-32)$$

为 $X^{(1)}$ 的下界函数和上界函数，可得 $X^{(1)}$ 的取值域

$$S = \{(t, X^{(1)}(t)) \mid X^{(1)}(t) \in [\hat{X}_u^{(1)}(t), \hat{X}_s^{(1)}(t)]\}$$

并称为 $X^{(1)}$ 的**发展区域**。对固定的 $k_0 + 1 > n$，称 $[\hat{x}_u^{(1)}(k_0+1), \hat{x}_s^{(1)}(k_0+1)]$ 为 $x(k_0+1)$ 的**发展系数预测区间**，简称发展区间。

定义 6.13 设 $X^{(0)} = (x^{(0)}(1), x^{(0)}(2), \cdots, x^{(0)}(n))$ 原始序列，$f_u(t)$ 和 $f_s(t)$ 为其 1-AGO 序列 $X^{(1)}$ 下界函数和上界函数，对于任意 $k > 0$，称

$$\hat{x}^{(0)}(n+k) = \frac{1}{2}[f_u(n+k) + f_s(n+k)] \tag{6-33}$$

为 $X^{(0)}$ 的**基本预测值**，

$$\hat{x}_u^{(0)}(n+k) = f_u(n+k), \quad \hat{x}_s^{(0)}(n+k) = f_s(n+k) \tag{6-34}$$

分别为 $X^{(0)}$ 的**最低预测值**和**最高预测值**。

例 6-3 设有原始数据序列为

$$X^{(0)} = (x^{(0)}(1), x^{(0)}(2), x^{(0)}(3), x^{(0)}(4), x^{(0)}(5), x^{(0)}(6))$$
$$= (4.9445, 5.5828, 5.3441, 5.2669, 4.5640, 3.6524)$$

试计算其一次累加生成序列 $x^{(1)}(7), x^{(1)}(8), x^{(1)}(9)$ 的最高预测值、最低预测值和基本预测值。

解 $\sigma_{\max} = \max\limits_{1 \leq k \leq 6}\{x^{(0)}(k)\} = 5.5828$，$\sigma_{\min} = \min\limits_{1 \leq k \leq 6}\{x^{(0)}(k)\} = 3.6524$。由 $x^{(1)}(k) = \sum\limits_{i=1}^{k} x^{(0)}(i)$，得 $X^{(0)}$ 的 1-AGO 序列

$$X^{(1)} = (x^{(1)}(1), x^{(1)}(2), x^{(1)}(3), x^{(1)}(4), x^{(1)}(5), x^{(1)}(6))$$
$$= (4.9445, 10.5273, 15.8714, 21.1383, 25.7023, 29.3547)$$

所以

$$f_s(6+k) = x^{(1)}(6) + k\sigma_{\max} = 29.3547 + 5.5828k$$
$$f_u(6+k) = x^{(1)}(6) + k\sigma_{\min} = 29.3547 + 3.6524k$$

当 $k = 1, 2, 3$ 时，得最高预测值

$$\hat{x}_s^{(1)}(7) = f_s(6+1) = x^{(1)}(6) + 1 \cdot \sigma_{\max} = 34.9375$$
$$\hat{x}_s^{(1)}(8) = f_s(6+2) = x^{(1)}(6) + 2 \cdot \sigma_{\max} = 40.5203$$
$$\hat{x}_s^{(1)}(9) = f_s(6+3) = x^{(1)}(6) + 3 \cdot \sigma_{\max} = 46.1031$$

最低预测值

$$\hat{x}_u^{(1)}(7) = f_u(6+1) = x^{(1)}(6) + 1 \cdot \sigma_{\min} = 33.0071$$
$$\hat{x}_u^{(1)}(8) = f_u(6+2) = x^{(1)}(6) + 2 \cdot \sigma_{\min} = 36.6595$$
$$\hat{x}_u^{(1)}(9) = f_u(6+3) = x^{(1)}(6) + 3 \cdot \sigma_{\min} = 40.3119$$

基本预测值

$$\hat{x}^{(1)}(7) = \frac{1}{2}[\hat{x}_s^{(1)}(7) + \hat{x}_u^{(1)}(7)] = 33.9723$$

$$\hat{x}^{(1)}(8) = \frac{1}{2}[\hat{x}_s^{(1)}(8) + \hat{x}_u^{(1)}(8)] = 38.5899$$

$$\hat{x}^{(1)}(9) = \frac{1}{2}[\hat{x}_s^{(1)}(9) + \hat{x}_u^{(1)}(9)] = 43.2075$$

6.5 灾变预测

灰色灾变预测的任务是给出下一个或几个异常值出现的时刻，以便人们提前防备，采取对策，减少损失。作为灰色预测模型的应用，以下简要介绍灰色灾变预测的原理和方法。

定义6.14 设原始序列 $X = (x(1), x(2), \cdots, x(n))$，给定上限异常值（灾变值）$\zeta$，称 X 的子序列

$$X_\zeta = (x[q(1)], x[q(2)], \cdots, x[q(m)]) = \{x[q(i)] | x[q(i)] \geq \zeta, i = 1, 2, \cdots, m\}$$

为上灾变序列。

若给定下限异常值（灾变值）ξ，称 X 的子序列

$$X_\xi = (x[q(1)], x[q(2)], \cdots, x[q(l)]) = \{x[q(i)] | x[q(i)] \leq \xi, i = 1, 2, \cdots, l\}$$

为下灾变序列。

上灾变序列和下灾变序列统称灾变序列。由于对不同的灾变序列研究思路完全一样，在以下讨论中，对上灾变序列和下灾变序列不加区别。

设 $s = (x[q(1)], x[q(2)], \cdots, x[q(m)]) \subset X$ 为灾变序列，则称

$$Q^{(0)} = (q(1), q(2), \cdots, q(m))$$

为灾变日期序列。

其中，$q(m) (m \leq n)$ 为最近一次灾变发生的日期，则称 $\hat{q}(m+1)$ 为下一次灾变的预测日期；对任意 $k > 0$，称 $\hat{q}(m+k)$ 为未来第 k 次灾变的预测日期。

定义6.15 设 $Q^{(0)}$ 的 1-AGO 序列为

$$Q^{(1)} = (q^{(1)}(1), q^{(1)}(2), \cdots, q^{(1)}(m))$$

$Q^{(1)}$ 的紧邻均值生成序列为 $Z^{(1)}$，则称 $q(k) + az^{(1)}(k) = b$ 为灾变 GM(1，1) 模型。

命题6.1 设 $\hat{\alpha} = (a, b)^T$ 为灾变 GM(1，1) 模型参数序列的最小二乘估计，则灾变日期序列的 GM(1，1) 序号响应式为

$$\hat{q}(k+1) = (1 - e^a)\left[q(1) - \frac{b}{a}\right]e^{-ak} \tag{6-35}$$

例6-4 某地区平均降水量（单位：mm）的原始数据为

$X = (x(1), x(2), \cdots, x(24))$
= (386.6, 514.6, 434.1, 484.1, 647.0, 399.7, 498.7, 701.6, 254.5, 463.0, 745.0, 398.3, 554.5, 471.1, 384.5, 242.5, 671.7, 374.7, 458.9, 511.3, 530.8, 586.0, 387.1, 454.4)

规定年降水量 $\xi \leq 390 (\text{mm})$ 为旱灾年，试做旱灾预测。

解 当 $x(t) \leq 390 (\text{mm})$ 时为异常值，则有

$X_\xi = (x[q(1)], x[q(2)], \cdots, x[q(6)])$
= (386.6, 254.5, 384.5, 242.5, 374.7, 387.1)
= $(x(1), x(9), x(15), x(16), x(18), x(23))$

建立异常值 $x[q(i)]$ 到出现灾变点 $q(i)$ 的映射 $P^{(0)}: x[q(i)] \rightarrow q(i)$，得灾变日期序列 $Q^{(0)}$ 为

$$\boldsymbol{Q}^{(0)} = (q(1), q(2), q(3), q(4), q(5), q(6))$$
$$= (1, 9, 15, 16, 18, 23)$$

据此对 $\boldsymbol{Q}^{(0)}$ 建立灾变 GM(1，1) 模型。

对 $\boldsymbol{Q}^{(0)}$ 做一次累加生成，得
$$\boldsymbol{Q}^{(1)} = (q^{(1)}(1), q^{(1)}(2), q^{(1)}(3), q^{(1)}(4), q^{(1)}(5), q^{(1)}(6))$$
$$= (1, 10, 25, 41, 59, 82)$$

求得参数向量
$$\hat{\boldsymbol{\alpha}} = (a, b)^{\mathrm{T}} = (\boldsymbol{B}^{\mathrm{T}} \boldsymbol{B})^{-1} \boldsymbol{B}^{\mathrm{T}} \boldsymbol{Y} = \begin{pmatrix} -0.188422 \\ 9.54872 \end{pmatrix}$$

记 $\boldsymbol{Q}^{(1)}$ 的紧邻均值生成序列为 $\boldsymbol{Z}^{(1)}$，于是得灾变 GM(1，1) 为
$$q(k) - 0.188422 z^{(1)}(k) = 9.54872$$

灾变日期序列的 GM(1，1) 序号响应式为
$$\hat{q}^{(1)}(k+1) = \left[q(1) - \frac{b}{a} \right] e^{-ak} + \frac{b}{a}$$
$$= 51.6773 e^{0.188422k} - 50.6773$$

从而
$$\hat{q}(k+1) = \hat{q}^{(1)}(k+1) - \hat{q}^{(1)}(k)$$
$$= 8.8748 e^{0.188422k} \tag{6-36}$$

由此可得 $\boldsymbol{Q}^{(0)}$ 的模拟序列
$$\hat{\boldsymbol{Q}}^{(0)} = (\hat{q}(k), k = 2, 3, 4, 5, 6) = (10.7, 12.9, 15.6, 18.9, 22.8)$$

分别计算灾变日期的绝对残差序列及相对残差序列
$$\Delta^{(0)} = (\Delta^{(0)}(k), k = 2, 3, 4, 5, 6) = (1.7, 2.1, 0.4, 0.9, 0.2)$$
$$\Phi = \left\{ \varphi_i \mid \varphi_i = \frac{\Delta^{(0)}(i)}{q(i)}, i = 2, \cdots, 6 \right\} = \{0.189, 0.14, 0.025, 0.05, 0.009\}$$

则有平均相对残差
$$\overline{\Phi} = \frac{1}{5} \sum_{i=2}^{6} \varphi_i = 0.0825$$

由于 $\overline{\Phi}$ 及 $\varphi_6 = 0.009$ 均小于 0.10，故可用式（6-38）进行预测，得
$$\hat{q}(6+1) \approx 27.5, \hat{q}(7) - \hat{q}(6) \approx 5$$

即从最近一次旱灾发生的时间算起，5 年之后可能发生旱灾。

灰色预测方法的内容非常丰富，除了以上介绍的数列预测、区间预测和灾变预测外，还有波形预测等，有兴趣的读者可以进一步参考专门的论著。

【案例 6-2】　　　　　分　析

案例 6-1 是典型的"少数据"预测问题，为此建立 GM(1，1) 预测模型来对 2016 年城镇基本医疗保险年末参保人数进行预测，并对模型进行检验。

解　由已知可得 $\boldsymbol{X}^{(0)} = (47343.2, 53641.3, 57072.6, 59746.9, 66581.6)$

(1) 级比检验

计算级比序列

$$\sigma(k) = \frac{x(k-1)}{x(k)} = (\sigma(2), \sigma(3), \sigma(4), \sigma(5))$$
$$= (0.8826, 0.9399, 0.9552, 0.8973)$$

原数据序列 $n=5$，其级比覆盖区域为 $(e^{-\frac{2}{n+1}}, e^{\frac{2}{n+1}}) = (0.716531, 1.395612)$，级比序列都在其覆盖范围内，可以建立 GM(1, 1) 模型。

(2) 利用 $X^{(0)}$ 构造累加生成序列

$$X^{(1)} = (47343.2, 100984.5, 158057.1, 217804, 284385.6)$$

(3) 构造数据矩阵 B 和数据向量 Y 计算 $\hat{\alpha}$

$$B = \begin{pmatrix} -\frac{1}{2}[x^{(1)}(1) + x^{(1)}(2)] & 1 \\ -\frac{1}{2}[x^{(1)}(2) + x^{(1)}(3)] & 1 \\ -\frac{1}{2}[x^{(1)}(3) + x^{(1)}(4)] & 1 \\ -\frac{1}{2}[x^{(1)}(4) + x^{(1)}(5)] & 1 \end{pmatrix} = \begin{pmatrix} -74163.85 & 1 \\ -129520.8 & 1 \\ -187930.55 & 1 \\ -251094.8 & 1 \end{pmatrix}$$

$$Y = \begin{pmatrix} x^{(0)}(2) \\ x^{(0)}(3) \\ x^{(0)}(4) \\ x^{(0)}(5) \end{pmatrix} = \begin{pmatrix} 53641.3 \\ 57072.6 \\ 59746.9 \\ 66581.6 \end{pmatrix}$$

$$\hat{\alpha} = (B^T B)^{-1} B^T Y = \begin{pmatrix} -0.0708 \\ 47889.44 \end{pmatrix}$$

即 $a = -0.0708$，$b = 47889.44$。从而可得预测模型

$$\frac{dx^{(1)}(t)}{dt} - 0.0708 x^{(1)}(t) = 47889.44$$

$$\hat{x}^{(1)}(k+1) = \left[x^{(0)}(1) - \frac{b}{a}\right] e^{-ak} + \frac{b}{a}$$
$$= 723747.72 e^{0.0708k} - 676404.52 \tag{6-37}$$

(4) 模型检验。

1) 残差检验。

① 根据预测公式 (6-39)，计算 $\hat{X}^{(1)}$，得

$$\hat{X}^{(1)} = (47343.2, 100442.1, 157436.6, 218612.6, 284276.9)$$

② 累减生成 $\hat{X}^{(0)}$ 序列为

$$\hat{X}^{(0)} = (47343.2, 53098.9, 56994.5, 61176, 65664.3)$$

③ 检验其精度：列出残差检验表，见表 6-5。

平均相对残差 $\overline{\Phi} = 0.98\% < 0.01$，模型精确度高。

表 6-5 残差检验表

时间	实际数据 $X^{(0)}(k)$	模拟数据 $\hat{X}^{(0)}(k)$	绝对残差	相对残差
2011 年	47343.2	47343.2	0	0.00%
2012 年	53641.3	53098.9	542.4	1.01%
2013 年	57072.6	56994.5	78.1	0.14%
2014 年	59746.9	61176	1429.1	2.39%
2015 年	66581.6	65664.3	917.3	1.38%

2) 灰色关联度检验。

① 计算序列 $X^{(0)}$ 与 $\hat{X}^{(0)}$ 的绝对残差序列 $\Delta^{(0)}$ 为

$$\Delta^{(0)}(k) = \{0, 542.4, 78.1, 1429.1, 917.3\}$$

$$\min_k\{\Delta^{(0)}(k)\} = \min\{0, 542.4, 78.1, 1429.1, 917.3\} = 0$$

$$\max_k\{\Delta^{(0)}(k)\} = \max\{0, 542.4, 78.1, 1429.1, 917.3\} = 1429.1$$

② 计算灰色关联系数。由于只有两个序列（即一个参考序列、一个被比较序列），故不需要寻求第二级最小差和最大差。由

$$\eta(k) = \frac{\min\{\Delta^{(0)}(k)\} + \lambda\max\{\Delta^{(0)}(k)\}}{\Delta^{(0)}(k) + \lambda\max\{\Delta^{(0)}(k)\}} \quad k=1,\cdots,5;\lambda=0.5$$

求得

$$\eta(1) = 1, \eta(2) = 0.57, \eta(3) = 0.9, \eta(4) = 0.33, \eta(5) = 0.44$$

③ 计算灰色关联度

$$r = \frac{1}{5}\sum_{k=1}^{5}\eta(k) = 0.65$$

$r = 0.65 > 0.6(\lambda = 0.5)$，所以通过检验。

3) 进行后验差检验。

① 计算 $X^{(0)}$ 序列的均值及均方差

$$\overline{x}^{(0)} = \frac{1}{5}(47343.2 + 53641.3 + 57072.6 + 59746.9 + 66581.6) = 56877.12$$

$$S_1 = \left(\frac{\sum_{k=1}^{5}[x^{(0)}(k) - \overline{x}^{(0)}]^2}{5-1}\right)^{\frac{1}{2}} = 7138.22$$

② 计算残差的均值及均方差

$$\overline{\Delta} = \frac{1}{5}\sum_{k=1}^{5}\Delta^{(0)}(k) = 593.38$$

$$S_2 = \left(\frac{\sum_{k=1}^{5}[\Delta^{(0)}(k) - \overline{\Delta}]^2}{5-1}\right)^{\frac{1}{2}} = 596.57$$

③ 计算方差比 C

$$C = \frac{S_2}{S_1} = \frac{596.57}{7138.22} = 0.0836$$

④ 计算小残差概率：

令 $S_0 = 0.6745 S_1 = 4814.7294$，由 $\varepsilon_k = |\Delta^{(0)}(k) - \overline{\Delta}|$ 求得

$$\varepsilon_1 = 593.38, \quad \varepsilon_2 = 50.98, \quad \varepsilon_3 = 515.28, \quad \varepsilon_4 = 835.72, \quad \varepsilon_5 = 323.92$$

所有 ε_k 都小于 S_0，故小残差概率 $p = P\{\varepsilon_k < S_0\} = 1 > 0.95$，同时 $C = 0.0836 < 0.35$，故模型 $\hat{x}^{(1)}(k+1) = 723747.72e^{0.0708k} - 676404.52$ 合格。

(5) 预测：对 2016 年的数据进行预测，得到 $\hat{x}^{(0)}(6) = 70481.9$ 万人，即 2016 年年末城镇基本医疗保险参保人数约为 70481.9 万人，与实际值 74391.6 万人相比，相对残差为 5.26%，模型预测结果较好。

本章小结

如果某一系统的全部信息已知为白色系统，全部信息未知为黑色系统，部分信息已知、部分信息未知，那么这一系统就是灰色系统。一般地说，社会系统、经济系统、生态系统都是灰色系统。灰色预测方法是通过原始数据的处理和灰色模型的建立，挖掘、发现、掌握系统演化规律，对系统的未来状态做出科学的定量决策。灰色预测主要以 GM(1, 1) 模型为基础，包括数列预测、区间预测和灾变预测等。

本章着重讨论了 GM(1, 1) 模型的四种基本形式：均值 GM(1, 1) 模型（EGM）、原始差分 GM(1, 1) 模型（ODGM）、均值差分 GM(1, 1) 模型（EDGM）和离散 GM(1, 1) 模型（DGM）。在此基础上，对数列预测、区间预测和灾变预测的建模过程进行了介绍。对一个具体问题，究竟应该选择什么样的预测模型，应以充分的定性分析结论为依据，并结合残差检验、关联度检验、后验差检验的结果来判断。

思考与练习

1. 什么是灰色预测？灰色预测分为哪几种类型？
2. 试述灰色系统建模的基本思路。
3. 试述 GM(1, 1) 模型检验的主要方法。
4. 设有初始序列 $X^{(0)} = (2.67, 3.13, 3.25, 3.36, 3.56, 3.72)$ 和通过灰色预测得到的预测序列 $\hat{X} = (2.67, 5.78, 9.03, 12.43, 15.97, 19.68, 19.69)$。试对预测序列进行三种模型检验，并判断预测模型是否合格。
5. 以陕西省 2012—2016 年交通事故次数、死亡人数、受伤人数及财产损失 4 个指标数据为原始数据（见表 6-6），建立 GM(1, 1) 预测模型，对陕西省未来 3 年这 4 个指标分别进行预测。

表 6-6　陕西省 2012—2016 年交通事故统计

年　份	2012	2013	2014	2015	2016
事故次数（次）	5996	5952	5055	5406	5914
死亡人数（人）	1804	1800	1655	1615	1575
受伤人数（人）	5505	5452	4609	5137	5777
财产损失（万元）	4015.0	3696.2	3652.4	3741.9	3810.7

第 7 章 决策概述

【案例 7-1】

随着城市化进程的加快发展和汽车保有量的急剧增加,城市交通拥堵问题日益加剧。为此,杭州市政府在 2021 年计划利用交通大数据分析技术制定实施一套新的治堵方案。

"治堵",首先要找出"堵"的原因。通过对交通数据的深度分析,可以寻找到拥堵的原因。哪些已有的数据可用?还需要采集哪些数据?怎么采集?在采集了必要数据的基础上,通过数据分析确定交通拥堵的主要原因。分析过程中,面对车辆流量、道路状况和交通事故等海量异构数据,还需要考虑各种因素,如时间、天气、节假日等等。

杭州市综合交通运行分析系统集成了公交、地铁、出租车、网约车、新能源车的定位、运营等多维数据,通过大数据分析算法实现三大功能:①从公交整体线网、单条线路、单个站点等不同维度,对公共交通行业的整体运行监测分析;②将浮动车数据叠加到杭州的路网上,结合浮动车的车速和道路的等级,计算出路网整体运行状态;③堵点治理功能,可以对某条路段的车辆进行路网以及区域的溯源,了解车辆的来源和去向。

在确定拥堵原因之后,需要制定针对性"治堵"措施,再据此制定相应治堵方案,并对不同治堵方案的成本和收益进行评估进而做出最终决策。杭州市政府采取了公共交通优先、道路资源利用最大化、动静态交通协同、交通事件快处快撤等措施,形成了以数据为基础的"商圈五化治理"新方案。上述方案经过一年多的实际运行,杭州市 120 救护车到达现场时间缩短了一半,高架道路出行时间平均节省 4.6 分钟,龙湖天街示范区延误指数下降 23.2%,拥堵持续时间下降 44.2%,拥堵报警次数下降 29.7%,整个城市交通的流畅度得到明显提升。

由此案例可知,利用多种数据分析技术和科学的决策方法,可以帮助政府更加合理地制定治堵方案。新方案在缓解交通拥堵问题方面成效显著,大大提高了市民的出行效率。

资料来源:https://baijiahao.baidu.com/s?id=1721245513441960755&wfr=spider&for=pc.
https://baijiahao.baidu.com/s?id=1721903550576510608&wfr=spider&for=pc.

7.1 决策的概念

决策是现代管理的核心问题。社会、经济等领域中的各项管理工作都离不开决策。一个国家、一个地区、一个城镇的经济发展规划和各项政策的制定,企业战略方向、产品销售、原料供应、技术革新、新产品研制、车间、班组的作业任务安排等，所有这些无论是宏观的还是微观的社会问题和经济问题，都需要作出合理的决策。决策正确无误，各项事业就能按预期的目标迅速发展，决策失误，本来可以成功的事情也会遭受失败。

当代社会的发展需要自然科学与管理科学的结合，这就产生了关于决策的科学。自然科学驾驭着自然，管理科学驾驭着社会和经济中的管理，两者紧密结合起来，必将使人们获得更加科学的决策，制定出更为有力的政策，以提高对未来的控制能力。

关于什么是决策的问题，众说纷纭，各有各的道理，但可将决策分为广义和狭义两类。广义地说，把决策看作一个管理过程，是人们为了实现特定的目标，运用科学的理论与方法，系统地分析主客观条件，提出各种预选方案，从中选出最佳方案，并对最佳方案进行实施、监控的过程。它包括从设定目标，理解问题，确定备选方案，评估备选方案，选择、实施的全过程。狭义地说，决策就是为解决某种问题，从多种替代方案中选择一种行动方案的过程。

在进行决策的过程中，必须遵守一些基本的原则，包括最优化原则、系统原则、信息准全原则、可行性原则和团队决策原则。

1. 最优化原则

决策作为一个管理过程的重要意义在于，在资源稀缺的约束条件下，做出的任何决策都应该有利于企业实现最大化的效益，有利于企业实现最大化的价值。也就是说，决策的制定应该以追求和实现最大化的企业价值为目标。

2. 系统原则

任何决策的制定和实施、实现都存在于某一个决策环境中。对于国民经济中的各种组织、实体来讲，它们的决策环境就是整个国民经济和整个世界经济；对于个体来讲，他的决策环境就是他所处的组织或实体。不论是什么样的决策环境，它们都有作为一个系统的特性，也就是系统中的各种因素相互影响和相互作用的特性，同时，系统中的各种因素都应协调地、平衡地变化发展。因此，决策的制定必然要遵守系统原则。换句话说，决策的制定应该以追求和实现最大化的系统价值为目标。

3. 信息准全原则

各种先进、完备的决策技术的作用对象都是信息。决策信息的准确和全面是取得高质量决策的前提条件。在决策理论的发展过程中，有些决策理论所需要的决策信息由于很难收集到，使得这些决策理论的发展和实践都受到了很大的限制。然而，信息技术的蓬勃发展给决策理论的发展注入了活力。通过信息技术可以获得大量人们所需要而以前没有办法获得的决策信息。这一变化的出现使得一些原来受制于决策信息收集困难的决策理论获得了新的发展机会。由此可见信息准全的重要意义。当然，决策问题所需要的信息实际上很难被完全收集，但是，信息的准全对决策质量的提高起着非常重要的作用。

4. 可行性原则

由于决策者和决策实施者受到了他们所掌握资源的影响，他们必须考虑决策在技术、经济和社会效益上的可行性。只有在准确地把握好以上三个方面的可行性之后，决策者和决策的实施者才能运用最优化原则进行决策。

5. 团队决策原则

科学技术的飞速发展使得社会、经济、科技等许多问题的复杂程度与日俱增，不少问题的决策已非决策者个人和少数几个人所能胜任。因此，团队决策是决策科学化的重要组织保证。所谓团队决策，不是靠少数领导者"拍脑袋"，也不是找几个专家简单讨论一下，或靠少数服从多数进行决策，而是依靠和充分利用智囊团，对要决策的问题进行系统的调查研究，弄清历史、现状，掌握第一手资料，然后通过方案论证和综合评估，提出切实可行的方案供决策者参考。

7.2 决策过程与决策分析

决策作为一门学科术语，是从英语"Decision Making"翻译过来的。其研究内容虽然也涉及社会系统中的个人、群体以及政府所面临的决策问题，但主要是经济系统中的管理和控制问题。由于经济问题在本质上应当是可计量的，因此，对经济系统进行有效的决策，本质上也应当是可定量计算的决策。这就是说，任何成功的决策，都应当具有一套能对社会系统和经济系统进行定性和定量分析的方法和技术。实际上，自20世纪70年代以来，决策已经越来越依赖于科学技术的最新成果，如运筹学、计算机模拟等。

7.2.1 决策过程

作为西方决策理论学派的创始人，西蒙（H. A. Simon）对决策科学有着深刻的理解和研究。他借助心理学的研究成果，对决策过程进行了科学的分析，概括出决策过程理论。根据西蒙的观点，决策过程主要分为四个阶段：情报活动、设计活动、抉择活动和实施活动，如图7-1所示。

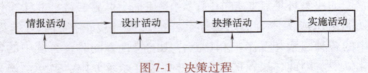

图7-1 决策过程

1. 情报活动

情报活动包括决策环境的识别、所需信息获取及分析。情报活动的主要目的是识别问题、理解问题，并在此基础上设定决策的目标，即要判定在什么情况下做出什么样的决策。这是一个决策时机的选择问题。选择什么决策主题则与决策者的偏好、信念有关。有些企业领导者着重于长期发展实力，而有些则强调短期的效益。决策科学研究不可能改变决策者的信念或价值观，但可以促使其所选择的决策主题能够确切地反映决策者的价值观。

2. 设计活动

设计活动是寻求多种途径解决问题的过程，即确定备选方案。在此过程中，决策者或其咨询人员发掘、构想和分析多种可行的可供选择的行动方案。设计活动强调多方案，如果面对的仅有一种方案，非采用不可，那就无所谓决策了。在每一方案的拟订过程中，还要进行状态分析与后果预测，即搞清楚未来可能出现的所有状态及其发生概率，并定量地预计出不同状态下方案的损益值或效用值。也就是说，这部分包括预测的工作，即预测实际上是为了决策。

3. 抉择活动

抉择活动是指预估各种可供选择方案的后果，并做出结论性的评价，从而选出最满意的方案。

选择什么样的方案为好？什么样的为差？这是一个复杂的问题，并不是弄清各种备选方案的后果以后就能马上做出回答的。原因是：①方案后果的多样性和后果评价准则的多样性，很难找到一个对所有准则来说都满意的方案；②后果往往是风险事件，决策者对风险的态度不同，导致对同一组方案有不同的选择结果；③抉择最终取决于决策者的习惯、传统、经验和信念等，这就造成理性评价方案的困难，符合理性准则的方案不一定能使决策者满意。然而，恰恰是上述这些困难提供了广阔的、引人入胜的决策研究领域。

4. 实施活动

实施活动是指实施选定的方案，并在此过程中对原有决策进行检查或修正。

一旦选择出满意方案，并不仅仅是下达一些命令、指示，还须制订出执行计划和资源预算，以满足实施方案的各种可能的需要和有效措施。决策的实施过程需要跟踪、监督。原计划是否已执行？有哪些偏离？执行决策的结果导致内外部环境发生了哪些变化？各下属部门是否按要求完成了任务？在实施的过程中，需要不断地跟踪、检查、反馈，使选定方案的实施能够实现预定的目标，并能及时调整、改善原有方案。

决策是一个动态的过程，一般可按上述情报活动、设计活动、抉择活动和实施活动四个阶段划分并按顺序进行，但前面的阶段不断从后面的阶段得到反馈信息，设计活动阶段分析研究的结果可能修正情报活动阶段提出的决策主题，抉择活动阶段也可能对各种备选方案提出补充和修改。实施活动阶段中的信息就更为重要，实践结果可能对整个决策做出评价和修正。

7.2.2 决策分析

所谓**决策分析**，是整个决策过程中的关键一环，它是由分析人员会同决策者共同完成的，是对已经描述出来的决策问题的求解。其主要工作应属于决策过程的第三阶段（抉择活动阶段），即对备选方案进行评价与选优。这是在决策目标及环境条件基本明确或弄清，各种可能的行动方案已被找到或制订的情况下，由分析者采用合理的评价准则和模型，运用特有的数学方法或优化技术，选出一个或一组最满意的行动方案，供决策者最后抉择。因此，决策分析的主要任务应归结为求解决策问题。

所谓**决策问题**，是专指决策过程中已通过某种方式描述出来的可提交给分析者运用数学模型进行优化分析的问题。一个完整的决策问题应由下述四个要素构成：

1. 决策主体

决策主体是指做出决策的个体或个体的集合。很少有决策是在个体完全不考虑其他人的观点下做出的，即使一个组织的正式规程表明个人具有制定决策的权力，他通常也要收集利益相关群体的意见，要得到其他个人和团体的同意或默许。当考虑其他管理者的观点时，他们就成为决策主体的一部分。决策主体成员对某项决策的影响力是不一样的。

决策主体是决策中最为重要的一个因素，它能够控制决策的整个过程。

2. 决策备选方案

决策问题存在可供选择的备选方案（或称行动方案、决策、措施等）的集合 A，它包含两个或两个以上的备选方案。解决某个问题，如果只有一个办法或一个方案，那就不需要进行决策分析，而只需照办就是了。故凡能构成决策问题的，总是存在着两个或两个以上的备选方案，设 $A = \{A_1, A_2, \cdots, A_m\}$。

3. 不可控因素

决策问题存在着不以决策者主观意志为转移的客观环境条件，即自然状态（系统状态）集 S。例如，开发新产品有可能成功，也可能失败，这是不同的自然状态；新产品的销路好、较好或不好等多种市场状态都是自然状态。每一种自然状态的出现与否都是不以决策者或分析者的主观意志为转移的，也就是说，它在求解问题的过程中是客观存在的。决策分析人员在对备选方案进行评价和选优的过程中，不涉及改变自然状态的问题，只涉及如何对它们进行数学表述，或预测、估计它们出现的概率的大小、量值问题。当然，某些自然状态是可以改变的，如产品销路就可以经过人为的努力而加以改变，但这已经不属于原有的决策问题，是属于原有问题之外的另一个决策问题了。这里自然状态的出现概率往往是主观概率，同一个方案在不同的自然状态下会有不同的后果。

4. 后果

每一个备选方案（行动方案、措施等）与每一个可能出现的自然状态对应于一个后果值（或偏好值、损益值等）。这种后果值有时候并不是用数量值来表示的，需要将它表示成数量值（如确定的数、效用值、模糊值等）。在决策分析中，这种数量值一般是效用值（关于效用值及其确定方法将在下一章讨论）。用模糊值来表示后果的讨论属于模糊决策分析的范畴。于是，后果值是一个二元函数 $A \times S \to R$，其中 $R = (-\infty, +\infty)$ 是实数集。每种备选方案和自然状态的每一个组合都对应一种后果。如果有 N 个可供选择的备选方案和 M 个互相独立的自然状态，就会产生 $M \times N$ 种可能的后果。

从上述四个要素可以看出，决策分析方法是一种定量方法。但由于在确定自然状态的出现概率大小以及确定后果值（效用值）时需要用到主观方法，从而决策分析方法是一种定性与定量相结合的方法。以上四个要素在有些问题中较明显，在有些问题中则较隐晦。对决策问题进行分析时，尤其要对后一种情形加以注意。

例 7-1 关于建新厂与扩建旧厂的决策问题。

方案集 A 由建新厂和扩建旧厂两个方案组成，分别需要投资 300 万元与 80 万元。在两个方案下可能出现的状态均为今后产品"销路好"或者"销路差"，它们的出现与否是不确定的。后果是年度利润，其估计值见表 7-1，后果值的集合是 $J = \{200, -60, 100, 20\}$。

表 7-1　建新厂与扩建旧厂的后果值估计

自然状态	概　率	年度利润（万元）	
		新建	扩建
销路好	0.7	200	100
销路差	0.3	-60	20

设两个方案所建厂的使用期均为 5 年，哪个方案为优？决策目标是 5 年总的期望利润。

分别计算如下：

建新厂的期望利润为

$$0.7 \times 200 \text{ 万元} \times 5 + 0.3 \times (-60 \text{ 万元}) \times 5 - 300 \text{ 万元} = 310 \text{ 万元}$$

扩建旧厂的期望利润为

$$0.7 \times 100 \text{ 万元} \times 5 + 0.3 \times 20 \text{ 万元} \times 5 - 80 \text{ 万元} = 300 \text{ 万元}$$

若按期望利润最大的原则（如后果是费用，则按期望费用最小的原则），其最优方案是建新厂。

7.3 决策的基本类型

决策问题与决策分析依据不同的标准可进行不同的分类。例如，依决策要解决的问题所涉及的范围可分为宏观决策和微观决策；依对决策者所在组织的行为及其效果的影响可分为战略决策与战术决策；按决策者职能划分可分为专业决策、管理决策和公共决策；按决策问题的性质可划分为程式决策和非程式决策；按决策的思维方式可分为理性决策和行为决策，等等。这里根据决策目标和自然状态的特点予以分类。

按决策目标的多少，决策问题可分为单目标决策和多目标决策两类。

（1）**单目标决策**。决策目标只有一个，称此类决策为单目标决策。例如 7.2.2 节例 7-1 中只考虑期望利润最大的决策。

（2）**多目标决策**。多目标决策是指决策问题同时考虑了两个或两个以上的目标。例如，现代城市交通路线的规划问题，就要同时考虑诸如运输效率、方便市民、安全可靠、经济效益、美化市容等多种因素。任何一个方案，只有当它能够使得与这些因素相联系的目标准则都得到不同程度的满足时，才算是令人满意的。

实际上，对于管理中的实际问题，单目标决策往往是对问题的某种程度上的简化，重点在于抓住问题的主要矛盾，忽略其对企业没有明显影响的次要因素，集中力量落实核心战略目标。当环境发生变化或企业战略进行调整，或当人们以不同的角度研究问题时，决策目标有可能发生变化。

按自然状态的种类来分类，传统上可将决策问题分为确定型决策、风险型决策和非确定型决策三种：

（1）**确定型决策**。自然状态是完全确定的，即只有一种，从而可以按既定目标及评价准则选择行动方案，这种条件下的决策就称为确定型决策。确定型决策问题相对比较简单，其求解可直接利用现有的一些数学方法，如微积分中的函数极值法、确定性运筹学（线性规划、非线性规划、动态规划、图论等）等，并能得到确定的最优解。

（2）**风险型决策**。存在两种或两种以上自然状态，各种自然状态出现的可能性（概率）已知（即可以通过某种方法确定下来），这种条件下的决策则称为风险型决策，也称为统计型决策或随机型决策。例 7-1 就是此类决策。

（3）**非确定型决策**。可能出现的自然状态有多种，但各种自然状态出现的概率不能确定，这种条件下的决策则称为非确定型决策。非确定型决策与风险型决策相比较，两者都面临着两种或两种以上的自然状态，所不同的是，前者对即将出现的自然状态概率一无所知，后者则掌握了它们的出现概率。由于非确定型决策所掌握的信息比确定型决策所掌握的信息要少，分析非确定型决策要比分析确定型决策困难得多，决策分析方法也要少得多。

三种决策环境的区别可用"是否带雨具"的问题来说明。某人早上离家去市郊联系工作，如果当时已经下雨，且四周乌云密布，显然并非阵雨，出门时决定要带雨具，这属于确定型决策；如果根据早上的天气预报，有 0.7 的概率下小雨，0.3 的概率是阴天，或者气象台报告有雨，但从历史统计数据来看有错报的记录，这两种情况便属风险型决策；再设想，如果此人住在一个窗户紧闭、隔光隔音的房间，又无手机、电视等通信手段，出门是否带雨具的问题就变成不确定型决策。

将上述按决策目标和自然状态的两种分类加以综合，可将决策问题分为六种类型：①单目标确定型；②单目标风险型；③单目标非确定型；④多目标确定型；⑤多目标风险型；⑥多目标非确定型。

需要指出的是，这里要讨论的所有决策问题都有一个共同的前提，就是所有决策对象都是某种客观存在的实体或由许多实体组成的系统，并且这种实体或系统不受其他任何理性行为的支配（例如另一决策者的支配），因此不存在任何与该问题决策主体发生利益上竞争的可能。从这种意义上讲，决策主体实际上只有一个。当决策主体是由两个或两个以上的实体组成，且成员之间互有影响时，这样的决策称为"群决策"。读者可以参考相关的文献。

对于六种类型中的第一种——单目标确定型决策，它的求解可直接利用现有的一些数学方法。例如，微积分中的函数极值法、确定性运筹学等，并能得到确定的最优解。这些数学方法已有专门的应用数学分支进行研究，决策分析中不再对此进行讨论。

对于第④~⑥种决策，即多目标决策，则可考虑合并处理。对多目标决策问题，一般情况下人们总是按一定的规则将多个目标准则下的结果指标合并成一个总的目标准则结果指标值，或者说通过某种适当的逻辑过程，将备选方案对于每一准则而言给决策主体提供的用处或价值合并成一个总的用处或价值，便有可能将确定型、风险型或者非确定型的多目标决策转化为类似的可由单目标决策方法处理的问题。于是，决策分析方法在各种类型的多目标决策中主要用于解决各目标准则下多个结果指标值的合并问题。

这样，对上述六种类型决策问题的研究就转化为对三种类型问题的研究：单目标风险型、单目标不确定型、多目标中多个目标的合并问题。

与任何分类方法一样，这里根据目标多少及自然状态的种类，对决策问题的分类也不是绝对的。例如，在第9章中将要讨论的"概率排序型决策"就是介于风险型和不确定型之间的一种决策分析方法。它所研究的决策问题中，假定各自然状态的出现概率并非完全已知，也并非完全未知，而是部分可知的，例如，已知各自然状态出现概率的大小排序等。

一般说来，求解任何类型的决策问题，最后都归结为对各备选方案进行选择。因此，决策分析的关键就在于按什么样的模型和如何按这样的模型来衡量或评价备选方案的优劣。在单目标确定型决策的情况下，这个问题比较简单。因为每一备选方案只有一个确定而又简单的结果，这一预知的结果本身就可作为评价备选方案的模型，只要按结果值的大小选择即可。这也是这类决策问题可用纯数学方法求解的原因。然而，在风险型、不确定型和多目标决策问题中，情况就完全不一样了。因为这时每个备选方案或者因为自然状态的随机性和不确定性，或者因为需要考虑的因素太多，从而不再对应一个确定的结果，而是包括了若干个可能的结果，或是一种由若干个值构成的多值结果（在多目标情形下）。这时选用其中哪一个结果或其中哪一个值来衡量方案的优劣都不完全合理，而直接用多个结果或单个多值结果的"整体"来衡量方案也不可能。读者可考虑7.2节中的例7-1。因此，对于这样一些作为主要类型的决策问题，由于它们的自身特点造成评价、比较备选方案的困难，必须要有一套专门的理论和方法来进行处理。决策分析就是这样的一套理论和方法，它能提供一组概念和系统的步骤，对含有随机因素、不确定因素和多种因素的决策问题进行合理分析，从而帮助决策者和分析者在复杂的局面中和难以比较的诸多方案中做出理性的选择。

例 7-2 某企业决定拿出 500 万元建立投资部，现有三种方案可供选择。

方案一：投入国债，每年获得稳定收益 25 万元（假定年利率为 5%）。

方案二：投入股市。若为牛市，则获利 100 万元；若为熊市，则亏损 150 万元。

方案三：入股投资项目。若市场状况好，可收益 80 万元；市场状况一般，可收益 40 万元；市场状况差，可收益 10 万元。三种不同的自然状态发生的概率分别是 0.40，0.50，0.10。

方案一假定年利率为 5% 不变，则其自然状态是完全确定的，从而其后果值（收益）为 25 万元，没有任何风险，为确定型决策问题。方案二有两种可能遇到的情况——牛市及熊市，且由于股票市场变幻莫测，两种情况发生的概率是完全无法预测的，所以为不确定型决策。第三种方案，也有两种不同的市场状态，但其发生的概率已知，而其收益的期望为：80 万元 ×0.40 + 40 万元 ×0.50 + 10 万元 ×0.10 = 53 万元，为风险型决策问题。

从本例看出，对于不同类型的决策问题，我们应采取不同的决策分析方法，区别对待。

另外，人们对自然状态的信息或知识的不完全掌握，也决定了决策一定是有风险的。如方案三，虽然市场状况差的概率较小，但并不代表不可能发生，若选择方案三，有可能收益只有 10 万元，若减去机会成本（方案一的收益 25 万元），则我们的决策是失败的。这是决策问题的难题所在，也体现了信息和知识的价值。实际上，最好的方案应是将资金以不同的比例投入三个市场，不过如何确定分配的比例，则是投资组合的决策问题，并非研究的重点。

例 7-3 四种可开发的新产品选择

假定一公司正在评估四种可开发的产品 A，B，C，D，只能选择其中的一种。公司决定用五项指标来考察每一种产品：到生产阶段前产品开发的总费用；公司得到每单位产品的毛利；产品每年的潜在销售量；营销上与现有其他产品的配套程度；与公司现有产品在生产技术上的相似程度。见表 7-2。

表 7-2 四种可开发的新产品的各项指标

产品	费用（万元）	毛利（元）	潜在销售量（台）	营销配套程度	技术相似程度
A	200	2000	100	好	一般
B	250	3000	70	差	好
C	175	1500	150	好	差
D	220	2500	100	一般	好

每一项标准的最低要求是：

1）开发费用：不超过 250 万元（公司所能筹到的最大款项）。
2）单位产品可能的毛利：至少 2000 元（公司一直坚持经营高盈利产品的政策）。
3）每年的销售潜力：至少 100 台（生产部门经理坚持）。
4）营销策略的适应程度：至少是一般水平（营销部门经理坚持）。
5）与其他产品的生产技术相近程度：至少保持"一般"水平（制造部门经理坚持）。

四种产品的每一项指标都是确定的，所以该问题属于确定型决策。若只考虑单一因素，则决策者的选择是显而易见的。但目的是将五个指标综合考虑，选出在各个方面都能满意（可能不是每个方面都是最优）的方案，所以，该问题为多目标确定型决策问题。如何将五种因素综合为一种评价的指标，是研究的关键。例如，前三种因素可用货币单位综合为利润，但利润如何与营销配套程度、技术相似程度这样的"软"指标综合，则需要一套专门的理论和方法处理。

7.4 决策分析的特点、历史及新进展

决策分析的研究主要包括两个方面：一方面是从理论上探讨人们在决策过程中的行为机理。这一研究又可分为两个问题，即描述性决策分析与规范性决策分析。所谓描述性决策分析，是研究人们在决策过程中是按照什么准则和什么方式进行决策。这主要是决策心理学关心和研究的问题。规范性决策分析是研究人们在决策过程中应当按照什么准则和方式进行决策才是合理的，或者才能符合个人的偏好和判断。期望效用理论就是这一方面的主要研究成果。另一方面是研究实际决策问题，如将一些典型的具体问题模型化，以指导实际决策过程。比较典型的实际决策问题有新产品开发决策、新技术推广决策、企业战略决策。

7.4.1 决策分析的特点

决策分析所要研究的决策问题不同于一般的确定性问题，其中不可能得出完全确定的结论。实际上，在风险型、不确定型和多目标的决策问题中，很难说哪个备选方案是绝对的"优"或者绝对的"劣"。其次，在评价或比较备选方案的过程中，决策者主观上对利益或损失的独特兴趣、感觉或反应往往起着很大的作用。所以，按常规的数学分析方法解决不了这类问题。采用一组独特的概念和步骤对各种类型的决策问题进行合理的分析，便是决策分析方法的第一个特点。这里所说的概念和步骤就是反映决策者主观意志的效用、主观概率以及确定效用和主观概率的一整套步骤。当然，应该把反映人的主观判断的方法与主观随意的方法区别开来。可见，决策分析方法中既包含有科学性，又包含有艺术性。

决策分析方法的第二个特点是实践性。实践性是指决策分析方法只是对于那些始终坚持使用它的人在不断制定决策的实践过程中，才被认为是确实可靠和有效的。也就是说，它并不能保证每一个具体的决策都会得到令人满意的结果，但长期坚持使用必然会因此而取得成就，只有经过长期实践，才有可能掌握决策分析中所包含的艺术性部分。

决策分析方法的第三个特点是实用化趋势。现代决策分析虽然开发了一些大型分析方法，但是这些方法会牵涉很多变量和约束条件，需要复杂的计算工作，而且问题本身的确非常复杂，这种系统化的大量分析工作确实是需要的。但很难要求许多决策问题不分轻重缓急都这么做，因为时间不允许，有些也无此必要。此外，还因为一种方法要想推广开来，必须为一般的管理决策人员所理解和掌握，从而这种方法也应该是比较简单和实用的。所以，在开发大型分析工具的同时，也要开发一些更加简便的实用方法。这些简便实用方法（如统计决策论、模糊决策方法、层次分析法等）往往更加符合现实状况，简便易学，而且数字计算与个人判断相结合，增加了决策分析的灵活性。

7.4.2 决策分析的发展历史

"决策"一词源远流长，人类存在即面临决策，如田忌赛马的故事，既是对策（博弈）问题，也是决策问题。16—17 世纪法国宫廷设有赌博顾问，他们是研究概率论、对策论的先驱，这是决策论，也是决策分析的先导。20 世纪 30 年代以后，决策论从对策论中分离，

对策论研究人与人之间的对抗，决策论研究人与非智能对手——自然界之间的关系。因此，决策分析或决策论是从运筹学中分离出来的一门年轻的学科，其基础是概率论和对策论。

关于决策准则问题，伯努利（D. Bernoulli）于 1738 年就提出效用值的概念以及用概率反映不确定性，并以效用值的期望值作为度量优先次序的指标。此后，埃奇沃斯（F. Y. Edgeworth）于 1881 年提出用等值曲线（曲面）来反映商品的优先次序，即采取序数效用（Ordinal Utility）的概念，用第 1、第 2、第 3…来表示相对优先次序，而摒弃了伯努利的效用函数所反映的基数效用（Cardinal Utility）的概念，基数效用值可以用 1，2，3，…或 0.1，0.2，0.3，…等表示效用绝对值的大小。序数效用概念被提出后，经济理论越来越多地依靠等值曲线进行分析。从原则上说，等值曲线反映的是无风险情况下的抉择行为。拉姆赛（F. P. Ramsey）和冯·诺依曼-摩根斯坦（von Neumann-Morgenstern）分别于 1931 年和 1944 年先后提出效用值运算的定理，于是，长期被搁置的基数效用论再度兴起。决策者若按他们提出的一组定理行事，所计算的期望效用绝对值最大的方案，即是理应选择的方案。数学家冯·诺依曼和经济学家摩根斯坦的基数效用理论适用于分析比较不确定情况下的各种事件，这恰恰符合决策问题的特点。这个理论为理性决策奠定了理论基础。一般认为现代决策理论以冯·诺依曼-摩根斯坦的效用理论为开端。

20 世纪 50 年代，统计决策理论得到迅速发展，并在此基础上建立了决策分析理论体系，决策逐渐成为一个在学术界普遍认可的专门研究领域。例如瓦尔德（Wald，1950）和萨维奇（Savage，1954）以及基尔希克（Girshick，1954）等统计学家提出了具有严格的公理框架的统计决策问题理论。萨维奇在冯·诺依曼-摩根斯坦理论基础上为决策理论做出了两方面重要贡献：提出了主观概率的概念；建立了贝叶斯（统计）决策理论。到了 20 世纪 60 年代，统计决策取得了长足发展，在 1963—1971 年，作为规范性决策研究成果的"决策分析"得到较广泛的应用，出现了面向实际应用的决策理论与方法。1966 年，霍华德（R. A. Howard）发表了《决策分析：应用决策理论》一文，系统地总结了贝叶斯决策理论付诸实用的步骤，初次提出"决策分析"这个名词，用它来反映决策理论的应用，在理论研究与实际应用两方面同时推进了决策论的发展，并使其逐渐形成一门学科。其间，拉法（H. Raiffa）、霍华德和爱德华兹（W. Edwards）分别领导的哈佛、斯坦福和密歇根大学的决策理论研究集体，在决策分析方面发表了大量研究成果。1961 年，拉法和施莱夫（R. O. Schlaifer）出版了著作《应用统计决策理论》，形成了应用统计决策理论。在统计决策理论发展的同时，决策的概念也在不确定性问题范围以外的其他领域中得到发展。此后，决策分析方法及其研究成果得到了越来越广泛的应用，并逐步形成自己的理论体系，而决策分析也逐渐成了"决策科学研究"的代名词。这时的决策分析在理论基础和研究方法上已经超出了单纯的统计领域，而囊括了规划、优化和行为科学等领域。在应用方面，决策分析也在许多非概率支配的领域得到了极大的发展。

当理性决策研究方兴未艾之际，一些学者却从心理学角度加以审视，考察这些理论在行为中的真实性：人们的实际决策行为是否与冯·诺依曼-摩根斯坦及萨维奇的理论相符？如果不符，又有哪些原因？这引发了行为决策理论的研究。在这方面，爱德华兹和阿莱斯（M. Allais）是两位开创者。理性决策，即古典决策理论，又称规范决策理论，基于"决策者的管理者是完全理性的，在充分了解相关信息的情况下，完全可以做出满足组织目标的最佳决策"的假设；而行为决策理论认为人的理性介于完全理性和非理性之间，即人是有限理性的。决策者在识别和发现问题中容易受知觉上的偏差影响。在对未来状况进行分析和判断时，直觉的运用往往比逻辑分析方法的运用更多。由于受决策时间和可利用资源的限制，决策者难以充分了解和掌握有关决策环境的全部信息情报，不可能全部了解各种备选方案，因而其方案选择的理性是相对的。在风险型决策中，与经济利益的考虑相比，决策者对待风险的态度起着更为重要作用：倾向于接受风险较小的方案，尽管风险较大的方案可能带来更高的收益。因此，决策者在决策中往往只求满意的结果，而不愿意费力寻求最佳方案。

爱德华兹是一位心理学家，致力于研究人们在评估概率、效用值和决策过程中的信息加工问题。他发现，概率和期望效用值的数学规范模型隐含了许多尚未发现的系统偏差；同时指出，人们存在认知错觉（Cognigive Illusion），即在没有智能性或实物性辅助工具的引导下，所进行的直觉判断往往会有偏差。

经济学家阿莱斯对期望效用理论在描述性和规范性两方面的应用价值都有相当保留。他不赞成拉姆赛和萨维奇有关主观概率的观点，认为概率判定过程应与效用值无关，而效用值的计算应不受事件发生概率的影响。作为优先度的指标，概率和效用值应组合为单一指标，而并非数学期望值。

阿莱斯虽然不同意效用值和概率的期望组合规则，但与冯·诺依曼-摩根斯坦也有共同点，即认为各自的理论都能满足描述性和规范性的要求，两种要求相互一致。然而，特沃斯基（A. Tversky）和卡内曼（D. Kahneman）却得出了不同结论：没有一种理论，既能满足规范的合理性，又能满足描述的精确性。规范模型所需遵循的必要和充分条件，从描述的观点来看却往往是不真实的。以描述性研究为主要内容的行为决策不仅是规范性研究的先行阶段，而且是不可替代的独立研究领域。他们通过实验说明，人们在有风险的预期下做出的选择，与效用理论的基本原则并不一致。总结发现了许多偏离传统最优行为的决策偏差，如不确定性效应（Uncertainty Effect）、反射效应（Reflection Effect）、锚定效应（Anchoring Effect）、后悔理论、过分自信等现象。在总结实验成果的基础上，于20世纪70年代提出了充分展示人类决策行为复杂性和不确定性的展望理论（Prospect Theory），也称前景理论。卡纳曼也由于在该领域杰出的贡献而获得2002年诺贝尔经济学奖的殊荣。

此外，在决策分析理论的发展历史中，不能不提及阿罗（K. Arrow）对群决策和社会选择理论研究所做的贡献。他的不可能性理论在社会选择和群决策领域中的作用，犹如能量守恒定理在物理学中那样重要。他将决策理论研究引入了新的更广泛的领域。

由于阿莱斯、爱德华兹、埃尔斯伯格（D. Ellsberg）等人在行为决策研究中对期望效用值理论提出质疑，转而促使理性决策研究继续深入发展，包括各种非线性效用理论的研究以及在效用值理论之外另辟蹊径，探索新的理论。

从20世纪70年代开始，决策分析成了工商企业、政府部门制定决策的重要方法，如成本效益分析、资源分配、计划评审技术（PERT）、关键路径法（CPM）等的应用得到普及，多目标决策、群决策等问题的研究也逐步深入。

计算机、人工智能和通信技术等学科的发展，极大地促进了决策分析的进一步研究。在程式决策方面，目前正朝着准确性、高速性和高经济效益的方向发展。许多重复性的程式决策均已编成现成的计算机程序供使用者随时调用，如电子数据处理（EDP）系统、管理信息系统（MIS）、决策支持系统（DDS）、管理信息决策系统（MIDS）、以网络分析为基础的计划评审技术（PERT）等管理决策信息系统、制造资源规划（MRP Ⅱ）、企业资源计划

(ERP)等。这就使许多过去需要专职人员处理的程式决策实现了自动化。其中,计算机技术的发展促使决策支持系统出现。决策支持系统在信息系统的基础上增加了模型库和知识库,使决策支持系统具有一定的人工智能功能,因此能够在一定程度上代替人们对一些常见的问题进行决策分析。在决策支持系统的基础上又发展出群体决策支持系统,使得在不同空间地理位置的专家学者能够在同一时间对共同关心的决策分析问题进行探讨和研究,从而大大拓宽了决策分析方法的应用范围。有关群体决策支持系统的研究出现于20世纪80年代初期,并得到了迅速发展,成为决策支持系统研究的重要前沿。

在非程式决策方面,主要是在非程式活动中发现和建立某种相对稳定的模式,即探究一套能使"人脑"的创造性逻辑思维与定量计量法实现良好结合的、综合性的有效理论和具体方法,从而实现非程式化决策问题的数学化、模型化、计算机化。例如,模糊数学在决策科学中的应用产生的模糊决策、专家决策系统等。目前,随着计算机以及人工智能的发展,信息技术和决策支持系统不仅为决策者提供问题求解所需信息和适当的模型,也使决策理论和方法发展更加迅速,模糊决策、序贯决策、群决策、信息不对称决策、灰色决策和组织决策及其支持系统的研究也在不断地深入进行。图7-2给出了决策分析体系及其发展历史。

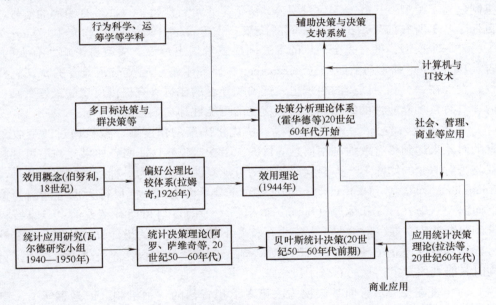

图7-2 决策分析体系及其发展历史

决策科学还须吸收其他各领域的相关研究成果,如哲学、人类学、生物学等,从而使人们在多角度认识决策问题的基础上,面对当今世界的复杂性,在科学的指导下,更好地发挥人的决策才能。

概括说来,现代决策理论从理性决策研究开始,然后出现行为决策研究,这两类研究相辅相成、彼此促进,构成决策理论研究的格局。也即决策理论在遵循着定性、定量、定性与定量相结合的道路前进,它所概括的科学行为准则和工作程序,既重视科学的理论、方法和手段的应用,又重视人的积极作用。这就为决策活动的科学化奠定了基础,而定性与定量的结合将把决策科学推向更高的发展阶段。

7.4.3 决策分析的新进展

20世纪80年代后,主流经济学家把决策分析作为研究主题,对决策者的有限理性、信息传递、决策权力分配以及决策责任承担进行建模,做出了重大理论贡献。

(1) 对有限理性建模。有限理性概念长期被视为是不可捉摸的,并难以对其进行精确定义。直到20世纪80年代行为经济学的试验结果的出现,模型化方法才成为可能。例如,卡内曼和特沃斯基的分析表明,决策者有简化决策问题的企图。决策者简化决策问题的现象可以定义为有限理性。鲁宾斯坦从这个问题开始了对有限理性建模的第一次尝试,结果认为简化问题、记忆力有限、认知能力低下、组织、博弈都是引起有限理性的原因。

(2) 对决策咨询即信息传递建模。决策者知识的不足将引起有限理性决策,那么向他人咨询就可能改善决策质量。克劳福德(Crawford)和索贝尔(Sobel)开辟了这方面的研究。他们建构了一个信息策略性传递模型,证明了确实存在着策略性的信号发送机制,即发送者只会向接收者传递其观察到的信号所处的集合,而不是信号本身;只有当二者具有相似偏好时,信息传递的噪声才会降至最低。格雷泽(Glazer)和鲁宾斯坦(Rubinstei)就信息传递机制建立了模型:一些专家就一项公共决策是否可行获得了一些带有噪声的信号,决策者的目标是基于所有信号做出尽可能好的决策。克里希纳(Krishna)和摩根(Morgan)则研究了另外一个模型:拥有完全信息的专家向决策者提出建议,决策将影响所有人的福利。本纳吉(Banerjee)和索马纳斯安(Somanathan)研究了组织成员与领导者的特征怎样影响发言权,发现在一个相对同质的组织里,远离领导者的成员具有提供信息的最好激励,而在较大的、具有较多异质性的组织里,信息交换的可能性却会大大降低。

(3) 对决策权力的分配——授权建模。从优化决策的角度看,授权通过改变收集和处理信息的对象来达到更有效地利用信息的目的。卡茨(Katz)证明,如果契约不可观察,那么授权与否对博弈的均衡不产生影响,契约的可观察性是它成为一种承诺的先决条件。考克森(Kockesen)和欧克(Ok)证明,即使契约完全不可观察,授权行为也可能因为策略上的考虑而出现。李(Li)和休恩(Suen)提出了一个向自利和拥有私人信息专家授权的模型。他们研究认为,在一般情况下,完全授权并不是改善决策的最佳方式,而只有能够控制决策过程和将授权建立在自己所获得的信息基础上的选择性授权,才是决策者在保护自己利益的同时又能利用专家信息的有效手段。

(4) 对声誉建模。声誉通常被视为决策者承担责任的一种机制,但是事实上,声誉并不能成为责任承担的完美机制。克里普斯(Cripps)、迈拉斯(Mailath)和萨缪尔森(Samuelson)的研究表明,对恶声誉的担心起到制约决策者行为的作用;而利维(Levy)的工作展示了追求好名声的动机怎样影响决策者对信息咨询的态度。

(5) 软计算决策逐渐盛行。软计算决策是指灰色系统、粗糙集、模糊集、遗传算法和神经网络等软件计算技术及其优势互补的决策。面对复杂的不确定性决策问题,试图完全应用数学模型进行精确刻画几乎不现实,即使对某些问题可行,求解和分析也非常困难。软计算决策方法应运而生,以"开发不精确性、不确定性和不完全真实性的容忍以获取可驾驭性、鲁棒性、解的低成本及与事实更好的亲和力"为目标,成为不确定性环境下复杂问题决策的有力工具。

目前,知识发现(Knowledge Discovery in Database,KDD)和数据挖掘(Data Mining)

已成为当前人工智能和数据库技术的一个活跃研究领域。KDD 旨在发现数据中隐藏的、前所未知的、潜在有用的知识，即在大的数据集合中寻找数据间的规则及普遍模式。数据挖掘则是用来发现这些规划和模式的方法。依托数据库所进行的不确定性多属性决策已成为现代决策科学的一个重要组成部分。越来越多的企业正依赖于巨量的数据分析获取竞争优势。例如，应用数据挖掘技术解决商场货物摆放决策问题，"啤酒与尿布"案例就是一个成功案例；又如目前基于大数据的精准营销。以粗糙集理论、模糊集理论、神经网络、灰色系统、数据挖掘等为代表的软计算技术，与人类思维的推理与学习能力相匹配，充分应用了人类的直觉和知识，成为经济与管理领域不确性决策问题的重要解决方法。

此外，随着熵与混沌理论、合理预期学说、心理行为科学、认知科学和经济学等在决策理论中的渗透，以及决策支持系统的发展，尤其是大数据的发展，决策科学已广泛应用于国民经济的各个领域，例如金融市场的风险分析、社会福利和社会选择问题的决策分析、高科技和统计决策风险分析等。

【案例 7-2】

大数据时代的决策分析体系，能够为充分获取外部情报、充分挖掘数据提供决策依据。在大数据时代，企业必须搜集各种信息与情报，通过对大量数据的分析，建立符合自身的决策体系。优秀的企业必将情报作为决策的重要依据，并建立常态化的机制，甚至应充分了解竞争对手情报，以应对快速变化的外部环境，快速、准确地做出各种经营决策。

全球零售业巨头沃尔玛在对消费者购物行为进行分析时发现，男性顾客在购买婴儿尿片时，常常会顺便搭配几瓶啤酒来犒劳自己，于是尝试推出了将啤酒和尿布摆在一起的促销手段。没想到这个举措居然使尿布和啤酒的销量都大幅增加了。如今，"啤酒+尿布"的数据分析成果早已成了大数据技术应用的经典案例，被人津津乐道。

Seton Healthcare 是采用 IBM 沃森技术医疗保健内容分析预测的首个客户。该技术允许企业找到大量病人相关的临床医疗信息，通过大数据处理，更好地分析病人的信息。在加拿大多伦多的一家医院，针对早产婴儿，每秒钟有超过 3000 次的数据读取。通过这些数据分析，医院能够提前知道哪些早产婴儿出现问题并且有针对性地采取措施，避免早产婴儿夭折。

为进一步提升外呼成功率，从 2014 年年初开始，福建移动联合华为公司开展基于大数据的精准营销工作，采用大数据分析的方法选择外呼目标价值用户。基于大数据分析方法和传统外呼方法分别提供 20 万名目标客户清单，在前台无感知下进行对比验证，确保对比效果不受人为因素影响，经过外呼验证，基于大数据分析方法相较传统方法外呼成功率提升 50% 以上，有效地支撑了福建移动 4G 用户的发展战略。

本章小结

1. **决策概念** 决策可分为广义的和狭义的两类。广义的决策是指一个管理过程，即提出各种预选方案，从中选出最佳方案，并对最佳方案进行实施、监控的过程。它包括从设定目标，理解问题，确定备选方案，评估备选方案，选择、实施的全过程。狭义的决策是指为解决某种问题，从多种替代方案中选择一种行动方案的过程。

2. **决策过程**　西蒙概括出决策过程理论，认为决策过程主要分为情报活动、设计活动、抉择活动和实施活动四个阶段。决策是一个动态的、反馈的过程，一般可按上述情报活动、设计活动、抉择活动和实施活动四个阶段顺序进行，但前面的阶段不断从后面的阶段得到反馈信息。

3. **决策问题的要素**　一个完整的决策问题应由决策主体、决策备选方案、不可控因素和后果四个要素构成。由于在确定自然状态的出现概率大小以及确定后果值（效用值）时需要用到主观方法，从而决策分析方法是一种应用定性与定量相结合的方法。

4. **决策的基本类型**　分类是一种重要的研究方法，对决策问题与决策分析分类同样重要。按决策目标的多少，决策问题可分为单目标决策和多目标决策；按自然状态的种类来分类，传统上可将决策问题分为确定型决策、风险型决策和非确定型决策三种。将上述按决策目标和自然状态的两种分类加以综合，可将决策问题分为六种类型：①单目标确定型；②单目标风险型；③单目标非确定型；④多目标确定型；⑤多目标风险型；⑥多目标非确定型。

5. **决策分析的发展历史**　现代决策理论以冯·诺依曼-摩根斯坦的效用理论为开端。20 世纪50 年代，统计决策理论得到迅速发展，在此基础上建立了决策分析理论体系，决策逐渐成为一个在学术界普遍认可的专门研究领域。20 世纪60 年代，出现了面向实际应用的决策理论与方法。决策分析囊括了规划、优化和行为科学等领域。在应用方面，决策分析也在许多非概率支配的领域得到发展。理性决策理论和行为决策理论研究取得较大进展。20 世纪70 年代开始，决策分析成了工商企业、政府部门制定决策的重要方法。计算机、人工智能和通信技术等学科的发展，促进了决策分析的进一步研究，决策支持系统、群体决策支持系统等开始兴起，模糊决策、序贯决策、群决策、灰色决策、粗糙集决策、信息不对称决策等研究逐步深入。

6. **决策分析的新进展**　20 世纪 80 年代后，主流经济学家把决策分析作为研究主题，对决策者的有限理性、信息传递、决策权力分配以及决策责任承担进行建模。软计算决策逐渐盛行，成为经济与管理领域不确定性决策问题的重要解决方法。运用数据挖掘和大数据的决策分析越来越广泛。

思考与练习

1. 什么是决策？决策有哪些特点？
2. 科学决策应该遵从哪些原则？
3. 决策在管理中的作用如何？能否通过实例来说明决策的重要性？
4. 简述决策的基本过程。你在实际工作中是如何做决策的？
5. 根据自然状态，决策可分为哪些类型？举例说明。
6. 简述理性决策和行为决策的主要差异。
7. 简述决策分析的发展历史。

第 8 章 期望效用理论

本章主要讨论决策的准则问题。首先分析应用期望收益值作为决策准则存在的一些问题，从合理行为假设与偏好关系出发，引入效用函数的概念，从而把期望收益值推广到期望效用值；之后引入主观概率的概念，把决策准则进一步推广到主观期望效用值。本章讨论的内容是决策分析的基础。

8.1 期望收益值

到延安去

8.1.1 期望收益值准则

一般来讲，求解任何类型的决策问题，最后都归结为对各被选方案进行选择。而对方案的选择可从两个方面来考虑：后果值与自然状态出现的概率。

由于方案后果在许多情况下，特别是管理决策中，都使用盈利、亏损这类指标，所以期望收益值成为决策分析发展过程中提出最早和应用最广泛的一种准则。收益值往往采用货币作为单位，当然，也可采用货币以外的定量单位。

期望收益值准则如下：

设 A_i ($i=1, 2, \cdots, m$) 为第 i 个被选方案，p_j ($j=1, 2, \cdots, n$) 为第 j 个自然状态发生的概率，θ_{ij} 为方案 A_i 在自然状态 j 下的后果值。

方案 A_i 期望收益值为

$$E(A_i) = \sum_{j=1}^{n} p_j \theta_{ij} \tag{8-1}$$

若方案 A_k 满足

$$E(A_k) = \max_{1 \leqslant i \leqslant m} E(A_i) \tag{8-2}$$

则决策者选择 A_k 为最优方案。对于成本之类的后果，式（8-2）应为 $E(A_k) = \min_{1 \leqslant i \leqslant m} E(A_i)$，但其原理相同，不再另行讨论。

8.1.2 期望收益值作为决策准则存在的一些问题

期望收益值是用未来收益的期望值作为未来真实收益的代表，并据此值进行决策。这是在风险条件下（未来收益不确定条件下）简单易行和常用的决策方法。由于决策者总可以通过经验或直觉找到客观状态的一些信息，并利用这些信息提高非确定型决策的可靠性。一般情况下，当同一决策要重复多次或风险损失的数值较小时，决策者的兴趣就会与期望损益值的高低大体一致，因此，应用期望收益值作为决策准则是具有一定合理性的。但其同时又存在一定局限性，具体如下：

1. 后果的多样性

当后果值是盈利、支出等可量化的指标时，采用期望收益值的方法是可行的；但当评价指标是一些不容易量化的软指标时，如在例 7-3 中，如何确定期望收益值将是一个难以解决的问题，或者说期望收益值将变得没有意义。

2. 采用期望后果值的不合理性

从概率论中可知，概率是频率的极限。也就是说，事件发生的概率是大量重复多次试验体现出的统计学意义上的规律。这有两层含义：其一，试验必须是可在完全相同的情况下重复进行的；其二，试验必须多次进行。而决策问题，特别是战略性决策问题，往往不满足这样的要求。例如，航天飞机的发射其可靠性是 99.7%。这是指通过理论上的计算得出，多次发射中成功发射的次数占 99.7%。而对于一次发射而言，结果只能是要么失败要么成功。

下面来介绍数学史中的一个著名悖论。

例 8-1 圣彼得堡悖论（St. Petersberg Paradox）

设有一场猜硬币正反面的赌博，一局中赌徒可以猜无数多次，直到猜对为止。赌徒在第一次猜对可得 2 元；第一次没有猜对，第二次猜对可得 4 元；前两次没有猜对，第三次猜对，赌徒可得 8 元……如果前 $n-1$ 次都没有猜对，第 n 次猜对则可得 2^n 元，如图 8-1 所示。

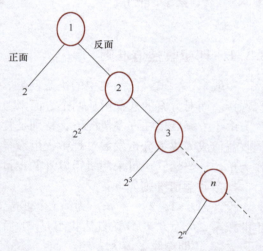

图 8-1　圣彼得堡悖论

问：让赌徒交多少钱他才会愿意参加赌博，并使之成为"公平的赌博"？所谓公平，是指赌徒和赌局设立者应该有相同的机会获得相同的回报。用概率论的语言来讲，设 X 是一个随机变量，为赌徒在一局赌博中赢得的钱，则 X 的数学期望就是赌徒为参加这样的赌博应该先交的钱。因为在多次赌博之后，赌局设立者获得的收入应等于赌徒赚得的收入，用公式表示为

$$E(X) = 2 \times \frac{1}{2} + 2^2 \times \frac{1}{2^2} + \cdots + 2^n \times \frac{1}{2^n} + \cdots = \infty$$

上式表示，不管赌徒应先交多少钱，他都是有利可图的，因为不管他每局交多少钱，都小于他可能得到的回报。然而，如果真有这样的赌局，又有哪个赌徒真的会这样做呢？这就产生一个悖论：理论上平等的赌博，在现实中是不可能有人敢参加的，实际上也是无法实现的。

考虑可猜的次数是有限的情况，设赌徒可猜 10 次，那么他的盈利的数学期望是 10 元，即交 10 元就有权参加这样的赌博。这样的赌博使参加的人不会感觉有多么大的风险，因为只有 0.5 的概率输 8 元，而最多可得 1024 元，会有很多人愿意参加。然而，若赌徒可猜的次数是 10000 次，那么他必须交 10000 元才有权参加这样的赌博，同时，有 1/2 的可能性输 9998 元，最多可得 2^{10000} 元（概率为 $1/2^{10000}$）。从理论上讲，同一赌徒在多次参加这样的赌博之后，不会有什么盈利或损失（回报的期望为 0），但恐怕没有哪个赌徒愿意参加。

问题在于数学期望是建立在大样本基础上的，人们在参加次数较少的情况下，当然会更在意概率较大的事件。另一方面，对理论上平等的赌博，在可能输的数额不大的情况下，愿意参加的人较多；而在可能输的数额巨大的情况下，就没有人愿意参加了。这实际上也是一个与人们的行为动机相关的心理问题，人们对风险的认识并不一定与理论结果相符。

伯努利提出了精神价值，即效用值的概念。人们在拥有不同财富的条件下，增加等量财富所感受到的效用值是不一样的。随着财富的增加，其效用值总是在增加，但效用值的增长速度是递减的。伯努利建议用对数函数来衡量效用值

$$V = \ln(w+2) \times \frac{1}{2} + \ln(w+4) \times \frac{1}{4} + \cdots + \ln(w+2^n) \times \frac{1}{2^n} + \cdots$$
$$= \ln A$$

式中，w 表示现有财富；A 表示愿意支付的最大可能赌金。

与货币期望值不同的是，该式的和不是无穷大而是有限的。

尽管伯努利的解释并不完善，但他所发现的这一悖论和提出的效用值概念，却是决策理论的奠基石。

3. 实际决策与理性决策的差异性

例 8-2 帕斯卡赌注（Pascal's Wager）

数学家帕斯卡置身于宗教生活之中，他坚信永恒安乐的价值是无穷的。即使获得这种永恒安乐的概率甚微，但其期望值仍然是无穷大的，为这类极小概率事件而愿意花费极大的代价。这类现象在实际生活中也并不鲜见，如绝症患者只要有一线治愈希望就往往不惜代价去求医问药。

圣彼得堡悖论对小概率事件不以为然，而帕斯卡赌注则相反，对小概率收益寄予厚望、满怀信心。然而，两者都能说明实际决策行为和理性决策的差异。

4. 负效应

以货币为单位的期望收益值作为决策准则还有负效应引起的弊端。例如掷硬币，方案 A：若为正面得 5 元，反面则输 5 元；方案 B：若为正面得 5 万元，反面则输 5 万元。$E(A) = E(B)$。但此时人们心目中已不采用期望收益值准则行事。依人们的价值观，损失 5 万元要比赢得 5 万元的效用值大，称为"负效用"。这样的例子有很多，如一个人工资涨了 100 元，他可能觉得没什么；但如减薪 100 元，那他肯定感觉不舒服，而且要问个明白。

5. 决策者的主观因素（价值观）

经济学中的边际效用递减规律是指随着某种物品消费量的增加，心理上的满足程度会以越来越缓慢的速度增加。在这里，这个规律在决策者的决策中当然会体现，即期望收益值的增加程度，并不一定等价于决策者心理上满足感的增加程度。从另一个方面讲，对于不同的决策者，同样的收益不一定带来同样的心理上的满足程度。例如买衬衣，甲原来的衬衣都已破旧，买了一件新的；乙原有十几件新衬衣，只是再多买一件。同样一件衬衣，在甲的心目中这件新衬衣比在乙心目中的价值要高得多。而且，不同决策者对同样数额收益或损失在心理上的影响程度，会随着其个人经历、知识背景、性格特点及其他主观因素的不同而不同。

综合以上几点，得出以下结论：

（1）需要一种能表述人们主观价值的衡量指标，而且它能综合衡量各种定量和定性的结果。

(2) 这样的指标没有统一的客观评定尺度，因人而异，视各人的经济、社会和心理条件而定。

因此，需要探求一种相较期望收益值更为完善的决策准则，使其能体现实际决策中决策者对方案的衡量指标，更适合为决策者提供更加合理、有效，也更加体现决策者意图，更加人性化的决策分析中对方案的评价指标。

本章的目的就是介绍这样一种合理的评价准则，即将后果值转换为效用值，以期望效用值作为方案选择的判别准则。为此，在下一节中首先讨论行为假设与偏好关系。

8.2 行为假设与偏好关系

对于一个决策问题来说，每一方案下对应不同的自然状态都有一个后果值，于是每一方案的后果值可用一个向量来表示。但要评价各方案的优劣，必须将每一方案下的这个向量合并成一个数来反映方案的优劣，进而对各方案进行优劣评价。因此，决策分析的首要问题在于建立一种有效的方法或模型来评价备选方案，而这种方法或模型必须有可靠的理论基础。这就是下面将要介绍的关于决策的合理行为假设以及由此引出的结论。

考虑风险型决策问题，即各自然状态的出现概率已知的情形。首先引入一些新的概念，用来描述一个方案的结果，以及方案之间的关系和运算。

定义 8-1 具有两种或两种以上的可能结果的方案（行为）称为**事态体**，其中的各种可能结果为以一定概率出现的随机事件。如用记号 T 来表示一个事态体，则

$$T = (\theta_1, p_1; \theta_2, p_2; \cdots; \theta_n, p_n)$$

式中，$\theta_1, \theta_2, \cdots, \theta_n$ 表示该方案的 n 种可能结果，它们分别以 $p_1, p_2, \cdots, p_n$ 的概率出现，且满足 $p_i > 0$，$i = 1, 2, \cdots, n$；$\sum_{i=1}^{n} p_i = 1$。

$n = 2$ 时的事态体 $T = (\theta_1, p_1; \theta_2, p_2)$ 称为**简单事态体**。由于 $p_2 + p_1 = 1$，p_2 可由 p_1 所确定，故可简记为 $T = (\theta_1, p_1; \theta_2)$。

一个具有必然结果 x 的方案，记为 (x)。显然，它可以看作以概率 1 出现后果 x 的一个简单事态体，即 $(x) = (x, 1; y)$，式中，y 为任一后果值。

全体事态体的集合 F，称为**事态体空间**。F 中所有可能后果的集合

$$J = \{\theta_1, \theta_2, \cdots, \theta_n\}$$

称为**后果集**。

在单目标、多目标风险型决策问题中，每一个备选方案均可用一事态体表示。如果各自然状态的顺序已定，则 p_i 就是第 i 种自然状态出现的概率，θ_i 表示该方案在第 i 种自然状态出现时的结果（后果值）。

例 8-3 有奖发票鼓励消费者索要发票，促使商家依法纳税。假设某消费者消费 99 元，商家此时有两种选择：

(1) 给 99 元的发票（共 6 张，面额分别为 50 元 1 张、20 元 2 张、5 元 1 张、2 元 2 张）。

(2) 给 100 元的发票（1 张 100 元面额）。

设有两种可能的结果：中奖和不中奖。如果发票中奖，消费者获 10 元奖金。商家营业税率为 1%。发票税是谁获利谁承担的，因此税金应由商家来支付，一旦开具发票，就会产

生税金并成为成本的一部分，导致利润减少。则这两种选择下不同的可能结果为 θ_{11}，θ_{12}，θ_{21}，θ_{22}，它们分别表示当天利润的减少量。在这里，θ_{11} 表示商家选择第一种发票形式并且消费者中奖情况下的营业额减少量，应为税金和奖金之和，其中税金为发票面额与税率之积（99元×1%），奖金为10元，即 $\theta_{11} = 10$ 元 $+ 99$ 元 $\times 1\%$。θ_{12} 表示商家选择第一种发票形式并且消费者未中奖情况下的营业额减少量，则只有税金，$\theta_{12} = 99$ 元 $\times 1\%$。同理可计算 θ_{21} 和 θ_{22}：$\theta_{21} = 10$ 元 $+ 100$ 元 $\times 1\%$，$\theta_{22} = 100$ 元 $\times 1\%$。

假设每张发票的中奖概率为 p，奖金为10元，发票的税率为1%。为了分析方便，设定顾客最多中奖一次，则这两种开具发票的方案可用下面两个事态体表示：

$$T_1 = (\theta_{11}, 1-(1-p)^6; \theta_{12})$$
$$T_2 = (\theta_{21}, p; \theta_{22})$$

通过下面三个步骤，建立一种合理的公理化的评价准则：

第一步，一个概念——偏好关系

对于后果集 $J = \{\theta_1, \theta_2, \cdots, \theta_n\}$ 中任意两个可能的结果 x 和 y，总可以按照既定目标的需要，前后一致地判定其中一个不比另一个差，表示为 $x \succ y$（x 不比 y 差）。这种偏好关系"$\succ$"必须满足下面三个条件：

(1) 自反性：$x \succ x$（一个方案不会比它自己差）。
(2) 传递性：$x \succ y$，$y \succ z \Rightarrow x \succ z$。
(3) 完备性：任何两个结果都可以比较优劣，即 $\forall x, y \in J$，$x \succ y \vee y \succ x$，二者必居其一。

在此基础上定义：

若 $x \succ y$，且 $y \succ x$，则称 x 与 y 无差别，记为 $x \sim y$。
若 $x \sim y$ 不成立，则称 x 与 y 有差别，记为 $x \succ\!\!<y$。
若 $x \succ\!\!< y$，且 $x \succ y$，则称 x 优于 y，记为 $x > y$。

所以，$x \succ y$ 实际表示 "x 优于或无差于 y，即 $x > y \vee x \sim y$"；$x \prec y$ 实际表示 "x 劣于或无差于 y，即 $x < y \vee x \sim y$"。

例如，在例8-3中，因 θ_{11}，θ_{12}，θ_{21}，θ_{22} 是指利润的减少量，即越小越好，显然有 $\theta_{12} > \theta_{22} > \theta_{11} > \theta_{21}$。

下面基于偏好关系提出三条假设，将偏好关系推广到一般事态体的比较，由此得出一般事态体间的比较和运算法则。

第二步，三个假设——把后果集 J 中结果的比较推广到标准事态体间的比较。

假设8-1 设 T_1，T_2 是两个有相同可能结果（θ_1 和 θ_2）的简单事态体，即

$$T_1 = (\theta_1, p; \theta_2), T_2 = (\theta_1, q; \theta_2)$$

式中，$\theta_1 > \theta_2$。

(1) 当 $p = q$ 时，事态体 T_1 无差于事态体 T_2，记为 $T_1 \sim T_2$。
(2) 当 $p > q$ 时，事态体 T_1 优越于事态体 T_2，记为 $T_1 > T_2$；反之，则有 $T_1 < T_2$。

例8-4 两种即开型彩票，均发行彩票1万张，两组中奖者均获得同样数目奖金（400元）。所不同的是，第一组拥有可中奖彩票150张，而第二组中只拥有可中奖彩票100张，你愿参加哪一个组？

设 T_1 和 T_2 分别代表这两种即开型彩票。参加者有以下两种可能结果：中奖，获奖金

θ_1；未中奖，则 θ_2 为 0。显然，$\theta_1 > \theta_2$。若 T_1，T_2 两个组都发行彩票 10000 张，但 T_1 组内中奖个数为 n_1，T_2 组内中奖个数为 n_2，即

$$T_1 = (\theta_1, n_1/10000; \theta_2), T_2 = (\theta_1, n_2/10000; \theta_2)$$

于是，当 $n_1 = n_2$ 时，意味着两组中出现 θ_1 和 θ_2 的可能性是相同的，即 $p = q$，这对于任何一个彩票购买者来说，参加 T_1 组和参加 T_2 组的中奖机会是完全相同的，因此，彩票购买者对于参加哪一个组无所谓偏好。也就是说，事态体 T_1 和 T_2 没有差别，即 $T_1 \sim T_2$。

当 $n_1 \neq n_2$ 时，例如 $n_1 = 150$ 和 $n_2 = 100$ 时，$p = 0.15$，$q = 0.10$，于是，第一组内中奖的可能性要大一些，彩票购买者肯定会选择第一组。也就是说，事态体 T_1 优越于 T_2，即 $T_1 > T_2$。

假设 8-2　（连续性）设有两个事态体 T_1，T_2，$T_1 = (\theta_1, p; \eta)$，$T_2 = (\theta_2, q; \eta)$，若 $\theta_1 > \theta_2 > \eta$，则存在 $p' < q$，使得当 $p = p'$ 时，$T_1 \sim T_2$。

这一假设同样可以用购买彩票的例子来解释。

例 8-5　如同例 8-4，假设两组中奖数额不同，设 T_1 组奖金 $\theta_1 = 700$ 元，T_2 组奖金 $\theta_2 = 400$ 元。$\theta_1 > \theta_2$。两组都发行 10000 张。若 T_1 中奖个数 n_1 与 T_2 中奖个数 n_2 相同（均为 100 个），显然 $T_1 > T_2$。若 T_1 组内中奖个数不是 100 而降低为小于 100 的某个数，彩票购买者是否有可能改变主意？

具体解释请读者完成。

假设 8-3　（无差关系、优越关系的传递性）设 T_1，T_2，T_3 为三个事态体，则

（1）当 $T_1 \sim T_2$，$T_2 \sim T_3$ 时，有 $T_1 \sim T_3$。（无差关系的传递性）

（2）当 $T_1 > T_2$，$T_2 > T_3$ 时，有 $T_1 > T_3$。（优越关系的传递性）

这三条假设将后果的偏好关系推广到了事态体间的偏好关系。

从上述三条假设出发，可以推出下面两条重要结论：

第三步，两个定理——决策分析的理论基础

定理 8-1　设 $T_1 = (\theta_1, x; \theta_2)$，$(\theta_3)$ 为必然事件，$\theta_1 > \theta_3 > \theta_2$，则必存在 $p \in [0, 1]$，使得当 $x = p$ 时，事态体 T_1 无差于必然事件 (θ_3)，即 $(\theta_3) \sim (\theta_1, p; \theta_2)$。

证明：(θ_3) 实际上是一个 $p = 1$ 的特殊事态体，$(\theta_3) \sim (\theta_3, 1; \theta_2)$。比较事态体 $(\theta_3, 1; \theta_2)$ 与 $T_1 = (\theta_1, x; \theta_2)$，因为 $\theta_1 > \theta_3 > \theta_2$，根据假设 8-2，必存在 $p \leq 1$，使得当 $x = p$ 时，$(\theta_3, 1; \theta_2) \sim T_1 = (\theta_1, x; \theta_2)$，又根据假设 8-3 无差关系的传递性，$(\theta_3) \sim T_1 = (\theta_1, p; \theta_2)$。证毕。

若 $(\theta_3) \sim (\theta_1, p; \theta_2)$，则称 p 为 θ_3 关于 θ_1，θ_2 的**无差概率**。

例 8-6　（掷硬币事件）掷一枚硬币，假设掷出正面 H（正）和掷出反面 T（反）的概率均为 0.5，$T_1 = (\theta_{11}, p_1; \theta_{12}) = (500, 0.5; 0)$，$T_2 = (\theta_{21}, p_2; \theta_{22}) = (200, 0.5; 200)$。$T_1$ 为风险型事件，T_2 为确定型事件。二者何为优先？

此时，$\theta_{21} = 200$ 元。若 $\theta_{21} = 500$ 元，肯定不接受 T_1；若 $\theta_{21} = 0$，此时什么机会也没有，则接受 T_1。

是否参与 T_1 取决于另一个收益为确定值的方案，此确定值在 0 与 500 之间。可以推断，从肯定不参与到参与之间，此确定值相应有一个转折点。这个转折点就是与事态体方案 T_1 等价的确定值，即称为**等价确定值**。

若 $\theta_{21} = 305$ 元，则 $T_2 > T_1$；$T_1 = 295$ 元，则 $T_2 < T_1$；假设 $T_1 \sim (300)$ 元，则 T_1 的等价

确定值为 300。于是在本例中，$T_1 > T_2$。

定理 8-1 的重要性是显然的，它在必然事件与简单事态体这样两种表面性质完全不同的事物之间建立了无差别类比的运算关系，体现了人对不确定事件的"把握"与"判断"。前者是确定的结局，后者则具有多种可能的结果。这种将随机性的情形化成等价的确定性情形的过程，实际上构成了基于效用函数理论的决策分析方法的理论基础。下面的定理进一步说明任一有 n 种可能结果的事态体还可化为一个无差别的简单事态体，从而也可无差于一个必然事件。

定理 8-2 （简化性）任一有 n 种可能结果的事态体 $(\theta_1, p_1; \cdots; \theta_n, p_n)$ 无差于某一简单事态体 $(\theta^*, p; \theta_*)$，即

$$(\theta_1, p_1; \cdots; \theta_n, p_n) \sim (\theta^*, p; \theta_*) \tag{8-3}$$

式中，$p = \sum_{j=1}^{n} p_j q_j$，$q_j$ 为 θ_j 关于 θ^* 与 θ_* 的无差概率；$\theta^* > \max_i \{\theta_i\}$，$\theta_* < \min_i \{\theta_i\}$。

证明：$\theta_* < \theta_j < \theta^*$，且 q_j 为 θ_j 关于 θ^* 与 θ_* 的无差概率，根据定理 8-1 有

$$(\theta_j) \sim (\theta^*, q_j; \theta_*) \quad j = 1, 2, \cdots, n, \tag{8-4}$$

对 T 中所有可能的结果都利用式（8-4）进行无差代换，即

$$T = (\theta_1, p_1; \cdots; \theta_n, p_n)$$
$$\sim ((\theta^*, q_1; \theta_*), p_1; (\theta^*, q_2; \theta_*), p_2; \cdots; (\theta^*, q_n; \theta_*), p_n)$$
$$\sim (\theta^*, p_1 q_1; \theta_*, p_1(1-q_1); \theta^*, p_2 q_2; \theta_*, p_2(1-q_2); \cdots; \theta^*, p_n q_n; \theta_*, p_n(1-q_n))$$
$$\sim \left(\theta^*, \sum_{j=1}^{n} p_j q_j; \theta_*, \sum_{j=1}^{n} p_j(1-q_j)\right)$$

因为 $\sum_{j=1}^{n} p_j = 1$，代入上式可得

$$T \sim \left(\theta^*, \sum_{j=1}^{n} p_j q_j; \theta_*, 1 - \sum_{j=1}^{n} p_j q_j\right)$$

定理得证。

图 8-2 的树形图展示了这一转化的过程。

这个定理说明，任意一个标准事态体都可以转化成一个简单事态体，从而任意两个有多种可能结果的标准事态体之间的比较可以转化成与之无差的两个简单事态体的比较，且这两个事态体具有相同的结果，即可由假设 8-1 得出比较结果。基于无差关系和偏好关系的传递性，对多个事态体的排序也可用此方法完成。

上述三个假设和两个定理作为决策分析的理论基础，具有十分重要的意义。在求解含有不确定因素的决策问题中，每个方案因不确定的自然状态都有若干种可能的结果，因此可被看成一个个的事态体。当它们满足前面三个假设时，由上面的两个定理可知，这些事态体都是

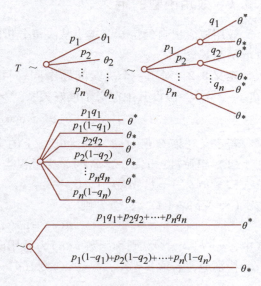

图 8-2 简化性的树形图

可以进行比较的，因而这类决策问题的备选方案都可以排出优劣顺序。也就是说，对于理性的决策者，决策总可由这样一个结构化的过程完成。具体来说，对于方案集 $A = \{A_1, \cdots, A_m\}$

$$A_i = (\theta_{i1}, p_1; \cdots; \theta_{in}, p_n), i = 1, 2, \cdots, m \tag{8-5}$$

$$A_i \sim \left(\theta^*, \sum_{j=1}^{n} p_j q_{ij}; \theta_*\right) \tag{8-6}$$

式中，$\theta^* > \max\limits_{i,j} \theta_{ij}$；$\theta_* < \min\limits_{i,j} \theta_{ij}$

$$(\theta_{ij}) \sim (\theta^*, q_{ij}; \theta_*) \tag{8-7}$$

比较 $\sum_{j=1}^{n} p_j q_{ij} (i = 1, 2, \cdots, m)$ 之间的大小即可对方案集进行排序，从而确定最优方案。

由此可以看出，对方案集中各个备选方案 A_i 的评价与排序，关键在于给出一个便于确定无差概率 q_{ij} 的一般方法和技巧。

式 (8-7) 反映了 θ^*、θ_* 固定时，θ_{ij} 与 q_{ij} 对应的变化关系。按式 (8-7)，当 θ_{ij} 为不同优越关系的结果时，所估计出的 q_{ij} 必定取不同的值。θ_{ij} 较优，则 q_{ij} 值较大；θ_{ij} 较劣，则 q_{ij} 值较小。于是，q_{ij} 值便可看作是以 θ_{ij} 为自变量、值域为实数区间 $[0,1]$ 的函数，即 $q_{ij} = u(\theta_{ij})$。所谓 θ_{ij} 的优劣，其实质是指该结果对决策主体所能提供的作用或价值大小。把结果 θ_{ij} 对决策主体所能提供的作用或价值，称为它对决策主体的**效用**。这样，q_{ij} 也就成了衡量这种效用大小的数值，称为**效用值**，$u(\theta_{ij})$ 称为**效用函数**。因此，在求解决策问题时，如果能够知道这样的效用函数，无论这样的函数是用图像表示或用数学分析式表示的，都可以被用来由 θ_{ij} 确定出 q_{ij} 的值。由此，上述关于估计 $m \times n$ 个 q_{ij} 值的问题就归结为如何确定效用函数的问题。在下一节中，将对效用函数及其确定进行详细的论述。

8.3 效用函数及其确定

8.3.1 效用函数的定义

效用概念出自经济学，本书从决策分析的角度，利用效用这一概念来表示决策分析中的价值形态观念。

定义 8-2 对于一个决策问题中同一目标准则下的 n 个可能结果所构成的后果集 $J = \{\theta_1, \cdots, \theta_n\}$，假设其中定义了偏好关系 " $>$ "，且满足上节中的三个假设。任取

$$\theta^* > \max_{i} \theta_i, \quad \theta_* < \min_{i} \theta_i$$

若定义在集 $\Theta = \{a | \theta^* > a > \theta_*\}$ 上的实值函数 $u(a)$ 满足：

(1) 单调性：$u(a) \geq u(b)$，当且仅当 $a > b$；$u(a) = u(b)$，当且仅当 $a \sim b$。
(2) $u(\theta^*) = 1$，$u(\theta_*) = 0$。
(3) 若 $c \sim (a, p; b)$，则

$$u(c) = pu(a) + (1-p)u(b) \tag{8-8}$$

式中，$a, b, c \in \Theta$。则称函数 $u(a)$ 为**效用函数**。

特别地，若取 $a = \theta^*$，$b = \theta_*$，则 $(\theta) \sim (\theta^*, p; \theta_*)$

$$u(\theta) = pu(\theta^*) + (1-p)u(\theta_*) = p$$

效用函数定义中的条件（3）也可换成：
$u(\theta)$ 满足无差关系式
$$(\theta) \sim (\theta^*, u(\theta); \theta_*)$$

定义了效用函数，要比较 m 个方案
$$A_i = (\theta_{i1}; p_1; \cdots; \theta_{in}, p_n), i = 1, 2, \cdots, m$$

的优劣，由定理 8-2，$A_i \sim (\theta^*, \sum_{j=1}^{n} p_j q_j; \theta_*)$，式中 q_{ij} 满足 $(\theta_{ij}) \sim (\theta^*, \theta_*; q_{ij})$。根据效用函数的定义，$u(\theta_{ij}) = q_{ij}$，从而比较各方案的优劣转化为比较 $\sum_{j=1}^{n} p_j u(\theta_{ij})$ 的大小。称其为方案 A_i 的**期望效用值**，记为 $E(A_i)$。至此，建立了方案评价与排序的标准。

可以看到，效用函数的定义并没有限制其唯一性。也就是说，同一事态体空间可以有不同的效用函数。这是因为效用函数体现的是方案的后果值对决策主体所能提供的作用或价值，强调决策主体的主观满意程度。因此，同样的后果对不同的决策者自然可以有不同的效用。即使是同一决策者，在不同的环境下对同一结果的主观体验也可能不同。这种与决策者主观的统一，使得决策的结果更加有效，但也使得效用函数的确定变得困难。

8.3.2 效用函数的确定

效用函数的定义没有限制其唯一性，效用函数没有正误之分，只体现决策者的主观偏好。但是，在具体的环境下，方案后果的效用值是可以确定的，而且效用值的大小最终取决于决策者的估算。但若对每一个结果的效用值都由决策者估算，显然是烦琐甚至是不可能的。根据经验发现，决策者对效用值的估计主要决定于其对风险的态度，并且有一定的模式和类型。

确定效用函数的思路是：对于方案空间，首先找到决策者最满意和最不满意的后果值 θ^*，θ_*，令 $u(\theta^*) = 1$，$u(\theta_*) = 0$。然后对一有代表性的效用值 u，通过心理实验的方法，由决策者反复回答提问，找到其对应的后果值 θ_u，它满足效用函数的性质 3，即与 $(\theta^*, u; \theta_*)$ 无差：$(\theta_u) \sim (\theta^*, u; \theta_*)$。这样就找到了效用曲线上的三个点。重复这一步骤，对 $u(\theta^*)$，$u(\theta_u)$ 之间的有代表性的另外一个效用值 u' 找到其对应的后果值 $\theta_{u'}$。反复进行，直到找到足够多的点，将它们用平滑曲线连接起来，便可得到效用曲线。下面以一个例子具体说明。

例 8-7 为设计鲜花，考虑某人对一束鲜花中花的数目的效用函数，后果值空间是 [0, 100]，该决策者对其定义的偏好关系"≻"等价于">"。设计一系列问题供决策者回答，根据其答案确定效用曲线。

第一步，确定最优及最差的后果值。
显然，$\theta^* = 100$，$\theta_* = 0$。
第二步，确定 0 枝花与 100 枝花之间若干个点的效用值，并对决策者进行问答，以测定决策者对不同方案的反应。
（1）假设有两个方案：①决策者可获赠一束 40 枝的鲜花；②以 0.5 的概率获得一束 100 枝的鲜花，或没有，简写为 (100, 0.5; 0)。供决策者选择。

回答:选择方案①。

得出 40 枝鲜花的效用优于方案 (100, 0.5; 0) 的效用,即 (40)>(100, 0.5; 0)。

(2) 将方案①变为可获赠一束 30 枝的鲜花。

回答:选择方案②。

得出 30 枝鲜花的效用差于方案 (100, 0.5; 0) 的效用,即 (30)<(100, 0.5; 0)。

(3) 将方案①变为可获赠一束 35 枝的鲜花。

回答:无所谓,两种方案均可。

此时认为方案①无差于方案②。根据效用函数定义的性质 2,得出

$$u(35)=0.5u(\theta^*)+0.5u(\theta_*)=0.5$$

记 $u(\theta_{0.5})=0.5$,$\theta_{0.5}=35$。

(4) 将方案②变为 (100, 0.5; 35),依上述方法反复提问,与之无差的确定性获赠的枝数为 60 枝。所以

$$u(60)=0.5 \cdot u(\theta^*)+0.5 \cdot u(\theta_{0.5})=0.75$$

即 $\theta_{0.75}=60$。

此时已得到效用曲线上的 4 个点:(0, 0), (35, 0.5), (60, 0.75), (100, 1)。如此反复进行,可找到点 $(\theta_{0.25}, 0.25)$, $(\theta_{0.375}, 0.375)$, $(\theta_{0.625}, 0.625)$, $(\theta_{0.875}, 0.875)$,等等。

第三步,将所得到的点依次用光滑曲线连接起来即得鲜花的效用曲线,如图 8-3 所示。

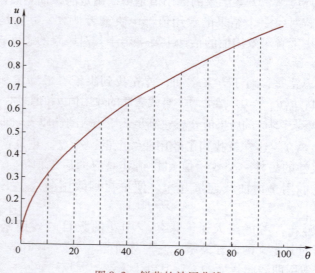

图 8-3 鲜花的效用曲线

8.3.3 L-A 模拟法

上面提到,决策者对效用值的估计主要决定于其对风险的态度,并且有一定的模式和类型。因此,依据决策者对风险的态度,可以将决策者的效用曲线分为以下几个类型:

(1) **风险中性型**。风险中性型曲线的斜率为常数,说明决策者在每增加 1 单位产出时所

得到的满足感都是相同的,而每减少1单位产出时的失望也是相同的,如图8-4中C_2曲线所示。

(2) 风险厌恶型。风险厌恶型曲线的斜率在差的产出水平比好的产出水平大,说明摆脱差的产出带给决策者的欢乐程度比放弃好的产出带给决策者的痛苦程度大,如图8-4中C_1曲线所示。

(3) 风险偏好型。风险偏好型曲线的斜率在好的产出水平比差的产出水平大,说明决策者更关心方案的结果较好时其结果的变化,如图8-4中C_3曲线所示。

还有一些由基本类型组合而成的类型,如S形效用曲线(见图8-5)。

L-A模拟法就是根据上面的假设,即假设决策者的效用函数符合某种特殊类型的曲线,得出的一种简便地得到决策者效用曲线的方法。其基本思路是根据假设的效用函数类型,通过得到几个效用函数点,确定其函数的参数。

例如,若假设$u(\theta)=a(\theta-b)^c$,已知$(\theta_0)\sim(\theta^*,p;\theta_*)$,则由三个点$(\theta^*,1)$,$(\theta_*,0)$,$(\theta_0,p)$可定出$a$,$b$,$c$。其中,$c<1$时决策者为风险厌恶型;$c>1$时决策者为风险偏好型;$c=1$时决策者为风险中性型。

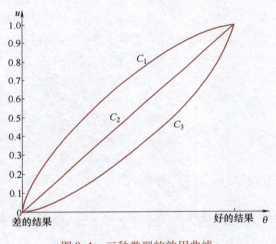

图8-4 三种类型的效用曲线

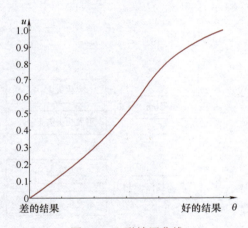

图8-5 S形效用曲线

此外还有其他一些类型的效用函数,如:

幂函数表达式

$$u(x)=a(x+b)^c-ab^c$$

对数函数表达式

$$u(x)=c+b\ln(x+a)$$

式中,x为θ的归一化结果,即$x=(\theta-\theta_*)/(\theta^*-\theta_*)$。

例8-8 火灾保险

某企业欲将价值为A元的厂房设备申报火灾保险。如参加投保,明年要付保险金i元,明年内如发生火灾,所有损失将全部赔偿;如不参加投保,一旦发生火灾,则损失B元($B<A$)。试决定是否参加投保。

由题得出如下两个事态体:

T_0：$(A-i)$，即如企业参加投保，缴纳保险金 i 元，此时企业财产价值为 $A-i$ 元。

T_1：$(A-B, p_1; A)$，即如企业不参加投保，则面临两种情况：一是火灾以概率 p_1 发生，此时财产价值为 $A-B$ 元；二是火灾不发生的概率为 $1-p_1$，此时企业财产仍为 A 元。

火灾保险问题的决策树如图 8-6 所示。依期望收益值，若决定投保，则需

$$A - i \geqslant p_1(A-B) + (1-p_1)A \Rightarrow p_1 \geqslant \frac{i}{B}$$

即当火灾发生的概率大于保险金和火灾损失之比时，以参加保险为优。如 500 万元财产，保险金 1 万元，$p_1 \geqslant 1$ 万元 $/500$ 万元 $=0.002$，即明年火灾发生的概率大于 0.002 时才值得投保。

但事实并非如此，即使概率小于此数，人们还是愿意保险。人们总是力求万无一失，而愿意付出比期望收益值准则算出的保险金要高得多的费用。这可以用效用函数来得到明确解释。如图 8-7 所示，依期望效用值，有

$$u(A-i) \geqslant p_2 u(A-B) + (1-p_2) u(A)$$

$$p_2 \geqslant \frac{u(A) - u(A-i)}{u(A) - u(A-B)} = \frac{CE}{CF} = \frac{GE}{MF}$$

$$= \frac{i - IG}{B} = \frac{i}{B} - \frac{IG}{B}$$

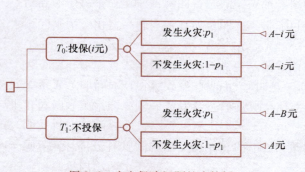

图 8-6 火灾保险问题的决策树

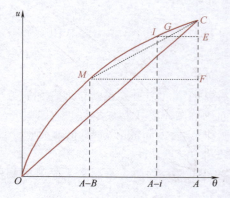

图 8-7 火灾保险的效用曲线

不妨取等号。显然，$p_1 > p_2$。同样数额的保险金，人们愿意在小于火灾发生的客观概率即 p_1 的条件下投保。保险公司本可在收保险金 $i' = Bp_2$，即可收支相抵的条件下而收取用户 $i = Bp_1$ 元，$\Delta i = i - i'$ 即被保险公司赚进，用作管理费用或盈利。

例如，某企业在 $p_1 = 0.001$ 的条件下，投保 500 万元财产，交保险金 0.001×500 万元 $= 0.5$ 万元即可使保险公司收支相抵。为简单计，如若发生火灾，假设财产完全损失，即 $B = A$。实际上，企业却愿按高于 p_1 值如 $p_2 = 0.002$ 交付，$i' = 0.002 \times 500$ 万元 $= 1$ 万元，此时保险公司将盈利 1 万元 $- 0.5$ 万元 $= 0.5$ 万元，而投保户同样感到满意。保险业务在互利情况下得到发展。

例 8-9 某公司计划开发某种新产品，现有 A，B，C 三种设计方案，市场的未来预测有畅销、平销、滞销三种可能，在每种自然状态下各方案的收益见表 8-1。求依期望效用最大的原则所做出的决策。

第 8 章 期望效用理论

表 8-1 开发新产品的三种方案的收益值 （单位：百万元）

收益 \ 市场状态 \ 方案	畅销（概率0.3）	平销（概率0.5）	滞销（概率0.2）
A	25	15	-10
B	20	16	0
C	8	6	5

求解步骤如下：

首先，将各收益值归一化，令 $x_{ij} = \dfrac{\theta_{ij} - \theta_*}{\theta^* - \theta_*}$，如 $x_{11} = \dfrac{\theta_{11} - (-10)}{25 - (-10)} = 1$，假设决策者的效用曲线的模式为 $u(x) = c + b\ln(x + a)$，依此得出方案可能的收益值所对应的效用值，绘制新产品开发的效用曲线，如图 8-8 所示。

各收益值所对应的效用值见表 8-2。

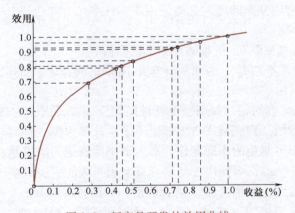

图 8-8　新产品开发的效用曲线

表 8-2　各收益值所对应的效用值

收益（百万元）	-10	0	5	6	8	15	16	20	25
x	0	0.29	0.43	0.46	0.51	0.71	0.74	0.86	1
u	0	0.69	0.79	0.81	0.84	0.92	0.93	0.96	1

根据表中数据及期望效用值的定义 $E(A_i) = \sum\limits_{j=1}^{n} u_{i,j} p_j \ (i=1,2,3)$，各个方案的期望效用值为

$$u(A) = u(25) \times 0.3 + u(15) \times 0.5 + u(-10) \times 0.2 = 0.76$$
$$u(B) = 0.89$$
$$u(C) = 0.81$$

所以，方案 B 为最优。从本例可以看出，该决策者属于风险厌恶型，其决策较为保守，对损失更加敏感，倾向于稳妥的方案。

8.4 主观期望效用值理论

关于概率的处理，是期望效用值理论中一个引起争论的问题。这主要涉及主观概率与客观概率。

8.4.1 主观概率与客观概率

概率的定义可分为两类：主观概率和客观概率。**客观概率**是指建立在等可能性基础上的古典概率和建立在大量重复试验基础上的统计概率。如 n 表示在 N 次独立重复实验中事件 A 的发生次数，频率值 n/N 在 N 充分大时几乎保持固定的数值。实验次数越多，观察到的偏差越小，事件 A 出现的频率即可视为概率，即

$$p(A) = \lim_{N \to \infty} \frac{n}{N}$$

客观概率在自然科学和工程技术领域应用得非常广泛，但它也有一些缺陷：

（1）古典定义在考虑复杂问题时会遇到困难。许多场合能否符合等可能性就成为问题。

（2）对于统计定义：

1）概率是频率的"极限"，很难估计一个精确值。

2）所采用的样本常不清楚。例如，开车出现车祸的概率，是指哪一时间段？哪一地域？哪种类型的车？

3）精确重复的概念有问题。如掷硬币真正是完全重复，那么它应产生同样的结果。这就引出了不确定源的问题。到底是来自内部世界还是外部世界，答案与每个人的世界观密切相关。有人认为存在不可避免的不确定性，有人则排斥真正的随机性。

拉姆斯、菲拉迪、萨维奇等提出了与客观概率相对应的主观概率的概念，认为概率所反映的是主观心理对事件发生所抱有的"信念程度"（Degree of Beliefs），它既适应于重复事件，也适应于像战争是否爆发这类单一事件。大量的研究成果表明，概率主观估算不仅有效，而且比没有这种估算要更为可取。因此，主观概率应同客观概率一样被应用，尤其是在经济决策、项目决策等问题上。

主观概率与人们对此不确定事件的认识（知识）有关，概率的确定相当于其知识状态的反映。如甲、乙两人做游戏，拿一长一短两根火柴，甲每次出一根，乙猜这根火柴是长还是短。如已进行过 6 次，第一次为短，其余均为长，第七次出短的概率为多少？尽管第七次出长出短理应独立于前六次的结果，但乙会根据对甲性格的了解以及前五次甲出长的结果估计下一次出短的概率应大于 0.5。在这种场合，人们对事件实际发生的概率做出符合他们对事件发生可能性认识的直觉判断，称为**主观概率**。

人们常常根据长期积累的经验以及对预测与决策事件的了解，从而对事件发生的可能性大小做主观估计。不同的人对同一事件发生的可能性有不同的信念程度，因此，主观概率出现的答案可能会多种多样。

主观概率与客观概率一样，必须满足概率的三条基本公理。设 $p(A_i)$ 为事件 A_i 发生的主观概率，则它们满足：

（1）$0 \leq p(A_i) \leq 1$。

(2) $p(\Omega) = 1$，Ω 为样本空间。
(3) 若 $A_i \cap A_j = \emptyset$，$i \neq j$，$i, j = 1, 2, \cdots$，即 A_i，A_j 为互斥事件，则

$$p\left(\sum_{i=1}^{\infty} A_i\right) = \sum_{i=1}^{\infty} p(A_i)$$

主观概率与客观概率的主要区别是，主观概率无法用实验或统计的方法来检验它的正确性。例如，在某项投标中，一个投标者认为他提出的报价中标的可能性是 90%，失标的可能性为 10%；而另一个投标者，在完全相同的情况下，则认为自己中标的可能性为 70%，失标的可能性为 30%。对于这两种主观概率估计无法断言哪个正确的，即使中标了也如此。尽管二者的含义不同，但在实用中二者仍有密切联系。按古典概率和统计概率定义求得的客观概率可以作为判定主观概率的基础。如根据统计数据，4000 次火警中有 1000 次错报，则消防人员判断火警错报的主观概率可能就据此定为 0.25，即使上述猜火柴长短的情况，判断第七次出长的可能性较大，但仍然考虑到客观概率为 0.5 这个"等可能性"的情况。如果有两根长火柴，一根短火柴，则可能做出另一种判断。可以说，客观概率是判断主观概率所依据的重要知识。

主观概率虽不具有客观概率那样的可检验性，但在许多经济项目的预测和决策中，又是不可缺少的一种常用方法，特别是在历史资料既不齐全又不适用的条件下，常常采用主观概率法进行预测和决策。

8.4.2 主观概率的判断

为了使主观概率的概念能够实用，萨维奇提出了参考事态体的概念以判断事件的主观概率。下面以例说明：

问题：产品 A 下季度销售量大于 3000 台的概率是多少？

设计两个事态体：

L_1：产品 A 下季度销量 ≥ 3000 台，盈利 1 万元；销量 < 3000 台，盈利 2000 元。

L_2：一个袋子里有 100 只球，设其中有 50 只红球，50 只白球。摸出红球，得 1 万元；摸出白球，得 2000 元。此即参考事态体。

判断者在这两种事态体之间进行辨优，并做出抉择。如果此人根据已掌握的销售情况，相信有 50% 以上的可能性销售量会大于 3000 台，那他将会选择事态体 L_1。此时，下一步变动红白球的组成，如 80 只红球，20 只白球，形成新的参考事态体。这时，判断者可能会选择 L_2，意味着他认为销售量大于 3000 台的概率不会超过 80%。然后减少红球的数目，直到出现一种参考事态体，判断者认为和事态体 L_1 等价。设此时红球数为 r，表明 $r+1$ 个红球时判断者将选择 L_2，$r-1$ 个红球时将选择 L_1，在两事态体等价时红球出现的概率为 $r/100$，即反映了判断者对现实生活中出现该事件的信念程度，此即主观概率。

在本例中，如选定的参考事态体由 70 只红球，30 只白球组成，则表示判断者认为下季度产品 A 的销量大于 3000 台的概率为 0.7。这个过程可以继续下去，以判断销售量超出其他数量的概率。如按同样步骤得出销量超过 1000 台、2000 台、4000 台、5000 台的主观概率分别为 0.9，0.85，0.45，0.25，则可绘出如图 8-9 所示的主观概率曲线。

除上述方法外，还有一种估计主观概率的方法，称为专家咨询法。这种方法类似德尔菲

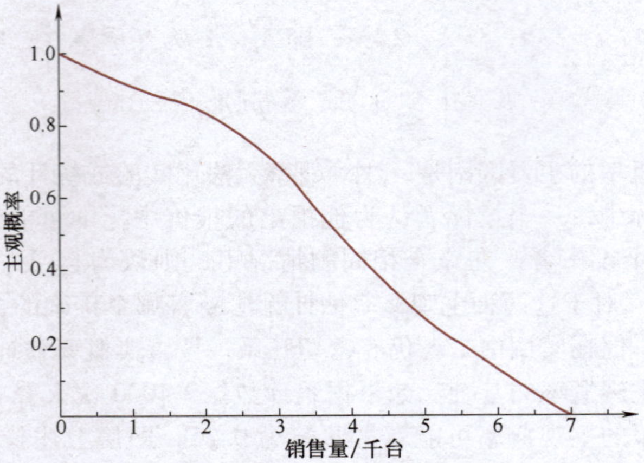

图 8-9　主观概率曲线

法，即把要估计的概率和相关资料，聘请有经验的专家进行评估，填写有关表格。待专家评估后，再做适当的数据处理，即可得到主观概率的估计值。

此时，<u>主观期望效用值</u>表达式为

$$\sum_{i=1}^{n} f(p_i) u(x_i) \tag{8-9}$$

$f(p_i)$ 为主观概率。

这样，就把决策准则从期望收益值推广到期望效用值，再推广到主观期望效用值。

【案例 8-1】　　　　收购 DSOFT 公司

　　Polar 和 ILEN 是两个最大的生产和销售数据库软件的公司，它们一直都在谈判收购 DSOFT。DSOFT 是数据库软件市场中排名第三的大公司。Polar 拥有的世界数据库软件的市场份额为 50%，ILEN 拥有的市场份额为 35%，DSOFT 拥有的市场份额为 10%，还有其他几个小公司拥有数据库软件的市场份额为 5%。Polar 的金融和市场分析员估计 DSOFT 的市值为净值 3 亿美元。

　　通过最初的谈判，DSOFT 已经表明他们将不会接受 3 亿美元以下的价格转让。Polar 的 CEO 雅各布·普拉特（Jacob Pratt）认为，收购 DSOFT 将使 Polar 成为数据库软件行业的主导者，并使数据库市场的份额达到 60%。此外，雅各布知道，DSOFT 一直在开发一个具有巨大利润潜力的新产品。雅各布估计这个新产品将对 DSOFT 的市值净增加 3 亿美元的可能性为 0.50，市值净增加 1.5 亿美元的可能性为 0.30，或者对净值增加没有任何影响的可能性为 0.20。

　　为了使事物简单化，雅各布决定考虑三种有关可能购买 DSOFT 的策略选择：①出 4 亿美元的"高价格"；②出 3.2 亿美元的"低价格"；③根本不予以考虑。如果他追求第三种策略（不购买），那么，雅各布肯定 ILEN 将收购 DSOFT。如果 Polar 打算收购 DSOFT（要么"高价格"，要么"低价格"）。雅各布认为 ILEN 会进一步增加价格。他不确定在这种情况下，ILEN 将会出何种价格收购 DSOFT，但他做出了以下几个可能结果的最佳估

计：ILEN 将会增加 Polar 出价的 10%，其可能性为 0.30，出价 20% 的可能性为 0.40，出价 30% 的可能性为 0.30。如果 ILEN 打算以这种价格收购 DSOFT，那么雅各布需要决定他是否将出最终的价格收购 DSOFT。他的想法是在 ILEN 出了一个数目以后，Polar 要么退出竞争，要么出价参与竞争，要么高于 ILEN 所出价格 10% 的最终价格。如果 Polar 和 ILEN 所出价格相同，雅各布估计 DSOFT 接受 Polar 最终价格的可能性为 0.40；然而，如果 Polar 所出的价格数目高于 ILEN 所出数目的 10%，那么雅各布估计 DSOFT 将会接受 Polar 提供的最终价格的可能性为 0.60。

问题：求解 Polar 的最优决策策略。

（资料来源：Bertsimas D，Freund R M. 数据，模型与决策 [M]. 李新中，译. 北京：中信出版社，2004：39-40.）

本章小结

1. **期望收益值** 期望收益值成为决策分析发展过程中提出最早和应用最广泛的一种准则。收益值往往采用货币作为单位。当然，也可采用货币以外的定量单位。期望收益值为标准的决策方法，适用于如下几种情况：①概率的出现具有明显的客观性质，而且比较稳定；②决策不是解决一次性问题，而是解决多次重复的问题；③决策的结果不会对决策者带来严重后果，即决策的风险较小时可用。

2. **事态体** 具有两种或两种以上的可能结果的方案（行为）称为事态体，其中的各种可能结果为以一定概率出现的随机事件。

3. **效用** 方案的某个后果值对决策主体所能提供的作用或价值称为效用，强调决策主体主观的满意程度，因此，同样的后果对不同的决策者自然可以有不同的效用。即使是同一决策者，在不同的环境下对同一结果的主观体验也可能不同。

4. **主观概率** 人们对事件实际发生的概率做出符合他们对事件发生可能性认识的直觉判断，称为主观概率。

思考与练习

1. 概念题
(1) 无差关系；(2) 偏好关系；(3) 效用函数；(4) 事件的事态体表示。
2. 期望收益值作为决策的准则有什么不足？试举例说明。
3. 什么是效用函数？试叙述如何确定效用函数。
4. 试以购买彩票为例来解释假设 8-2（连续性）。
5. 某零售商准备外出组织货源，有关资料经预测列于表 8-3。通过对该零售商的提问得到：$u(3250)=1$，$u(2050)=0$，$u(2200)=0.5$，并基本确定其效用函数为

$$u(x) = \alpha + \beta\ln(x+\theta)$$

(1) 用期望收益值准则求行动方案。
(2) 求解该零售商对此决策问题的效用函数。
(3) 用期望效用值准则求行动方案。
(4) 对两种准则的决策结果进行对比分析。

表 8-3　某零售商采购数据表　　　　　　　　　　（单位：万元）

状态 方案	S1 （概率0.2）	S2 （概率0.4）	S3 （概率0.3）	S4 （概率0.1）
A1	2500	2500	2500	2500
A2	2350	2750	2750	2750
A3	2200	2600	3000	3000
A4	2050	2450	2850	3250

6. 设某甲面临一种事态体：先付60元进行一次掷硬币的博弈，若出现正面则得160元，若出现反面则一无所获，即有事态体（100，-60；0.5）。设甲依期望效用值准则行事，且其效用函数为

$$u_A(x) = \begin{cases} 4x + 60 & x < -20 \\ x & x \geq -20 \end{cases}$$

乙也依期望效用值准则行事，其效用函数为

$$u_B(x) = \begin{cases} 3x + 60 & x < -30 \\ x & x \geq -30 \end{cases}$$

式中，x 为收益。

（1）试分析甲、乙两人是否会参加此项博弈。

（2）假设甲愿意承担此项博弈费用的40%，乙愿承担余下的60%。若赢，甲得64元，乙得96元。此时双方是否会联合参加此项博弈？

第9章
单目标决策分析

决策目标只有一个的决策问题称为**单目标决策**。按照对自然状态发生概率了解程度的不同，可将单目标决策分为风险型决策、非确定型决策和概率排序型决策等。

风险型决策问题的自然状态有两种或两种以上，各自然状态出现的可能性（概率）是已知的（即可以通过某种方法确定下来）；**非确定型决策**问题的自然状态也有两种或两种以上，但各自然状态出现的概率是完全未知的；**概率排序型决策**则介于上述两者之间，其特征是：各自然状态的出现概率并非完全已知，也非完全未知，而是知道关于各自然状态出现概率的大小排序这一信息。

【案例 9-1】

设某厂已决定生产一种新产品，有下列三个方案可供选择：A_1——建立新车间大量生产；A_2——改造原有车间，达到中等产量；A_3——利用原有设备，小批试产。市场对该产品的需求情况存在如下四种可能：①需求量很大因而畅销；②需求量偏好；③需求稍差；④需求量很小因而滞销。各自然状态下的后果值（每月利润）见表9-1。

表9-1　某厂新产品开发后果值表　　　　　　　　　　（单位：万元）

方案	市场需求情况			
	畅销（p_1）	偏好（p_2）	稍差（p_3）	滞销（p_4）
A_1	85	40	−2	−43
A_2	54	37	11	−14
A_3	24	24	12	0

情况一：若上述四个自然状态出现的概率 p_1，p_2，p_3，p_4 是已知的，则属于风险型决策问题。

情况二：若上述四个自然状态出现的概率 p_1，p_2，p_3，p_4 是完全未知的，则属于非确定型决策问题。

情况三：若上述四个自然状态出现的概率 p_1，p_2，p_3，p_4 是未知的，但知道各自然状态出现的概率大小排序，如 $p_2 \geq p_3 \geq p_1 \geq p_4$，则属于概率排序型决策问题。

对上述三种不同的单目标决策问题应如何进行决策？显然，由于所掌握的信息不同，所以会有不同的解决办法。本章首先给出对一般决策问题进行分析的思路，然后在此基础上进一步介绍风险型决策、非确定型决策和概率排序型决策问题的具体求解方法。

9.1 风险型决策

9.1.1 风险型决策问题分析的基本思路

风险型决策问题分析的基本思路可以遵循如图 9-1 所示的分析步骤。

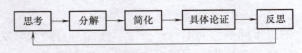

图 9-1　风险型决策问题的分析步骤

在决策的实践中，决策者都要进行两类工作：对决策信息的收集和处理工作以及对决策问题的思考工作。许多决策者往往把大部分时间和精力放在对决策信息的收集和处理上，缺乏对问题本质的思考，导致决策的效果很差。所谓对决策问题的思考，就是考虑决策问题的性质和结构，掌握决策工作的正确方向，确保对问题始终做到心中有数。在此基础上，先考虑收集什么信息，如何进行处理，最后再进行信息的收集和处理，这将收到事半功倍的效果。

分解和简化是具体论证工作的基础，对最终决策结论的有效性有至关重要的影响，不妨统称为对问题的分析。分析问题的一般程序是：

（1）将问题分解为若干因素，包括备选方案、可能的后果、可能后果对决策者的效用等，分解的详细程度应根据问题的规模和分析的要求而定。

（2）对各因素进行逐一的研究和探索，弄清楚每一个要素的内容。

（3）将分解的各个因素重新综合起来，从相互之间的联系中再进行研究和探索，尤其是要研究因素间的主要联系，在此基础上弄清楚问题的来龙去脉。在分解问题时，应当抓住问题中的主要因素和因素间的主要联系，这就是简化问题。在决策问题中，主要因素包括备选方案、可能发生的不确定性后果、不同后果对决策者的效用等。

具体论证是分解和简化工作的必要补充，它是在上述工作基础上进行的。其内容是对前面工作所拟定的、有限的和最重要的备选方案及其可能的后果对决策者的主观效用进行具体论证，以便对各个方案做出符合决策主体目的的排序。具体论证可分为若干轮来进行。第一轮称为一次分析，此时决策者仅对最重要的备选方案和可能的结果进行具体论证。若第一轮分析结果尚不够满意，决策者可根据时间和信息收集的可能性来决定是否进行第二轮分析。在二次分析中，将次重要的备选方案和可能的结果考虑进来进行分析。如果二次分析的结果还不够满意，根据条件还可进行三次分析、四次分析等，直至找到相对满意的结果为止。

在上述四个阶段的工作完成之后，决策的结论已初步形成。但在某种程度上，决策的结论依赖于决策者对可能后果的主观的预测和判断，也依赖于收集到的信息的质量。所以，决策者回过头来对决策问题以及自己已做的工作进行反思也是非常必要的。这包括：①找出分析过程中不符合逻辑思维规律的环节；②根据手头新掌握的信息来修正原来的一些预测结论；③确定下一步分析工作的重点。实际上，反思工作不论是在论证工作终了之时、在各轮论证之间，还是在对问题的思考和分析中，都是非常必要的。它能把整个决策分析过程有机地结合起来，使之成为一个逐步深入的循环往复的过程，其成效如何对决策结论的合理性、有效性有着重要影响。反思越细致和严谨，决策的结论就越能经得起时间的考验。

总之，决策分析是由简至繁、由浅入深、逐步完成的一个多轮分析的过程。每一轮分析都依赖于前一轮分析的结果，分析的细致和广泛程度取决于分析结果的满意程度、时间和信息收集的可能性。因此，决策分析是一种动态分析。同时，决策分析强调决策者的经验和思考、认知的心理过程等一些主观因素在决策过程中的作用和影响，并有意识地纠正认知过程中的不良因素。因此，它不是一种纯定量的数学理论，而是一种定性与定量相结合的分析方法。

9.1.2 风险型决策问题的数学模型

设有 m 个备选方案 $A_1, A_2, \cdots, A_m$，n 种自然状态 $S_1, S_1, \cdots, S_n$，其相应的出现概率记为 $p_1, p_2, \cdots, p_n$，方案 A_i 在自然状态 S_j 下的后果值为 θ_{ij}，则这 m 个备选方案可用事态体表示

$$A_i = (\theta_{i1}, \cdots, \theta_{in}; p_1, \cdots, p_n), i = 1, 2, \cdots, m$$

对此风险型决策问题，下面主要分析采用期望值准则和最大可能性准则进行决策。

1. 期望值准则决策方法

由于各种方案在不同的自然状态下后果值不同，所以决策者必须考虑各种不同结果对决策带来的影响。期望值准则决策的基本方法为：首先根据后果值表及各自然状态出现的概率计算不同方案的期望收益值，然后从期望收益值中选择最大的值所对应的方案即为所选方案。各方案的期望收益值计算公式为

$$E(A_i) = \sum_{j=1}^{n} p_j \theta_{ij}, i = 1, 2, \cdots, m$$

式中，$E(A_i)$ 表示第 i 个方案的期望收益值。m 个备选方案中，期望收益值最大的方案即为最终的决策方案。

若在决策中除了考虑期望收益值外，进一步考虑决策者对风险的态度，还可采用期望效用值准则来进行决策，即

$$E(H_i) = \sum_{j=1}^{n} p_j q_{ij}, i = 1, 2, \cdots, m$$

式中，$E(H_i)$ 表示第 i 个方案的期望效用值；$q_{ij} = u(\theta_{ij})$，其中 $u(\cdot)$ 为该决策者的效用函数，q_{ij} 表示对应于后果值 θ_{ij} 的效用值。

根据期望值准则，$E(H_i)$ 最大的方案即为最终的决策方案。

例如，在引例中，若已知 $p_1 = 0.4$，$p_2 = 0.35$，$p_3 = 0.15$，$p_4 = 0.10$，则可计算出各方案的期望收益值为

$E(A_1) = 0.4 \times 85$ 万元 $+ 0.35 \times 40$ 万元 $+ 0.15 \times (-2)$ 万元 $+ 0.1 \times (-43)$ 万元 $= 43.4$ 万元

$E(A_2) = 0.4 \times 54$ 万元 $+ 0.35 \times 37$ 万元 $+ 0.15 \times 11$ 万元 $+ 0.1 \times (-14)$ 万元 $= 34.8$ 万元

$E(A_3) = 0.4 \times 24$ 万元 $+ 0.35 \times 24$ 万元 $+ 0.15 \times 12$ 万元 $+ 0.1 \times 0$ 万元 $= 19.8$ 万元

根据期望值准则，方案 A_1 即为所选方案。

2. 最大可能性准则决策方法

最大可能性准则以概率论知识为基础，即认为事件发生的概率越大，在一次试验中出现的可能性就越大，因此选择概率最大的自然状态进行决策。也就是说，在决策中忽略其他概

率较小的自然状态，然后比较各方案在概率最大的自然状态下的收益值，收益值最大的方案即为所选方案。

仍以【案例9-1】为例，因为自然状态畅销出现的概率 $p_1 = 0.4$ 最大，而在畅销状态下，方案 A_1 的收益值（85万元）最大，所以根据最大可能性准则，选择方案 A_1。

需要说明的是，如果在一组自然状态中，某一状态出现的概率显著高于其他自然状态出现的概率，而收益值差别又不很大时，采用最大可能性准则决策方法效果较好。但如果自然状态较多，各自出现的概率相差不大，不同方案的收益值差别又较大时，采用这一准则就不一定能取得好的效果，有时甚至会导致严重失误。这时还需视具体情况做具体分析。

以上即为单目标风险型决策问题的数学模型及基本思路，但在具体的决策实践中，如何合理地应用此模型并在有限的条件下得到最理想的方案才是决策的关键和难点。在实际问题到数学模型的转化过程中，特别需要注意以下几个问题：

（1）应该考虑多少种自然状态？或者说，应该考虑哪些影响方案结果不确定性的因素？

（2）如何得到各自然状态出现的概率 p_j？

（3）如果涉及的决策问题不是简单的一次性决策，而是多次决策，那么复杂的多级决策问题如何解决？

9.1.3 风险型决策问题的分析方法

1. 一次分析

一个一般的决策问题有 m 个备选方案和 n 种自然状态，其中最为常见、最为简单的就是被称为"基本决策问题"的一类问题。在这类问题中，决策者只需在如下两个方案中做出选择：一个是确定型方案（即其实施的结果是确定的），另一个是风险型方案。例如，某企业打算开发一项新产品，企业经理面临这样一种选择：是开发新产品还是继续生产原有产品？继续生产原有产品的方案基本上是确定性的方案，其盈利数是一笔确定的收入；而开发新产品则具有风险性，它可能会成功，从而给企业带来高额利润，但也可能失败，造成企业赔本甚至破产。这就是一个基本决策问题。

下面通过一个具体的例子来给出解决该类问题的思路。

例 9-1 某公司预测市场上将要流行一种新产品，决定进入该市场。现在有两种方案供选择：

方案 A_1：直接购买某国外品牌的零部件，组装后贴牌生产。

方案 A_2：自行研发该产品。

试确定应该选择哪种方案。

对方案的初步分析表明，影响决策最重要的因素是：方案 A_1 是购买成熟的零部件，无须自行研发，风险较小，但成本较高；方案 A_2 由于自己持有知识产权，成本较低，可获得较大收益，但要承担产品研发失败的风险。在这样的考虑下，分析人员进一步得到以下信息：

（1）若选择方案 A_1，三年内将稳获收益 1000 万元，是确定型方案。

（2）对于方案 A_2，新产品开发成功的概率为 $p = 0.7$，扣除开发费用，三年内可获得收益 3800 万元；但也有可能开发失败，则投资的 1000 万元开发费用将付诸东流。

该问题可通过决策树来进行分析。决策树的一般图形如图 9-2 所示。图中方框表示决策节点；由决策节点向右端引出的若干条直线称为**方案枝**，每条直线代表一个方案；在方案枝的末端有一个圆圈，称为**状态节点**；由状态节点向右端引出的若干条直线称为**概率枝**，每条直线代表一个自然状态及其可能出现的概率；概率枝末端连接的三角形称为**结果节点**，用来表示不同自然状态下的**损益值**。

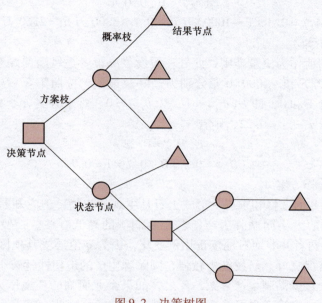

图 9-2　决策树图

利用决策树进行分析时，按照从右向左的顺序逐步展开，根据右端的期望收益值（或期望损失值）大小对不同的方案进行选择，在删除的方案枝上画上"//"，最后留下的方案即为最优方案。下面结合例 9-1 来说明决策树的具体应用。

首先，根据例 9-1 的相关资料，可绘制如图 9-3 所示的决策树。

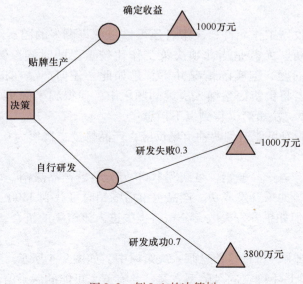

图 9-3　例 9-1 的决策树

方案 A_1 只有一种确定的自然状态，是一个确定型方案，其收益值 $\theta_1 = 1000$ 万元。方案 A_2 的结果是不确定的，有两个可能的情况（即两种自然状态）：研发成功和研发失败。这两种自然状态发生的概率分别为 $p = 0.7$ 和 $1 - p = 0.3$，各自然状态下的后果值分别为 $\theta_{21} = 3800$ 万元，$\theta_{22} = -1000$ 万元。如果以期望收益值作为决策准则，则

$$E(A_1) = 1000 \text{ 万元}$$
$$E(A_2) = 0.3 \times (-1000) \text{ 万元} + 0.7 \times 3800 \text{ 万元} = 2360 \text{ 万元}$$

显然，应选择方案 A_2。

如果以期望效用值作为决策准则，此处，假设该决策者是风险偏好型，则对于方案 A_2，其两个后果值 3800 万元和 -1000 万元分别为最好及最差，按照第 8 章中效用函数的定义，显然其效用值分别为 1 和 0，即 $U(\theta_{21}) = 1$，$U(\theta_{22}) = 0$。对于方案 A_1，后果值 θ_1 的效用值较小，不妨假设 $q_1 = u(\theta_1) = 0.22$，则有

$$E(H_1) = 0.22$$
$$E(H_2) = 0.3 \times 0 + 0.7 \times 1 = 0.7$$

显然，还是应选择方案 A_2。

这里再次指出，q 的选择和求得从形式上看是主观的产物，但它却是基于一系列客观因素之上的。首先，q 的大小同贴牌生产所获得利润额的高低有关。一般来讲，此利润额越高，q 值也越大。但两者并非绝对地按正比例变化，因为 q 值还受其他因素影响。其次，如果企业目前的经营状况良好、研发能力较强，则贴牌生产的迫切性就较小，此时即使 q 值较大，决策者也未必会接受贴牌生产方案；反之，如果企业面临的环境压力（如市场竞争等）较大，即使 q 值较小，决策者也可能会接受贴牌生产方案。因此，随着决策者所处环境（产品、市场、企业经营状况、资源等）的变化，其无差概率也在不断变化。

从以上的一次分析中不难看出，决策者仅对最基本的决策因素进行了分析，简化了许多不确定的因素。在一次分析工作结束之后，决策者应对本阶段的工作进行一番反思，重点是对 p 和 q 的检验。要考虑一下这两者是否合理，是否符合客观实际。如果答案是肯定的，则一次分析的结果便可确立。

2. 二次分析

如果时间和信息收集工作允许，决策者还可以考虑将更多的因素纳入分析之中，即对决策问题进行二次分析，尤其是当此项决策工作比较重要的时候。例如，在一次分析中假定产品的销售不成问题，但实际情况并不总是如此。任何产品在进入市场后都会有畅销、滞销等可能性。若将销售因素纳入决策问题之中，便得到了例 9-1 的二次分析。

假设经过信息收集，决策者又得到以下信息：

(1) 该产品上市后有可能遇到两种市场反应：产品畅销，概率为 0.8；产品滞销，概率为 0.2。

(2) 对于方案 A_1，若产品畅销，可获利 1000 万元；若产品滞销，可获利 800 万元。

(3) 对于方案 A_2，如果开发成功，产品上市后畅销时可获利 3800 万元，而产品滞销时也可获利 2500 万元；但如果开发失败，公司将丧失进入该市场的机会，并且损失 1000 万元的开发成本。

在一次分析的基础上，将这些信息画入决策树中，如图 9-4 所示。

此时，两个方案均是不确定的风险型方案，共有五个可能的后果值。如果以期望收益值

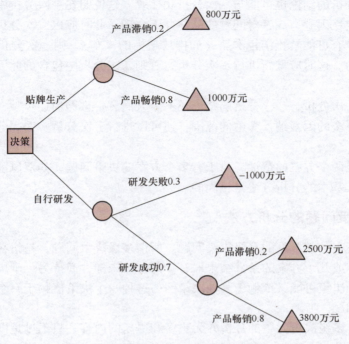

图 9-4 例 9-1 二次分析的决策树

作为决策准则，则有

$$E(A_1) = 0.2 \times 800 \text{ 万元} + 0.8 \times 1000 \text{ 万元} = 960 \text{ 万元}$$

$$E(A_2) = 0.3 \times (-1000) \text{ 万元} + 0.7 \times (0.8 \times 3800 \text{ 万元} + 0.2 \times 2500 \text{ 万元}) = 2178 \text{ 万元}$$

注意：在方案 A_2 中，最终自然状态的发生概率是根据概率论中的乘法定理得到的，如自行研发成功后遇到产品畅销的概率为 0.7×0.8。

如果以期望效用值作为决策准则，与一次分析相同，利用第 8 章中的方法，假设得到其效用值分别为

$$u(-1000) = 0, \ u(800) = 0.2,$$
$$u(1000) = 0.22, \ u(2500) = 0.5, \ u(3800) = 1$$

则有

$$H(A_1) = 0.2 \times 0.2 + 0.8 \times 0.22 = 0.216$$

$$H(A_2) = 0.3 \times 0 + 0.7 \times (0.8 \times 1 + 0.2 \times 0.5) = 0.63$$

在两种准则下，均应选择方案 A_2。这也肯定了在第一次分析中得到的结论。这说明第一次分析中考虑的研发因素的确是影响方案至关重要的因素。实际上，本例中若设产品畅销的概率为 p，则

$$E(A_1) = (1-p) \times 800 \text{ 万元} + p \times 1000 \text{ 万元} = (800 + 200p) \text{ 万元}$$

$$E(A_2) = 0.3 \times (-1000) \text{ 万元} + 0.7 \times [p \times 3800 \text{ 万元} + (1-p) \times 2500 \text{ 万元}] = (910p + 1450) \text{ 万元}$$

因为 $p \in (0, 1)$，显然对任意 p 均有 $910p + 1450 > 800 + 200p$。换句话说，在任何市场状况下，方案 A_2 均优于方案 A_1。实际上，采用期望效用准则也可以得到同样的结论，这进一步表明一次分析中考虑的因素是决定性的。

但有时二次分析的结论也可能与一次分析相违背，这说明在一次分析中考虑的因素并不是影响决策的决定性因素，或者对问题的简化并不合理，此时应以二次分析的结论为准。例如，如果国家政策有可能禁止销售次品（如排放超标的汽车），则一次分析中如果忽略此因素显然是不合适的。这时应重新进行一次分析，否则二次分析中包含的此因素将导致其结果与一次分析矛盾。

而且，如果一次分析、二次分析的结论还不令人满意，遵循前述步骤，在时间和信息允许的条件下，将更多的因素纳入考虑的范围，还可以进行三次分析、四次分析等，直到找出相对满意的方案。

以上讨论的是两个方案的情形，对于有多个方案的决策问题，如双风险方案多中间结果的决策问题等，其基本的分析方法是相同的。

9.1.4 多级决策问题的分析方法

决策问题中还有一类常见的多级决策问题。所谓多级决策问题，是指在决策者面临的备选方案中，某一个或几个方案的条件结果值有一部分为未知，尚待另一个决策做出之后才能知道，而这另一个决策可能又依赖于其他决策……这种一个决策依赖于一个决策的决策问题就称为多级决策问题。

从原理上讲，多级决策问题的分析并无更多和更新的内容，只不过是以单个决策问题的分析方法为基础，并将它们组合在一起。它在很大程度上取决于决策问题的具体特征。下面仅用一个简单的例子来说明其基本思路。

例 9-2 企业在参加一项工程的招标时所面临的两项决策如下：

第一项决策：是否参加工程招标单位的第一轮初选？这时有两个方案：

（1）不参加初选，这样自然对企业没有任何影响。

（2）参加初选，其结果是落选或中选。如落选，则除了花费一笔投标的准备费用外，没有产生任何结果；如中选，决策者又面临着第二项决策。

第二项决策：为了在第二轮投标中取胜，企业需要为招标单位提供比竞争对手更优惠的服务。考虑到企业目前的备用生产能力不足以压倒竞争对手，有必要从正在进行日常生产的那部分生产能力中抽出一部分来为招标服务。这样做的结果是两方面的：一是使中标的概率增大；二是企业完不成生产任务，需要废除一部分已签订的合同，从而带来损失。因此，第二项决策也有两个备选方案：①废除一部分合同，这时两个可能的结果是：或者在第二轮中中标，从而可用承包工程所得收益补偿退货损失；或者在第二轮落标，其损失包括退货损失和准备费用的损失。②不退货，这时两个可能的结果是：或者在第二轮中中标，这样既可取得承包工程的收益，又避免了退货损失；或者在第二轮中落标，此时企业没有退货损失，只是花费了准备费用。自然，不退货时中标的概率将小于退货时中标的概率。

将该决策问题各个方案的损失和收益总结如下：

R_0：企业按原计划生产可获得的收益；

R_W：企业获得承包合同可获得的收益；

C_1，C_2：企业在第一轮和第二轮投标中参选所需的费用；

C_3：企业废除原生产计划的一部分合同所导致的损失。

将上述信息画入决策树中，如图 9-5 所示。

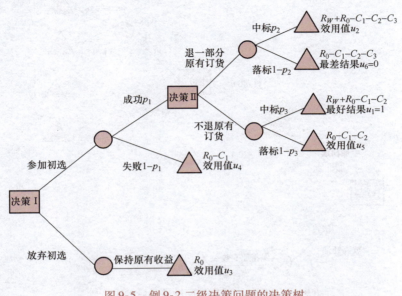

图 9-5 例 9-2 二级决策问题的决策树

该决策问题中包含了两个相互影响的决策：投标决策（决策Ⅰ）和退货决策（决策Ⅱ）。前者近似于基本决策问题，只是原来的最好结果节点由退货决策节点所代替。后者是一个双风险决策问题，其中退货方案的风险较大。只有当 $p_2 > p_3$ 时，才有研究的必要。

显然，初选成功并且在不退原有订货的情况下最终中标是最理想的结果，将获得最大收益 $R_W + R_0 - C_1 - C_2$；而参加初选成功并且退一部分原有订货之后却在最终的投标中落标是最差的结果，其收益仅为 $R_0 - C_1 - C_2 - C_3$；其他中间结果收益情况如图 9-5 所示。因为决策者的目的是收益最大化，各个可能后果值的效用值显然有以下关系

$$u_1 > u_2 > u_3 > u_4 > u_5 > u_6, \ u_1 = u(\theta^*) = 1, u_6 = u(\theta_*) = 0$$

效用值的计算不再赘述，此处假定 $u_2 = 0.9$，$u_3 = 0.65$，$u_4 = 0.6$，$u_5 = 0.2$，且分析人员经过研究得出 $p_1 = 0.6$，$p_2 = 0.76$，$p_3 = 0.65$。

决策Ⅰ的备选方案所包含的一个可能后果依赖于决策Ⅱ。决策Ⅱ是一个典型的一次性风险型决策，"退一部分原有订货"与"不退原有订货"两个方案的期望效用值分别为

$$E(H_{21}) = u_2 p_2 + u_6 (1 - p_2) = 0.684$$
$$E(H_{22}) = u_1 p_3 + u_5 (1 - p_3) = 0.72$$

显然，应选择不退原有订货参加第二轮招标的方案。此时，决策Ⅱ拥有了一个具有"确定"的期望效用的"后果"，其期望效用值为 $E(H_{22}) = 0.72$。将相关结果反映在决策树中，如图 9-6 所示。

这样，多级决策问题就转化成了基本决策问题。从图 9-6 中可以看出，参加初选的期望效用值为 0.672，大于放弃初选的效用值 0.65。所以，本多级决策问题的结论是参加初选，当初选成功时，不退原订货继续参加第二轮投标。另外，从图中可以看出，本决策问题实际上是一个动态的决策过程，所以在对多级决策问题进行分析时，需要有动态的分析思想。

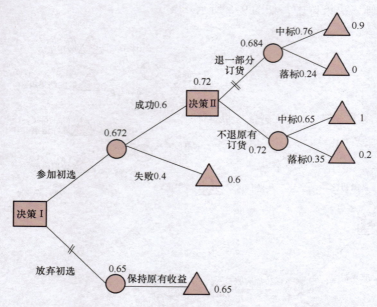

图 9-6 例 9-2 二级决策问题转化后的决策树

需要指出的是，在上述分析过程当中，中间结果效用值 u_2，u_5 和概率 p_1，p_2 的确定是根据问题开始之前（即决策 I 开始时）所掌握的信息来进行估计的。随着时间的推移，当决策 II 成为现时决策而需要决策者做出选择时，决策者可以而且也应该根据新的情况重新估计 u_2，u_5，p_1，p_2 并做出新的决策。

再来讨论一个产品定价方面的例子。

例 9-3 假定某人有一件商品要在两天之内出售，他在每一天的早上需要确定当天的产品价格，即需要两次确定价格；价格的范围是 $P_1 < P_2 < \cdots < P_N$。如果价格为 P_k，那么一天中能卖出此件商品的概率为 λ_k。此人的任务是确定该商品第一天、第二天的价格各是多少，以使他能得到的收益（为简单计，此处不考虑成本）最大。

此问题的决策树容易画出，此处不再画出。

与前面的原理相同，先考虑第二天的定价问题。如果商品在第一天已卖出，第二天就不存在定价问题了。假定商品在第一天没有卖出去，持有人在第二天确定的价格是 P_k，有两种可能：一是卖出去了，其概率为 λ_k，相应的收益为 P_k；二是没有卖出去，其概率为 $1-\lambda_k$，相应的收益为 0。于是，他的期望收益即为 $\lambda_k P_k$。而持有人可以在价格 P_1，P_2，$\cdots$，P_N 中选择，因此他在第二天所面临的定价问题也就是下面的极值问题：

$$V_2 \stackrel{\text{def}}{=\!=} \max_{k=1,2,\cdots,N} \{\lambda_k P_k\}$$

这样，比较这 N 个值，选择其中的最大者即可。

现在再来考虑第一天的定价问题。如果第一天选择价格 P_k，则有两种可能的结果：一是第一天把产品卖出去了，于是获得收益 P_k，相应的概率为 λ_k；二是第一天没有卖出去，第一天没有收益，相应的概率为 $1-\lambda_k$，而商品需要在第二天再卖。由上面的分析可知，商品在第二天销售的期望收益为 V_2，也就是说，如果商品在第一天没有卖出去，那么持有人将要得到的期望盈利为 V_2。因此，持有人在第一天确定价格 P_k 的期望盈利为

$$\lambda_k P_k + (1-\lambda_k)V_2$$

而持有人可在价格 P_1，P_2，$\cdots$，P_N 中选择，因此他在第一天所面临的定价问题也就是以下极值问题：

$$V_1 \stackrel{\text{def}}{=\!=} \max_{k=1,2,\cdots,N}\{\lambda_k P_k + (1-\lambda_k)V_2\}$$

尽管以上极值问题比前一个稍微复杂一点，但在前面求得了 V_2 的值后，也就容易求解了。下面给出具体数值说明。

假设此持有人有三个可供选择的价格：$P_1 = 5$ 元/件，$P_2 = 8$ 元/件，$P_3 = 10$ 元/件。通过市场调查分析获得如下信息：如果选择价格 5 元/件，则在一天中能卖出去的概率为 $\lambda_1 = 0.8$；如果选择价格 8 元/件，则在一天中能卖出去的概率为 $\lambda_2 = 0.6$；如果选择价格 10 元/件，则在一天中能卖出去的概率为 $\lambda_3 = 0.4$。

此时第二天的决策问题为

$$\begin{aligned}V_2 &= \max\{\lambda_1 P_1, \lambda_2 P_2, \lambda_3 P_3\}\\ &= \max\{5\times 0.8, 8\times 0.6, 10\times 0.4\}\text{元}\\ &= \max\{4, 4.8, 4\} = 4.8 \text{ 元}\end{aligned}$$

应选择第二个价格 $P_2 = 8$ 元/件，相应的期望收益是 4.8 元。

而第一天的决策问题为

$$\begin{aligned}V_1 &= \max_{k=1,2,3}\{\lambda_k P_k + (1-\lambda_k)V_2\}\\ &= \max\{5\times 0.8 + 4.8\times 0.2, 8\times 0.6 + 4.8\times 0.4, 10\times 0.4 + 4.8\times 0.6\}\text{元}\\ &= \max\{4.96, 6.72, 6.88\}\text{元}\\ &= 6.88 \text{ 元}\end{aligned}$$

因此，第一天的最优价格为 $P_3 = 10$ 元/件。

于是，持有人的最优策略是：第一天定最高价 10 元/件；如果第一天没有卖出去，则在第二天定为中间价格 8 元/件。在这样的策略下，他能获得的期望收益为 6.88 元。

在上面的最优策略中，第二天的价格比第一天的低。实际上，一般来说，商品的价格随着时间的推移，总是越来越低的。有兴趣的读者可以思考：对于上面的一般的问题来说，在什么样的条件下，第一天的价格高于第二天的价格？

上面考虑的是一个简单的定价问题，下面的考虑稍微复杂一些。假定持有人拥有三件同样的商品，要在两天之内把它们卖出去。每天能卖出去的商品数量是不确定的，并且与价格有关。经过市场调查，他获得在价格 P_k 下一天能卖出 j 件商品的概率为 λ_{kj}，见表 9-2。如表中 $P_1 = 5$ 元/件这一行右边的四个数据分别表示在价格 5 元/件的条件下，每天能卖出 0 件、1 件、2 件、3 件的概率分别为 0.1，0.3，0.5，0.1。

表 9-2　不同定价下商品售出的概率

概率（λ_{kj}） 价格（P_k）(元/件)	λ_{k0}	λ_{k1}	λ_{k2}	λ_{k3}
$P_1 = 5$	0.1	0.3	0.5	0.1
$P_2 = 8$	0.2	0.5	0.3	0.0
$P_3 = 10$	0.6	0.4	0.0	0.0

容易想象，对于第二天的定价问题，所定的价格应与手头还剩余的商品数量 i 有关，而由于第一天所能卖出的商品数量是不确定的，第二天手头的商品数量可以是 0，1，2，3 中的任何一个。如果手头的商品数量为 i，选择价格为 P_k，则期望收益为 $\sum_{j=0}^{i} jP_k\lambda_{kj}$。

由于卖出的商品数量不能超过第二天手头剩余的商品数量，于是所面临的决策问题是以下极值问题：

$$V_2(i) \underset{\mathrm{def}}{=\!=} \max_{k=1,2,\cdots,N} \sum_{j=0}^{i} jP_k\lambda_{kj}$$

因为期望收益与所拥有的商品数量 i 有关，所以要用一个与 i 有关的记号 $V_2(i)$ 来表示第二天拥有 i 件商品时的最大期望收益。

代入相应的数据，即可求得拥有不同商品数量时的最优价格。如 $i=2$，则

$$V_2(2) = \max_{k=1,2,3} \{P_k\lambda_{k1} + 2P_k\lambda_{k2}\}$$
$$= \max\{5\times 0.3 + 2\times 5\times 0.5, 8\times 0.5 + 2\times 8\times 0.3, 10\times 0.4\} \text{元}$$
$$= \max\{6.5, 8.8, 4\} \text{元}$$
$$= 8.8 \text{元}$$

第二天拥有 2 件商品时的最优价格为 $P_2=8$ 元/件。同理，可计算得到当 $i=1$ 时的最优价格为 $P_2=8$ 元/件或者 $P_3=10$ 元/件，相应的最大期望收益为 $V_2(1)=4$ 元；当 $i=3$ 时的最优价格为 $P_2=8$ 元/件，相应的最大期望收益为 $V_2(3)=8.8$ 元。

类似地，可以得到第一天的定价决策问题为

$$V_1(i) \underset{\mathrm{def}}{=\!=} \max_{k=1,2,\cdots,N} \sum_{j=0}^{i} [jP_k\lambda_{kj} + (1-\lambda_{kj})V_2(i-j)]$$

式中和式的一般项表示，如果定价为 P_k，则卖出 j 件的概率为 λ_{kj}，此时的收益为 jP_k，还剩下 $i-j$ 件商品留给第二天卖，其期望收益是 $V_2(i-j)$。

代入数据计算可以得到

$$V_1(3) = \max_{k=1,2,3} \{(1-\lambda_{k0})V_2(3) + P_k\lambda_{k1} + (1-\lambda_{k1})V_2(2) +$$
$$2P_k\lambda_{k2} + (1-\lambda_{k2})V_2(1) + 3P_k\lambda_{k3}\}$$
$$= \max\{24.08, 23.04, 16.8\} \text{元}$$
$$= 24.08 \text{元}$$

所以，当第一天拥有三件商品时的最优价格为 $P_1=5$ 元/件。

类似地，可以得到

$$V_1(2) = \max\{17.22, 17.84, 9.92\} \text{元} = 17.84 \text{元}$$
$$V_1(1) = \max\{4.1, 7.2, 5.6\} \text{元} = 7.2 \text{元}$$

于是当第一天拥有两件或一件商品时的最优价格均为 $P_2=8$ 元/件。

直观地来说，拥有的商品越多，所定的价格就应该越低。

无论是在实际工作还是理论研究中，产品的定价决策问题还常常与商品的存储问题、促销（广告）、供应链管理等问题结合起来考虑，那就更为复杂了。

9.2 非确定型决策

非确定型决策问题是指对于决策方案实施后可能遇到的自然状态，虽然能够对其类型进

行估计，但由于种种原因，无法知道每一类型出现的概率。在此条件下，要求对几种可行方案进行对比分析，选出最终决策方案。一方面，这类问题在社会和经济活动中常常会遇到，有其实际意义；另一方面，在一般情形下，各自然状态出现的概率往往是相当不确定的，人们希望检验不掺杂任何对概率预测的决策。这样，需要单独制定一套分析方法和原则，使这种本来不可能精确求解的问题可以获得相对比较可靠的结论。

非确定型决策问题区别于风险型决策问题之处在于：在风险型决策问题中，各自然状态的出现概率是已知的，而在非确定型决策问题中，自然状态的出现概率是完全未知的。本节介绍非确定型决策问题的分析方法和原则。

在非确定型决策问题的研究中，主要是确定衡量方案优劣的准则。准则一旦确定，问题便不难得到解决。从不同的角度出发，可以确定不同的决策准则，从而得到不同的决策方法，其决策结果也不见得一致。至于具体应该选用哪一种准则，要视具体情况和决策者的态度而定。

设有一非确定型决策问题如下：有 m 个备选方案 A_i，$i=1,2,\cdots,m$；自然状态有 n 个，分别为 $S_1,S_2,\cdots,S_n$。当出现的自然状态为 S_j 时，采用方案 A_i 的后果值为 θ_{ij}，$i=1,2,\cdots,m$；$j=1,2,\cdots,n$，θ_{ij} 可以是实际后果值，也可以是后果值的效用值。各方案可表示为 $A_i(\theta_{i1},\theta_{i2},\cdots,\theta_{in})$，$i=1,2,\cdots,m$。试确定这 m 个方案何者为最优。

下面将介绍五种决策准则来处理这类非确定型决策问题。

9.2.1 悲观准则

悲观准则是指决策者考虑由于决策失误可能造成重大的经济损失，因此在进行决策时比较小心谨慎，对方案的选择持保守态度，设想采取任何一个方案都是收益最小的状态发生，然后再从这些最小收益值中选出最大者，与这个最后选出的最大收益值相对应的方案便是决策者选定的方案。这一准则也称<u>最小最大准则</u>。

若用 $f(A_i)$ 表示采取方案 A_i 时的最小收益，即
$$f(A_i)=\min\{\theta_{i1},\theta_{i2},\cdots,\theta_{in}\},i=1,2,\cdots,m$$

则满足
$$f(A_*)=\max_{1\leq i\leq m}f(A_i)$$

的方案 A_* 为最终方案。

例9-4 某企业有三种扩大生产方案，产品的市场需求量有高、中、低之分，其收益情况见表9-3。

表9-3 三种方案在不同自然状态下的收益情况 （单位：万元）

扩大生产方案	自然状态（市场需求量）		
	高	中	低
扩建	10	8	−2
新建	14	5	−4
转包	6	3	1

由于企业资金较少，担当不起大风险，宜采用较稳妥的方针，故决定采用最小最大准则

决策，决策结果为选择转包方案。

需要说明的是，表 9-3 中给出的是收益值，如果实际给出的是损失值，则应采用最大最小准则，即首先在各种自然状态下选出每种方案的最大损失值，然后再从这些最大损失值中选择最小者，与这个最后选出的最小的最大损失值相对应的方案便是决策者选定的方案。

例 9-5 某机械厂拟对其生产的某种机器明年是否改型以及怎样改型做出决策，有三个方案可供选择。方案 A：机芯、机壳同时改型；方案 B：机芯改型、机壳不改型；方案 C：机壳改型、机芯不改型。改型后的机器面临的市场需求有高、中、低之分，其损失值见表 9-4。

表 9-4　三种方案在不同自然状态下的损失值　　　　　　（单位：万元）

改型方案	自然状态		
	高需求	中需求	低需求
方案 A	0	16.5	21.5
方案 B	22.5	0	13.5
方案 C	27.5	17.5	0

由于竞争厂家较多，因此，决策者对该机器的销售采取谨慎态度，采用悲观准则进行决策，根据最大最小准则，应选择方案 A。

悲观准则是从最坏处着眼的带有保守性质的一种决策方法，虽然比较稳妥保险，但往往会失去获取更大收益的机会。它反映了决策者的悲观情绪，适用于企业规模不大、资金薄弱、经不起较大风险的情形。

9.2.2　乐观准则

乐观准则是指决策者绝不放弃任何一个可以获得最好结果的机会，以争取好中更好的乐观态度来选择决策方案。决策者设想采取任何一个方案都是收益最大的状态发生，然后再从这些最大收益值中选出最大者，与这个最后选出的最大收益值相对应的方案便是决策者选定的方案。这一准则也称最大最大准则。

若用 $g(A_i)$ 表示采取方案 A_i 时的最大收益，即

$$g(A_i) = \max\{\theta_{i1}, \theta_{i2}, \cdots, \theta_{in}\}, i = 1, 2, \cdots, m$$

则满足

$$g(A_*) = \max_{1 \leq i \leq m} g(A_i)$$

的方案 A_* 为最终方案。

若实际给出的是损失值，则应采用最小最小准则。

乐观准则是从最好情况着眼的带有冒险性质的一种决策方法，由于决策者总是考虑最理想的状态，并以此为依据进行决策，因此风险性较大，必须慎重选择。乐观准则反映了决策者的乐观情绪。当决策者估计出现最好状态的可能性甚大，而且即使出现最坏状态损失也不十分严重时，可以采用这一决策原则。

9.2.3　赫威兹准则

上面两种准则实际上是最保守以及最冒险的准则，有时决策者在决策时既不过于乐观也

不过于悲观，而是采用一种折中的态度。赫威兹准则就是在这种情况下产生的介于上述两者之间的一种判别方案优劣的准则。

赫威兹准则可以这样表述：首先指定一个用于表征决策者乐观程度的系数，称为**乐观系数**，用 α 表示，$0 \leq \alpha \leq 1$。决策者对状态的估计越乐观，α 就越接近于 1；越悲观，α 就越接近于 0。如果认为情况完全乐观，则 α 为 1；如果认为情况完全悲观，则 α 为 0。其决策方法如下：

令
$$H(A_i) = \alpha(\max_j \theta_{ij}) + (1-\alpha)(\min_j \theta_{ij}), i=1,2,\cdots,m$$

其中 $0 \leq \alpha \leq 1$，则满足
$$H(A_*) = \max_{1 \leq i \leq m} H(A_i)$$

的方案 A_* 为赫威兹准则下的最优方案。这一准则也称为 α **准则**。

对于不同的乐观系数，决策结果可以不同。所以，乐观系数指定得是否合适，对决策结果影响甚大。α 究竟取何值有赖于决策者对具体情况和条件的判断。

例 9-6 某企业准备生产一种新型童车，根据市场需求分析和估计，产品销路可分为三种状态：销路好、销路一般、销路差。可供选择的方案也有三种：大批量生产、中批量生产、小批量生产。相关的收益值见表 9-5。

表 9-5 三种方案在不同自然状态下的收益值 （单位：万元）

自然状态 收益值 方案	销 路 好	销 路 一 般	销 路 差
A：大批量生产	30	23	-15
B：中批量生产	25	20	0
C：小批量生产	12	12	12

试用 α 准则进行决策。

根据实际情况，决定取 $\alpha = 0.6$，则三个方案的收益值分别为

$$\begin{aligned}H(A) &= \alpha(\max_j \theta_{ij}) + (1-\alpha)(\min_j \theta_{ij}) \\ &= [0.6 \times (\max(30,23,-15)) + 0.4 \times (\min(30,23,-15))] \text{万元} \\ &= [0.6 \times 30 + 0.4 \times (-15)] \text{万元} \\ &= 12 \text{万元}\end{aligned}$$

$$\begin{aligned}H(B) &= \alpha(\max_j \theta_{ij}) + (1-\alpha)(\min_j \theta_{ij}) \\ &= [0.6 \times (\max(25,20,0)) + 0.4 \times (\min(25,20,0))] \text{万元} \\ &= [0.6 \times 25 + 0.4 \times 0] \text{万元} \\ &= 15 \text{万元}\end{aligned}$$

$$\begin{aligned}H(C) &= \alpha(\max_j \theta_{ij}) + (1-\alpha)(\min_j \theta_{ij}) \\ &= [0.6 \times (\max(12,12,12)) + 0.4 \times (\min(12,12,12))] \text{万元} \\ &= (0.6 \times 12 + 0.4 \times 12) \text{万元} \\ &= 12 \text{万元}\end{aligned}$$

所以，当 $\alpha = 0.6$ 时的最终选择为方案 B，即中批量生产。

9.2.4 后悔值准则

在非确定型决策中，虽然各种自然状态出现的概率无法估计，但决策一经做出便会付之于行动，并处于实际出现的某种自然状态中。因此，如果决策者所选方案不是在此自然状态下的最好方案，他便会感到后悔。所谓**后悔值（也称遗憾值）**，就是所选方案的收益值与实际出现的自然状态下最优方案的收益值之差。显然，后悔值越小，所选方案就越接近最优方案。

后悔值准则（也称萨维奇（Savage）准则） 就是通过计算各种方案的后悔值来选择决策方案的一种方法。具体做法为：先计算出各备选方案在不同自然状态下的后悔值，然后分别找出各备选方案对应不同自然状态中那组后悔值中的最大者，最后将各备选方案的最大后悔值进行比较，它们之中最小值对应的方案即为最优方案。

设在自然状态 S_j 下各方案的最大收益值为

$$\theta_j^* = \max_{1 \le i \le m} \theta_{ij}, \quad j = 1, 2, \cdots, n$$

于是，第 i 个方案 A_i 在各自然状态下的后悔值分别为

$$\theta_1^* - \theta_{i1}, \quad \theta_2^* - \theta_{i2}, \cdots, \theta_n^* - \theta_{in}$$

每一个方案在不同的自然状态下有不同的后悔值，其最大者称为该方案的最大后悔值，即

$$R(A_i) = \max_j \{\theta_j^* - \theta_{ij}\}$$

m 个最大后悔值中的最小者，即 $\min_i R(A_i)$ 所对应的方案，就是"最小的最大后悔值"决策的最优方案。

如对于例 9-6，根据后悔值准则，首先计算各方案在不同自然状态下的最大后悔值，分别为

$$R(A) = \max\{30-30, 23-23, 12-(-15)\} \text{万元} = 27 \text{万元}$$
$$R(B) = \max\{30-25, 23-20, 12-0\} \text{万元} = 12 \text{万元}$$
$$R(C) = \max\{30-12, 23-12, 12-12\} \text{万元} = 18 \text{万元}$$

然后取以上三个后悔值中最小的后悔值，其所对应的方案即为最终所选方案，即方案 B。

后悔值准则实际是由最小最大准则演变而来的，因此也带有保守性质和悲观情绪，但程度要比最小最大准则轻微。

9.2.5 等概率准则

等概率准则是 19 世纪由数学家拉普拉斯（Laplace）提出的，该准则基于这样一个思想：既然不确定型决策问题对每个自然状态出现的可能性一无所知，那么就假定各自然状态发生的概率都相等，然后再求各方案的期望收益值。

假设有 n 个自然状态，则 n 个自然状态发生的概率均视为 $1/n$，自然状态为 S_j 时，采用方案 A_i 的后果值为 θ_{ij}，（$i = 1, 2, \cdots, m; j = 1, 2, \cdots, n$），据此可计算出每种方案的期望收益值，即

$$E(A_i) = \frac{1}{n} \sum_{j=1}^{n} \theta_{ij}, \quad i = 1, 2, \cdots, m$$

具有最大期望收益值的方案,便是等概率准则下的最优方案。

等概率准则克服了赫威兹准则没有充分利用收益函数所提供的全部信息这一缺点,也就克服了由此产生的一系列缺点。但此准则也有明显的不足,即按此准则决策,决策结果会受到自然状态 S 的分类的影响。

例 9-7 某公司考虑是否建造一个工厂生产某种产品。这种产品的销路如何,决定于另外 A、B、C 三家公司是否生产该种产品。据经验估计,这三家公司至多有一家生产这种产品。如果这三家公司都不生产该种产品,则该公司可获利润 20 万元;否则,由于竞争力不如这三家公司,该公司将亏损 10 万元。那么,按等概率准则,该公司应如何决策?

分别用 A_1,A_2 表示该公司生产与不生产该种产品这两个方案。如果状态 S_1 表示这三家公司都不生产该种产品,S_2 表示这三家公司中有一家生产该种产品,则收益矩阵见表 9-6。

表 9-6 两种自然状态下的收益 （单位：万元）

方案	自然状态	
	S_1	S_2
A_1：生产	20	-10
A_2：不生产	0	0

这样,按等概率准则决策,A_1,A_2 在各状态下的期望收益分别为

$$E(A_1) = \frac{(20-10)\text{万元}}{2} = 5 \text{万元}$$

$$E(A_2) = 0$$

故最优方案为 A_1。

但如果把自然状态分为四个:S_1 仍表示这三家公司都不生产该种产品,S_2 表示只有 A 公司生产该种产品,S_3 表示只有 B 公司生产该种产品,S_4 表示只有 C 公司生产该种产品,则各方案在四种不同自然状态下的收益见表 9-7。

表 9-7 四种不同自然状态下的收益 （单位：万元）

方案	自然状态			
	S_1	S_2	S_3	S_4
A_1：生产	20	-10	-10	-10
A_2：不生产	0	0	0	0

按等概率准则进行决策,这时由于

$$E(A_1) = \frac{(20-10\times 3)\text{万元}}{4} = -2.5 \text{万元}$$

$$E(A_2) = 0$$

故最优方案为 A_2。

直观上看,对于一个好的决策准则,应该要求不管自然状态采取何种分类方式,决策结果都应该相同。等概率准则的这一不足,只有按客观资料或主观经验指定状态参数 S_j 的概率分布,把不确定型决策问题转化为风险型决策问题,才能得到彻底解决。

9.2.6 五种决策准则的比较

对于解决不确定型决策问题，要想从理论上来证明哪一种评选标准是最合理的，显然是不可行的。在实际工作中究竟采用哪一种决策准则，主要还是看决策者自己的主观判断，以及决策问题所处的情景。一般来说，如果要比较上述各决策准则，那么，"悲观准则"主要被那些比较保守稳妥并害怕承担较大风险的决策者所采用；"乐观准则"主要被那些对有利情况的估计比较有信心的决策者所采用；"α 准则"主要被那些对形势判断既不过于乐观也不太悲观的决策者所采用；"后悔值准则"主要被那些对决策失误的后果看得较重的决策者所采用；"等概率准则"主要在决策者对未来出现的自然状态的发生概率信息掌握较少的时候采用。

不同的决策准则会产生不同的最优方案。那么，在具体决策时应根据什么来选择决策准则呢？决策准则的选择固然与决策者的主观意志有关，但是又不完全取决于决策者的主观意志，而应该以决策问题所处的客观条件为基础。以下通过一个具体的例子来说明决策准则的选择。

例 9-8 某汽车股份有限公司根据 2015 年重型汽车和中型汽车的需求量预测，制订了以下三个车身开发目标方案：

（1）全面引进技术，进口设备。
（2）全部依靠自己的力量改造生产线，实现决策目标。
（3）自行改造为主，技术引进为辅。

该公司首先对三个方案进行了定性分析，并认为：①采用第一种方案的优点是技术先进，可以生产多品种的优质产品并提高生产能力；缺点是耗资大，并且不利于本公司产品的发展。②采用第二种方案的优点是费用少；缺点是周期长，受技术条件限制，开发后的产品不易达到国际先进水平。③采用第三种方案的优点是关键技术和设备可达到世界先进水平，周期短，投资不多，而且本公司有强大的技术团队，设计、制造、组装力量都较强，可以承担自行改造为主的任务；缺点是生产能力没有第一方案大。

定量分析是定性分析的深化，是决策过程中不可缺少的环节，因此，公司管理者在定性分析后，进一步进行了定量分析。

根据该公司的有关资料，得到损益矩阵表见表 9-8。

表 9-8 某汽车股份有限公司损益矩阵表

利润（万元） 方案	自然状态 高需求	中需求	低需求
全面引进（方案 1）	44040	37592	31300
全部自制（方案 2）	36450	35450	34500
引进与改造相结合（方案 3）	43840	40592	34300

方案的选择过程如下：

（1）如果按照"悲观准则"，则 34500 万元是决策目标值，所对应的自然状态是低需求，为方案 2，即全部自制。但是，我国汽车工业的发展是乐观的，低需求出现的可能性很小。同时，采用全部自制方案将造成生产能力缺乏潜力，产品质量很难达到国际先进水平，难以打入国际市场。因此，不适合按照"悲观准则"进行决策。

（2）如果按照"乐观准则"，则最高利润为44040万元，所对应的自然状态是高需求，为方案1，即全面引进。但是，根据当前国家政策和国民经济发展的形势，最近三年内车身产品销路不会出现最高需求峰值。另外，全面引进需要4600万美元外汇，该公司不具备这种条件。因此，该问题也不适合按照"乐观准则"进行决策。

（3）如果按照"α准则"，则根据预测资料以及汽车工业发展的前景和该汽车股份有限公司的客观条件，该公司认为，决策因素中既有乐观的一面，也有悲观的一面，且乐观因素大于悲观因素。因此，经过分析，取乐观系数为 $\alpha = 0.7$，则 $1 - \alpha = 1 - 0.7 = 0.3$。其计算过程和结果如下：

$$H(A_1) = \{0.7 \times [\max(44040, 37592, 31300)] + 0.3 \times [\min(44040, 37592, 31300)]\} 万元$$
$$= \{0.7 \times 44040 + 0.3 \times 31300\} 万元$$
$$= 40218 \text{ 万元}$$

$$H(A_2) = \{0.7 \times [\max(36450, 35450, 34500)] + 0.3 \times [\min(36450, 35450, 34500)]\} 万元$$
$$= \{0.7 \times 36450 + 0.3 \times 34500\} 万元$$
$$= 35865 \text{ 万元}$$

$$H(A_3) = \{0.7 \times [\max(43840, 40592, 34300)] + 0.3 \times [\min(43840, 40592, 34300)]\} 万元$$
$$= \{0.7 \times 43840 + 0.3 \times 34300\} 万元$$
$$= 40978 \text{ 万元}$$

这些利润值中的最大者为

$$H(A_*) = [\max(40218, 35865, 40978)] 万元 = H(A_3) = 40978 \text{ 万元}$$

计算结果表明，如果按照"α准则"决策方法，则适合采用方案3，即引进与改造相结合的方案。

（4）由于"α准则"中α的取值带有一定的主观性，因此决定再用"后悔值准则"决策方法对所选方案进行验证。

根据"后悔值准则"，各方案的最大后悔值为

$$R(A_1) = [\max(44040 - 44040, 40592 - 37592, 34500 - 31300)] 万元$$
$$= [\max(0, 3000, 3200)] 万元 = 3200 \text{ 万元}$$

$$R(A_2) = [\max(44040 - 36450, 40592 - 35450, 34500 - 34500)] 万元$$
$$= [\max(7590, 5142, 0)] 万元 = 7590 \text{ 万元}$$

$$R(A_3) = [\max(44040 - 43840, 40592 - 40592, 34500 - 34300)] 万元$$
$$= [\max(200, 0, 200)] 万元 = 200 \text{ 万元}$$

进一步求各方案最大后悔值的最小值为

$$\min_{i=1,2,3} R(A_i) = [\min(3200, 7590, 200)] 万元 = 200 \text{ 万元} = R(A_3)$$

计算结果表明，按"后悔值准则"决策方法，其最小值200万元所对应的是方案3，因此，引进与改造相结合的方案为最佳方案。这个结论与用"α法准则"决策方法所得出的结论一致。

（5）最后再按照"等概率准则"，得到各方案的期望收益值为

$$E(A_1) = \frac{1}{3} \times (44040 + 37592 + 31300) 万元 = 37644 \text{ 万元}$$

$$E(A_2) = \frac{1}{3} \times (36450 + 35450 + 34500) \text{万元} = 35466.7 \text{万元}$$

$$E(A_3) = \frac{1}{3} \times (43840 + 40592 + 34300) \text{万元} = 39577.3 \text{万元}$$

取各方案期望收益值的最大值为 39577.3 万元，其所对应的方案仍为方案 3。最后，该公司决定采用引进与改造相结合的方案。

9.3 概率排序型决策

前面所讨论的风险型决策问题是各自然状态的出现概率完全已知的情形，而非确定型决策是各自然状态的出现概率完全未知的情形。显然，这是问题的两种极端，更一般的应该是介于这两者之间的一类决策问题，即决策者对各自然状态的出现概率有些了解，但所掌握的信息又不足以确定各概率的准确数值，也就是所谓部分已知、部分未知的情形。这类决策问题称为**信息不完全型决策问题**。

概率排序型决策是信息不完全型决策问题中的一种类型。它是指决策者只知道各自然状态出现概率的相对大小，即 n 个自然状态出现概率的大小顺序，如 $p_1 \geq p_2 \geq \cdots \geq p_n$，或 $p_j - p_{j+1} \geq M_j$，$j = 1, 2, \cdots, n-1$，其中 M_j 非负，但不知各个 p_j 的具体数值。本节介绍此类问题的求解方法。

9.3.1 期望后果值的极值

在概率排序型决策问题中，由于各自然状态出现的概率未知，因而无法求出各方案准确的期望后果值，但却可以求出期望后果值的最大值和最小值，并以此作为决策的依据。

1. 概率弱排序

概率弱排序是指各自然状态出现概率的相对大小已知，即各自然状态的出现概率满足如下条件：

$$p_1 \geq p_2 \geq \cdots \geq p_n, \text{ 或 } p_j - p_{j+1} \geq 0, j = 1, 2, \cdots, n-1$$

假设对某个方案 A，它在自然状态 S_j 下的后果值为 θ_j（也可考虑 θ_j 已是效用值的情形），于是，该方案的期望后果值为 $E(A) = \sum_{j=1}^{n} p_j \theta_j$。而在概率弱排序下求期望后果值的最大或最小值的问题归结为求如下的线性规划问题：

$$\max E(A) = \sum_{j=1}^{n} p_j \theta_j \qquad (9\text{-}1a)$$

或

$$\min E(A) = \sum_{j=1}^{n} p_j \theta_j \qquad (9\text{-}1b)$$

约束条件为 $p_j - p_{j+1} \geq 0, \sum_{j=1}^{n} p_j = 1, p_j \geq 0$。它可用一般的线性规划方法来求解，但还有更简单的办法可用。

若令

$$y_j = \theta_1 + \theta_2 + \cdots + \theta_j$$

$$q_j = p_j - p_{j+1}, j=1,2,\cdots,n-1; q_n = p_n$$

则不难证明

$$\theta_1 = y_1, \ \theta_j = y_j - y_{j-1}, \ j=2,3,\cdots,n$$

上述问题可变换为如下线性规划问题（式中 y_j 为变量）：

$$\max E(A) = \sum_{j=1}^{n} q_j y_j \tag{9-2a}$$

或

$$\min E(A) = \sum_{j=1}^{n} q_j y_j \tag{9-2b}$$

约束条件为

$$\sum_{j=1}^{n} j q_j = 1, q_j \geq 0$$

不难验证，式（9-1）与式（9-2）等价。这是一个特殊的线性规划，它只有一个约束方程。按线性规划中关于基解的结论可知，此线性规划如果存在有限的最优解，则必存在一个基解为最优解。由于式（9-2）的约束区域有界，它必存在有限的最优解。故此只需在基解中寻找最优解。而上述问题的基解为：某个 q_k 非零，其余 $q_j(j \neq k)$ 均为零，则根据式（9-2）中的约束条件可知，$q_k = 1/k$，其相应的目标函数值为

$$E(A) = \frac{y_k}{k} = \frac{\theta_1 + \theta_2 + \cdots + \theta_k}{k} = \overline{\theta}_k \tag{9-3}$$

称为**第 k 个局部平均数**。因此，为求期望后果值的最大值或最小值，只需求出后果值的 n 个局部平均数，找出其中的最大值或最小值即可。

求局部平均数时，有如下递推公式：

$$\overline{\theta}_{k+1} = \frac{k \overline{\theta}_k + \theta_{k+1}}{k+1} \tag{9-4}$$

例 9-9　（已知信息见【案例 9-1】内容）由于是开发新产品，无过去的销售经验可谈，因此市场需求情况无法预先做出判断。但根据各方面情况的综合研究以及市场需求分布的一般规律，可以认为需求偏好的可能性最大，其次是需求稍差，第三是畅销，可能性最小的是滞销。这样，为方便起见，将后果值按出现概率从大到小的顺序重新排列，见表 9-9 中的第 6~9 列。

表 9-9　某厂新产品开发后果值表及概率大小排列　　　　（单位：万元）

方案	市场需求情况				按概率大小排列			
	畅销 p_1	偏好 p_2	稍差 p_3	滞销 p_4	偏好 p_1	稍差 p_2	畅销 p_3	滞销 p_4
A_1	85	40	-2	-43	40	-2	85	-43
A_2	54	37	11	-14	37	11	54	-14
A_3	24	24	12	0	24	12	24	0

现在来求期望收益值的极值。对方案 A_1，其 y_k 和局部平均数 $\overline{\theta}_k$ 的值如下：

$$y_1 = 40 \text{ 万元}, y_2 = (40-2) \text{ 万元} = 38 \text{ 万元}, y_3 = (38+85) \text{ 万元} = 123 \text{ 万元},$$
$$y_4 = (123-43) \text{ 万元} = 80 \text{ 万元}$$

$$\bar\theta_1 = 40 \text{ 万元}, \bar\theta_2 = 19 \text{ 万元}, \bar\theta_3 = 41 \text{ 万元}, \bar\theta_4 = 20 \text{ 万元}$$

于是，$\max E(A_1) = 41$ 万元，$\min E(A_1) = 19$ 万元。类似地，可求得其他两个方案期望收益值的极值，见表 9-10 中概率弱排序一栏。

表 9-10 局部平均数和期望值极值 （单位：万元）

方案	局部平均数				概率弱排序		概率严排序	
	$\bar\theta_1$	$\bar\theta_2$	$\bar\theta_3$	$\bar\theta_4$	max $E(A)$	min $E(A)$	max $E(A)$	min $E(A)$
A_1	40	19	41	20	41	19	27.65	22.15
A_2	37	24	34	22	37	22	29.2	25.45
A_3	24	18	20	15	24	15	20.4	18.15

2. 概率严排序

当决策者所拥有的关于自然状态的信息比较丰富的时候，他不仅可以判断各自然状态出现概率的大小顺序，而且还可以判断出相邻两概率之差的下限值，这时称为**概率严排序**，即能确定 $M_j \geq 0$，使得 $p_j - p_{j+1} \geq M_j$，且 $M_1, M_2, \cdots, M_{n-1}$ 中至少有一个大于 0。M_j 值越大，说明决策者对各自然状态出现的概率了解越深；反之，对其了解越浅，越接近于概率弱排序。

概率严排序下各方案的期望值的极值可类似求得。这仍然是一个线性规划问题。

$$\max E(A) = \sum_{j=1}^{n} p_j \theta_j \tag{9-5a}$$

或

$$\min E(A) = \sum_{j=1}^{n} p_j \theta_j \tag{9-5b}$$

约束条件为

$$p_j - p_{j+1} \geq M_j, j = 1, 2, \cdots, n-1$$

$$\sum_{j=1}^{n} p_j = 1, p_j \geq 0$$

引入变量 $r_j = p_j - p_{j+1} - M_j, j = 1, 2, \cdots, n-1$，其中 $r_n = p_n, M_n = 0$，则

$$E(A) = \sum_{j=1}^{n} p_j \theta_j = \sum_{j=1}^{n} r_j y_j + C \tag{9-6}$$

$$\sum_{j=1}^{n} p_j = \sum_{j=1}^{n} j r_j + \sum_{j=1}^{n} j M_j = \sum_{j=1}^{n} j r_j + D = 1 \tag{9-7}$$

式中，$C = \sum_{j=1}^{n-1} M_j y_j, D = \sum_{j=1}^{n-1} j M_j$ 均为常数。于是，式（9-5）等价于如下线性规划问题

$$\max E(A) = \sum_{j=1}^{n} r_j y_j + C \tag{9-8a}$$

或

$$\min E(A) = \sum_{j=1}^{n} r_j y_j + C \tag{9-8b}$$

约束条件为 $r_1 + 2r_2 + 3r_3 + \cdots + nr_n = 1 - D$，$r_j \geq 0$。

此线性规划也只有一个约束方程，约束区域有界，从而其求解可与式（9-2）同样进行。对于只有第 j 个分量非零的基解来说，其第 j 个分量 $r_j = (1-D)/j$，相应的目标函数

值为

$$E(A) = \frac{(1-D)y_j}{j} + C = (1-D)\bar{\theta}_j + C \tag{9-9}$$

于是，对 $j=1, 2, \cdots, n$，求出对应的 $(1-D)\bar{\theta}_j + C$，取其最小、最大即可。注意这里

$$C = \sum_{j=1}^{n} M_j y_j, D = \sum_{j=1}^{n} j M_j$$

由式（9-7）知，$D \leq 1$。可以证明，当 $D=1$ 时，p_j 可唯一确定，问题成为风险型决策问题。故不妨假设 $D<1$。

由于上式中的 C 和 D 都是常数（对不同的方案来说 C 是不同的），所以严排序下的期望值的极值是弱排序下极值的修正，也即有以下结论

$$\max_{\min} E(A)(严) = (1-D) \max_{\min} E(A)(弱) + C \tag{9-10}$$

例 9-10（续例 9-9） 现在假定决策者对概率排序有了更进一步的认识，估计出概率之间有严排序

$$p_1 - p_2 \geq 0.15, \quad p_2 - p_3 \geq 0.30, \quad p_3 - p_4 \geq 0 \tag{9-11}$$

此时的 $D = 0.75 < 1$ 满足要求。由式（9-10）以及在弱排序下的结论即可求得在严排序下三个方案期望值的极值。如对于方案 A_1，相应的 C 值为

$$C_1 = (0.15 \times 40 + 0.3 \times 38) 万元 = 17.4 万元$$

从而

$$\max E(A_1) = (0.25 \times 41 + 17.4) 万元 = 27.65 万元$$
$$\min E(A_1) = (0.25 \times 19 + 17.4) 万元 = 22.15 万元$$

对方案 A_2 和 A_3 的极值可类似求得，见表 9-9 中概率严排序一栏。可以看出，概率严排序下的最大值要不大于概率弱排序下的最大值，而最小值则要不小于弱排序下的最小值。也就是说，概率严排序下期望后果值的可能范围比概率弱排序下的可能范围缩小了。实际上这一性质可从式（9-10）得到证明。

9.3.2 利用期望值极值进行决策

风险型决策问题是以期望收益值或期望效用值为标准来进行决策的。在非确定型决策问题中，由于对各自然状态出现的概率一无所知，从而各方案的期望收益值或期望效用值也不能确定，只能依靠主观的标准进行决策。对于概率排序型决策问题，由于所知信息比不确定型决策问题要多，能求出期望值的取值范围，这个取值范围无疑要远远小于不确定型决策问题中的取值区间。因此，基于这个取值范围的决策自然更为可靠。仍以例 9-1 说明如何进行分析。

例 9-11（续例 9-9） 首先假设决策者完全不知道市场需求情况，即本问题是一个不确定型决策问题，于是只好按 9.2 节中介绍的方法来求解。

如果决策者是一个保守的人，他会采用悲观准则，即在最差的情况下考虑选择一个相对较好的方案。在本例中，最差情况是滞销，而在滞销的情况下只有小量试产的第三个方案才不亏本。因此，决策者的最优方案是方案 A_3。

再假设决策者做了一定的调查研究之后，发现各自然状态的出现概率见表 9-9 的概率弱排序。由于滞销是概率最小的状态，所以三种方案下期望值必然大于滞销情况下的值。此

时，即使是保守的决策者也不会仅仅依据滞销的情况来做决策，而会改为依据各方案的最小期望值来做决策。由表 9-10 可知，此时方案 A_3 是最差的方案，最优方案是 A_2。如果决策者确定了概率严排序，如 $p_1 - p_2 \geq 0.15$，$p_2 - p_3 \geq 0.3$，则从表 9-10 中可以看出，最优方案仍是 A_2。

假如决策者是一个富于冒险精神的人，那么，当他完全不知道市场需求情况时，会采用乐观准则。其最好的情况是畅销，最优方案是 A_1。但当已知有表 9-9 中的弱排序时，畅销仅是概率第三大的情况，因此，这三个方案的利润期望值不可能达到畅销时那么高的利润。这样，即使是冒险的决策者也会感到仅仅从畅销一种情况出发去选择方案是不现实的，不如从各方案最大期望值的比较中选择最大者，这样既符合冒险决策者乐于采用的乐观准则，又切合客观的现实情况。从表 9-10 中可知，最优方案是 A_1。虽然所选结果与不确定时的结果相同，但不仅两者的根据不同，而且可以看出 A_1 对 A_2 的优势也不同：在不确定型决策中，A_1 对 A_2 的优势是 85:54，约高 57%；而在概率弱排序的情形，A_1 对 A_2 优势是 41:37，仅高 11%，优势已不明显。在这样的情况下，为了使决策更加可靠，最好再补充一些信息，使得对各自然状态出现的概率分布有更深的认识，即确定严排序。假定所确定的严排序为 $p_1 - p_2 \geq 0.15$，$p_2 - p_3 \geq 0.3$，从表 9-10 中可知，按乐观准则，最优方案变成 A_2。可见，即使对富于冒险精神的决策者来说，同样按乐观准则，概率排序型决策问题中根据期望值的最大值来选择也比非确定型决策问题中按最好的极端情况去选择要有效得多。

同样，也可按照 9.2 节中介绍的等概率准则、α 准则、后悔值准则等来进行决策。

从上述分析过程中不难发现其中所包含的由简至繁、从浅入深的动态分析思想。在这里，也是通过对状态概率信息的逐步加深了解，从完全未知到概率弱排序，从弱排序到严排序，同时在严排序中还可进一步加深严格的程度，以达到逐步缩小期望值的可能取值范围，使决策选择的准确性逐步得到提高。

9.3.3 优势条件

上面是以期望值的最大值或最小值的大小来判别方案的优劣的。例如，在概率弱排序下，$\max E(A_1) > \max E(A_2)$，但 $E(A_1)$ 究竟是否必大于 $E(A_2)$ 呢？从上面的讨论可知并非如此，因为在严排序下有 $\max E(A_1) < \max E(A_2)$。本节提出判别 $E(A_1) \geq E(A_2)$ 的条件，称为优势条件。

优势条件有两种：严优势条件和弱优势条件。假设有两个方案 A_1 和 A_2，在自然状态 S_i 下的后果值分别为 θ_{1i} 和 θ_{2i}。记

$$q_j = p_j - p_{j+1}, \quad j = 1, 2, \cdots, n-1; \quad q_n = p_n$$

$$y_{1j} = \sum_{k=1}^{j} \theta_{1k}, \quad y_{2j} = \sum_{k=1}^{j} \theta_{2k}, j = 1, 2, \cdots, n$$

定义一个新的方案 D 如下（记为 $D = A_1 - A_2$）：它在自然状态 S_i 下的后果值 $\theta_i = \theta_{1i} - \theta_{2i}$，则

$$y_j \underset{=}{\text{def}} \sum_{k=1}^{j} \theta_k = y_{1j} - y_{2j}, j = 1, 2, \cdots, n$$

从而

$$E(D) = E(A_1) - E(A_2) = \sum_{j=1}^{n} q_j (y_{1j} - y_{2j}) \tag{9-12}$$

严优势条件：$E(A_1) \geqslant E(A_2)$ 的充要条件是
$$\min E(A_1 - A_2) \geqslant 0$$

证明：
$$E(A_1) - E(A_2) = \sum_{j=1}^{n} p_j \theta_{1j} - \sum_{j=1}^{n} p_j \theta_{2j}$$
$$= \sum_{j=1}^{n} q_j y_{1j} + \sum_{j=1}^{n} M_j y_{1j} - \sum_{j=1}^{n} q_j y_{2j} - \sum_{j=1}^{n} M_j y_{2j}$$
$$= \sum_{j=1}^{n} q_j (y_{1j} - y_{2j}) + \sum_{j=1}^{n} M_j (y_{1j} - y_{2j})$$

由于 $q_j \geqslant 0$，$M_j \geqslant 0$，只要 $y_{1j} - y_{2j}$ 对所有的 $j = 1, 2, \cdots, n$ 均大于 0，则方案 A_1 对方案 A_2 具有**严优势**。以上推导反过来也成立。

令 $M_j = 0$，即为弱排序情形。证毕。

弱优势条件：对于方案 $D = A_1 - A_2$ 和 $D' = A_2 - A_1$，如果 $\max E(D) > \max E(D')$，即
$$\max\{E(A_1) - E(A_2)\} > \max\{E(A_2) - E(A_1)\} \tag{9-13}$$

则称方案 A_1 对方案 A_2 具有**弱优势**。

式 (9-13) 表明，从期望意义上来说，方案 A_1 优于方案 A_2 的最大程度要大于方案 A_2 优于方案 A_1 的最大程度。

弱优势条件比严优势条件要优越，它把严优势条件看作弱优势条件的一个特例，而且当严优势条件下不能用的时候，给决策选择增加了一个新的辅助手段。

例 9-12（续例 9-9） 仍回到新产品决策的例子。对于 A_1 和 A_2，记 $D_1 = A_1 - A_2$，$D_2 = A_2 - A_3$，$D_3 = A_1 - A_3$，这三个补充方案的后果值以及在弱排序和在式（9-11）的严排序下期望值的极值见表 9-11。

表 9-11 D_i 的后果值以及在弱排序和严排序下的期望值极值

方案	后果值				局部平均数				弱排序		严排序（式 9-11）	
	p_1	p_2	p_3	p_4	$\bar{\theta}_{i1}$	$\bar{\theta}_{i2}$	$\bar{\theta}_{i3}$	$\bar{\theta}_{i4}$	$\max E(D_i)$	$\min E(D_i)$	$\max E(D_i)$	$\min E(D_i)$
D_1	3	-13	31	-29	3	-5	7	-2	7	-5	-0.80	-3.80
D_2	13	-1	30	-14	13	6	14	7	14	6	9.05	7.05
D_3	16	-14	61	-43	16	1	21	5	21	1	8.25	3.25

从表中可以看出，在概率严排序下，$\min E(D_2) > 0$，$\min E(D_3) > 0$，从而，A_1 和 A_2 都对 A_3 具有严优势，可以淘汰 A_3。另外，$\max E(D_1)$ 为负数，从而 $\min E(A_2 - A_1) = -\max E(D_1) > 0$，因此，$A_2$ 对 A_1 也具有严优势，可淘汰 A_1。这样，最优方案就是 A_2，它具有最大的期望值。其最优的把握程度已经与风险型决策问题中相同。

在概率弱排序下，可以判别 $E(A_2) > E(A_3)$，方案 A_3 可以淘汰，但从表 9-11 中可以看出，A_1 和 A_2 之间则没有严优势。如果按上一节中所介绍的方法，就要加上决策者对风险的主观态度，才能在两者之间做出选择。而弱优势条件的使用增加了一个客观的辅助选择标准。在本例中，方案 A_1 对方案 A_2 具有弱优势（请读者给出证明），因此，最优方案是 A_1。这与概率严排序下的结论不同。

需要指出的是，弱优势条件并不具有传递性，从而在多个方案的比较时，不能用弱优势条件作为淘汰方案的标准，除非对于给定方案，所有其余方案都对它有弱优势时，才能淘汰

该方案。一般情形下，需要通过其他途径来做进一步选择。如可以用如下方法：

设 m 个方案 A_1，A_2，$\cdots$，A_m 两两之间均具有弱优势，称

$$\sum_{j \neq i} [\max E(A_i - A_j) - \max E(A_j - A_i)] = \sum_{j \neq i} [\max E(A_i - A_j) + \min E(A_i - A_j)]$$

为方案 A_i（相对于其他 $m-1$ 个方案）的**优势程度**，则优势程度最大的方案为这 m 个方案中的最优方案。

例 9-13 设某企业从三种新产品 (A,B,C) 中选择一种作为推销对象，这三种产品在影响销售的三个不同状态下的销售利润见表 9-12。假定调查后确认有 $p_1 \geq p_2 \geq p_3$，下面来确定它们的优势。

表 9-12 三种产品的销售利润　　　　　　　　（单位：万元）

销售利润　状态　方案	S_1	S_2	S_3
A	8	2	7
B	0	12	11
C	3	-3	35

经计算得到如下结果：

$$\max E(A-B) = 8 \text{ 万元}, \max E(B-A) = 2 \text{ 万元}, \max E(B-C) = 6 \text{ 万元}$$
$$\max E(C-B) = 4 \text{ 万元}, \max E(A-C) = 5 \text{ 万元}, \max E(C-A) = 6 \text{ 万元}$$

由计算结果可见，任何两个方案之间都不具有严优势，但有弱优势：A 优于 B，B 优于 C，而 C 又优于 A，此时就可考虑各方案的优势程度。三个方案的优势程度可分别计算得为 5，-4，-1，所以最优方案为 A。

关于排序型决策问题，还可以研究敏感性分析、混合策略、方差分析等。

本章小结

本章介绍了单目标决策分析的理论与方法。单目标决策即决策目标只有一个的决策问题。按照对自然状态发生概率的了解程度的不同，单目标决策可分为风险型决策、非确定型决策和概率排序型决策等。

1. **风险型决策**问题的自然状态有两种或两种以上，各自然状态出现的可能性（概率）是已知的（即可以通过某种方法确定下来）。风险型决策问题可以采用期望值准则和最大可能性准则进行决策。但是注意，当自然状态较多且各自出现的概率相差不大，同时不同方案的收益值差别又较大时，不适合采用最大可能性准则。

2. **风险型决策**问题可通过**决策树**来进行分析。决策树由决策节点、方案枝、状态节点、概率枝、结果节点等组成，利用决策树进行分析时，是按照从右向左的顺序逐步展开，根据右端的期望收益值（或期望损失值）的大小对不同的方案进行选择。

3. **非确定型决策**问题的自然状态也有两种或两种以上，但各自然状态出现的概率是完全未知的。非确定型决策问题的决策准则主要有**悲观准则**、**乐观准则**、**赫威兹准则**、**后悔值准则**、**等概率准则**五种。

4. 对于同一个非确定型决策问题，采用不同的决策准则会产生不同的最优方案。在具体决策时应根据决策问题所处的客观条件，将定量分析与定性分析相结合，最终选择合适的方案。

5. 概率排序型决策问题是介于风险型决策和非确定型决策之间的决策问题。其主要特征是：各自然状态的出现概率并非完全已知，也非完全未知，而是知道关于各自然状态出现概率的大小排序这一信息。若仅知道各自然状态出现概率的大小排序，则称为概率弱排序；若不仅知道各自然状态出现概率的大小排序，而且知道相邻概率的差值，则称为概率严排序。

6. 概率排序型决策问题根据各方案期望后果值的最大值和最小值，利用严优势条件和弱优势条件进行决策。

思考与练习

1. 试述处理单目标非确定型决策问题的几种决策准则及其特点。
2. 风险型决策、非确定型决策、概率排序型决策有什么不同？
3*. 双风险决策问题中，通常以各方案的期望收益值大小来比较方案的优劣。如果同时还要考虑各方案的方差，则方差越小，方案越好。同时考虑方案的期望和方差时，如何选择最优方案？试举例说明。
4. 某杂志零售商店对《汽车》杂志每月的销售量进行统计，得到该杂志不同销售状态下的概率估计，见表9-13。这种杂志每本零售价为26元，每本批进价为20元。试问：

表 9-13 《汽车》杂志每月销售量下的概率估计表

每月销售量（千本）	1	2	3	4	5
概率	0.10	0.15	0.30	0.25	0.20

（1）若卖不出去的杂志可以按批进价退回，该店每月应订购多少本《汽车》？
（2）若卖不出去的杂志不能退回，但下月可以按零售价对折即按每本13元出售，这样，该店每月应订购多少本《汽车》？

5. 某工程队承担一座桥梁的施工任务。由于施工地区夏季多雨，需停工三个月。在停工期间，该工程队可将施工机械搬走或留在原处。如果搬走，需搬运费1800元；如果留在原处，一种方案是花5000元筑一护堤，防止河水上涨发生高水位的侵袭。若不筑护堤，发生高水位侵袭时将损失10000元。如果下暴雨发生洪水时，则不管是否筑护堤，施工机械留在原处都将受到60000元的损失。根据历史资料，该地区夏季出现洪水的概率为2%，出现高水位的概率为25%，出现正常水位的概率为73%。试用决策树为该施工队做出最优方案。

6. 某企业从事石油钻探工作。企业准备与某石油公司签订合同，钻探一片可能产油的勘探点。该企业可选择的方案有两种：①先做地震试验，看试验结果如何，再决定是否要钻井；②不做地震试验，只凭经验决定是否要钻井。做试验要花3000元，钻井要花1万元。若钻出石油，可获得5万元（即石油公司付给企业5万元）；若钻不出石油，则企业没有收入。

根据历史资料的分析估计：做地震试验其结果良好的概率为0.6，不好的概率为0.4；经地震试验为良好时，钻井出油的概率为0.85，不出油的概率为0.15；经地震试验为不好时，钻井出油的概率为0.1，不出油的概率为0.9；不经地震试验而钻井时，钻井出油的概率为0.55，不出油的概率为0.45。试用决策树为该企业做出最优方案。

7*. 某厂因某项工艺不够先进，生产成本较高，现计划将该项工艺加以改进。取得新工艺有两种途径：

一种是自行研究,投资额 270 万元,估计成功的可能性是 0.6;另一种是购买专利引进技术,投资额 300 万元,估计成功的可能性是 0.8。无论自行研究还是引进技术成功,其主要设备寿命期均为 5 年,生产规模都考虑两种方案:一是生产量不变;二是增加产量。如果自行研究和购买专利都失败,则仍采用原工艺进行生产,并保持原产量不变。根据市场预测,估计今后五年内这种产品降价的可能性是 0.1,保持原价的可能性是 0.5,涨价的可能性是 0.4。各状态下的损益值见表 9-14,试确定最优方案。

表 9-14　某厂工艺改进损益值表　　　　　　　　　　　　　　　　（单位:万元）

状态	按原工艺生产	购买专利成功（0.8）		自行研究成功（0.6）	
		产量不变	增加产量	产量不变	增加产量
价格降低（0.1）	-100	-200	-300	-200	-300
价格不变（0.5）	0	50	50	0	-250
价格上涨（0.4）	100	150	250	200	600

8. 我国某机器厂与美国一家公司签署明年生产经营合同。如果该厂承担 Q 型机床的生产,则在该年度可稳获利润 800 万元;如果承担另一种 J 型采掘机的生产,所获利润有三种可能性:①如果国外某公司在澳大利亚开采铁矿完全成功,急需 J 型采掘机,便可大大获利 2500 万元;②如果只开采出澳大利亚南部的两个分矿,可推销出大部分 J 型采掘机,能获利 900 万元;③若铁矿开采失败,就要因该采掘机滞销积压而亏损 500 万元。我厂方据各方面获悉的情报,预测出澳大利亚铁矿完全开采成功的可能性为 0.3,南部两个分矿开采成功的可能性为 0.4,完全开采失败的可能性为 0.3。尽管前两种可能性加起来可达 0.7,厂方领导者还是认为,鉴于工厂经不起亏损,应当避免亏损 500 万元的风险,故打算放弃生产 J 型采掘机。这时美方又提出,如生产另一种最新型号的 S 型采矿机,即使澳大利亚铁矿完全开采失败,也可稍加改制后当作其他机器售出而获利 120 万元;而在前两种情况下可获利 1500 万元(完全开采成功)或 850 万元(部分开采成功)。在上述三个方案中,除了第一个方案外,后两个方案都有可能获得较大的利润,尤其是第三个方案又不承担亏损的风险,所以机器厂有可能接受 S 型采矿机的生产。

试利用决策分析方法进行抉择。假定其效用函数为

$$u(\theta) = -0.168 + 1.192 \sqrt{0.02 + \frac{\theta - \theta_*}{\theta^* - \theta_*}}$$

式中,θ 为后果值,$\theta^* = 2500$ 万元,$\theta_* = -500$ 万元。

9. 某建筑安装公司对当前形势进行分析之后,提出了三个生产方案 A,B,C。预计有三种自然状态 θ_1,θ_2,θ_3 会出现,其出现的概率无法确定。通过估算对应的费用情况见表 9-15。该公司决策者对前途充满自信,持乐观态度,决定采用乐观准则,那么应选择哪一种方案?

表 9-15　三个生产方案在三种自然状态下的费用情况　　　　　　　　　　　（单位:万元）

方案 \ 费用 \ 状态	θ_1	θ_2	θ_3
A	32	40	29
B	21	28	45
C	38	42	27

10. 国内某生产企业产品全部销往东南亚等地。最近,该企业拟定了今后五年内扩大再生产的三个方案。①建设一个新厂;②对所属各厂进行技术改造;③扩建部分工厂。该企业经过分析认为,今后五年内

可能遇到四种市场需求状况：高需求、中需求、低需求、无需求，并估算了五年内三个方案在不同需求状况下的损益值，见表9-16。

表9-16　某企业扩大生产损益估计值　　　　　　　　　　　　　（单位：万元）

损益值＼状态＼方案	高需求	中需求	低需求	无需求
建设新厂	160	70	-65	-130
技术改造	100	45	-5	-40
扩建原厂	125	60	-50	-95

若采用悲观准则、乐观准则、$\alpha=0.60$ 为乐观系数的赫尔威兹准则分别进行决策，最优方案分别是哪个？

11. 在上题中，如果四种需求状态出现的机会均等，采用等概率准则进行决策，那么该企业应选择哪个方案？

12. 某企业为了扩大生产经营业务，准备生产一种新产品，生产这种新产品有三个可行方案：A_1——改造本企业原有的生产线；A_2——从国外引进一条高效自动生产线；A_3——按专业化协作组织生产。对未来几年内市场需求状况只能大致估计有高需求、中等需求和低需求三种可能，每个方案在各需求状况下的收益估计值见表9-17。

表9-17　某企业产品开发收益估计值　　　　　　　　　　　　　（单位：万元）

方案	需求状况		
	高需求	中等需求	低需求
A_1	180	115	50
A_2	240	140	35
A_3	120	90	70

（1）试用乐观准则进行决策。
（2）试用悲观准则进行决策。
（3）试用赫威兹准则进行决策。
（4）试用后悔准则进行决策。
（5）试用等概率准则进行决策。

13. 有一个 n 个自然状态的决策问题，这 n 个自然状态出现的概率分别为 $p_1, p_2, \cdots, p_n$，假如已知 p_1, p_2 的值，而关于 $p_3, p_4, \cdots, p_n$ 的值只知道 $p_j - p_{j+1} \geqslant M_j$ $(j=3, \cdots, n)$，其中 M_j 为非负常数，$p_{n+1}=0$。现有一方案 S，它对应于 n 个自然状态的收益分别为 $X_1, X_2, \cdots, X_n$。试求 S 的期望获得的极值。

14. 根据案例9-1的数据（见表9-1），试就以下情况确定最优方案：
（1）各市场需求状况下的概率均未知，试用不同的决策准则确定方案。
（2）由于是开发新产品，无过去销售经验可谈，因此市场需求情况无法预先做出判断。但根据对各方面情况的综合研究以及市场需求分布的一般规律，可以认为需求偏好的可能性最大，其次是畅销，第三是需求稍差，可能性最小的是滞销。
（3）根据对各方面情况的综合研究以及市场需求分布的一般规律，已知畅销的概率是0.2，而在其他三者中需求偏好的概率最大，其次是需求稍差，可能性最小的是滞销。

第 10 章
多目标决策分析

【案例 10-1】　　　　　如何选房？

某人准备在西安购买一套住房。经过大量咨询、调研，他认为选房应该从以下八个方面考虑：

（1）地段。主要关注轨道交通、商业氛围、优质的稀缺资源等。

（2）户型。房间要布局合理、动静分区明晰、私密性好。

（3）价格。要读懂楼盘的价格（开盘价、均价、销售均价、成交均价、最高价、清盘价等），耐心地了解本市及区域价格水平、楼盘的历史价格变化，并对所有相中的楼盘进行价格比较。

（4）公摊。要注意公摊面积是否合理，高层一般在 18%～26%，而多层则在 11%～16%。

（5）隔音。要检查门窗密闭效果是否良好，上下楼板是否有合乎标准的隔音性能，以及相邻的分户墙隔音性能好不好等施工质量问题；住宅应与居住区中的噪声源，如学校、农贸市场等保持一定的距离；住宅内的卧室不宜紧邻电梯，以防噪声干扰。

（6）配套设施。要观察配套设施能否满足日常生活的便利性。

（7）物业管理。物业管理包括住宅小区的安全、维修、清洁、绿化等许多方面，是居住生活的重要保障。好的物业管理能使物业的品质保持长久。

（8）小区交通。小区交通分为人车分流和人车混行两类。小区交通的合理性对于居住安全和环境的静谧性是比较关键的，这也是在看房时容易忽略的问题。

目前初步确定了位于不同地段的三套住房备选。最终该选择购买哪套住房呢？

（资料来源：http://www.taofw.cn/news/view_news_OTk4MjU=.html）

单目标决策分析在第 9 章已经进行了较为详细的探讨。从行为假设引出的效用函数，提供了对这类问题进行合理分析的方法和程序。但在实际中所遇到的决策分析问题，却常常要考虑多个目标。这些目标有的相互联系，有的相互制约，有的相互冲突，因而形成一种异常复杂的结构体系，使得决策问题变得非常复杂。

多目标优化最早是在 19 世纪末由意大利经济学家帕累托（V. Pareto）从政治经济学的角度提出来的。他把许多本质上不可比较的目标设法变换成单一的最优目标来进行求解。到了 20 世纪 40 年代，冯·诺依曼（John von Neumann）等人从对策论的角度提出在彼此有矛盾的多个决策人之间如何进行多目标决策问题。19 世纪 50 年代初，库普曼斯（T. C. Koopmans）

从生产和分配的活动分析中提出多目标最优化问题,并引入了帕累托最优的概念。19 世纪 60 年代初,查纳斯(A. Charnes)和库珀(W. W. Cooper)提出了用目标规划方法来解决多目标决策问题。目标规划是线性规划的修正和发展,这一方法不只是对一些目标求得最优,而是尽量使求得的最优解与原定目标值之间的偏差为最小。19 世纪 70 年代中期,基尼(R. L. Keeney)和拉法(H. Raiffa)用比较完整的描述多属性效用理论来求解多目标决策问题。19 世纪 70 年代末,萨蒂(T. L. Saaty)提出了影响广泛的层次分析法(Analytical Hierarchy Process,AHP),并在 19 世纪 80 年代初撰写了有关层次分析法的专著。自 19 世纪 70 年代以来,有关研究和讨论多目标决策的方法也随之出现。

随着计算机技术的革新,越来越多的研究者将多目标决策和数据挖掘结合起来,利用人工智能技术,将多目标决策过程变得高效易行。

10.1 基本概念

多目标决策和单目标决策的根本区别在于目标的数量。单目标决策只要比较各待选方案的*期望效用值*哪个最大即可,而多目标问题则复杂得多。

例 10-1 房屋设计

某开发商计划建造一栋商品住宅楼。在已经确定地址及总建筑面积的前提下,做出三个设计方案,现要求根据以下五个目标综合选出最佳的设计方案:

(1) 造价(每平方米造价不低于 600 元,不高于 1000 元)。
(2) 抗震性能(抗震设防烈度不低于 6 度,不高于 9 度)。
(3) 建造时间(越快越好)。
(4) 结构合理(单元划分、生活设施及使用面积比例等)。
(5) 造型美观(评价越高越好)。

三种房屋设计方案的目标值见表 10-1。

表 10-1 三种房屋设计方案的目标值

具体目标	方案 1	方案 2	方案 3
造价(元/m^2)	700	900	800
抗震性能(烈度)	6	7	8
建造时间(年)	2	1.5	1
结构合理(定性)	中	优	良
造型美观(定性)	良	优	中

由表 10-1 可见,可供选择的三个方案各有优缺点。某一个方案对其中一个目标来说是最优者,但从另一个目标的角度来看就不见得最优,可能是次优。例如从造价这个具体目标出发,则方案 1 较好;如果从结构合理、造型美观的目标出发,方案 2 就不错;但如果从抗震性能的目标看,显然方案 3 最可靠,等等。

1. 多目标决策问题的基本特点

例 10-1 就是一个多目标决策问题,该类问题除了目标不止一个这一明显的特点外,最显著的还有以下两点:目标间的不可公度性和目标间的矛盾性。

目标之间的不可公度性。目标之间的不可公度性是指各个目标没有统一的度量标准，因而难以直接进行比较。例如，房屋设计问题中，造价的单位是元/m^2，建造时间的单位是年，而结构、造型等则为定性指标。

目标之间的矛盾性。目标之间的矛盾性是指如果选择一种方案以改进某一目标的值，可能会使另一目标的值变坏。例如，房屋设计问题中，造型、抗震性能的提高可能会使房屋建造成本增加。

2. 多目标问题的三个基本要素

一个多目标决策问题一般包括目标体系、备选方案和决策准则三个基本要素。

目标体系是指由决策者选择方案所考虑的目标组及其结构。

备选方案是指决策者根据实际问题设计出的解决问题的方案。有的备选方案是明确的，而有的备选方案不是明确的，有待于在决策过程中根据约束条件解出。

决策准则是指用于选择的方案的标准。通常有两类：一类是最优准则，可以把所有方案依某个准则排序；另一类是满意准则，它牺牲了最优性使问题简化，把所有方案分为几个有序的子集。例如，"可接受"与"不可接受"；"好的""可接受的""不可接受的"与"坏的"。

3. 几个基本概念

（1）多目标问题的解集

劣解：方案 A 的各目标均劣于另一方案 B 的各目标，则方案 A 可以直接舍去。这样的方案 A 称为劣解。

非劣解：既不能立即舍去，又不能立即确定为最优的方案称为非劣解。非劣解在多目标决策中起着非常重要的作用。

单目标决策问题中的任意两个方案都可比较优劣，但在多目标时任意两个解不一定总能比较出优劣。如图 10-1 所示，希望 f_1 和 f_2 两个目标越大越好，则方案 A 和 B、方案 D 和 E 相比就无法简单比较出其优劣。但是，方案 E 和方案 I 比较，显然 E 比 I 劣。而对方案 I 和 H 来说，没有其他方案比它们更好。而其他的解，有的两对之间无法比较，但总能找到另一个解比它们优。I，H 这一类解称为非劣解，而 A，B，C，D，E，F，G 称为劣解。

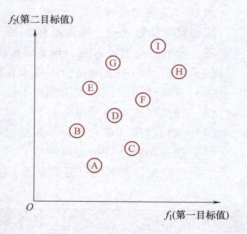

图 10-1　劣解与非劣解

如果能够判别某一解是劣解，则可淘汰；如果是非劣解，因为没有别的解比它优，就无法简单淘汰；若果非劣解只有一个，当然就选它。问题是在一般情况下非劣解远不止一个，这就有待于决策者选择，选出来的解称为**选好解**。

对于 m 个目标，一般用 m 个目标函数 $f_1(x)$，$f_2(x)$，$\cdots$，$f_m(x)$ 表示，其中 x 表示方案，而 x 的约束就是备选方案范围。

最优解：在所有的目标上都不比别的方案差的解称为最优解。设最优解为 x^*，则其满足

$$f_i(x^*) \geqslant f_i(x), \quad i=1,2,\cdots,n \tag{10-1}$$

(2) **选好解**。在处理多目标决策时，先找最优解，若无最优解，就尽力在各待选方案中找出非劣解，然后权衡非劣解，从中找出一个比较满意的方案。这个比较满意的方案就称为**选好解**。

单目标决策主要是通过对各方案两两比较，即通过辨优的方法求得最优方案。而多目标决策除了需要辨优以确定哪些方案是劣解或非劣解外，还需要通过权衡的方法来求得决策者认为比较满意的解。权衡的过程实际上就反映了决策者的主观价值和意图。

10.2 决策方法

解决多目标决策问题的方法目前已有不少，本节主要介绍以下三种：化多目标为单目标的方法、重排次序法和分层序列法。决策的一般步骤为：第一步，从所有方案中找出全部非劣方案，即满意方案；第二步，在全部非劣方案中寻找最优解或选好解。

10.2.1 化多目标为单目标的方法

由于直接求多目标决策问题比较困难，而单目标决策问题又较易求解，因此出现了多种先把多目标问题转换成单目标问题然后再进行求解的方法。下面介绍其中几种较为常见的方法：

1. 主要目标优化兼顾其他目标的方法

设有 m 个目标 $f_1(x), f_2(x), \cdots, f_m(x)$，$x \in R$ 均要求为最优，但在这 m 个目标中有一个是主要目标，例如为 $f_1(x)$，并要求其为最大。在这种情况下，只要使其他目标值处于一定的范围内，即

$$f_i' \leq f_i(x) \leq f_i'', \quad i = 2, 3, \cdots, m$$

就可把多目标决策问题转化为下列单目标决策问题，即

$$\max_{x \in R'} f_1(x)$$

$$R' = \{x \mid f_i' \leq f_i(x) \leq f_i'', \ i = 2, 3, \cdots, m; \ x \in R\} \tag{10-2}$$

例 10-2 设某厂生产 A，B 两种产品以供应市场的需要。生产两种产品所需的设备台时、原料等消耗定额及其质量和单位产品利润等见表 10-2。在制订生产计划时，工厂决策者考虑了如下三个目标：第一，计划期内生产产品所获得的利润为最大；第二，为满足市场对不同产品的需要，产品 A 的产量必须为产品 B 产量的 1.5 倍；第三，为充分利用设备台时，设备台时的使用时间不得少于 11 个单位。

表 10-2 产品消耗、利润表

消耗定额 产品 资源	A	B	限 制 量
设备台时/h	2	4	12
原料/t	3	3	12
单位利润（千元）	4	3.2	

显然，上述决策问题是一个多目标决策问题，如果将利润最大作为主要目标，则后面两个目标只要符合要求即可。这样，上述问题就可变换成单目标决策问题，并可用线性规划进行求解。

设 x_1 为产品 A 的产量，x_2 为产品 B 的产量，则以上述利润最大作为主要目标，其他两个目标可作为约束条件。其数学模型为

$$\max z = 4x_1 + 3.2x_2$$

$$\text{s.t.} \begin{cases} 2x_1 + 4x_2 \leq 12 & \text{（设备台时约束）} \\ 3x_1 + 3x_2 \leq 12 & \text{（原料约束）} \\ x_1 - 1.5x_2 = 0 & \text{（目标约束）} \\ 2x_1 + 4x_2 \geq 11 & \text{（目标约束）} \\ x_1, \ x_2 \geq 0 \end{cases} \tag{10-3}$$

（线性规划问题及后面所介绍的目标规划问题的求解过程请参阅运筹学方面的有关书籍。）

2. 线性加权和法

设有一个多目标决策问题，共有 $f_1(x)$，$f_2(x)$，…，$f_m(x)$ 等 m 个目标，则可以对目标 $f_i(x)$ 分别给予权重系数 $\lambda_i (i=1, 2, \cdots, m)$，然后构成一个新的目标函数为

$$\max F(x) = \sum_{i=1}^{m} \lambda_i f_i(x) \tag{10-4}$$

计算所有方案的 $F(x)$ 值，从中找出最大值的方案，即为最优方案。

在多目标决策问题中，或者由于各个目标的量纲不同，或者有些目标值要求最大而有些要求最小，则可以先将所有目标值变换成效用值或无量纲值，然后再用线性加权和法计算新的目标函数值并进行比较，以决定方案取舍。

3. 平方和加权法

设有 m 个目标的决策问题，现要求各方案的目标值 $f_1(x)$，$f_2(x)$，…，$f_m(x)$ 与规定的 m 个满意值 f_1^*，f_2^*，…，f_m^* 的差距尽可能小，这时可以重新设计一个总的目标函数并使其最小：

$$\min F(x) = \sum_{i=1}^{m} \lambda_i [f_i(x) - f_i^*]^2 \tag{10-5}$$

式中，λ_i 是第 $i(i=1, 2, \cdots)$ 个目标的权重系数。

4. 乘除法

当有 m 个目标 $f_1(x)$，$f_2(x)$，…，$f_m(x)$ 时，其中目标 $f_1(x)$，$f_2(x)$，…，$f_k(x)$ 的值要求越小越好，目标 $f_{k+1}(x)$，…，$f_m(x)$ 的值要求越大越好，并假定 $f_{k+1}(x)$，…，$f_m(x)$ 都大于 0。于是，可以采用如下目标函数：

$$F(x) = \frac{f_1(x) f_2(x) \cdots f_k(x)}{f_{k+1}(x) f_{k+2}(x) \cdots f_m(x)} \tag{10-6}$$

并要求 $\min F(x)$。

5. 功效系数法

设有 m 个目标 $f_1(x)$，$f_2(x)$，…，$f_m(x)$，其中 k_1 个目标要求最大，k_2 个目标要求最小。

赋予这些目标 $f_1(x)$，$f_2(x)$，…，$f_m(x)$ 以一定的功效系数 $d_i(i=1,2,…,m)$，$0 \leqslant d_i \leqslant 1$。当第 i 个目标达到最满意时，$d_i=1$；最不满意时，$d_i=0$；其他情形，d_i 则为 0，1 之间的某个值。描述 d_i 与 $f_i(x)$ 关系的函数称作<u>功效函数</u>，用 $d_i=F(f_i)$ 表示。

不同性质或不同要求的目标可以选择不同类型的功效函数，如线性功效函数、指数型功效函数等。图 10-2 所示为<u>线性功效函数</u>的两种类型。图 10-2a 所示为要求目标值越大越好的一种类型，即 f_i 值越大，d_i 也越大。图 10-2b 为要求目标值越小越好的一种类型，即 f_i 越小，d_i 越大。

记 $\max f_i(x) = f_{i\max}$，$\min f_i(x) = f_{i\min}$，若要求 $f_i(x)$ 越大越好，则可设 $d_i(f_{i\min})=0$，$d_i(f_{i\max})=1$，第 i 个目标的功效系数 d_i 的值为

$$d_i[f_i(x)] = \frac{f_i(x) - f_{i\min}}{f_{i\max} - f_{i\min}} \tag{10-7}$$

若要求 $f_i(x)$ 越小越好，则可设 $d_i(f_{i\min})=1$，$d_i(f_{i\max})=0$，第 i 个目标的功效系数 d_i 的值为

$$d_i[f_i(x)] = 1 - \frac{f_i(x) - f_{i\min}}{f_{i\max} - f_{i\min}} \tag{10-8}$$

同理，对指数型功效函数的两种类型，也可类似地确定 d_i 的取值。

当求出 n 个目标的功效系数后，即可设计一个<u>总的功效系数</u>，设以

$$D = \sqrt[m]{d_1 d_2 \cdots d_m} \tag{10-9}$$

作为总的目标函数，并使 $\max D$。

从上述计算 D 的公式可知，D 的数值介于 0，1 之间。当 $D=1$ 时，方案为最满意；当 $D=0$ 时，方案为最差。另外，当某方案第 i 目标的功效系数 $d_i=0$ 时，就会导致 $D=0$，这样也就不会选择该方案了。

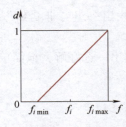 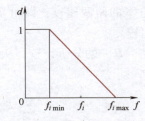

a) 目标值越大越好的类型　　　　b) 目标值越小越好的类型

图 10-2　线性功效函数

10.2.2　重排次序法

<u>重排次序法</u>是直接对多目标决策问题的待选方案的解重排次序，然后决定解的取舍，直到最后找到选好解。下面举例说明重排次序法的求解过程。

例 10-3　设某新建厂选择厂址共有 n 个方案、m 个目标。由于对 m 个目标的重视程度不同，事先可按一定方法确定每个目标的权重系数 $\lambda_i(i=1,2,…,m)$。若用 f_{ij} 表示第 i 方案第 j 目标的目标值，则可列表见表 10-3。

（1）无量纲化。为了便于重排次序，可先将不同量纲的目标值 f_{ij} 变成无量纲的数值 y_{ij}。

变换的方法是：对目标 f_j，如要求越大越好，则先从 n 个待选方案中找出第 j 个目标的最大值确定为最好值，而其最小值为最差值。即

表 10-3 n 个方案的 m 个目标值

目标 (j) 方案 (i)	f_1 λ_1	f_2 λ_2	...	f_j λ_j	...	f_{m-1} λ_{m-1}	f_m λ_m
1	f_{11}	f_{12}	...	f_{1j}	...	$f_{1,m-1}$	$f_{1,m}$
2	f_{21}	f_{22}	...	f_{2j}	...	$f_{2,m-1}$	$f_{2,m}$
⋮	⋮	⋮		⋮		⋮	⋮
i	f_{i1}	f_{i2}	...	f_{ij}	...	$f_{i,m-1}$	$f_{i,m}$
⋮	⋮	⋮		⋮		⋮	⋮
n	f_{n1}	f_{n2}	...	f_{nj}	...	$f_{n,m-1}$	$f_{n,m}$

$$\max_{1\leq i\leq n} f_{ij} = f_{i_b j}, \quad \min_{1\leq i\leq n} f_{ij} = f_{i_w j}$$

并相应地规定

$$f_{i_b j} \rightarrow y_{i_b j} = 100$$
$$f_{i_w j} \rightarrow y_{i_w j} = 1$$

而其他方案的无量纲值可根据相应的 f 的取值用线性插值的方法求得。

对于目标 f_i，如要求越小越好，则可先从 n 个方案中的第 j 个目标中找最小值为最好值，而其最大值为最差值。可规定 $f_{i_b j} \rightarrow y_{i_b j} = 1$，$f_{i_w j} \rightarrow y_{i_w j} = 100$。其他方案的无量纲值可类似求得。这样就能把所有的 f_{ij} 变换成无量纲的 y_{ij}。

（2）通过对 n 个方案的两两比较，即可从中找出一组"非劣解"，记作 $\{B\}$，然后对该组非劣解做进一步比较。

（3）通过对非劣解 $\{B\}$ 的分析比较，从中找出一选好解，最简单的方法是设一新的目标函数

$$F_i = \sum_{j=1}^{m} \lambda_i y_{ij}, \quad i \in \{B\} \tag{10-10}$$

若 F_i 值为最大，则方案 i 为最优方案。

10.2.3 分层序列法

分层序列法是把目标按照重要程度重新排序，将重要的目标排在前面，如已知排成 $f_1(x), f_2(x), \cdots, f_m(x)$；然后对第 1 个目标求最优，找出所有最优解集合，用 R_1 表示，接着在集合 R_1 范围内求第 2 个目标的最优解，并将这时的最优解集合用 R_2 表示，依此类推，直到求出第 m 个目标的最优解为止。将上述过程用数学语言描述，即

$$f_1(x^{(1)}) = \max_{x \in R_0} f_1(x)$$
$$f_2(x^{(2)}) = \max_{x \in R_1} f_2(x)$$
$$\vdots$$
$$\tag{10-11}$$

$$f_m(x^{(m)}) = \max_{x \in R_{m-1}} f_m(x)$$

$$R_i = \{x \mid \min f_i(x), x \in R_{i-1}\}, \quad i = 1, 2, \cdots, m-1; \quad R_0 = R$$

这种方法有解的前提是 R_1，R_2，$\cdots$，R_{m-1} 等集合不止一个元素，但这在解决实际问题中很难做到，于是又提出了一种允许宽容的方法。所谓"宽容"是指，当求解后一目标最优时，不必要求前一目标也达到严格最优，而是在一个对最优解有宽容的集合中寻找。这样就变成了求一系列带宽容条件的极值问题，也就是

$$\begin{aligned} f_1(x^{(1)}) &= \min_{x \in R_0'} f_1(x) \\ f_2(x^{(2)}) &= \min_{x \in R_1'} f_2(x) \\ &\vdots \\ f_m(x^{(m)}) &= \max_{x \in R_{m-1}'} f_m(x) \end{aligned} \quad (10\text{-}12)$$

$$R_i' = \{x \mid f_i(x) < a_i \max f_i(x), x \in R_{i-1}'\} \quad i = 1, 2, \cdots, m-1, \quad R_0' = R$$

而 $a_i > 0$ 是一个宽容限度，可以事前给定。

10.3 多目标风险决策分析模型

多目标风险决策分析模型可表述为：假设有 n 个目标，m 个备选方案（A_1，A_2，$\cdots$，A_m），第 i 个备选方案 A_i 面临 l_i 个自然状态，这 l_i 个自然状态发生的概率分别为 p_{i1}，p_{i2}，$\cdots$，p_{il_i}。方案 A_i 在其第 k 个自然状态下的 n 个后果值分别为 $\theta_{ik}^{(1)}$，$\theta_{ik}^{(2)}$，$\cdots$，$\theta_{ik}^{(n)}$。该模型如图 10-3 所示。

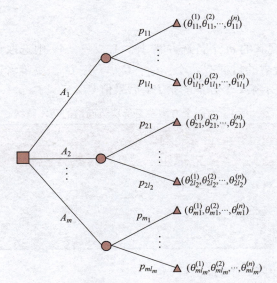

图 10-3 多目标风险型决策模型

各方案在各个目标的期望收益值分别为

$$E(A_1) = \boldsymbol{P}_1 \boldsymbol{a}_1 = (p_{11} \cdots p_{1l_1}) \begin{pmatrix} \theta_{11}^{(1)} & \theta_{11}^{(2)} & \cdots & \theta_{11}^{(n)} \\ \theta_{12}^{(1)} & \theta_{12}^{(2)} & \cdots & \theta_{12}^{(n)} \\ \vdots & \vdots & & \vdots \\ \theta_{1l_1}^{(1)} & \theta_{1l_1}^{(2)} & \cdots & \theta_{1l_1}^{(n)} \end{pmatrix}$$

$$\vdots$$

(10-13)

$$E(A_m) = \boldsymbol{P}_m \boldsymbol{a}_m = (p_{m1} \cdots p_{ml_m}) \begin{pmatrix} \theta_{m1}^{(1)} & \theta_{m1}^{(2)} & \cdots & \theta_{m1}^{(n)} \\ \theta_{m2}^{(1)} & \theta_{m2}^{(2)} & \cdots & \theta_{m2}^{(n)} \\ \vdots & \vdots & & \vdots \\ \theta_{ml_m}^{(1)} & \theta_{ml_m}^{(2)} & \cdots & \theta_{ml_m}^{(n)} \end{pmatrix}$$

这样，便把有限个方案的多目标风险型决策问题转化成为有限方案的多目标确定型决策问题：

$$E(A) \stackrel{\text{def}}{=} \begin{pmatrix} E(A_1) \\ E(A_2) \\ \vdots \\ E(A_m) \end{pmatrix} = \begin{matrix} A_1 \\ A_2 \\ \vdots \\ A_m \end{matrix} \begin{pmatrix} a_{11} & a_{12} & \cdots & a_{1n} \\ a_{21} & a_{22} & \cdots & a_{2n} \\ \vdots & \vdots & & \vdots \\ a_{m1} & a_{m2} & \cdots & a_{mn} \end{pmatrix}_{m \times n}$$

(10-14)

10.4 有限个方案多目标决策问题的分析方法

10.4.1 基本结构

问题可表述为：从现有的 m 个备选方案 $A_1, A_2, \cdots, A_m$ 中选取最优方案（或最满意方案），决策者决策时要考虑的目标有 n 个：$G_1, G_2, \cdots, G_n$。决策者通过调查评估得到的信息见表 10-4（其中 a_{ij} 表示第 i 个方案的第 j 个后果值）。

表 10-4 有限个方案多目标决策问题的基本结构

方案	目标			
	G_1	G_2	$\cdots$	G_n
A_1	a_{11}	a_{12}	$\cdots$	a_{1n}
A_2	a_{21}	a_{22}	$\cdots$	a_{2n}
$\vdots$	$\vdots$	$\vdots$		$\vdots$
A_m	a_{m1}	a_{m2}	$\cdots$	a_{mn}

这一表式结构可用矩阵表示为

$$\begin{pmatrix} a_{11} & a_{12} & \cdots & a_{1n} \\ a_{21} & a_{22} & \cdots & a_{2n} \\ \vdots & \vdots & & \vdots \\ a_{m1} & a_{m2} & \cdots & a_{mn} \end{pmatrix}$$

(10-15)

这个矩阵称为决策矩阵，它是大多数决策分析方法的基础。

决策准则为

$$E(A_i) = \sum_j \lambda_j a_{ij} \tag{10-16}$$

式中，λ_j 为第 j 个目标的权重。

10.4.2 决策矩阵的规范化

在决策矩阵中，由于目标的不可公度性，往往不便于比较各目标，因此最好把矩阵中的元素规范化，即把各目标值都统一变换到 [0, 1] 范围内。规范化的方法很多，常用的有以下几种：

1. 向量规范化

令

$$b_{ij} = \frac{a_{ij}}{\sqrt{\sum_{i=1}^{m} a_{ij}^2}} \tag{10-17}$$

这种变换把所有目标值都化为无量纲的量，且都处于 [0, 1] 范围内。但这种变换是非线性的，变换后各属性的最大值和最小值并不是统一的，即最小值不一定为 0，最大值不一定为 1，有时仍不便比较。

2. 线性变换

如目标为效益（目标值越大越好），可令

$$b_{ij} = \frac{a_{ij}}{\max_i \{a_{ij}\}} \tag{10-18}$$

显然 $0 \leq b_{ij} \leq 1$。

如目标为成本（目标值越小越好），令

$$b_{ij} = 1 - \frac{a_{ij}}{\max_i \{a_{ij}\}} \tag{10-19}$$

同样有 $0 \leq b_{ij} \leq 1$。

这种变换是线性的，变换后的相对数量与变换前相同。

3. 效用值法

把每一目标的各后果值转化为效用值。

4. 其他变换

在决策矩阵中，如果既有效益目标又有成本目标，采用上述变换就产生了困难，因为它们的基点不同。这就是说，变换后最好的效益目标和最好的成本目标有不同的值，不便于比较。如果把成本目标变换修改为

$$b_{ij} = \frac{1/a_{ij}}{\max_i \{1/a_{ij}\}} = \frac{\min_i \{a_{ij}\}}{a_{ij}} \tag{10-20}$$

这样基点就可以统一起来了。

一种更复杂的变换是，对于效益，令

$$b_{ij} = \frac{a_{ij} - \min_{i}\{a_{ij}\}}{\max_{i}\{a_{ij}\} - \min_{i}\{a_{ij}\}} \tag{10-21}$$

对于成本，令

$$b_{ij} = \frac{\max_{i}\{a_{ij}\} - a_{ij}}{\max_{i}\{a_{ij}\} - \min_{i}\{a_{ij}\}} \tag{10-22}$$

这种变换的好处是，变换后把目标值统一变换到 [0，1] 范围内，但是这种变换不是成比例的。

10.4.3 确定权的方法

在多目标决策过程中，决策者所考虑的多个目标对决策的重要程度并不是相同的，相对来说，总有一定的差别。目前大部分的多目标决策方法都通过赋予各目标一定的权重进行决策，以权重表示各目标的重要程度，权重越大，其对应的目标越重要。确定权重的方法很多，现介绍以下几种常用的方法：

1. 老手法

这是一种凭借经验评估并结合统计处理来确定权重的方法。

首先，选聘一批对所研究的问题有充分见解的 L 个老手（即专家或有丰富经验的实际工作者），请他们各自独立地对 n 个目标 $G_i(i=1, 2, \cdots, n)$ 给出相应的权重。设第 j 位老手所提供的权重方案为

$$w_{1j}, w_{2j}, \cdots, w_{nj}, \quad j = 1, 2, \cdots, L \tag{10-23}$$

它们满足 $w_{ij} \geq 0$，$(i=1, 2, \cdots, n)$，$\sum_{i=1}^{n} w_{ij} = 1$，则汇总这些方案可列出权重方案表，见表 10-5。

表 10-5 老手法所得到的权重方案表

老手 \ 目标(权重)	G_1	...	G_i	...	G_n	偏差
1	w_{11}	...	w_{i1}	...	w_{n1}	D_1
⋮	⋮		⋮		⋮	⋮
j	w_{1j}	...	w_{ij}	...	w_{nj}	D_j
⋮	⋮		⋮		⋮	⋮
L	w_{1L}	...	w_{iL}	...	w_{nL}	D_L
均值	w_1	...	w_i	...	w_n	

其中

$$w_i = \frac{1}{L} \sum_{j=1}^{L} w_{ij} \quad i = 1, 2, \cdots, n \tag{10-24}$$

$$D_j = \frac{1}{n-1} \sum_{i=1}^{n} (w_{ij} - w_i)^2, \quad j = 1, 2, \cdots, L \tag{10-25}$$

设给定允许 $\varepsilon > 0$，检验由上式确定的各方差估值。如果上述各方差估值的最大者不超过规定的 ε，即若

$$\max_{1 \leq j \leq L} D_j \leq \varepsilon$$

则说明各老手所提供的方案没有显著的差别，因而是可接受的。此时，就以 $w_1, w_2, \cdots, w_n$ 作为对应各目标 $G_1, G_2, \cdots, G_n$ 的权重。如果上式不满足，则需要与那些对应于方差估值大的老手进行协商，充分交换意见，消除误解（但不交流各老手所提出的权重方案），然后，让他们重新调整权重，再将其列入权重方案表。重复上述过程，最后得到一组满意的权重均值作为目标的权重。

这种方法比较实用，但一般要求老手的人数不能太少。

2. 环比法

这种方法先随意把各目标排成一定顺序，接着按顺序比较两个目标的重要性，得出两个目标重要性的相对比率——环比比率，然后再通过连乘把此环比比率换算为都以最后一个目标基数的定基比率，最后再归一化为权重。设某决策有 A，B，C，D，E 五个目标，下面按顺序来求其权重，见表 10-6。

表 10-6　用环比法求权重

目标	按环比计算的重要性比率	换算为以 E 为基数的重要性比率	权重
A	2.0	4.5	0.327
B	0.5	2.25	0.164
C	3.0	4.50	0.327
D	1.5	1.50	0.109
E	—	1.00	0.073
合计		13.75	1.000

表 10-6 第二列是各目标重要性的环比比率，是按顺序两两对比而求得的，则可以通过向决策者或专家咨询得到。例如，该列第一个数值为 2，它表示目标 A 对决策的重要性相当于目标 B 的 2 倍；第 2 个数字为 0.5，它表示目标 B 对决策的重要性值相当于目标 C 的一半，其余类推。第三列的数据是通过第二列计算得到的，即以目标 E（排在最后的目标）对决策的重要性为基数，令其重要性为 1，由于目标 D 的重要性相当于目标 E 的 1.5 倍，所以换算为定基比率仍是 1.5，即 $1 \times 1.5 = 1.5$；由于目标 C 的重要性相当于目标 D 的 3 倍，所以目标 C 的重要性相当于目标 E 的 4.5 倍，其余类推。把各目标的重要性比率换算为以目标 E 为基数的定基比率后，求得这些比率的总和为 13.75，即第三列的合计数，然后把第三列中各行的数据分别除以这个合计数 13.75，就得到了归一化的权重值，列于表 10-6 最后一列。

上述方法应用的前提是，决策者对各目标相对重要性的认识是完全一致的，没有矛盾。可实际上决策者对各目标相对重要性的认识有时不完全一致，此时这种方法便不适用，一般可改用权的最小二次方法或其他方法。

3. 权的最小二次方法

这种方法是把各目标的重要性做成对比较，如把第 i 个目标对第 j 个目标的相对重要性的估计值记作 $a_{ij}(i, j = 1, 2, \cdots, n)$，并近似地认为就是这两个目标的权重 w_i 和 w_j 的比 w_i/w_j。如果决策者对 $a_{ij}(i, j = 1, 2, \cdots, n)$ 的估计一致，则 $a_{ij} = w_i/w_j$，否则只有 $a_{ij} \approx w_i/w_j$，即 $a_{ij}w_j - w_i \neq 0$。可以选择一组权 $\{w_1, w_2, \cdots, w_n\}$，使

$$Z = \sum_{i=1}^{n} \sum_{j=1}^{n} (a_{ij}w_j - w_i)^2$$

为最小。式中，$w_i(i=1, 2, \cdots, n)$ 满足 $\sum_{i=1}^{n} w_i = 1$，且 $w_i > 0$。

如用拉格朗日乘子法解此有约束的优化问题，则拉格朗日函数为

$$L = \sum_{i=1}^{n} \sum_{j=1}^{n} (a_{ij}w_j - w_i)^2 + 2\lambda \left(\sum_{i=1}^{n} w_i - 1 \right) \tag{10-26}$$

将上式对 w_k 求偏导，并令其为 0 得到

$$\frac{\partial L}{\partial w_k} = \sum_{i=1}^{n} (a_{ik}w_k - w_i)a_{ik} - \sum_{j=1}^{n} (a_{kj}w_j - w_k) + \lambda = 0, \quad k = 1, 2, \cdots, n \tag{10-27}$$

式 (10-27) 和 $\sum_{i=1}^{n} w_i = 1$ 构成了 $n+1$ 个非齐次线性方程组，有 $n+1$ 个未知数，可求得一组唯一的解。式 (10-27) 也可写成矩阵形式

$$Bw = m \tag{10-28}$$

式中

$$w = (w_1, w_2, \cdots, w_n)^T, \quad m = (-\lambda, -\lambda, \cdots, -\lambda)^T$$

$$B = \begin{pmatrix} \sum_{i=1}^{n} a_{i1}^2 - n - 2a_{11} & -(a_{12}+a_{21}) & \cdots & -(a_{1n}+a_{n1}) \\ -(a_{21}+a_{12}) & \sum_{i=1}^{n} a_{i2} - n - 2a_{22} & \cdots & -(a_{2n}+a_{n2}) \\ \vdots & \vdots & & \vdots \\ -(a_{n1}+a_{1n}) & (-a_{n2}+a_{2n}) & & \sum_{i=1}^{n} a_{in} - n - 2a_{nn} \end{pmatrix}$$

4. 强制决定法

这种方法要求把各个目标两两进行对比。两个目标比较，重要者记 1 分，次要者记 0 分。现举一例来说明。

例 10-4 考虑一个机械设备设计方案决策，设其目标有灵敏度、可靠性、耐冲击性、体积、外观和成本共六项。首先画一个棋盘表格计算机械设备设计方案选优决策中的权重，见表 10-7。其中打分所用列数为 15（如目标数为 n，则打分所用列数为 $n(n-1)/2$）。在每个列内只打两个分，即在重要的那个目标行内打 1 分，次要的那个目标行内打 0 分。该列的其余各行任其空着。

表中"总分"列为各目标所得分数之和；"修正总分"列是为了避免使权系数为 0 而设计的，其数值由各总分加上 1 得到；权重为各行修正总分归一化的结果。

表 10-7 机械设备设计方案选优决策中权重的计算

目 标	重要性得分															总 分	修正总分	权 重
灵敏度	0	0	1	1	1											3	4	0.129
可靠性	1					1	1	1								5	6	0.286

(续)

目标	重要性得分							总分	修正总分	权重
耐冲击性	1		0		1	1	1	4	5	0.048
体积		0		0		0	1 0	1	2	0.143
外观			0		0	0	0 0	0	1	0.095
成本				0		0	0 1 1	2	3	0.238
合计								15	21	1.000

10.5 层次分析法（AHP）

层次分析法（Analytic Hierarchy Process，AHP）是 20 世纪 70 年代由美国学者萨蒂最早提出的一种多目标评价决策法。它本质上是一种决策思维方式，基本思想是把复杂的问题分解成若干层次和若干要素，在各要素之间简单地进行比较、判断和计算，以获得不同要素和不同备选方案的权重。

应用层次分析法的步骤如下：

（1）对构成决策问题的各种要素建立多级递阶的结构模型。

（2）对同一等级（层次）的要素以上一级的要素为准则进行两两比较，根据评定尺度确定其相对重要程度，并据此建立判断矩阵。

（3）确定各要素的相对重要度。

（4）进行一致性检验，综合计算相对重要度，对各种替代方案进行优先排序，从而为决策者提供科学决策的依据。

10.5.1 多级递阶结构

用层次分析法分析的系统，其多级递阶结构一般可以分成三层，即目标层、准则层和方案层。目标层为解决问题的目的，是想要达到的目标。准则层为针对目标评价各方案时所考虑的各个子目标（要素或准则），可以逐层细分。方案层即解决问题的方案。

层次结构往往用结构图形式表示，图上标明上一层与下一层要素之间的联系。如果上一层的每一要素与下一层的所有要素均有联系，称为完全相关结构（见图 10-4）。如果上一层的每一要素都有各自独立的、完全不相同的下层要素，称为完全独立性结构。也有由上述两种结构结合的混合结构。

例 10-5 某城市闹市区的某一商场附近，由于顾客过于稠密，常常造成车辆阻塞以及各种交通事故。市政府决定改善闹市区的交通环境。经约请各方面专家研究，制订出三种可供选择的方案：

A_1——在商场附近修建一座天桥，供行人横穿马路。

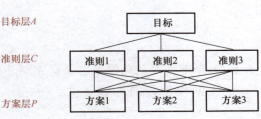

图 10-4 具有完全相关结构的递阶层次结构

A_2——在商场附近修建一条地下通道。

A_3——搬迁商场。

试用决策分析方法对三种备选方案进行选择。这是一个多目标决策问题。在改变闹市区交通环境这一总目标下,根据当地的具体情况和条件,制定了以下五个分目标作为对备选方案的评价和选择标准:

C_1——通车能力。

C_2——方便过往行人及当地居民。

C_3——新建或改建费用不能过高。

C_4——具有安全性。

C_5——保持市容美观。

其层次结构如图 10-5 所示。

递阶层次结构建立得合适与否,对问题的求解起着关键的作用。但这在很大程度上取决于决策者的主观判断。这就要求决策者对问题的本质、问题所包含的要素以及相互之间的逻辑关系要有比较透彻的理解。

10.5.2 判断矩阵

判断矩阵是层次分析法的基本信息,也是计算各要素权重的重要依据。

1. 建立判断矩阵

设对于准则 H,其下一层有 n 个要素 A_1, A_2, $\cdots$, A_n。以上一层的要素 H 作为判断准则,对下一层的 n 个要素进行两两比较来确定矩阵的元素值,其形式如下:

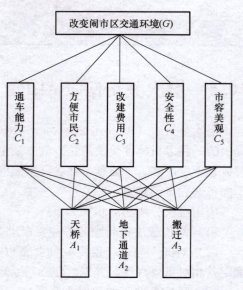

图 10-5 改善市区交通环境的层次结构

H	A_1	A_2	$\cdots$	A_j	$\cdots$	A_n
A_1	a_{11}	a_{12}	$\cdots$	a_{1j}	$\cdots$	a_{1n}
A_2	a_{21}	a_{22}	$\cdots$	a_{2j}	$\cdots$	a_{2n}
$\vdots$	$\vdots$	$\vdots$		$\vdots$		$\vdots$
A_i	a_{i1}	a_{i2}	$\cdots$	a_{ij}	$\cdots$	a_{in}
$\vdots$	$\vdots$	$\vdots$		$\vdots$		$\vdots$
A_n	a_{n1}	a_{n2}	$\cdots$	a_{nj}	$\cdots$	a_{nn}

a_{ij} 表示以判断准则 H 的角度考虑要素 A_i 对 A_j 的相对重要程度。若假设在准则 H 下要素 A_1, A_2, $\cdots$, A_n 的权重分别为 w_1, w_1, $\cdots$, w_n,即 $\boldsymbol{W} = (w_1, w_2, \cdots, w_n)^\mathrm{T}$,则 $a_{ij} = w_i/w_j$。矩阵

$$A = \begin{pmatrix} a_{11} & a_{12} & \cdots & a_{1n} \\ a_{21} & a_{22} & \cdots & a_{2n} \\ \vdots & \vdots & & \vdots \\ a_{n1} & a_{n2} & \cdots & a_{nn} \end{pmatrix} \qquad (10\text{-}29)$$

称为**判断矩阵**。

2. 判断尺度

判断矩阵中的元素 a_{ij} 是表示两个要素的相对重要性的数量尺度，称为**判断尺度**。其取值见表 10-8。

表 10-8 判断尺度的取值

判断尺度	定 义	判断尺度	定 义
1	对 H 而言，A_i 和 A_j 同样重要	7	对 H 而言，A_i 比 A_j 重要得多
3	对 H 而言，A_i 比 A_j 稍微重要	9	对 H 而言，A_i 比 A_j 绝对重要
5	对 H 而言，A_i 比 A_j 重要	2, 4, 6, 8	介于上述两个相邻判断尺度之间

由表 10-8 可知，若 A_i 比 A_j 重要，则 $a_{ij} = w_i/w_j = 5$；反之，若 A_j 比 A_i 重要，则 $a_{ij} = 1/a_{ji} = 1/5$。

10.5.3 相对重要度及判断矩阵的最大特征值 $\lambda_{\max}$ 的计算

在应用层次分析法进行系统评价和决策时，需要知道 A_i 关于 H 的相对重要度，也就是 A_i 关于 H 的权重。问题归结为：

已知

$$A = (a_{ij})_{n \times n} = (w_i/w_j)_{n \times n} = \begin{pmatrix} w_1/w_1 & w_1/w_2 & \cdots & w_1/w_n \\ w_2/w_1 & w_2/w_2 & \cdots & w_2/w_n \\ \vdots & \vdots & & \vdots \\ w_n/w_1 & w_n/w_2 & \cdots & w_n/w_n \end{pmatrix}$$

求 $W = (w_1, w_2, \cdots, w_n)^T$。

由

$$\begin{pmatrix} w_1/w_1 & w_1/w_2 & \cdots & w_1/w_n \\ w_2/w_1 & w_2/w_2 & \cdots & w_2/w_n \\ \vdots & \vdots & & \vdots \\ w_n/w_1 & w_n/w_2 & \cdots & w_n/w_n \end{pmatrix} \begin{pmatrix} w_1 \\ w_2 \\ \vdots \\ w_n \end{pmatrix} = n \begin{pmatrix} w_1 \\ w_2 \\ \vdots \\ w_n \end{pmatrix}$$

知 W 是矩阵 A 的特征值为 n 的**特征向量**。

当矩阵 A 的元素 a_{ij} 满足

$$a_{ii} = 1, \quad a_{ij} = \frac{1}{a_{ji}}, \quad a_{ij} = \frac{a_{ik}}{a_{jk}} \qquad (10\text{-}30)$$

时，A 具有唯一的非零**最大特征值** $\lambda_{\max}$，且 $\lambda_{\max} = n$（因为 $\sum\limits_{i=1}^{n} \lambda_i = \sum\limits_{i=1}^{n} a_{ii} = n$）。

由于判断矩阵 A 的最大特征值所对应的特征向量即为 W，为此，可以先求出判断矩阵的最大特征值所对应的特征向量，再经过归一化处理，即可求出 A_i 关于 H 的相对重要度。

方法：

（1）计算方法中的乘幂法等方法。

（2）**方根法**

$$w_i = \left(\prod_{j=1}^{n} a_{ij}\right)^{\frac{1}{n}} \quad i = 1, 2, \cdots, n$$

然后对 $\boldsymbol{W} = (w_1, w_2, \cdots, w_n)^T$ 进行归一化处理，即

$$w_i^{(0)} = \frac{w_i}{\sum_{j=1}^{n} w_j}$$

其结果就是 A_i 关于 H 的相对重要度。然后求最大特征值 $\lambda_{\max}$

$$\lambda_{\max} = \sum_{i=1}^{n} \frac{(\boldsymbol{AW})_i}{n w_i}$$

式中，$(\boldsymbol{AW})_i$ 为向量 $\boldsymbol{AW}$ 的第 i 个元素。

（3）用**和积法**求。首先，将判断矩阵每一列归一化；其次，列归一化后的判断矩阵按行相加得

$$\overline{\boldsymbol{W}} = (\overline{w}_1, \overline{w}_2, \cdots, \overline{w}_n)^T$$

再对其进行归一化处理即可。$\lambda_{\max}$ 的求法同方根法。

10.5.4　相容性判断

当判断矩阵大于三阶时，增加了比较判断的复杂度，可能会出现甲比乙相对重要，乙比丙相对极端重要，而丙又比甲重要的情况，这样会使得"一致性"不能被满足。如果所建立的判断矩阵有偏差，则称为**不相容判断矩阵**，这时就有

$$\boldsymbol{AW} = \lambda_{\max} \boldsymbol{W}$$

若矩阵 A 完全相容，则有 $\lambda_{\max} = n$，否则 $\lambda_{\max} \neq n$。判断矩阵过于偏离一致性，会导致决策的失误。这就提示人们可以用 $\lambda_{\max} - n$ 的大小来度量相容的程度。

度量相容性的指标为一致性指标 C.I.（Consistence Index）

$$\text{C.I.} = \frac{\lambda_{\max} - n}{n - 1} \tag{10-31}$$

一般情况下，若 C.I. ≤ 0.10，就可认为判断矩阵 A 有相容性，据此计算的 W 是可以接受的，否则重新进行两两比较判断。

判断矩阵的维数 n 越大，判断的一致性将越差，故应放宽对高维判断矩阵一致性的要求，于是引入修正值 R.I.（Average Random Consistency Index）（见表10-9），并取更为合理的 C.R.（Consistency Ratio）作为衡量判断矩阵一致性的指标。

$$\text{C.R.} = \frac{\text{C.I.}}{\text{R.I.}} \tag{10-32}$$

表 10-9　相容性指标的修正值

维数	1	2	3	4	5	6	7	8	9
R.I.			0.58	0.96	1.12	1.24	1.32	1.41	1.45

10.5.5 综合重要度的计算

在计算了各层次要素对其上一级要素的相对重要度以后，即可自上而下地求出各层要素关于系统总体的综合重要度（也称作系统总体权重）。其计算过程如下：

设有目标层 A、准则层 C、方案层 P 构成的层次模型（对于层次更多的模型，其计算方法相同），准则层 C 对目标层 A 的相对权重为

$$\overline{w}^{(1)} = (w_1^{(1)}, w_2^{(1)}, \cdots, w_k^{(1)})^{\mathrm{T}} \tag{10-33}$$

方案层 n 个方案对准则层各准则的相对权重为

$$\overline{w}_l^2 = (w_{l1}^{(2)}, w_{l2}^{(2)}, \cdots, w_{lk}^{(2)})^{\mathrm{T}} \quad l = 1, 2, \cdots, n \tag{10-34}$$

这 n 个方案对目标而言，其相对权重是通过权重 $\overline{w}^{(1)}$ 与 $\overline{w}_l^{(2)}$（$l = 1, 2, \cdots, n$）组合得到的，其计算可采用表格进行（见表 10-10）。

表 10-10 综合重要度的计算

权重 P 层	C 层	要素及权重				组合权重 ($V^{(2)}$)
		C_1	C_2	$\cdots$	C_k	
		$w_1^{(1)}$	$w_2^{(1)}$	$\cdots$	$w_k^{(1)}$	
P_1		$w_{11}^{(2)}$	$w_{12}^{(2)}$	$\cdots$	$w_{1k}^{(2)}$	$v_1^{(2)} = \sum_{j=1}^{k} w_j^{(1)} w_{1j}^{(2)}$
P_2		$w_{21}^{(2)}$	$w_{22}^{(2)}$	$\cdots$	$w_{2k}^{(2)}$	$v_2^{(2)} = \sum_{j=1}^{k} w_j^{(1)} w_{2j}^{(2)}$
$\vdots$				$\vdots$		$\vdots$
P_n		$w_{n1}^{(2)}$	$w_{n2}^{(2)}$	$\cdots$	$w_{nk}^{(2)}$	$v_n^{(2)} = \sum_{j=1}^{k} w_j^{(1)} w_{nj}^{(2)}$

这时得到 $V^{(2)} = (v_1^{(2)}, v_2^{(2)}, \cdots, v_n^{(2)})^{\mathrm{T}}$ 为 P 层各方案的相对权重。若最低层是方案层，则可根据 v_i 选择满意方案；若最低层是因素层，则根据 v_i 确定人力、物力、财力等资源的分配。

10.5.6 案例 10-1 分析

在案例 10-1 的选房决策问题中，假设购房者甲认为户型、公摊、隔音和小区交通四个因素不在考虑范围内，即这四个因素对其做出选房决策没有影响。因此，影响其选房决策的四个因素包括地段、价格、配套设施和物业管理。现运用层次分析法对三套住房备选方案进行评价，并选出最终的住房。

第一步，构建递阶层次结构。整个层次结构分为三层：最高层即问题分析的总目标，要决定购买哪套住房；第二层是准则层，包括了上述的四个因素；第三层是方案层，即初步确定位于不同地段的三套住房备选，如图 10-6 所示。

第二步，建立判断矩阵。就层次结构中各种因素两两进行判断比较，建立判断矩阵。

（1）判断矩阵 A/B（相对总目标各指标间的重要性比较）

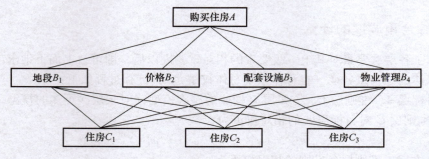

图 10-6　购房决策的递阶层次结构图

A	B_1	B_2	B_3	B_4
B_1	1	1/7	1/3	1/5
B_2	7	1	5	2
B_3	3	1/5	1	1/3
B_4	5	1/2	3	1

（2）判断矩阵 B_1/C（各住房的地段比较）

B_1	C_1	C_2	C_3
C_1	1	2	1/5
C_2	1/2	1	1/4
C_3	5	4	1

（3）判断矩阵 B_2/C（各住房的价格比较）

B_2	C_1	C_2	C_3
C_1	1	1/2	1/5
C_2	2	1	1/3
C_3	5	3	1

（4）判断矩阵 B_3/C（各住房的配套设施比较）

B_3	C_1	C_2	C_3
C_1	1	2	3
C_2	1/2	1	3
C_3	1/3	1/3	1

（5）判断矩阵 B_4/C（各住房的物业管理比较）

B_4	C_1	C_2	C_3
C_1	1	1/2	3
C_2	2	1	4
C_3	1/3	1/4	1

第三步,相对重要度及判断矩阵的最大特征值的计算。

(1) A-B(各指标相对于总目标的相对权重)

$$\omega = \begin{pmatrix} 0.057 \\ 0.523 \\ 0.121 \\ 0.299 \end{pmatrix}, \lambda_{\max} = 4.068$$

(2) B_1-C(各住房相对于地段的相对权重)

$$\omega = \begin{pmatrix} 0.186 \\ 0.127 \\ 0.687 \end{pmatrix}, \lambda_{\max} = 3.094$$

(3) B_2-C(各住房相对于价格的相对权重)

$$\omega = \begin{pmatrix} 0.122 \\ 0.230 \\ 0.648 \end{pmatrix}, \lambda_{\max} = 3.004$$

(4) B_3-C(各住房相对于配套设施的相对权重)

$$\omega = \begin{pmatrix} 0.528 \\ 0.333 \\ 0.140 \end{pmatrix}, \lambda_{\max} = 3.054$$

(5) B_4-C(各住房相对于物业管理的相对权重)

$$\omega = \begin{pmatrix} 0.320 \\ 0.558 \\ 0.122 \end{pmatrix}, \lambda_{\max} = 3.018$$

第四步,相容性判断。
(1) A-B:C.I. = 0.023,R.I. = 0.96,C.R. = 0.024
(2) B_1-C:C.I. = 0.047,R.I. = 0.58,C.R. = 0.081
(3) B_2-C:C.I. = 0.002,R.I. = 0.58,C.R. = 0.003
(4) B_3-C:C.I. = 0.027,R.I. = 0.58,C.R. = 0.046
(5) B_4-C:C.I. = 0.009,R.I. = 0.58,C.R. = 0.016

第五步,综合重要度的计算,见表10-11。

表10-11 算例中综合重要度的计算

B \ C	B_1	B_2	B_3	B_4	层次 C 总排序 V
	0.057	0.523	0.121	0.299	
C_1	0.186	0.122	0.528	0.320	0.234
C_2	0.127	0.230	0.333	0.558	0.335
C_3	0.687	0.648	0.140	0.122	0.431

层次总排序一致性检验

$$\text{C.I.} = \sum_{i=1}^{4} C_i(\text{C.I.}) = 0.057 \times 0.047 + 0.523 \times 0.002 + 0.121 \times 0.027 + 0.299 \times 0.009 = 0.010$$

$$R.I. = \sum_{i=1}^{4} C_i(R.I.) = 0.057 \times 0.58 + 0.523 \times 0.58 + 0.121 \times 0.58 + 0.299 \times 0.58 = 0.580$$

$$C.R. = \frac{C.I.}{R.I.} = \frac{0.010}{0.580} = 0.017$$

通过上述五步分析和计算,可以得出每一个住房的优势都不同,但最终结果是住房 C_3 排在第一位,然后依次是 C_2,C_1。

10.6 网络分析法(ANP)

在 10.5 节中对层次分析法(AHP)进行了较为详细的介绍与分析。虽然层次分析法在解决多目标决策问题上已得到较为广泛的应用,但在实际应用过程中,人们发现它仍存在着一定的局限。

例 10-6 随着经济全球化的加速,供应商的选择对每个企业都有着重要的意义。假设某企业经过相关调查,计划从 3 个候选供应商中选择一个进行长期合作,为企业长期供货。这三个供应商分别为供应商 $1(s_1)$、供应商 $2(s_2)$ 和供应商 $3(s_3)$。企业经过考虑,决定主要根据以下几个指标对供应商进行评价:产品质量(b_1)、产品价格(b_2)、交货情况(b_3)、技术水平(b_4)、售后服务(b_5)和市场影响度(b_6),从而制订出对企业最为合理的方案。

如果对上述问题应用层次分析法来解决,可以构造出问题的层次结构,它将问题所包含的要素划分为若干层次:目标层、准则层、方案层。可以用框图具体说明层次的递阶结构与要素间的从属关系。供应商选择方案的递阶层次结构如图 10-7 所示。

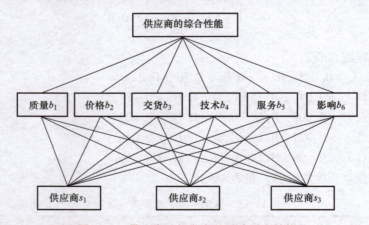

图 10-7 供应商选择方案的递阶层次结构

建立层次结构之后,可以对同一层次上相互独立的要素进行两两比较,进而建立判断矩阵,确定各要素的相对重要度,最终综合相对重要度,确定供应商的选择方案。

应用了层次分析法,以上问题貌似得到了合理的解决。然而进一步思考后不难发现,在层次分析法中只侧重描述了上下层次中要素间的联系,而忽略了其他一些重要关系。如在本例中,各性能指标之间实际上还存在着相互依赖的关系,如价格的高低将受到产品质量与售后服务等要素的影响,而质量也会受到企业技术水平的影响。如果忽略了这些关系,就会导致对问题描述的不准确与不全面,最终自然会对决策结果的准确性产生不利的影响。

第 10 章 多目标决策分析

为了解决层次分析法的局限性的问题，萨蒂在 1996 年较为系统地提出了**网络分析法**（Analytic Network Process，ANP）的理论与具体方法。

网络分析法的决策原理与层次分析法基本相同，不同的是前者建立的是网络结构模型，而后者建立的是层次结构模型。在层次分析法中，要素之间是按照层级结构排列的，并假设同层要素之间是相互独立的，而且要素之间不存在反馈关系。但是，在现实的复杂决策问题中，这一假设往往不能被满足，因而也妨碍了层次分析法的应用。网络分析法取消了这一假设，它以一种网络化的方式表达要素之间的相互关系，允许要素之间存在相互依赖关系和反馈关系，因而与现实决策问题更为接近，可以较为全面地分析有关问题。因此，ANP 更为深刻地描述了复杂的决策系统，而 AHP 可以看作 ANP 的一个特例。

网络分析法的具体步骤如下：

（1）确定目标和准则，构建网络结构模型。
（2）构造无权重超矩阵，进而构造加权超矩阵。
（3）求得极限超矩阵。
（4）综合计算相对重要度，依据各备选方案的权重值进行排序。

10.6.1 网络结构

应用网络分析法时，首先需将系统元素划分为两大部分：第一部分称为控制因素层，包括问题目标及决策准则。所有的决策准则均被认为是彼此独立的，且只受目标元素的支配。控制因素中可以没有决策准则，但至少有一个目标。控制层中每个准则的权重均可用传统 AHP 方法获得。第二部分称为网络层，网络层反映了元素或元素组是如何相互影响的，这体现了 ANP 与 AHP 在结构形式上的差异。图 10-8 就是一个典型的 ANP 网络结构。

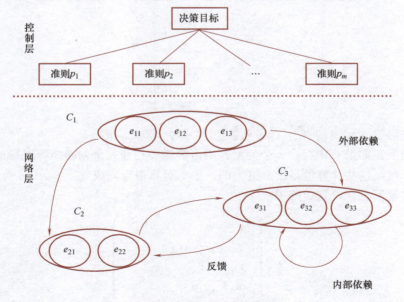

图 10-8 ANP 网络结构

由图 10-8 可见，网络结构是由元素组（C_i）以及连接元素组之间的影响关系组成的，元素组又由多个元素（e_{ij}）组成，所以，形式上元素组就是一个由元素所组成的集合。此外，元素之间也可以存在相互影响，一个元素组的元素可以与本元素组内的元素发生相互影响关系，也可以与另一个元素组的元素发生相互影响关系。各种相互影响关系均用"→"来表示，而"$A \to B$"表示元素组 B 受元素组 A 的影响，或者元素组 A 影响元素组 B。

10.6.2　无权重超矩阵与加权超矩阵

ANP 中的网络结构可以用两种形式来表示：一种是图形形式，另一种是矩阵形式。图形形式可以定性地表示组成网络的各个成分之间的相互影响关系，而矩阵形式则可以定量地表示这种相互影响的程度和大小。

1. 无权重超矩阵

与层次分析法类似，在网络分析法中，一个元素组中各元素对系统中其他元素的影响也是利用判定矩阵这个工具来进行的，应用两两比较的方法对元素进行两两比较，通过间接对比获得权重。

设 ANP 的控制层中有元素 p_1，p_2，…，p_m，在控制层下的网络层有元素组 C_1，C_2，…，C_N，其中 C_i 中有元素 e_{i1}，e_{i2}，…，e_{in_i}，$i=1,2,…,N$。首先，将构建网络时选取的准则 $p_s(s=1,2,…,m)$ 作为主准则，以该网络中某一元素组 C_j 中的元素 $e_{jl}(l=1,2,…,n_j)$ 作为次准则，元素组 C_i 中元素按其对 e_{jl} 的影响力大小进行间接优势度比较，即构造主准则 p_s 下的判断矩阵。

e_{jl}	e_{i1}	e_{i2}	…	e_{in_i}	归一化特征向量
e_{i1}					$w_{i1}^{(jl)}$
e_{i2}		*			$w_{i2}^{(jl)}$
⋮					⋮
e_{in_i}					$w_{in_i}^{(jl)}$

由此得到排序向量 $(w_{i1}^{(jl)}, w_{i2}^{(jl)}, …, w_{in_i}^{(jl)})^{\mathrm{T}}$，$l=1,2,…,n$。

在 p_s 准则下，如果 C_j 中存在 n_j 个元素，则可能需要构建 n_j 个判断矩阵进行运算，形成 n_j 个排序向量。可见这些计算量是十分巨大的，手工运算很难完成。

将排序向量汇总，得到矩阵 $\boldsymbol{W}_{ij}$

$$\boldsymbol{W}_{ij} = \begin{pmatrix} w_{i1}^{(j1)} & w_{i1}^{(j2)} & \cdots & w_{i1}^{(jn_j)} \\ w_{i2}^{(j1)} & w_{i2}^{(j2)} & \cdots & w_{i2}^{(jn_j)} \\ \vdots & \vdots & & \vdots \\ w_{in_i}^{(j1)} & w_{in_i}^{(j2)} & \cdots & w_{in_i}^{(jn_j)} \end{pmatrix}$$

这里 $\boldsymbol{W}_{ij}$ 的列向量就是第 i 个元素组中每个元素对第 j 个元素组中某个元素影响程度的排序向

量。若 C_j 中的元素不受 C_i 中元素的影响，则 $W_{ij} = 0$。

在 ANP 网络结构中，往往存在着多个元素组，则需要重复以上步骤，从而确定每个元素组中元素之间的影响关系。

这样，最终可以获得准则 p_s 下的无权重超矩阵 W

$$W = \begin{array}{c} 1 \\ \vdots \\ n_1 \\ 1 \\ \vdots \\ n_2 \\ \vdots \\ 1 \\ \vdots \\ n_N \end{array} \begin{pmatrix} W_{11} & W_{12} & \cdots & W_{1N} \\ W_{21} & W_{22} & \cdots & W_{2N} \\ \vdots & \vdots & & \vdots \\ W_{N1} & W_{N2} & \cdots & W_{NN} \end{pmatrix}$$

同理，以其他准则为主准则，分别构造无权重超矩阵，共有 m 个，它们都是非负矩阵。其中，超矩阵的子块 W_{ij} 是列归一化的。

2. 加权超矩阵

W 被称为无权重超矩阵，主要是由于它本身不是列归一矩阵（尽管其各个子块 W_{ij} 为列归一），因而该超矩阵还不能最终显示各元素的优先权，还需要对元素组进行成对比较，以使得无权重超矩阵转化成为权重超矩阵。

以 p_s 为主准则，以元素组 C_j 为次准则，对元素组进行成对比较，构造判断矩阵，并对求得的特征向量进行归一化处理，得归一化特征向量 $(a_{1j}, a_{2j}, \cdots, a_{Nj})^{\mathrm{T}}$。

即在准则 p_s 下，

C_j	C_1	$\cdots$	C_N	归一化特征向量
C_1				a_{1j}
$\vdots$		*		$\vdots$
C_N				a_{Nj}

其中，$j = 1, 2, \cdots, N$，与 C_j 无关的元素组对应的归一化特征向量（排序向量）分量为零，由此可以获得在某一准则下反映元素组间关系的权重矩阵 A

$$A = \begin{pmatrix} a_{11} & \cdots & a_{1N} \\ \vdots & & \vdots \\ a_{N1} & \cdots & a_{NN} \end{pmatrix}$$

对无权超矩阵 W 的元素进行加权

$$\overline{W}_{ij} = a_{ij} W_{ij} \quad i, j = 1, 2, \cdots, N \tag{10-35}$$

由此可得到加权超矩阵 $\overline{W}$，其每一列的和均为 1，称为列随机矩阵。为简单起见，以下提到的超矩阵都是加权超矩阵，并仍用符号 W 表示。

10.6.3 极限超矩阵

在 AHP 方法中，元素之间相互独立，判断元素的优先权只需对两元素直接比较即可确定。但是，在 ANP 方法中，由于引入了反馈、相互依赖关系，元素之间存在着间接影响或者反作用，这使得元素优先权的确定过程变得复杂。

设（加权）超矩阵 W 的元素为 w_{ij}，W 中的两个元素既可以进行直接比较，也可以进行间接比较，如可以用 w_{ij} 反映元素 i 与元素 j 的直接比较关系（称为元素 i 对元素 j 的一步优势度），可以用 $\sum_{k=1}^{N} w_{ik} w_{kj}$ 反映元素 i 与元素 j 的间接比较关系（称为二步优势度，它是 W^2 的元素，而 W^2 仍是列归一化的），并且元素 i 与元素 j 的复杂间接关系还可以通过超矩阵的迭代反映出来。于是，W^t 给出了决策者的 t 次间接影响程度的价值偏好度量。当 $W^\infty = \lim_{t \to \infty} W^t$ 存在时，W^∞ 的第 j 列就是 p_s 下网络层中各元素对于元素 j 的极限相对排序向量。因而，在 ANP 方法中，要通过求极限超矩阵的方法确定稳定的元素优先权。

实际上，求极限超矩阵的过程是一个反复迭代、趋稳的过程，相当于一个马尔可夫过程。因网络中的元素相互作用的形式不同，极限超矩阵可能出现两种结果：一种是矩阵的所有列数值是一样的，那么就把这个收敛结果作为综合权重；另一种是分块的极限循环矩阵，那么就取平均作为综合权重。这样的计算是相当复杂的，需要由相关软件来完成。

10.6.4 ANP 应用软件——超级决策（SD）软件

目前在工程实践中，超级决策（Super Decisions, SD）软件已经成为解决 ANP 问题的主要工具。该软件基于 ANP 理论，将 ANP 的计算程序化，为 ANP 方法的推广奠定了基础。

SD 软件可以计算 ANP 模型，并能完整地表达计算结果。当然，如果不输入元素之间的相关关系，该软件也完全可以用来计算 AHP 模型。运用 SD 软件进行决策的基本步骤如下：

（1）对决策问题进行分析，将一个复杂问题分解成各个元素组和元素。同时，在程序中选择相应按键，逐个输入元素组（C）和元素（E）。输入方式有三种：三层结构模板、二层结构模板或者不用模板自行设计。SD 软件提供的标准模板是将任何一个决策问题归结为从利益（Benefits）、机会（Opportunities）、成本（Costs）、风险（Risks）四个准则来考虑，即可以将决策问题转化为 BOCR 四个方面去评价。在每个准则之下，可分别构造子网络、子子网络，网络内部有元素组，元素组内有元素。自行设计的模板应将任一 ANP 模型在程序中表示出来。

（2）按支配关系将各个元素组和元素聚类形成网状结构，确定元素组之间和元素之间的关系。主要判断元素层次是否内部独立，是否有依存和反馈关系存在。按照比例标度，经过人们的判断，针对某一目标，对元素组之间和元素之间进行逐一比较，构成两两比较矩阵。在输入方式上，可采用矩阵式、百分比式、问卷式、口头方式，也可以直接以文件形式输入数据。凡是相互之间存在依存和反馈关系的，都应进行两两比较。当同一层元素之间相互独立时，就转化为 ANP 模型的特例——AHP 模型。

以上两部分构成了 SD 软件的输入部分。

（3）计算分析部分。根据上述输入，SD 软件就可以构造超矩阵、加权超矩阵、极限超矩阵，最终可得综合优势度。另外，还可以进行灵敏度分析。改变两两对比矩阵、优势度的数值，可分别分析计算其灵敏度变化情况。超矩阵、加权超矩阵、极限超矩阵的数据可以在 Excel 表格中打开，最终优势度数据和灵敏度可用图表表示。

算例

本章小结

1. **多目标决策的基本概念** 多目标决策实质上是在各种目标之间和各种限制之间求得一种合理的妥协。其内容包括多目标决策问题的基本特点、基本要素、解集等。

2. **多目标决策方法** 选择合理的多目标决策方法是决策成功的关键。解决多目标决策问题的基本方法有：化多目标为单目标的方法、重排次序法、分层序列法。

3. **多目标风险决策分析模型** 运用多目标风险型决策矩阵和期望值理论建立分析模型，将多目标风险型决策问题转化为多目标确定型决策问题。

4. **有限个方案的多目标决策问题** 多目标决策问题的关键在于解决目标之间的不可公度性和目标之间的矛盾性。因此，多目标决策问题多采用建立规范化的决策矩阵和目标赋权的分析方法。

5. **层次分析法（AHP）** 层次分析法的基本思想是把复杂的问题分解成若干层次和若干要素，在各要素之间进行简单的比较、判断和计算，以获得不同要素和不同备选方案的权重。层次分析法的一般步骤为：①对构成决策问题的各种要素建立多级递阶的结构模型；②对同一等级（层次）的要素以上一级的要素为准则进行两两比较，根据评定尺度确定其相对重要程度，并据此建立判断矩阵；③确定各要素的相对重要度；④进行一致性检验，综合计算相对重要度，对各种替代方案进行优先排序，从而为决策者提供科学决策的依据。

6. **网络分析法（ANP）** 在层次分析法中，假设同层要素之间是相互独立的，而且要素之间不存在反馈关系。网络分析法则取消了这一假设，允许要素之间存在相互依赖关系和反馈关系，因而与现实决策问题更接近，能够更深刻地描述复杂的决策系统。网络分析法的具体步骤为：①确定目标和准则，构建网络结构模型；②构造无权重超矩阵，进而构造加权超矩阵；③求得极限超矩阵；④综合计算相对重要度，依据各备选方案的权重值进行排序。网络分析法的计算过程比较复杂，一般需要借助相关的软件（如 SD 软件）来完成。

思考与练习

1. 什么是多目标决策？处理多目标决策问题有哪些准则？

2. 解决多目标决策问题主要有哪些方法？各有什么特点？

3. 某单位经销两种货物，售出每吨甲货物可盈利 202 元，乙货物可盈利 175 元。各种货物每吨占用流动资金 683 元，货物经销中有 8.48% 的损耗。公司负责人希望下个月能达到如下目标：

(1) 要求盈利 5.03 万元以上。

(2) 要求经销甲货物 5000t 以上，经销乙货物 18000t 以上。

(3) 要求流动资金占用在 1200 万元以上。

(4) 要求经销损耗在 1950t 以下。

问：单位负责人的目标是否有办法完全达到？如果无法完全达到，应如何经销才能使单位负责人最为满意？

4. 试述层次分析法的基本思想与步骤。

5. 设因素 A_1，A_2，A_3 对上一层次某因素 C 两两比较其相对重要性后的判断矩阵为

$$B = \begin{pmatrix} 1 & 3 & 6 \\ 1/3 & 1 & 4 \\ 1/6 & 1/4 & 1 \end{pmatrix}$$

求 A_1，A_2，A_3 的权重和判断矩阵 B 的最大特征根 λ_{max}。

6. 如图 10-9 所示，设第一层总目标 Z 为"合理使用今年企业利润留成，以促进企业发展"；第二层，为了衡量总目标能否实现，提出以下三个标准（子目标）：C_1 为提高企业技术水平，C_2 为改善职工物质文化生活状况，C_3 为调动职工劳动积极性。第三层，为了实现 C_1，C_2，C_3 子目标，企业采取以下五个措施：办技校（A_1），增加集体福利（A_2），发奖金（A_3），购置新设备（A_4），建图书馆（A_5）。

试用层次分析法分析该企业领导应如何使用这笔留成资金。

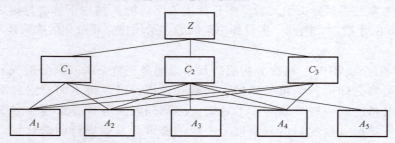

图 10-9　某企业目标层次结构

第 11 章
决策方法拓展、选择与评价

目前决策科学呈现出以下明显的发展方向：从定性决策向定量与定性相结合决策发展，从单目标决策向多目标综合决策发展，从个人决策向群体决策发展，从结构化决策向非结构化决策和半结构化决策、从确定性决策向非确定性决策等方向发展。据此，本章拓展几种新的决策方法加以介绍，包括模糊决策法、群决策法、灰色决策方法、粗糙集决策方法、决策支持系统等，并对各种决策方法的适用条件、优缺点以及决策方案的评价与实施等问题进行简要分析，以期推动对决策方法的正确选择与决策方案的有效实施。

11.1 决策方法的拓展

11.1.1 模糊决策法

在客观世界中，存在着大量的模糊概念和模糊现象。模糊数学可以用来描述这类模糊概念和模糊现象。模糊决策则是以模糊数学为基础、应用模糊关系合成的原理，考虑多个因素，对备选方案的隶属等级状况进行综合评价，从而做出决策。

1. 模糊现象

美国著名自动控制专家扎德（L. A. Zadeh）教授于 1965 年发表了一篇题为《模糊集合》的论文，开创了模糊数学的先河。当有一个概念与其对立的概念无法划出一条明确的分界时，如美与丑、年老与年轻、讲课好与讲课不好、学习好与学习不好等，这种没有确切界限的对立概念称为模糊概念。凡涉及模糊概念的现象称为模糊现象。在自然界和社会界中，诸多事物表现出既不完全属于一个集合，又不完全不属于一个集合的特点，我们称这类事物具有<u>模糊性</u>（Fuzzy）。模糊性是事物本身状态的不确定性或边界的不清楚性，这种特性不是由于人们主观认识达不到客观实际所造成的，而是事物的一种客观属性，是事物的差异之间存在着中间过渡过程的结果。

2. 隶属度

若对论域（研究的范围）X 中的任一元素 x，都有一个数 $A(x) \in [0, 1]$ 与之对应，则称 A 为 X 上的<u>模糊集</u>，$A(x)$ 称为 x 对 A 的<u>隶属度</u>。当 x 在 X 中变动时，$A(x)$ 就是一个函数，称为隶属度函数。隶属度 $A(x)$ 越接近于 1，表示 x 属于 A 的程度越大；$A(x)$ 越接近于 0，表示 x 属于 A 的程度越小。用取值于区间 $[0, 1]$ 的隶属度函数 $A(x)$ 表征 x 属于 A 的程度大小。

设某班级有 n 个学生：$x_1, x_2, \cdots, x_n$，这 n 个成员构成了一个论域，即

$$X = \{x_1, x_2, \cdots, x_n\}$$

这些学生属于"优秀生"模糊事物集合 A 的程度可以用 $[0, 1]$ 闭区间上的一个值 $A(x_i)$ 表示，称为 x_i 对 A 的隶属度。若该隶属度 $A(x_i)$ 比较接近于 0，则相应的成员 x_i 属于"优秀生"集合 A 的程度较小，即该学生不怎么优秀；若 $A(x_i)$ 比较接近于 1，则该学生 x_i 属于"优秀生"集合 A 的程度较大。

隶属度函数的确定目前还没有一套成熟有效的方法，大多数系统的确定方法还停留在经验和实验的基础上。对同一个模糊概念，不同的人会确定不完全相同的隶属度函数，尽管形式不完全相同，只要能反映同一个模糊概念，在解决和处理实际模糊信息的问题中仍然殊途同归。目前，使用较多的隶属度函数确定方法有以下三种：

（1）**统计法**。一般可采用等级比重法和频率法确定隶属度。r_{ij} 表示从因素 u_i 着眼，被评价对象能被评为 v_j 的隶属度，即第 i 个因素 u_i，在第 j 个评语 v_j 上的频率分布。一般将其归一化处理，这样 R 矩阵本身就没有量纲。采用等级比重法时应注意：一是评价者不能太少，这样才能使等级比重趋于隶属度；二是评价者对被评价事物相当了解，特别是技术性问题。

对于客观和定量指标，可以采用频率法，先划分指标值在不同等级的变化区间，然后以指标值的历史资料在各等级变化区间出现的频率作为对各等级模糊子集的隶属度。这种方法简单、方便，但是指标值的等级区间划分会影响评价结果。

（2）**专家经验法**。专家经验法是根据专家的实际经验给出模糊信息的处理算式或相应权系数值来确定隶属度函数的一种方法。在许多情况下，经常是初步确定粗略的隶属度函数，然后再通过"学习"和实践检验逐步修改和完善，而实际效果正是检验和调整隶属度函数的依据。

（3）**二元对比排序法**。二元对比排序法是一种较实用的确定隶属度函数的方法。它通过对多个事物之间的两两对比来确定某种特征下的顺序，由此来决定这些事物对该特征的隶属度函数的大小。二元对比排序法根据对比测度不同，可分为相对比较法、对比平均法、优先关系定序法和相似优先对比法等。

3. 模糊关系矩阵

设 $U = (u_1, u_2, \cdots, u_n)$ 为评价指标，即被评价对象的 n 种评价因素；$V = (v_1, v_2, \cdots, v_m)$ 为评价等级，即为刻画每一因素所处状态的 m 种判断。

例如研究"教师讲课质量"问题，则可设 $U =$（知识点熟练程度，重点突出性，语言表达能力，板书规范性），$V =$（好，较好，一般，差）。

对某一事物，首先着眼于某一因素 u_i 做单因素评价，从因素 u_i 的角度来看，该事物属于等级 v_j 的隶属度为 r_{ij}，该事物对于该因素的评判集为向量 $R_i = (r_{i1}, r_{i2}, \cdots, r_{im})$。

这样，对某一事物分别从 n 个因素出发，确定 m 个评判指标，构成该事物总的评价矩阵 R，即该事物从 U 到 V 的模糊关系，R 称为<u>模糊关系矩阵</u>

$$R = \begin{pmatrix} r_{11} & r_{12} & \cdots & r_{1m} \\ r_{21} & r_{22} & \cdots & r_{2m} \\ \vdots & \vdots & & \vdots \\ r_{n1} & r_{n2} & \cdots & r_{nm} \end{pmatrix} \tag{11-1}$$

其中

$$0 \leq r_{ij} \leq 1, \quad i = 1, \cdots, n, \; j = 1, \cdots, m$$

第 11 章 决策方法拓展、选择与评价

例 11-1 某高校欲对教师的讲课质量进行评价，以选择年度教学优秀教师。现在需要根据某教师的讲课情况，其中评价因素 U 中包括知识点熟练程度、重点突出性、语言表达能力和板书规范性四个方面，评价等级 V 中包括好、较好、一般和差四个等级。

经 20 位专家评判，对某教师评价的专家人员分布见表 11-1。

表 11-1 对某教师评价的专家人员分布

等级论域（V） 指标论域（U）	好（v_1）	较好（v_2）	一般（v_3）	差（v_4）
知识点熟练程度（u_1）	4	4	10	2
重点突出性（u_2）	6	8	4	2
语言表达能力（u_3）	5	9	3	3
板书规范性（u_4）	8	9	3	0

现根据专家的评价意见，采用等级比重法，即对第 i 个因素 u_i 在第 j 个评语 v_j 上的频率分布来确定有序对（u_i, v_j）的关系隶属度，构造出相应的模糊关系矩阵

$$R = \begin{pmatrix} 0.20 & 0.20 & 0.50 & 0.10 \\ 0.30 & 0.40 & 0.20 & 0.10 \\ 0.25 & 0.45 & 0.15 & 0.15 \\ 0.40 & 0.45 & 0.15 & 0 \end{pmatrix} \tag{11-2}$$

4. 权重确定

通常由专家凭经验主观赋权或采用 AHP 方法等，确定评价指标论域 $U = \{u_1, u_2, \cdots, u_n\}$ 中各因素 u_i 的重要性，即各因素的权重系数 $a_i(i=1, \cdots, n)$，该系数也可看成是评价因素 u_i 对决策总目标重要性的隶属度。由此得到评价因素的权重向量

$$A = (a_1, a_2, \cdots, a_n) \tag{11-3}$$

其中

$$0 \leqslant a_i \leqslant 1, \quad i = 1, \cdots, n$$

$$\sum_{i=1}^{n} a_i = 1$$

例如例 11-1 中，决策者根据主观赋权法认为因素论域 $U = \{$知识点熟练程度，重点突出性，语言表达能力，板书规范性$\}$ 对决策总目标（教师的讲课质量）的隶属度或权重向量为

$$A = (0.35, 0.30, 0.20, 0.15) \tag{11-4}$$

5. 模糊合成与决策

（1）**纵向因素合成**。评判矩阵 R 中不同的行反映某个被评价事物从不同的单因素来看对各等级模糊子集的隶属程度，采用模糊权向量 A 将 R 按列综合，就可以得到该评价事物从总体上来看对各等级模糊子集的隶属程度，即<u>模糊综合评价结果向量 B</u>

$$B = A \circ R = (a_1, a_2, \cdots, a_n) \circ \begin{pmatrix} 0.20 & 0.20 & 0.50 & 0.10 \\ 0.30 & 0.40 & 0.20 & 0.10 \\ 0.25 & 0.45 & 0.15 & 0.15 \\ 0.40 & 0.45 & 0.15 & 0 \end{pmatrix} = (b_1, b_2, \cdots, b_m) \tag{11-5}$$

267

其中

$$b_j = a_1 \tilde{\times} r_{1j} \tilde{+} a_2 \tilde{\times} r_{2j} \tilde{+} \cdots \tilde{+} a_n \tilde{\times} r_{nj}, \quad j = 1, 2, \cdots, m \tag{11-6}$$

式中，b_j 为某评价对象（备选方案）对等级 j 的综合隶属度；。为模糊矩阵合成算子 $M = (\tilde{\times}, \tilde{+})$，可以取不同的运算；$\tilde{\times}$ 为模糊积算子，可以取不同的运算；$\tilde{+}$ 为模糊和算子，可以取不同的运算。

其中，"模糊积"与"模糊和"的混合运算次序是先"模糊积"后"模糊和"。常见的模糊矩阵合成算子的运算方法主要有以下四种：

1) $M = (\tilde{\times}, \tilde{+}) = M(\wedge, \vee)$，其中模糊积 $\tilde{\times}$ 取"取小运算 $\wedge$"，模糊和 $\tilde{+}$ 取"取大运算 $\vee$"。它们的运算规则分别是

$$a_1 \wedge a_2 \wedge \cdots \wedge a_n = \bigwedge_{i=1}^{n} a_i = \min(a_1, a_2, \cdots, a_n) \tag{11-7}$$

$$a_1 \vee a_2 \vee \cdots \vee a_n = \bigvee_{i=1}^{n} a_i = \max(a_1, a_2, \cdots, a_n) \tag{11-8}$$

于是式 (11-6) 可写为

$$b_j = \bigvee_{i=1}^{n} (a_i \wedge r_{ij}), \quad j = 1, 2, \cdots, m \tag{11-9}$$

2) $M = (\tilde{\times}, \tilde{+}) = M(\times, \vee)$，其中模糊积 $\tilde{\times}$ 取"实数乘法运算 $\times$"，模糊和 $\tilde{+}$ 取"取大运算 $\vee$"。于是式 (11-6) 可写为

$$b_j = \bigvee_{i=1}^{n} (a_i \times r_{ij}), \quad j = 1, 2, \cdots, m \tag{11-10}$$

3) $M = (\tilde{\times}, \tilde{+}) = M(\times, \oplus)$，其中模糊积 $\tilde{\times}$ 取"实数乘法运算 $\times$"，模糊和 $\tilde{+}$ 取"有限和运算 $\oplus$"。有限和的运算规则为

$$a_1 \oplus a_2 \oplus \cdots \oplus a_n = \min\left\{1, \sum_{i=1}^{n} a_i\right\} \tag{11-11}$$

由式 (11-11) 可见，有限和运算 $\oplus$ 与普通的实数求和运算 "+" 很相似，即先对有限和对象进行普通求和运算，如果"和"大于 1，则运算结果为 1；反之，如果"和"小于等于 1，则有限和运算与普通求和运算结果相同。于是式 (11-6) 可写为

$$b_j = \min\left\{1, \sum_{i=1}^{n} a_i \times r_{ij}\right\}, \quad j = 1, 2, \cdots, m \tag{11-12}$$

4) $M = (\tilde{\times}, \tilde{+}) = M(\wedge, \oplus)$，其中模糊积 $\tilde{\times}$ 取"取小运算 $\wedge$"，模糊和 $\tilde{+}$ 取"有限和运算 $\oplus$"。于是式 (11-6) 可写为

$$b_j = \min\left\{1, \sum_{i=1}^{n} a_i \wedge r_{ij}\right\}, \quad j = 1, 2, \cdots, m \tag{11-13}$$

上述四种合成算子各有特点，见表 11-2。在实践中，要针对不同的决策问题进行选择。不同的合成算子对运算结果的影响比较大。经过比较研究，$M = (\times, \oplus)$ 的准确度相对较高，另外，$M = (\wedge, \vee)$ 也是实践中经常使用的一种方法。

在上例中，根据式 (11-2) 的 R 矩阵和式 (11-4) 的 A 向量，分别用 $M = (\times, \oplus)$ 和 $M = (\wedge, \vee)$ 可以对模糊关系矩阵 R 进行多因素综合合成，得到模糊综合评价向量 B

第11章 决策方法拓展、选择与评价

表 11-2 合成算子的特点

特点	算子			
	$M=(\wedge, \vee)$	$M=(\times, \vee)$	$M=(\times, \oplus)$	$M=(\wedge, \oplus)$
体现权数作用	不明显	明显	明显	不明显
综合程度	弱	弱	弱	强
利用 R 的信息	不充分	不充分	充分	比较充分
类型	主因素突出型	主因素突出型	加权平均型	加权平均型

$$M(\times, \oplus): \boldsymbol{B} = \boldsymbol{A} \circ \boldsymbol{R} = (0.35, 0.30, 0.20, 0.15) \circ \begin{pmatrix} 0.20 & 0.20 & 0.50 & 0.10 \\ 0.30 & 0.40 & 0.20 & 0.10 \\ 0.25 & 0.45 & 0.15 & 0.15 \\ 0.40 & 0.45 & 0.15 & 0 \end{pmatrix}$$

$$= (0.270, 0.3475, 0.2875, 0.095)$$

$$M(\wedge, \vee): \boldsymbol{B} = \boldsymbol{A} \circ \boldsymbol{R} = (0.35, 0.30, 0.20, 0.15) \circ \begin{pmatrix} 0.20 & 0.20 & 0.50 & 0.10 \\ 0.30 & 0.40 & 0.20 & 0.10 \\ 0.25 & 0.45 & 0.15 & 0.15 \\ 0.40 & 0.45 & 0.15 & 0 \end{pmatrix}$$

$$= (0.30, 0.30, 0.35, 0.15)$$

(2) **横向等级合成**。将模糊综合评价向量 $\boldsymbol{B}$ 在横向（评语等级）上进一步进行合成，得到单一的综合评价值，即评价对象对于总目标而言的最终优先度。

类似权重确定，通常采用 AHP 方法、两两比较法等对模糊评价等级论域 $V = \{v_1, v_2, \cdots, v_m\}$ 中的每一个等级进行量化，得到模糊评价等级论域的量化向量 $\boldsymbol{S}$

$$\boldsymbol{S} = (s_1, s_2, \cdots, s_m)^{\mathrm{T}} \tag{11-14}$$

设第 k 个评价对象 x_k 的模糊综合评价向量为

$$\boldsymbol{B}(x_k) = (b_{k1}, b_{k2}, \cdots, b_{km})^{\mathrm{T}}, \quad k = 1, 2, \cdots, p \tag{11-15}$$

则评价对象 x_k 的优先度 $N(x_k)$ 可用式（11-16）计算得出。对于多目标模糊综合评价，正向指标选取优先度最大的方案为最优方案。

$$N(x_k) = \boldsymbol{B}(x_k)^{\mathrm{T}} \boldsymbol{S} = (b_{k1}, b_{k2}, \cdots, b_{km})(s_1, s_2, \cdots, s_m)^{\mathrm{T}}, \quad k = 1, 2, \cdots, p \tag{11-16}$$

$$N(x_k)^* = \max\{N(x_1), N(x_2), \cdots, N(x_p)\} \tag{11-17}$$

即优先度 $N(x_k)$ 达到最大值的方案 x_k 为多目标决策问题的最优方案。负向指标则反之，选取优先度最小的方案为最优方案。

在例 11-1 中，假设用上述步骤得出该校两位教师 x_1 和 x_2 的模糊综合评价向量分别为 $\boldsymbol{B}(x_1)^{\mathrm{T}} = (0.270, 0.3475, 0.2875, 0.095)$，$\boldsymbol{B}(x_2)^{\mathrm{T}} = (0.400, 0.250, 0.150, 0.200)$。可见，教师 x_1 的讲课质量对"较好"等级的隶属度较大，而教师 x_2 的讲课质量对"好"等级的隶属度较大。很难仅根据两位教师 x_1 和 x_2 的模糊综合评价向量来确定哪位教师的讲课质量优，有必要根据评价结果进行进一步的合成分析。

设模糊评语论域（很好，较好，一般，差）的量化向量为

$$\boldsymbol{S} = (0.4, 0.3, 0.2, 0.1)$$

由式（11-16）可得

$$N(x_1) = (0.270, 0.3475, 0.2875, 0.095)(0.4, 0.3, 0.2, 0.1)^T = 0.27925$$
$$N(x_2) = (0.400, 0.250, 0.150, 0.200)(0.4, 0.3, 0.2, 0.1)^T = 0.285$$

$N(x_1) < N(x_2)$，所以教师 x_2 的讲课优于教师 x_1，在讲课评优中应该优先考虑教师 x_2。

（3）**模糊决策**。模糊评价的核心就是通过对模糊评价向量 **B** 的分析做出综合结论，进行模糊决策。通常，除了上述根据对模糊综合评价向量的横向等级合成，也称加权平均原则来进行决策外，还可以采用最大隶属原则进行决策。

最大隶属原则是指根据评价对象的模糊评价向量 **B** 中的最大隶属度对应的评价等级，确定评价对象的最终评定等级。之后，立足评价对象的最终评定等级，进行方案的评价择优。

例如上例，对于教师 x_1，$\boldsymbol{B}(x_1)^T = (0.270, 0.3475, 0.2875, 0.095)$，其最大隶属度为 $\max(0.270, 0.3475, 0.2875, 0.095) = 0.3475$，对应的等级为较好。

对于教师 x_2，$\boldsymbol{B}(x_2)^T = (0.400, 0.250, 0.150, 0.200)$，其最大隶属度为 0.400，对应的等级为很好，优于教师 x_1 最大隶属度对应的等级。所以，可以推荐 x_2 为优秀教师。

该方法虽然简单易行，但是只考虑隶属度最大的点，没有考虑其他点，损失的信息较多。加权平均原则则综合考虑了各级评价。通常可以根据评价目的来选择，如果需要对多个方案进行排序，则选用加权平均法；如果只需要给出某事物一个总体评价结论，则可以采用最大隶属原则方法。

11.1.2 群决策方法

1. 群决策概述

前面讨论了个体决策问题，即单个决策者（利益关系一致的决策集体也可视为单个决策者）从有限或无限个方案中选择一个或者多个满意方案的决策问题。然而，现代社会和经济活动中，许多决策问题十分复杂，仅仅依靠单个决策者往往很难做出合理的决策，这就有必要集中群体的智慧来制定决策。此时不仅需要考虑每个个体决策者的偏好结构从非劣解集中选择最优方案，同时应对决策群体的个体意见进行综合，以形成群体意见。这种根据决策群体中利益关系有所差异的各个成员的意见和要求进行组合产生群体选择的决策方法，称为群体决策或群决策。群决策的群体决策者简称为"决策群体""群体"或"群"。

群决策研究的是多人如何做出统一的有效的选择，其理论研究一般具有三个前提：

（1）**自主性**。各决策者有独立的选择机会，其行动不受高层权力的支配，但不排除群体成员的相互影响。

（2）**共存性**。决策成员都在已知的共同条件下进行选择；在一部分成员未做出选择的情况下，其他成员的决策行动不能说最后完成；群决策不能在撇开一部分成员的条件下去完成。

（3）**共意性**。群做出的决策必然是所有参与者能一致接受的方案；然而，这并不意味着所有参与者都认定此方案最优；有的成员可能持反对态度，但面临集体的最后决策而不得不做出妥协和认可。

2. 群决策的基本假设

群决策理论建立在个体决策理论基础之上，个体决策理论中对决策者理性的假设、偏好的传递性要求等均适用于群决策。但是，不同决策者由于决策目的的差异性，对群决策的假设也稍有不同。一般认为群决策存在着以下几个基本假设：

假设1 由于决策充满着风险和不确定性，任何个体决策者都难以做出完美的决策，都可能会犯错误。

假设2 至少有两名决策者共同负责该项决策。

假设3 群决策一般来说是非结构化的复杂决策问题。由于单个决策者的知识和精力是有限的，难以做出令人满意的决策，需要集中群体决策者集体的智慧才能创造性地解决问题。

假设4 群决策的结果应该是单个决策者的偏好形成一致或妥协之后得出的，即遵循帕累托原则。

假设5 群决策质量受所采用决策规则的影响。

假设6 群决策质量受个体和群体关系的影响。

3. 群体偏好的集结

群决策的关键是如何集结群体中每个人的偏好，以此形成群体偏好，然后根据群体偏好对备选方案进行评价择优。

(1) 简单多数规则。简单多数规则是群决策中最早并且最常用的方法。这一规则是指当群决策中个体数是奇数时，群体采纳的方案是多数人赞成的方案；当决策个体数是偶数时，可以运用同样的规则，在赞成和反对人数相等时，由群体负责人定夺。

例如，当备选方案只有两个时，简单多数规则容易理解。但当备选方案是三个或者三个以上时，则需要进行两两比较。例如，将其中的方案 A、B 进行比较，如大多数人认为方案 A 优于方案 B，群体就认为方案 A 优于方案 B，将所有方案都进行两两比较后，选取群体认为最优的方案。但是在有些情况下，这样做将会导致相悖的结果。群体同个体一样，其偏好具有传递性，即对于方案 A，B，C 而言，若认为 $A>B$，并且 $B>C$，则 $A>C$。现在考虑三个个体决策者 a_1，a_2，a_3 分别对三个方案 A_1，A_2，A_3 进行排序：a_1 认为 $A_1>A_2>A_3$，a_2 认为 $A_2>A_3>A_1$，a_3 认为 $A_3>A_1>A_2$，此时群决策就出现 $A_1>A_2>A_3>A_1$ 的矛盾结论，这就是孔多塞（Condorcet）悖论。孔多塞悖论表明，即使决策群体中每个成员的偏好都满足传递性，基于简单多数的群决策仍然会出现非传递的方案排序。

(2) 波达（Borda）规则。集结群体偏好的另一种方法就是利用波达规则：如果有 k 个方案，按每个决策成员对方案排列的次序给出从高到低的分值，称为波达数。排第一位的得 k 分，排第二位的得 $k-1$ 分，如此下去，最后一位得 1 分。将不同个体对某一特定方案的评分值进行汇总，得出该方案的总得分。总得分最高的方案即为群决策方案。

由于波达数的最终结果与方案个数有关，波达规则也可能会出现相悖的情况。现假设决策者甲、乙、丙对方案 A，B，C 的偏好顺序见表 11-3。此时方案 A，B，C 的波达数均为 6，群决策应认为它们不分优劣。如引入一个方案 D，并且三人保持原先对方案 A，B，C 的偏好顺序，此时的偏好顺序见表 11-4。

增加方案 D 后，方案 C 劣于 A 和 B。可见，被选方案数量的不同可能导致决策结果的差异。因此，实践中部分决策成员可能通过引入若干不相干的备选方案来达到某种目的，影响决策结果。那么，是否存在一种规则能够在各种环境条件下运用而不产生悖论呢？1972 年诺贝尔经济学奖获得者阿罗（Arrow）提出了不可能定理，对此做出了否定的回答，即社会选择并不能在完全符合理性的条件下将个人偏好集结为群体偏好。

表 11-3 波达规则的例子

备选方案 决策者	A	B	C
甲	1	2	3
乙	2	3	1
丙	3	1	2
波达总数	6	6	6

表 11-4 增加一个方案的波达数

备选方案 决策者	A	B	C	D
甲	1	2	3	4
乙	3	4	1	2
丙	4	2	3	1
波达总数	8	8	7	7

4. 阿罗不可能定理

设群体中每个成员把所有的备选方案按照其偏好做排序，用 R_i 表示第 i 个成员对所有备选方案的排序。由这一群体所有成员的方案排序可定义一个**偏好断面**

$$P = \{R_1, R_2, \cdots, R_n\}$$

为了使群体能对方案做出选择，需要从偏好断面 P（即所有成员的方案排序）产生群体偏好关系 R（即群体对所有方案的排序），即从一个 P 产生唯一的偏好关系 R。从偏好断面产生群体偏好关系的规则称为社会选择规则。社会选择规则实际上是偏好断面 P 的一个函数，阿罗将这一函数称为**社会福利函数**。

阿罗对社会选择规则施加了两个公理和五个条件。阿罗认为，无论个人偏好还是群体偏好都应该满足以下两个公理：

公理 1（连通性） 个人或者群体对方案集当中的任意两个方案 A 和 B 的偏好，不是 $A \geq B$ 就是 $B \geq A$，或者二者同时成立。

公理 2（传递性） 对任意的备选方案 A，B，C，如果 $A \geq B$ 且 $B \geq C$，那么必然有 $A \geq C$。

阿罗还认为，个人偏好和群体偏好之间的关系应满足以下五个条件：

条件 1（完全域） 社会福利函数包含每一个可能的偏好断面，每个偏好断面都会影响群体偏好关系。也就是说，个人的偏好集结为群体偏好关系时，没有理由排除其中任何个人的偏好。此外，要求群决策至少有三个备选方案和两个决策成员。

条件 2（无关方案的独立性） 令 H 为方案集 G 的一个子集，如果每个人对方案集 G 的偏好做了修改，但这种修改并未改变每个人对 H 中每一个方案的偏好，那么，个人偏好修改前群体对 H 中方案的偏好应该与个人偏好修改后的群体偏好相同。也就是说，备选方案的群体排序仅仅取决于这些备选方案的偏好断面，而不依赖于个人对其他方案的偏好。

条件 3（群体偏好和个人偏好的正的联系） 设对一个特殊的偏好断面，群体认为方案 A 优于方案 B。如果将偏好断面做如下修改：除方案 A 以外，每个人把其余方案进行两两比较，其偏好不变；每个人把方案 A 和其余方案进行两两比较，或者其偏好不变，或者修改后更偏好方案 A。那么，群体偏好关系仍然认为方案 A 优于方案 B。

条件 4（帕累托原则） 对每对方案 A 和方案 B，在集结个人偏好为群体偏好时，总有某些人认为方案 A 优于方案 B，这时才能使群体认为方案 A 优于方案 B。

条件 5（非独裁性） 在群体中没有人有这样的权力，对任何一对方案 A 和方案 B，当其认为方案 A 优于方案 B 时，群体就认为方案 A 优于方案 B，而不管其他决策的偏好如何。

由此，阿罗提出了"不可能定理"。

定理 没有一个社会福利函数能够同时满足以上两个公理和五个条件。

阿罗不可能定理成为群决策研究的一个重要里程碑。阿罗指出，从个体感受转到满意的社会偏好，即根据一个个体排序集合定义社会偏好的唯一方法，是独裁或者加强。

5. 群效用函数

阿罗集结个人偏好时避开了两个重要的问题：一个是个人对各个方案的偏好强度；另一个是偏好强度在人与人之间的比较。如果把阿罗集结个人排队的概念修改为集结个人的群效用函数，则阿罗不可能定理就成为可能定理，即存在集结个人效用的群效用函数，这个函数与阿罗的两个公理和五个假设条件一致。群效用函数一般可以表示为

$$U(x) = U_G[U_1(x), U_2(x), \cdots, U_n(x)], \quad x \in X \qquad (11\text{-}18)$$

式中，X 为方案集；$U_i(x)$ 为决策者 i 确认的方案 x 的效用值；$U(x)$ 为方案 x 的群效用函数值；U_G 为个体决策者的效用值与群效用值之间的函数关系。

为了便于构造和分析群效用函数，需要寻找一些特殊的函数关系形式。1994 年度诺贝尔经济学奖获得者海萨尼（J. C. Harsanyi）等对多人决策群体效用函数具有加法形式与乘法形式的条件进行了研究并且取得了重要成果，还为群效用函数的存在提出了某些必要的条件，定义了群效用函数的加法模型和乘法模型。

（1）加法模型

条件 1 个人效用函数和群效用函数均应满足冯·诺依曼-摩根斯坦公理体系，即方案集 A 上的二元关系是完备的、传递的、独立的和连续的。

条件 2 如果群中每个决策成员认为某两个方案是无差异的，则决策群也应认为这两个方案是无差异的。

条件 3 个人效用函数的效用值是独立可加的。

如果上述三个条件都满足，则存在相应的加性群效用函数，可以表示为

$$U(x) = \lambda_1 U_1(x) + \lambda_2 U_2(x) + \cdots + \lambda_n U_n(x) = \sum_{i=1}^{n} \lambda_i U_i(x) \qquad (11\text{-}19)$$

式中，$U_i(x)$ 为第 i 个决策者的效用值；λ_i 为第 i 个决策者效用值的权重系数。

（2）乘法模型

条件 1 个人效用函数和群效用函数均应满足冯·诺依曼-摩根斯坦公理体系，即方案集 A 上的二元关系是完备的、传递的、独立的和连续的。

条件 2 如果群中所有的成员除第 i 个人以外，对所有可能的方案都认为无差异，则群效用函数是第 i 个人个人效用的正线性变换 $U(x) = a + bU_i(x)$。也就是说，在上述情况下的

群体偏好等价于个人 i 的偏好。

条件3 如果群中所有的成员除第 i 个人和第 j 个人以外，都认为所有可能的方案是无差异的，则决策群体对这些方案的偏好仅取决于第 i 个人和第 j 个人的偏好。

如果上述三个条件都满足，则存在相应的乘性群效用函数，可以表示为

$$U(x) = \frac{1}{\lambda}\left[\prod_{i=1}^{n}(\lambda\lambda_i U_i(x) + 1) - 1\right] \tag{11-20}$$

式中，λ_i 为第 i 个决策者的效用值的权重系数；λ 为标度常数，$\lambda > -1$，$\lambda \neq 0$。

基尼（Gini, 1974）已经证明，当 $\sum_{i=1}^{n}\lambda_i = 1$ 时，群效用函数应用加法模型；当 $\sum_{i=1}^{n}\lambda_i \neq 1$ 时，群效用函数应用乘法模型。

解决群决策问题的一种思路是把解决个体决策问题的方法移植于解决群决策问题上。在移植时，关键是如何集结个人偏好形成群体偏好并反映到决策过程中。目前也提出了基于层次分析法的群决策方法和基于德尔菲法的群决策方法。

层次分析法可以用来解决群决策问题。对某一层次准则所支配的下层次元素的相对重要性，由群体决策者分别做出判断，设群中有 n 个决策者，对准则下的元素形成 n 个判断矩阵 $A_1, A_2, \cdots, A_n$。如果能集中个体的判断矩阵形成群判断矩阵 A，就可以用层次分析法来解决群决策问题。通常采用判断矩阵加权几何平均法和判断矩阵加权算术平均法，集结个体判断矩阵形成群判断矩阵，并进行相应的决策。其中，加权几何平均法保持了矩阵的互反性。当所有的个体判断矩阵都是一致矩阵时，群判断矩阵也是一致矩阵。判断矩阵加权算术平均法得到的群判断矩阵已经失去了原来判断矩阵的互反性，也无一致性可言。为了保持互反性，有人建议对上三角采取加权算术平均法，然后按照互反的原则构造剩余部分。这样虽然保证了互反性，但是带有随意性，并且也不能保证一致性。同理，该方法也可以计算标准差并将有关信息反馈给决策者，供他们修改参考，以便获得比较一致的判断矩阵。

德尔菲法作为一种专家调查方法，不仅可以用来预测研究对象的未来值，也可用来征求专家们对选择备选方案的意见。如果把这些专家换成决策群体中的各个决策者，德尔菲法就完全可直接用于群决策。

11.1.3 灰色决策方法

1. 灰色决策的基本概念

灰色决策就是在决策模型中含灰数或一般决策模型与灰色模型相结合情况下进行的决策，重点研究方案选择问题。

定义1 事件、对策、目标、后果称为决策四要素。

定义2 某一研究范围内事件的全体称为该研究范围内的事件集，记为

$$A = \{a_1, a_2, \cdots, a_n\} \tag{11-21}$$

其中 $a_i(i = 1, 2, 3, \cdots, n)$ 为第 i 个事件。相应的所有可能的对策全体称为对策集，记为

$$B = \{b_1, b_2, \cdots, b_m\} \tag{11-22}$$

其中 $b_j(j = 1, 2, \cdots, m)$ 为第 j 种对策。

定义3 事件集 $A = \{a_1, a_2, \cdots, a_n\}$ 与对策集 $B = \{b_1, b_2, \cdots, b_m\}$ 的笛卡儿积

$$AB = \{(a_i, b_j) \mid a_i \in A, b_j \in B\} \tag{11-23}$$

称为决策方案集，记作 $S = AB$。对于任意的 $a_i \in A$，$b_j \in B$，称 (a_i, b_j) 为一个决策方案，记作 $s_{ij} = (a_i, b_j)$。

2. 灰色决策模型

（1）灰靶决策。灰靶实质上是满意后果所在的区域，根据被考察对象是否落入靶内判断其"中靶"或"脱靶"，而所有"中靶"对象根据其与靶心的关系判断优劣。

定义 4 设 $S = \{s_{ij} = (a_i, b_j) \mid a_i \in A, b_j \in B\}$ 为决策方案集，$u_{ij}^{(k)}(k = 1, 2, \cdots, m)$ 为决策方案 s_{ij} 在 k 目标下的后果值，$\mathbf{R}$ 为实数集，则称

$$u_{ij}^{(k)} : S \mapsto \mathbf{R} \tag{11-24}$$
$$s_{ij} \mapsto u_{ij}^{(k)} \tag{11-25}$$

为 S 在 k 目标下的后果映射。

定义 5 （1）若 $u_{ij}^{(k)} = u_{ih}^{(k)}$，则称对策 b_j 与 b_h 关于事件 a_i 在 k 目标下等价，记作 $b_j \cong b_h$，称集合

$$B_{ih}^{(k)} = \{b_j \mid b_j \in B, b_j \cong b_h\} \tag{11-26}$$

为 k 目标下关于事件 a_i 对策 b_h 的后果等价类。

（2）设 k 目标是后果值越大越好的目标，$u_{ij}^{(k)} > u_{ih}^{(k)}$，则称 k 目标下关于事件 a_i 对策 b_j 优于 b_h，记作 $b_j > b_h$，称集合

$$C_{ih}^{(k)} = \{b_j \mid b_j \in B, b_j > b_h\} \tag{11-27}$$

为 k 目标下关于事件 a_i 对策 b_h 的优势类。

类似地，可以定义目标后果值越接近某一适中值越好，或越小越好情况下的对策优势类。

定义 6 设 $d_1^{(1)}$，$d_2^{(1)}$；$d_1^{(2)}$，$d_2^{(2)}$；$\cdots$；$d_1^{(s)}$，$d_2^{(s)}$ 分别为决策方案 $s_{ij} = (a_i, b_j)$ 在目标 $1, 2, \cdots, s$ 下后果值的临界值，则称 s 维超平面区域

$$S^s = \{(r^{(1)}, r^{(2)}, \cdots r^{(s)}) \mid d_1^{(1)} \leq r^{(1)} \leq d_2^{(1)}, d_1^{(2)} \leq r^{(2)} \leq d_2^{(2)}, \cdots, d_1^{(s)} \leq r^{(s)} \leq d_2^{(s)}\} \tag{11-28}$$

为 s 维决策灰靶。若决策方案 s_{ij} 的后果向量为

$$\boldsymbol{u}_{ij} = (u_{ij}^{(1)}, u_{ij}^{(2)}, \cdots, u_{ij}^{(s)}) \in S^s \tag{11-29}$$

其中 $u_{ij}^{(k)}(k = 1, 2, \cdots, s)$ 为决策方案 s_{ij} 在 k 目标下的后果值，则称决策方案 s_{ij} 为目标 $1, 2, \cdots, s$ 下的可取方案，该方案中的对策 b_j 为事件 a_i 在目标 $1, 2, \cdots, s$ 下的可取对策。

定义 7 设 $\boldsymbol{r}_0 = (r_0^{(1)}, r_0^{(2)}, \cdots, r_0^{(s)})$ 为最优后果向量，则称

$$R^s = \{(r^{(1)}, r^{(2)}, \cdots r^{(s)}) \mid (r^{(1)} - r_0^{(1)})^2 + (r^{(2)} - r_0^{(2)})^2 + \cdots + (r^{(s)} - r_0^{(s)})^2 \leq R^2\} \tag{11-30}$$

为以 $\boldsymbol{r}_0 = (r_0^{(1)}, r_0^{(2)}, \cdots, r_0^{(s)})$ 为靶心、以 R 为半径的 s 维球形灰靶。

定义 8 设 $\boldsymbol{r}_0 = (r_0^{(1)}, r_0^{(2)}, \cdots, r_0^{(s)})$ 为靶心，对于 $\boldsymbol{r}_1 = (r_1^{(1)}, r_1^{(2)}, \cdots, r_1^{(s)}) \in R^s$，称

$$|\boldsymbol{r}_1 - \boldsymbol{r}_0| = [(r_1^{(1)} - r_0^{(1)})^2 + (r_1^{(2)} - r_0^{(2)})^2 + \cdots + (r_1^{(s)} - r_0^{(s)})^2]^{\frac{1}{2}} \tag{11-31}$$

为向量 $\boldsymbol{r}_1$ 的靶心距。靶心距的数值反映了决策方案后果向量的优劣。

定理 1 设 $R^s = \{(r^{(1)}, r^{(2)}, \cdots, r^{(s)}) \mid (r^{(1)} - r_0^{(1)})^2 + (r^{(2)} - r_0^{(2)})^2 + \cdots + (r^{(s)} - r_0^{(s)})^2 \leq R^2\}$ 为球形灰靶，则 S 在"优于"关系下构成有序集。

定理 2 决策方案集 $(S, >)$ 中必有次优决策方案。

例 11-2 设某地区流感疫情防治为事件 a_1，组织人员隔离、组织疫苗接种和储备、宣

传卫生习惯分别为对策 b_1，b_2，b_3。试按投入费用、流感感染人数、控制力度三个目标进行灰靶决策。

解：三种备选方案记为

$$s_{11} = (a_1, b_1) = (流感疫情防治，组织人员隔离)$$
$$s_{12} = (a_1, b_2) = (流感疫情防治，组织疫苗接种和储备)$$
$$s_{13} = (a_1, b_3) = (流感疫情防治，宣传卫生习惯)$$

记投入费用为目标1、流感感染人数为目标2、控制力度为目标3，各种方案在不同目标下衡量其后果好坏的标准不同，目标1和目标2为成本型，目标3为效益型。为比较方便，假定三种方案的规范化[⊖]后果向量分别为

$$u_{11} = (u_{11}^{(1)}, u_{11}^{(2)}, u_{11}^{(3)}) = (0.5, 0.4, 0.6)$$
$$u_{12} = (u_{12}^{(1)}, u_{12}^{(2)}, u_{12}^{(3)}) = (0.6, 0.5, 0.5)$$
$$u_{13} = (u_{13}^{(1)}, u_{13}^{(2)}, u_{13}^{(3)}) = (0.7, 0.5, 0.4)$$

取 $r_0 = \left(\max_{1 \leq j \leq 3} u_{1j}^{(1)}, \max_{1 \leq j \leq 3} u_{1j}^{(2)}, \max_{1 \leq j \leq 3} u_{1j}^{(3)}\right) = (0.7, 0.5, 0.6)$ 为靶心，计算靶心距

$$|u_{11} - r_0| = [(u_{11}^{(1)} - r_0^{(1)})^2 + (u_{11}^{(2)} - r_0^{(2)})^2 + (u_{11}^{(3)} - r_0^{(3)})^2]^{\frac{1}{2}} = 0.2236$$
$$|u_{12} - r_0| = [(u_{12}^{(1)} - r_0^{(1)})^2 + (u_{12}^{(2)} - r_0^{(2)})^2 + (u_{12}^{(3)} - r_0^{(3)})^2]^{\frac{1}{2}} = 0.1414$$
$$|u_{13} - r_0| = [(u_{13}^{(1)} - r_0^{(1)})^2 + (u_{13}^{(2)} - r_0^{(2)})^2 + (u_{13}^{(3)} - r_0^{(3)})^2]^{\frac{1}{2}} = 0.2$$

其中 $|u_{12} - r_0|$ 最小，因此，相对其他两个方案来说，组织疫苗接种和储备是一种比较好的选择。

(2) 灰关联决策。决策方案后果向量的靶心距是衡量方案优劣的一个标准，而决策方案的后果向量与最优后果向量的关联度可以作为评价方案优劣的另一个标准。灰关联决策主要是评价各方案与最优方案（或称理想最优方案）的关联度，即根据各方案的比较序列与参考序列的关联度实现方案的优选。

定义9 设 $S = \{s_{ij} = (a_i, b_j) | a_i \in A, b_j \in B\}$ 为决策方案集，$u_{i_0 j_0} = \{u_{i_0 j_0}^{(1)}, u_{i_0 j_0}^{(2)}, \cdots, u_{i_0 j_0}^{(s)}\}$ 为最优后果向量，若 $u_{i_0 j_0}$ 所对应的决策方案 $s_{i_0 j_0} \notin S$，则称 $u_{i_0 j_0}$ 为理想最优向量，相应的 $s_{i_0 j_0}$ 称为**理想最优决策方案**。

灰色关联决策可按例11-3中的步骤进行。

例11-3 某城市改建主干道工程方案的灰关联决策。

第一步：确定决策方案集。记改建主干道为事件 a_1，则事件集 $A = \{a_1\}$；记分车道方案为对策 b_1，快速轨道方案为对策 b_2，混行双层方案为对策 b_3，则对策集 $B = \{b_1, b_2, b_3\}$。于是有决策方案集

$$S = \{s_{ij} = (a_i, b_j) | a_i \in A, b_j \in B\} = \{s_{11}, s_{12}, s_{13}\}$$

第二步：确定目标。记工程造价（单位：万元）为目标1，拆迁费（单位：万元）为目标2，交通量（单位：辆/h）为目标3。

第三步：求 k 目标下决策方案后果向量 $u^{(k)}$，$k = 1, 2, 3$。

关于工程造价目标的决策方案后果向量

⊖ 规范化处理方法可参见：宋捷. 灰色决策方法及应用研究［D］. 南京：南京航空航天大学，2010（第22~23页）.

$$\boldsymbol{u}^{(1)} = (u_{11}^{(1)}, u_{12}^{(1)}, u_{13}^{(1)}) = (46880, 33430, 46160)$$

关于拆迁费目标的决策方案后果向量

$$\boldsymbol{u}^{(2)} = (u_{11}^{(2)}, u_{12}^{(2)}, u_{13}^{(2)}) = (2620, 11880, 495)$$

关于交通量目标的决策方案后果向量

$$\boldsymbol{u}^{(3)} = (u_{11}^{(3)}, u_{12}^{(3)}, u_{13}^{(3)}) = (800, 2000, 800)$$

第四步：采用均值生成算子求 k 目标下决策方案后果向量的均值，仍采用原记号，得

$$\boldsymbol{u}^{(1)} = (1.11, 0.79, 1.09)$$
$$\boldsymbol{u}^{(2)} = (0.52, 2.38, 0.10)$$
$$\boldsymbol{u}^{(3)} = (0.67, 1.67, 0.67)$$

第五步：由第四步结果可得决策方案的 s_{ij} 的后果向量 $\boldsymbol{u}_{ij}(i=1, j=1, 2, 3)$

$$\boldsymbol{u}_{11} = (u_{11}^{(1)}, u_{11}^{(2)}, u_{11}^{(3)}) = (1.11, 0.52, 0.67)$$
$$\boldsymbol{u}_{12} = (u_{12}^{(1)}, u_{12}^{(2)}, u_{12}^{(3)}) = (0.79, 2.38, 1.67)$$
$$\boldsymbol{u}_{13} = (u_{13}^{(1)}, u_{13}^{(2)}, u_{13}^{(3)}) = (1.09, 0.10, 0.67)$$

第六步：求理想最优后果向量。因为工程造价目标越低越好，所以

$$u_{i_0 j_0}^{(1)} = \min_{i=1, 1 \leqslant j \leqslant 3}\{u_{ij}^{(1)}\} = u_{12}^{(1)} = 0.79$$

拆迁费目标越少越好，所以

$$u_{i_0 j_0}^{(2)} = \min_{i=1, 1 \leqslant j \leqslant 3}\{u_{ij}^{(2)}\} = u_{13}^{(2)} = 0.10$$

交通量目标越大越好，所以

$$u_{i_0 j_0}^{(3)} = \max_{i=1, 1 \leqslant j \leqslant 3}\{u_{ij}^{(3)}\} = u_{12}^{(3)} = 1.67$$

从而有理想最优后果向量

$$\boldsymbol{u}_{i_0 j_0} = (u_{i_0 j_0}^{(1)}, u_{i_0 j_0}^{(2)}, u_{i_0 j_0}^{(3)}) = (0.79, 0.10, 1.67)$$

第七步：计算 $\boldsymbol{u}_{ij}$ 与 $\boldsymbol{u}_{i_0 j_0}$ 的灰色关联度 $r_{ij}(i=1, j=1, 2, 3)$，得

$$r_{11} = 0.68, \quad r_{12} = 0.78, \quad r_{13} = 0.77$$

第八步：由 $\max_{i=1, 1 \leqslant j \leqslant 3}\{r_{ij}\} = r_{12} = 0.78$ 可知，$\boldsymbol{u}_{12}$ 为次优后果向量，s_{12} 为次优决策方案，即对于改建干道工程，快速轨道方案为可取方案。

(3) **灰色发展决策**。灰色发展决策根据决策方案的发展趋势或未来行为对决策方案进行选择，它并不特别看重某一决策方案在目前的后果，而注重随着时间推移决策方案后果的变化情况。灰色发展决策可用于长期发展规划以及重大工程项目的决策。

定义 10 设决策方案 s_{ij} 在 k 目标下的后果时间序列为

$$\boldsymbol{u}_{ij}^{(k)} = (u_{ij}^{(k)}(1), u_{ij}^{(k)}(2), \cdots, u_{ij}^{(k)}(h))$$

$\boldsymbol{a}_{ij}^{(k)} = (a_{ij}^{(k)}, b_{ij}^{(k)})^{\mathrm{T}}$ 为 $\boldsymbol{u}_{ij}^{(k)}$ 的 GM(1, 1)模型参数的最小二乘估计，则 $\boldsymbol{u}_{ij}^{(k)}$ 的 GM(1, 1)时间响应<u>累减还原式</u>为

$$u_{ij}^{(k)}(l+1) = [1 - \exp(a_{ij}^{(k)})]\left[u_{ij}^{(k)}(1) - \frac{b_{ij}^{(k)}}{a_{ij}^{(k)}}\right]\exp(-a_{ij}^{(k)}l) \tag{11-32}$$

定义 11 当 k 目标后果值越大越好时，若

(1) $\max_{1 \leqslant i \leqslant n, 1 \leqslant j \leqslant m}\{-a_{ij}^{(k)}\} = -a_{i_0 j_0}^{(k)}$，则称 $s_{i_0 j_0}$ 为 k 目标下的发展系数最优决策方案。

(2) $\max_{1 \leqslant i \leqslant n, 1 \leqslant j \leqslant m}\{u_{ij}^{(k)}(h+l)\} = u_{i_0 j_0}^{(k)}(h+l)$，则称 $s_{i_0 j_0}$ 为 k 目标下的预测最优决策方案。

类似地，可以定义后果值越小越好或适中为好的目标下发展系数最优决策方案和预测最优决策方案。对于后果值越小越好的目标，只需将定义 11 的（1）和（2）中的"max"换成"min"；当 k 目标为后果值适中为好的目标时，可先确定发展系数或预测值的适中值，然后按发展系数或预测值与相应适中值的接近程度来定义最优决策方案。

例 11-4 某工业企业技术改造方案的灰色发展决策。

设技术改造为事件 a_1，则事件集 $A = \{a_1\}$；设逐年局部改造为对策 b_1，分阶段改造为对策 b_2，一次性改造为对策 b_3，则对策集 $B = \{b_1, b_2, b_3\}$。于是有决策方案集

$$S = \{s_{ij} = (a_i, b_j) | a_i \in A, b_j \in B\} = \{s_{11}, s_{12}, s_{13}\}$$

决策目标为企业收益最大，其后果值为利税总额（单位：亿元）。设决策方案集 s_{ij} 的后果向量为

$$u_{11}^{(1)} = (u_{11}^{(1)}(1), u_{11}^{(1)}(2), u_{11}^{(1)}(3), u_{11}^{(1)}(4)) = (32, 43.5, 58.1, 70.2)$$

$$u_{12}^{(1)} = (u_{12}^{(1)}(1), u_{12}^{(1)}(2), u_{12}^{(1)}(3), u_{12}^{(1)}(4)) = (23.2, 39, 69.4, 82.6)$$

$$u_{13}^{(1)} = (u_{13}^{(1)}(1), u_{13}^{(1)}(2), u_{13}^{(1)}(3), u_{13}^{(1)}(4)) = (12, 13.5, 81, 102.1)$$

$u_{ij}^{(1)}$ 的 GM(1, 1) 模型参数序列 $\boldsymbol{a}_{ij}^{(1)} = (a_{ij}^{(1)}, b_{ij}^{(1)})^T (i=1, j=1, 2, 3)$ 的最小二乘估计分别为

$$\boldsymbol{a}_{11}^{(1)} = (a_{11}^{(1)}, b_{11}^{(1)})^T = (-0.23, 32.15)^T$$

$$\boldsymbol{a}_{12}^{(1)} = (a_{12}^{(1)}, b_{12}^{(1)})^T = (-0.32, 29.87)^T$$

$$\boldsymbol{a}_{13}^{(1)} = (a_{13}^{(1)}, b_{13}^{(1)})^T = (-0.58, 18.45)^T \tag{11-33}$$

由于目标是后果值越大越好，则有 $\max\limits_{1 \leqslant j \leqslant 3}\{-a_{1j}^{(1)}\} = 0.58 = -a_{13}^{(1)}$，所以以 s_{13} 为发展系数最优决策方案。

进一步考虑预测值，由

$$u_{11}^{(k)}(l+4) = [1 - \exp(a_{11}^{(1)})]\left[u_{11}^{(1)}(1) - \frac{b_{11}^{(1)}}{a_{11}^{(1)}}\right]\exp[-a_{11}^{(1)}(4+l-1)] = 35.296 e^{0.23(4+l-1)}$$

$$u_{12}^{(k)}(l+4) = [1 - \exp(a_{12}^{(1)})]\left[u_{12}^{(1)}(1) - \frac{b_{12}^{(1)}}{a_{12}^{(1)}}\right]\exp[-a_{12}^{(1)}(4+l-1)] = 31.916 e^{0.32(4+l-1)}$$

$$u_{13}^{(k)}(l+4) = [1 - \exp(a_{13}^{(1)})]\left[u_{13}^{(1)}(1) - \frac{b_{13}^{(1)}}{a_{13}^{(1)}}\right]\exp[-a_{13}^{(1)}(4+l-1)] = 19.281 e^{0.58(4+l-1)}$$

取 $l=1$，得 $u_{11}^{(k)}(5) = 88.57$，$u_{12}^{(k)}(5) = 114.79$，$u_{13}^{(k)}(5) = 196.20$，于是

$$\max\limits_{1 \leqslant j \leqslant 3}\{\hat{u}_{1j}^{(1)}(5)\} = 196.20 = \hat{u}_{13}^{(1)}(5) \tag{11-34}$$

所以，s_{13} 为预测最优方案。从长远的、发展的观点出发，该企业应进行一次性改造。可以证明，发展系数最优决策方案与预测最优决策方案最终必将趋于一致。

11.1.4 粗糙集决策方法

如果将研究对象视为现象，那么这些现象可分为确定现象与不确定现象，不确定现象又可分为随机现象、模糊现象和信息不全的粗糙现象。

$$现象\begin{cases}确定现象\\不确定现象\begin{cases}随机现象，0-1律，多种可能性满足分布规律\\模糊现象，隶属度为(0,1)，不是非此即彼\\粗糙现象，研究那些因为信息不充分而导致的不确定性\end{cases}\end{cases}$$

相对于前两种现象，粗糙现象是基于不完全的信息或知识去处理不分明的现象，需要采用与概率统计和模糊数学不同的处理手段，即粗糙集理论。其基本思想是通过等价关系的分类以及分类对目标的近似实现知识发现，从而建立决策规则，进行决策。

1. 粗糙集的基本概念

粗糙集（Rough Set，也称 Rough 集、粗集）理论是帕瓦拉克（Pawlak）教授于 1982 年提出的一种能够定量分析处理不精确、不一致、不完整信息与知识的数学工具。

定义 1 设 $S=\{U, A, V, f\}$ 为一个信息系统，也称知识库。$U=\{U_1, U_2, \cdots, U_k\}$ 为对象的有限非空集合，称为论域；$A=\{a_1, a_2, \cdots, a_m\}$ 为属性的有限非空集合，$A=C\cup D$，C 为条件属性，D 为决策属性，也被称为条件属性集和决策属性集；$V=\cup V_{a_i}$，其中 $a_i \in A$，V_{a_i} 为属性 a_i 的值域；$f: U\times A \to V$ 的信息函数，对于 $\forall x \in U, a_i \in A, f(x, a_i) \in V_{a_i}$，它指定了 U 中每一个对象的属性值。

定义 2 设 $B \subseteq A$ 为一个非空子集，如果 $x_i \in U, x_j \in U$，均有
$$\forall a \in B, f(x_i, a) = f(x_j, a)$$
成立，则称 x_i 和 x_j 关于属性子集 B 不可分辨。

B 不可分辨关系是一种等价关系，简记为 Ind（B）。Ind（B）可以将论域 U 中的元素分成若干个等价类，每一个等价类称为同一个对象，或知识库的知识颗粒。全体等价类组成的集合记为 $U/\text{Ind}(B)$，称为基本集合。若集合 X 可以表示成某些基本集的并时，则称 X 是 B 精确集，否则称 B 粗糙集。粗糙集中的"粗糙"主要体现在边界域的存在，而边界域又是由下、上近似来刻画的。

定义 3 设 R 为论域 U 上的一种等价关系，$U/R = \{X_1, X_2, \cdots, X_n\}$ 是 R 对论域的一个划分，即 U 上的一个知识。$[x]_R = \{y \in U | xRy\}$ 表示关系 R 下的元素 x 的等价类。对于任意 $X \subseteq U$，X 关于 R 的下、上近似分别定义为

$$R_{-}(X) = \{x \in U | [x]_R \subseteq X\}, R^{-}(x) = \{x \in U | [x]_R \cap X \neq \phi\} \tag{11-35}$$

$R_{-}(X)$ 为集合 X 的下近似，表示在关系 R 下，论域 U 中能够确定地归入 X 的元素集合，也称为 X 的确定域，记作 $\text{Pos}(X)$，即 $\text{Pos}(X) = R_{-}(X)$。反之，肯定不能归入 X 的元素集合，称为 X 的否定域，记作 $\text{Neg}(X)$，$\text{Neg}(X) = U - R_{-}(X)$。$R^{-}(X)$ 为集合 X 的上近似，表示在关系 R 下，论域 U 中可能归入 X 的元素集合，由所有与 X 相交非空的等价类的并集组成。集合 X 的边界域是论域的不确定域，表示在关系 R 下，U 中既不能肯定归入 X，又不能归入 X 补中的元素集合，记为 $\text{Bnd}_R(X)$，$\text{Bnd}_R(X) = R^{-}(X) - R_{-}(X)$。当 $\text{Bnd}_R(X)$ 为空集，即 $R^{-}(X) = R_{-}(X)$ 时，称 X 关于 R 是精确的；当 $R^{-}(X) \neq R_{-}(X)$ 时，称 X 关于 R 是粗糙的，这时用集合$(R_{-}(X), R^{-}(X))$来近似表示。

定义 4 令 $X \subseteq U, X \neq \phi$，$R$ 为论域 U 上的一种等价关系，X 关于 R 的近似程度为

$$a_R(X) = \frac{\text{Card}(R_{-}(X))}{\text{Card}(R^{-}(X))} \tag{11-36}$$

Card 表示集合中元素的个数，称为集合的基数或势。显然，$0 \leq a_R(X) \leq 1$。如果 $a_R(X) = 1$，则称集合 X 关于 R 是精确的；如果 $a_R(X) < 1$，则称集合 X 关于 R 是粗糙的，$a_R(X)$ 可认为是在等价关系 R 下逼近集合 X 的精度，反映根据现有知识对 X 的了解程度。

定义 5 X 关于 R 的粗糙度为 $\rho_R(X) = 1 - a_R(X)$。

与近似精度相对应，粗糙度的概念反映集合 X 的不确定性程度。

例 11-5 已知某医疗信息见表 11-5。"是"用 1 表示,"否"用 0 表示;温度"正常""高""很高"分别用 0,1,2 来表示。如果取属性子集 $B = \{$头疼,肌肉疼$\} = \{c_1, c_2\}$,$X = \{x_1, x_2, x_5\}$。请给出 X 的上近似集、下近似集、确定域、边界域和近似精度。

表 11-5 某医疗信息表

属性 对象	条件属性 C			决策属性 D
	头疼 c_1	肌肉疼 c_2	体温 c_3	流感 d
x_1	是 (1)	是 (1)	正常 (0)	否 (0)
x_2	是 (1)	是 (1)	高 (1)	是 (1)
x_3	是 (1)	是 (1)	很高 (2)	是 (1)
x_4	否 (0)	是 (1)	正常 (0)	否 (0)
x_5	否 (0)	否 (0)	高 (1)	否 (0)
x_6	否 (0)	是 (1)	很高 (2)	是 (1)
x_7	是 (1)	否 (0)	高 (1)	是 (1)

解:(1) 确定论域 U 的所有 B 基本集

$$U/\text{Ind}(B) = \{\{x_1, x_2, x_3\}, \{x_4, x_6\}, \{x_5\}, \{x_7\}\}$$

令

$$X_1 = \{x_1, x_2, x_3\}, X_2 = \{x_4, x_6\}, X_3 = \{x_5\}, X_4 = \{x_7\}$$

(2) 确定样本子集 X 与基本集的关系

$$X \cap X_1 = \{x_1, x_2\} \neq \varnothing; X \cap X_2 = \varnothing; X \cap X_3 = \{x_5\} \neq \varnothing; X \cap X_4 = \varnothing$$

(3) 计算 X 的上近似 $R^-(X)$、下近似 $R_-(X)$、确定域 Pos (X)、边界域 $\text{Bnd}_R(X)$

$R^-(X) = X_1 \cup X_3 = \{x_1, x_2, x_3, x_5\}$; $R_-(X) = X_3 = \{x_5\}$

$\text{Pos}(X) = R_-(X) = \{x_5\}$; $\text{Bnd}_R(X) = R^-(X) - R_-(X) = \{x_1, x_2, x_3\}$

(4) 计算近似精度

$$a_R(X) = \frac{\text{Card}(R_-(X))}{\text{Card}(R^-(X))} = \frac{1}{4} = 0.25$$

2. 知识约简

知识约简与核是粗糙集中两个最重要的概念。知识约简也称属性约简,是研究信息系统中哪些知识是必要的,在保持分类能力不变的前提下,删除那些冗余的知识。

(1) 一般约简。一般约简是指去掉部分属性后,不改变信息系统的区分能力。通常信息系统的约简有多个,应用其中一个约简可以将信息系统等同表示。

定义 6 设 P, Q 是属性集,Q 中的每一个属性都是不可缺少的。如果 $Q \subseteq P$,且 $\text{Ind}(Q) = \text{Ind}(P)$,则称 Q 是 P 的一个约简(Reduce),记为 $\text{Red}(P)$。

定义 7 P 中所有不可省略的属性集合称为 P 的核,记为 $\text{Core}(P)$。所有约简 $\text{Red}(P)$ 的交集正好等于 P 的核,即 $\text{Core}(P) = \cap \text{Red}(P)$。

可见,核由约简得到。核是知识库中最重要的部分,在知识约简过程中不能删除,是属性约简的基础。

(2) 相对约简。在粗糙集中,相对约简是条件属性相对决策属性的约简,是指去掉部分条件属性后，不改变信息系统对决策的分类能力。决策表中所有条件属性 C 对论域的划分记为 U/C，决策属性 D 对论域的划分记为 U/D。

定义 8 设决策系统 $S=\{U, A=C\cup D, V, f\}$，C 为条件属性，D 为决策属性，则 D 的 C 正域是指可以在分类 U/C 的知识指导下，被正确地划入 U/D 的等价类之中的对象集合，记为 $\text{Pos}_C(D)$，即

$$\text{Pos}_C(D) = \bigcup_{X\in U/D} C_-(X) \tag{11-37}$$

式中，$C_-(X)$ 为 X 关于 C 的下近似。

定义 9 决策系统 $S=\{U, A=C\cup D, V, f\}$，若 $c\in C$，$\text{Pos}_{C-\{c\}}(D)$ 为缺少属性 c 后 D 的 $(C-\{c\})$ 正域，如果 $\text{Pos}_{C-\{c\}}(D) = \text{Pos}_C(D)$，则称属性 c 是 C 相对于 D 不必要的，即可省略的或可缺少的；否则，称 c 是 C 相对于 D 必要的，即不可省略的或不可缺少的。

定义 10 设决策系统 $S=\{U, A=C\cup D, V, f\}$，条件属性 C 相对于决策属性 D 的约简 P 是 C 的一个非空子集，它满足

（1）$\forall q \in P$，q 都是 D 不可省略的；

（2）$\text{Pos}_P(D) = \text{Pos}_C(D)$

则称 P 为 C 的一个约简。C 中所有约简的集合记为 $\text{Red}_D(C)$。C 中所有约简的交集称为 C 的核，记为 $\text{Core}_D(C)$。核是所有约简的共同部分。

可见，相对约简是在不改变决策属性的前提下对特征属性集的约简，而一般约简是在不改变对论域中对象分辨能力的前提下对特征属性集的约简。

（3）属性重要性。

定义 11 决策系统 $S=\{U, A=C\cup D, V, f\}$，决策属性 D 对条件属性 C 的依赖度为

$$\gamma_C(D) = \frac{\text{Card}(\text{Pos}_C(D))}{\text{Card}(U)} \tag{11-38}$$

$\gamma_C(D)$ 表示在条件属性 C 下能够确切划入分类 U/D 的对象占论域中总对象的比例，表达了决策属性对条件属性的依赖程度。当 $\gamma_C(D) = 1$ 时，称为完全依赖，意味着在已知条件 C 下，可将 U 上全部个体准确分类到决策属性 D 的类别中，即 D 完全依赖于 C；当 $0 < \gamma_C(D) < 1$ 时，称为部分依赖，即在已知条件 C 下，只能将 U 上那些属于正域的个体分类到决策属性 D 的类别中；当 $\gamma_C(D) = 0$ 时，D 完全独立于 C，即利用条件 C 不能将个体分类到决策属性 D 的类别中。

定义 12 设 $S=\{U, A=C\cup D, V, f\}$，$c\in C$ 的属性重要性定义为

$$\text{sgf}_{(C,D)}(c) = \gamma_C(D) - \gamma_{C-\{c\}}(D) \tag{11-39}$$

$\gamma_{C-\{c\}}(D)$ 表示缺少属性 c 以后，决策属性对条件属性的依赖程度，其中 c 也可以是属性子集。$\text{sgf}_{(C,D)}(c)$ 表示缺少属性 c 以后，导致不能准确分类的对象在系统中所占的比例，即对象错误分类比率。显然，$0 \leq \text{sgf}_{(C,D)}(c) \leq 1$。若 $\text{sgf}_{(C,D)}(c) = 0$，表示属性 c 关于 D 是可省略的，因为从属性集 C 中去除属性 c 以后，根据 $C-\{c\}$ 中的信息，原来可被准确分类的所有对象仍然能够被准确分类到各决策类中；若 $\text{sgf}_{(C,D)}(c) \neq 0$，表示属性 c 关于 D 是不可省略的，因为去除属性 c 以后，某些原来可以被准确分类的对象就不能被准确分类了。$\text{sgf}_{(C,D)}(c)$ 越大，c 越重要。因此，属性选择是指排除那些对当前分类任务没有重要影响的属性。

定义 13 设条件属性集为 C，决策属性集为 D，属性集 $P(P\subseteq C)$ 是 C 的一个最小属性

集,当且仅当 $\gamma_P(D) = \gamma_C(D)$,且对 $\forall P' \subset P$ 时,$\gamma_{P'}(D) \neq \gamma_P(D)$。

若 P 是 C 的一个最小属性集,则与 C 具有同样的区分决策类能力,也为 C 的一个约简。

例 11-6 以例 11-5 为例,计算 $\text{Pos}_C(D)$ 和 $\gamma_C(D)$,并进行属性约简。

解:(1)确定等价集。

1)条件属性的等价集。由于各个对象之间不存在等价关系,故有 7 个等价集

$$U/\text{Ind}(C) = \{X_1, X_2, X_3, X_4, X_5, X_6, X_7\} = \{\{x_1\}, \{x_2\}, \{x_3\}, \{x_4\}, \{x_5\}, \{x_6\}, \{x_7\}\}$$

2)决策属性的等价集。按其取值共有 2 个等价集

$$U/\text{Ind}(D) = \{Y_1, Y_2\} = \{\{x_1, x_4, x_5\}, \{x_2, x_3, x_6, x_7\}\}$$

(2)确定决策属性的各个等价集的下近似集。

$$C_-(Y_1) = \{X_1, X_4, X_5\} = \{x_1, x_4, x_5\}, C_-(Y_2) = \{X_2, X_3, X_6, X_7\} = \{x_2, x_3, x_6, x_7\}$$

(3)计算 $\text{Pos}_C(D)$ 和 $\gamma_C(D)$。

$$\text{Pos}_C(D) = C_-(Y_1) \cup C_-(Y_2) = \{x_1, x_2, x_3, x_4, x_5, x_6, x_7\}$$

$$\gamma_C(D) = \frac{\text{Card}(\text{Pos}_C(D))}{\text{Card}(U)} = \frac{7}{7} = 1$$

(4)计算属性的重要性。

首先计算条件属性 c_1 的重要性。确定去除属性 c_1 后 $\{c_2, c_3\}$ 的等价集

$$U/\text{Ind}(C - c_1) = U/\text{Ind}(c_2, c_3) = \{X'_1, X'_2, X'_3, X'_4\} = \{\{x_1, x_4\}, \{x_2\}, \{x_3, x_6\}, \{x_5, x_7\}\}$$

决策属性的等价集同(2),其下近似集为

$$C_-(Y_1) = \{X'_1\} = \{x_1, x_4\}, C_-(Y_2) = \{X'_2, X'_3\} = \{x_2, x_3, x_6\}$$

$$\text{Pos}_{C-\{c_1\}}(D) = C_-(Y_1) \cup C_-(Y_2) = \{x_1, x_2, x_3, x_4, x_6\}$$

$$\gamma_{C-\{c_1\}}(D) = \frac{\text{Card}(\text{Pos}_{C-\{c_1\}}(D))}{\text{Card}(U)} = \frac{5}{7}$$

c_1 重要性

$$\text{sgf}_{(C,D)}(c_1) = \gamma_C(D) - \gamma_{C-\{c_1\}}(D) = 1 - \frac{5}{7} = \frac{2}{7} \neq 0,\text{可见 } c_1 \text{ 是不可省略的。}$$

同理可得,属性 c_2 是可省略的,属性 c_3 是不可省略的。

根据约简定义,可知 $\{c_1, c_3\}$ 是 C 的一个约简,也是一个最小属性集,它与属性集 $\{c_1, c_2, c_3\}$ 类似,可以提供关于论域 $U = \{x_1, x_2, \cdots, x_7\}$ 同样的知识划分。

3. 决策规则获取

决策表是一类特殊而重要的知识表达系统,是指当满足某些条件时决策如何进行。决策表实际上是一组逻辑规则的集合,每一个对象都可看作一条决策规则。为了获得最大适应度的决策规则,需要对决策表进行约简,约简的过程就是获取分类决策规则的过程。

定义 14 在逻辑语言中,蕴含 $\theta \rightarrow \varphi$ 称为决策逻辑语言中的决策规则,θ 和 φ 分别称为决策规则的前件和后件。

定义 15 形式化定义 $(a_1, v_1) \wedge (a_2, v_2) \wedge \cdots \wedge (a_n, v_n)$,其中 $v_i \in V_{a_i}$,$\{a_1, a_2, \cdots, a_m\} \in P$,且 $P \subseteq A$,称为 P 基本公式。

定义 16 当 $\theta \rightarrow \varphi$ 为一个决策规则时,且 θ 和 φ 分别为 C 基本公式和 D 基本公式,C,$D \subseteq A$ 时,则决策规则 $\theta \rightarrow \varphi$ 称为 CD 基本决策规则,简称 CD 规则。

定义 17 当且仅当对于 (C, D) 中任一 CD 决策规则,$\theta' \rightarrow \varphi'$,$\theta = \theta'$,蕴含 $\varphi = \varphi'$ 时,

CD 决策算法中的 CD 决策规则 $\theta \to \varphi$ 是决策系统 S 中相容的，或称为一致的；否则是不相容的。

相容是因为不同原因可以产生相同结果，但同一个原因则不允许导致多种结果。如果一个决策表中所有的决策规则都是相容的，则决策表是相容的，否则是不相容的。决策表能否约简，取决于它是否为相容决策表。对于一个决策表，一般首先将其分解为一个相容的决策表与一个不相容的决策表，然后再对相容决策表进行约简，进而获取决策规则。

定义 18 任何一个决策系统都可以看作是一组"if..., then..."的决策规则，当条件能唯一确定决策时，该条规则为确定性决策规则，否则为不确定性决策规则。

定义 19 决策系统 $S = \{U, A = C \cup D, V, f\}$，$X_i$ 和 Y_j 分别代表 U/C 与 U/D 中各等价类。$\mathrm{Des}_C(X_i)$ 表示对等价类 X_i 的描述，$\mathrm{Des}_D(Y_j)$ 表示对等价类 Y_j 的描述。决策规则为

$$r_{ij}: \mathrm{Des}_C(X_i) \to \mathrm{Des}_D(Y_j), X_i \cap Y_j \neq \varnothing \tag{11-40}$$

该规则的确定性因子即规则可信度为

$$\mu(X_i, Y_j) = \frac{\mathrm{Card}(X_i \cap Y_j)}{\mathrm{Card}(X_i)} \tag{11-41}$$

当 $\mu(X_i, Y_j) = 1$ 时，是确定性规则；当 $0 < \mu(X_i, Y_j) < 1$ 时，是不确定性规则。$\mu(X_i, Y_j)$ 可解释为论域中给定对象 u 属于 X_i 时，u 也属于 Y_j 的概率，较好地刻画了条件属性子集与决策属性子集之间的关联强度。实际上，当 $\mathrm{Pos}_C(D) = U$ 或 $\gamma_C(D) = 1$ 时，所生成的决策规则都是确定性的；否则将产生不确定性规则。从决策表直观来看，不确定性规则就是存在条件属性相同而决策属性不同的对象。确定性因子反映了粗糙规则集的精确程度，该值越大，则规则集合的一致性就越好、精确度越高；相反，则粗糙规则集的不确定性较大。

如果 $X_i \cap Y_j = \varnothing$，则 X_i 和 Y_j 不能建立决策规则。

例 11-7 基于例 11-6 属性约简，建立约简数据表，并在此基础上获取决策规则。

解：(1) 建立约简数据表。根据例 11-6 属性约简，该信息系统的相对约简为 $\{c_1, c_3\}$，此时，x_2 和 x_7 关于属性集 $\{c_1, c_3\}$ 不可分辨。据此，省略 x_7 所在的行，构建约简数据表，见表 11-6。

表 11-6 约简数据表

U	c_1	c_3	d
x_1	1	0	0
x_2	1	1	1
x_3	1	2	1
x_4	0	0	0
x_5	0	1	0
x_6	0	2	1

(2) 确定等价集。

1) 条件属性的等价集。由于各对象之间不存在等价关系，故有 6 个等价集

$$U/C = \{X_1, X_2, X_3, X_4, X_5, X_6\} = \{\{x_1\}, \{x_2\}, \{x_3\}, \{x_4\}, \{x_5\}, \{x_6\}\}$$

2) 决策属性的等价集。按属性取值，共有两个等价集

$$U/D = \{Y_1, Y_2\} = \{\{x_1, x_4, x_5\}, \{x_2, x_3, x_6\}\}$$

(3) 获取决策规则。

1) 由于 $X_1 \cap Y_1 = X_1$，$X_4 \cap Y_1 = X_4$，$X_5 \cap Y_1 = X_5$，则有决策规则

$$r_{11}: \text{Des}_C(X_1) \to \text{Des}_D(Y_1)，即(c_1=1) \land (c_3=0) \to (d=0)$$
$$r_{41}: \text{Des}_C(X_4) \to \text{Des}_D(Y_1)，即(c_1=0) \land (c_3=0) \to (d=0)$$
$$r_{51}: \text{Des}_C(X_5) \to \text{Des}_D(Y_1)，即(c_1=0) \land (c_3=1) \to (d=0)$$

2) 由于 $X_2 \cap Y_2 = X_2$，$X_3 \cap Y_2 = X_3$，$X_6 \cap Y_2 = X_6$，则有决策规则

$$r_{22}: \text{Des}_C(X_2) \to \text{Des}_D(Y_2)，即(c_1=1) \land (c_3=1) \to (d=1)$$
$$r_{32}: \text{Des}_C(X_3) \to \text{Des}_D(Y_2)，即(c_1=1) \land (c_3=2) \to (d=1)$$
$$r_{62}: \text{Des}_C(X_6) \to \text{Des}_D(Y_2)，即(c_1=0) \land (c_3=2) \to (d=1)$$

(4) 简化决策规则。

1) 对 r_{11} 和 r_{41} 进行合并：$((c_1=1) \lor (c_1=0)) \land (c_3=0) \to (d=0)$，其中 c_1 的取值包括了它的全部取值，故属性 c_1 可删除，得到 $(c_3=0) \to (d=0)$。

2) 对 r_{32} 和 r_{62} 进行合并：$((c_1=1) \lor (c_1=0)) \land (c_3=2) \to (d=1)$，同样，可删除属性 c_1，得到 $(c_3=2) \to (d=1)$。

(5) 最终的决策规则。综合步骤（3）和步骤（4），生成最终决策规则集，见表 11-7。

表 11-7 最终决策规则集

决策规则	规则可信度
if $c_3=0$, then $d=0$（即（体温=正常）→（流感=否）；$(c_3=0) \to (d=0)$）	1
if $c_1=0$ and $c_3=1$, then $d=0$ （即（头疼=否）∧（体温=高）→（流感=否）；$(c_1=0) \land (c_3=1) \to (d=0)$）	1
if $c_3=2$, then $d=1$（即（体温=很高）→（流感=是）；$(c_3=2) \to (d=1)$）	1
if $c_1=1$ and $c_3=1$, then $d=1$ （即（头疼=是）∧（体温=高）→（流感=是）；$(c_1=1) \land (c_3=1) \to (d=1)$）	1

11.1.5 决策支持系统

1. 决策支持系统的产生及其发展状况

（1）决策支持系统产生的背景。决策支持系统（Decision Support System，DSS）是在计算机技术基础上迅速发展起来的。最初计算机主要应用于数据处理和编制报表，目标是办公自动化，通常把这一类系统所涉及的技术称为电子数据处理（Electronic Data Processing，EDP）。由于进行数据处理时需要整体分析和系统设计，从而使整个组织协调一致。随着信息技术的发展，管理信息系统（Management Information System，MIS）出现，并迅速发展起来。

MIS 在组织内部从事务处理和作业层面上获得数据，进行筛选与组织，并按一定的方式存放在计算机内。管理者可以按自己的需要提起或者重新组织这些信息。由于 MIS 把零碎、孤立的信息变成一个比较完整的、有组织的信息系统，大大提高了信息的处理和使用效率。但是，MIS 只能帮助管理者对信息做表面上的组织和管理，而不能更深入地挖掘信息的内在潜能，也就不能使信息为管理者的决策服务，即不能提供决策支持。

20 世纪 70 年代末，传统的系统分析方法对系统中人的因素考虑不够，并且 MIS 技术及方法固有的缺陷，特别是刻板的结构化系统分析方法、漫长的生命周期及信息导向的开发模式，使传统的 MIS 难以适应多变的外部及内部管理环境，对管理人员的帮助十分有限，真正为决策者采纳并付诸实施的成功案例并不多。因此，系统分析人员和信息系统本身都不应该企图取代决策者去决策，支持决策者才是他们和信息系统正确的定位。

(2) 决策支持系统的发展。1971 年，斯科特·莫顿（Scott Morton）在《管理决策系统》一书中第一次指出计算机对于决策的支持作用，首次提出了"决策支持系统"一词。这标志着利用计算机与信息支持决策的研究与应用进入了一个新的阶段，并形成了决策支持系统新学科。

DSS 是一种以计算机为工具、应用决策科学及有关学科的理论与方法、以人机交互方式辅助决策者解决半结构化或非结构化决策问题的信息系统，是以特定形式辅助决策的一种科学工具。它通过人机对话等方式为决策者提供一个将知识性、主动性、创造性和信息处理能力相结合、定性与定量相结合的工作环境，协助决策者分析问题、探索决策方法，进行评价和预选优。

20 世纪 70 年代，DSS 理论得到长足发展，研究开发出了许多较有代表性的 DSS。例如，支持投资者对顾客证券管理日常决策的 Profolio Management，用于产品推销、定价和广告决策的 Brand Aid，用以支持企业短期规划的 Projector，以及适用于大型货车生产企业生产计划决策的 Capacity Information System 等。

到 20 世纪 70 年代末，DSS 大都由模型库、数据库及人机交互系统三个部件组成，被称为初阶决策支持系统。

20 世纪 80 年代初，DSS 增加了知识库与方法库，构成了三库系统或四库系统。其中，知识库系统是有关规则、因果关系及经验等知识的获取、解释、表示、推理及管理与维护的系统。知识库系统知识的获取是一大难题，但几乎与 DSS 同时发展起来的专家系统在此方面有所进展。方法库系统是以程序方式管理和维护各种决策常用的方法和算法的系统。

20 世纪 80 年代后期，人工神经元网络及机器学习等技术的研究与应用为知识的学习与获取开辟了新的途径。专家系统与 DSS 相结合，充分利用专家系统定性分析与 DSS 定量分析的优点，形成了智能决策支持系统（IDSS），提高了 DSS 支持非结构化决策问题的能力。

20 世纪 90 年代中期，人们开始关注和开发基于 Web 的 DSS。随着互联网的革命性发展和深入应用，基于分布式的、支持群体网络化和远程化协同的情报分析与综合决策支持系统逐步浮出水面并开始走向应用。随着人工智能技术的不断发展，DSS 的智能化程度越来越高，对人们决策的支持能力也越来越强大。DSS 的研究与应用范围不断扩大，层次不断提高，相继出现了多种高功能的通用和专用 DSS，如 SIMPLAN、IFPS、GPLAN、EXPRESS、EIS、EMPIRE、GADS、VISICALC、GODDESS 等决策支持系统软件。

2. 决策支持系统的决策支持功能

对 DSS 而言，不存在一个独立的或者特定的技术基础，当一个新的工具是合适的并可以被利用时，就可以建立一种新型 DSS。对于传统的 DSS 而言，这种新型 DSS 可能面目全非。因此，决策支持是目标，DSS 是通向目标的工具。决策支持系统是用计算机来达到如下目的：帮助决策者在半结构化或非结构化的任务中做决策；支持决策者的决策，而不是代替决策者做决策；改进决策效能（Effectiveness），而不是仅仅提高它的效率（Efficiency）。

根据基恩（Keen）和斯科特·莫顿的观点，从 DSS 的整体功能角度可以把 DSS 对用户的支持级别分为四个支持等级。在一定程度上，支持等级取决于 DSS 的结构。

（1）信息查询。DSS 最基本的支持是给用户提供检索事实和抽取信息的能力，有些文献将其称为资料查询或信息服务。这是 DSS 的基本功能，很难与 MIS 区别开来，只能从接口的形式和用户提出要求的方式来做一些区分。

（2）结构化数据处理。支持的第二等级是给数据库增加筛选和模式识别的能力。这类 DSS 有一定的数据处理研究的能力，它们不仅能够完成数据的分类、存储、检索等基本工作，而且还能作图、制表、汇兑，甚至进行时间序列分析。决策者可以利用该系统有选择地索取信息，并且赋予它一定的意义。显然，这种类型的 DSS 可以给予决策者较大的帮助。它与 MIS 有了明显的区别。这种类型的 DSS 通常包含一个模型库，一般称为 Model Bank。

（3）半结构化数据处理。如果在前面这两个级别的基础上增加一些更强有力的功能模块，就进入 DSS 的第三等级。通常增加一个知识模块，然后再考虑知识的利用和推理，最后把知识和模型的应用结合在一起。该系统可以为决策者提供计算、比较和推断等工作。如果能够把决策者经常使用的计算方法和习以为常的推理方式编排在系统程序内，那么这种 DSS 会使他们感到得心应手，系统的支持作用能得到很好的发挥。这类系统的典型结构中往往包含数据库、模型库和知识库，并具有信息服务、科学计算和决策咨询等功能。

（4）非结构化数据处理。这是决策支持的第四等级，也是决策支持的最高水平。其追求的目标是人和机器的充分交互、取长补短，共同完成非结构化的决策。目前还很难说这一等级的 DSS 究竟能发展到什么水平，但是有几个发展方向是明确的：数据的组织应该具有最大的灵活性；模型不是预置在系统内，而是在需要时根据用户的描述生成出来；专家系统和人工智能技术将得到广泛应用；自然语言成为人机交互的主要方式等。即便是最高等级的 DSS，实用性仍然是一个根本要求。

3. 决策支持系统的主要类型

自 20 世纪 70 年代提出决策支持系统以来，DSS 得到了很大发展。目前 DSS 主要有以下几种类型：

（1）数据驱动的决策支持系统（Data Driven DSS）。这种 DSS 强调以时间序列访问和操纵组织的内部数据，有时也是外部数据。它通过查询和检索访问相关文件系统，提供了最基本的功能，允许采用应用于特定任务或设置的特制的计算工具或者较为通用的工具和算子来对数据进行操纵。

（2）模型驱动的决策支持系统（Model Driven DSS）。模型驱动的 DSS 强调对模型的访问和操纵，如统计模型、金融模型、优化模型或仿真模型。简单的统计和分析工具提供最基本的功能。一些允许复杂的数据分析的联机分析处理系统（OLAP）可以分类为混合 DSS 系统，并且提供模型和数据的检索，以及数据摘要功能。模型驱动的 DSS 的早期版本被称作面向计算的 DSS。

（3）知识驱动的决策支持系统（Knowledge-Driven DSS）。知识驱动的 DSS 可以就采取何种行动向管理者提出建议或推荐。这类 DSS 是具有解决问题的专门知识的人-机系统。"专门知识"包括理解特定领域问题的"知识"以及解决这些问题的"技能"。构建知识驱动的 DSS 工具有时也称为智能决策支持方法。

（4）**基于 Web 的决策支持系统（Web-Based DSS）**。基于 Web 的 DSS 通过"瘦客户端"Web 浏览器向管理者或商情分析者提供决策支持信息或者决策支持工具。运行 DSS 应用程务服务器，通过 TCP/IP 与用户计算机建立网络连接。基于 Web 意味着 DDS 的全部应用均采用 Web 技术实现。

（5）**基于仿真的决策支持系统（Simulation-Based DSS）**。基于仿真的 DSS 可以提供决策支持信息和决策支持工具，以帮助管理者分析通过仿真形成的半结构化问题。这些种类的系统全部称为决策支持系统。DSS 可以支持行动、金融管理以及战略决策。包括优化以及仿真等许多种类在内的模型均可应用于 DSS。

（6）**基于 GIS 的决策支持系统（GIS-Based DSS）**。基于 GIS（地理信息系统）的 DSS 通过 GIS 向管理者或商情分析者提供决策支持信息或决策支持工具。通用目标 GIS 工具，如 ARC/INFO、MAPInfo、Ar2cView 等，是一些有特定功能的程序，可以完成许多有用的操作。同时，Internet 开发工具已经走向成熟，能够开发出相当复杂的基于 GIS 的程序，让用户通过 World Wide Web 进行使用。

（7）**通信驱动的决策支持系统（Communication-Driven DSS）**。通信驱动的 DSS 强调通信、协作以及共享决策支持。简单的公告板或者电子邮件就是最基本的功能。通信驱动的 DSS 能够使两个人或者更多的人互相通信、共享信息以及协调他们的行为。

（8）**基于数据仓库的决策支持系统（DataWare-Based DSS）**。数据仓库是支持管理决策过程的、面向主题的、集成的、动态的、持久的数据集合。它可以将来自各个数据库的信息进行集成，从事物的历史和发展的角度来组织和存储数据，供用户进行数据分析和辅助决策，为决策者提供有用的决策支持信息与知识。

4. 决策支持系统的发展趋势

随着新技术的出现和发展，DSS 的研究和应用也迅速发展。新一代 DSS 主要向以下方向发展：群决策支持系统（GDSS）、分布式决策支持系统（DDSS）、智能决策支持系统（IDSS）、决策支持中心（DSC）、战略决策支持系统（SDSS）、智能交互式集成化 DSS（I^{3}DSS）等。

（1）**群决策支持系统（GDSS）**。群决策支持系统（GDSS）是在多个 DSS 和多个决策者的基础上进行集成、优化的结果。通信技术、计算机技术（多用户系统、4GL、数据库、数据分析、数据存储、数据仓库、数据挖掘）和决策支持技术（议程设置，AI 与推理技术，决策模型方法——如决策树、风险分析、预测方法等，结构化群决策方法——如德尔菲法等）相结合，支持异地群体决策者共同解决半结构化、非结构化问题的决策问题。GDSS 有利于群体决策成员思维和能力的发挥，也可以阻止消极群体行为的产生，限制小团体对群决策活动的控制。

（2）**分布式决策支持系统（DDSS）**。在 GDSS 的基础上，为了支持范围更广的群体共同参与大规模复杂决策，人们又将分布式的数据库、模型库和知识库等决策资源有机地集成，构建分布式决策支持系统（DDSS），研究分布于多个物理位置上的决策体如何并发计算协调一致地求解问题。这些分布在不同物理位置上的决策体构成计算机网络，网络的每个节点至少含有一个决策支持系统或有若干辅助决策的功能。DDSS 研究的重点是分布性和并发性。随着各种网络的普及和分布式操作系统、分布式数据库、知识库等成果的取得，分布式决策支持系统将成为一个重要的发展方向。

（3）**智能决策支持系统（IDSS）**。DSS 为解决半结构化与非结构化的决策问题提供了有力支持。人工智能领域研究在人的知识开发与利用上获得了重要的成果，专家系统与 DSS 相结合，充分利用专家系统定性分析与 DSS 定量分析的优势，将人工智能引入 DSS 形成智能型 DSS（Intelligence DSS）。人工智能技术应用于 DSS 的程度与范围不同，可以构成不同结构的 IDSS，由用户通过人机接口，应用自然语言处理系统接入问题处理系统，然后由推理机在模型库、数据库、方法库及知识库中进行搜索推理，获取相关决策信息。

（4）**决策支持中心（DSC）**。DSC 的主要特点就是在 DSS 的基础上，运用了以决策支持小组为核心的人机结合的决策思想以及定性与定量相结合的综合集成方法，支持决策者解决决策问题。DSC 是在把决策方法论、数据收集和分析方法、计算机支持技术和软件等结合起来的同时，融合了各科专家的技术经验、研讨结果和社会知识的一种综合集成决策支持系统。

（5）**战略决策支持系统（SDSS）**。SDSS 支持战略级或高层管理者的决策过程。它由数据库系统、模型库系统、方法库系统、知识库系统、案例分析系统、输入输出系统、控制与通信系统等组成。

（6）**智能交互式集成化 DSS（I^3DSS）**。智能交互式集成化 DSS（Intelligent, Interactive and Integrated DSS，I^3DSS），即面向问题、有机集成，综合采用系统分析、运筹学方法、计算机技术、知识工程、专家系统等技术，使之有机结合，而不是单一的以信息为基础的系统，或单一的以数学模型为基础的系统，或单一的以知识为基础的系统。在面向问题的前提下，充分发挥各自的优势，特别是发挥它们在联合运用时的优势，即集成化（Integrated）。

当 DSS 进入高层次的决策活动领域时，由于处理的问题多半是半结构化或非结构化的，为了帮助决策者进一步明确问题、认定目标和环境约束，产生决策方案和对决策方案进行综合评价，系统应具有更强的人机交互能力，称为交互式（Interactive）系统。

在处理难以定量分析的问题时，需要使用知识工程、专家系统方法与工具，已经涉及人工智能领域。而重要的问题在于如何使用知识工程的思想方法，组织各个有关模块，实现决策支持过程的集成化。这种应用方式就是决策支持系统的智能化（Intelligent）。

I^3DSS 的提出和实际应用，使 DSS 进入一个新的历史阶段。

5. 大数据时代的决策支持系统

2007 年，图灵奖获得者詹姆士·格雷（James Gray）提到，数据密集型科学正在从计算科学中分离出来，成为科学研究的第四范式。像经典力学、量子力学和计算科学一样，数据密集型科学必将影响到社会科学研究方式。《大数据时代：生活、工作与思维的大变革》一书提出了相关关系的大数据思维，即人们可以驾驭所有数据，而不是仅仅抽取小样本；人们可以挖掘更具混杂性的数据，而不用苛求数据的精准性；人们只需了解"知其然"的相关关系，而不需深究"知其所以然"的因果关系。

科研范式的转变最终反馈为人们思维模式和决策模式的转变。谷歌的无人驾驶汽车就是基于大数据分析，借助计算技术和人工智能实现了交通引导和控制功能。通过无处不在的计算和传感器，大数据能够解析存在于现实世界、虚拟世界以及虚实融合世界的复杂网络关系，并适时做出判断和决策。这种决策模式遵循数据转变为信息、信息转变为知识、知识涌现出智慧的流程。大数据所具有的在区域之间、行业之间和企业部门之间的穿透性，正在颠覆传统的、线性的、自上而下的精英决策模型，正在形成非线性的、面向不确定性的、自下而上的决策基础。基于大数据的决策支持系统，将通过对过去和现在的数据进行分析，精确预测未来，提供决策支持；通过对组织内部和外部的数据整合，它能够洞察事物之间的相关关系；通过对海量数据的挖掘，它能够代替人脑，承担起社会管理的职责。未来云计算、物联网和大数据将成为基础设施，移动互联网、触控计算机和 3D 打印技术将成为共性平台，App Store、数据分析和机器人等人工智能控制将成为服务手段。数据、信息和知识的"按需分配、恒值供给、多次挖掘"将成为新经济形态的不竭动力，而大数据技术和应用将成为决策的辅助系统。

【案例 11-1】 强化大数据运用，打造统计智能化决策支持系统

2017 年，重庆市统计局以现有各类数据库为基础，启动全市统计数据智能化应用平台建设，大力推动大数据在政府管理中的应用，计划到 2020 年，建成推动党委政府决策科学化、经济社会治理精准化、公共服务高效化的统计智能化决策支持系统。

该平台包括以下三个子系统：

（1）统计数据智能生产云系统。它主要通过统一全市统计数据采集入口，实现调查对象通过互联网直接向统计数据中心报送数据，各部门实时在线审核验收和共享使用数据。运用云计算、大数据和区块链等技术，提升统计数据生产全过程质量控制智能化水平。从数据源头采集开始，使用移动智能终端和云端大数据通信，智能化审核指标协调性和匹配性，在数据报送、传输和处理等全过程，智能化管理调查对象、各级统计机构操作，实现统计数据生产各个环节有标准、见人员和留痕迹。

（2）全市统一的经济、社会和人口宏、微观统计数据仓库。一是整合政府综合统计和部门统计生产的综合数据，优化指标体系，形成部门综合统计报表体系网架，与统计系统内部宏观数据一起，建设宏观经济数据库；二是在全市行业统计一套表、大型普查调查原始数据和综合汇总数据库的基础上，整合工商、税务等市场主体信息，经信委、商委等经济活动信息，教委、卫计委和文化委等社会管理信息，以及公安局、卫计委和人社局等人口家庭信息，形成全市统一的经济、社会和人口微观数据仓库。

（3）统计数据深度挖掘和智能分析系统。利用大数据和机器学习等技术，对经济运行、社会管理和人口分布数据进行智能化关联匹配，用统计数据对重庆经济社会发展进行经济、社会和人口的全景式呈现。融合非传统数据资源，开展政府、社会和互联网大数据智能化对比和挖掘分析，实现宏观数据和微观数据的相互印证。同时，开发统计数据 App、可视化等统计大数据应用产品，针对个性化需求，将适合的内容第一时间送达服务对象手中，实现统计数据和统计资料对党政领导、研究机构和社会公众的"智能""精准"服务。

（资料来源：http://www.zgxxb.com.cn/qgtjgzhy/201801140015.shtml，中国信息报）

11.2 决策方法的选择

11.2.1 决策方法选择影响因素

现实生活中，一个国家、一个企业，甚至是一个人，每年、每月、每天都要做出各种大小不同、性质不同、影响不同的众多决策。决策的核心就是通过科学决策，使现有人力、物力、财力、技术、资金和信息等要素实现最佳组合。决策方法的合理选择是科学决策的重要基础。决策方法的选择主要依赖于决策情景，如决策环境、决策目标、决策主体和决策时间。

1. 决策环境

根据决策环境，决策可划分为确定型决策、风险型决策、不确定型决策、概率排序型决策和竞争型决策。确定型决策适用于决策信息充分、决策系统所处环境明确的情况，即各自然状态变量的未来取值能够完全确定，每一个被选方案只有一个后果的决策。确定型决策通常采用的分析方法，包括高等数学中的极值法、运筹学中的线性规划和整数规划、经济学中的盈亏平衡法等。风险型决策则是拥有部分决策信息，虽然未来事件的自然状态不能肯定，但是发生概率是已知的。风险型决策通常采用决策树法和基于信息的贝叶斯决策法来进行分析。不确定型决策没有或缺乏决策信息，当对未来自然状态发生的概率一无所知时，一般采用乐观法、悲观法、后悔值法、折中法（乐观系数法）、等概率法（等可能法）等方法。当未来自然状态发生的概率虽然不能确切知道，但可以知道各种自然状态发生概率的大小次序时，则适宜采用概率排序型决策。

之后，伴随着决策科学的深入发展，人们将不确定型决策的研究范畴进一步拓展为广义的针对不确定信息的决策。不确定信息是指不能准确反映事物本质特性的信息，主要包括随机信息、模糊信息、灰色信息、未确知信息，在此基础上形成随机决策、模糊决策、灰色决策、粗糙集决策等方法。

2. 决策目标

根据决策目标数量，决策可划分为单目标决策和多目标决策。单目标决策适用于只有一个决策目标的决策，通常确定型决策、风险型决策和不确定型决策中所用的方法均可用于单目标决策。而在实际中，众多问题考虑两个或两个以上的目标，称为多目标决策问题，通常可以采用化多为单法、重排次序法、分层序列法、AHP方法、模糊决策法、灰色决策方法等。由于单目标决策是多目标决策的一种特殊情况，因此多目标决策方法也适用于单目标决策问题。

3. 决策主体

根据决策主体数量，决策可划分为个体决策和群决策。一个人或利益基本一致的群体决策为个体决策；依赖众多主体的决策则为群决策。本书中前面章节的决策方法均适用于个体决策。群决策有其自身的决策特点和运算规则，主要采用群效用函数、基于层次分析法的群决策方法和基于德尔菲法的群决策方法等。

4. 决策时间

根据决策时间，决策可划分为静态决策和动态决策。静态决策是只考虑当前而不考虑后续的决策。静态决策又可划分为确定型决策、非确定型决策、概率排序型决策和一级风险型决策，这些决策类型适用的方法均可采用。动态决策则需要考虑多次决策方案的选择过程以及前后决策之间的相互影响。动态决策也可划分为确定型决策、非确定型决策和多级风险型决策，主要采用动态决策、博弈论和多级风险型决策等方法。

11.2.2 决策方法的比较评价

根据美国管理学家赫伯特·西蒙等的决策理论，市场经济中的现代企业发展尤其需要不断提高决策的科学化程度。科学决策就是根据决策环境，选择合适的决策方法，确定合理的执行方案，实现预期的目标。现代管理中，可运用的决策方法比较多，如极值法、决策树法、层次分析法等。各种方法有其特定的应用条件和优缺点，见表11-8。这就要求决策者根据实际情况，灵活地选择和运用决策方法。

表 11-8 决策方法的比较评价

决策目标	决策主体	决策时间	决策环境	决策方法	优点	缺点
单目标决策	个体决策	静态决策	确定型决策	极值法、线性规划、整数规划、盈亏平衡分析法	简单、易行，对于未来确定的程序性生产等决策比较适用	主要考虑成本、收益或其他单方面的经济因素，没办法考虑非经济因素
			一级风险型决策	期望值法、期望效用法	综合考虑多种自然状态，计算简单，使用较为广泛	期望值法未考虑财富效应、负效应、极端事件等；期望效用法中效用值确定比较主观
			多级风险型决策	决策树法、贝叶斯决策分析法	决策树法分析问题清晰、明了；贝叶斯决策分析法考虑了信息的价值	决策树法和贝叶斯决策分析法的准确性受未来状态发生概率预测准确性的影响
			非确定型决策	乐观法、悲观法、后悔值法、折中法、等概率法	计算简单、方便	乐观法过于乐观；悲观法过于保守；折中法较为合理，但折中系数的确定较为主观；等概率法将每种状态发生的概率视为相等，与现实有一定差距
			概率排序型决策	概率严排序法、概率弱排序法	能够按照自然状态发生的概率大小，根据期望极值进行决策，决策精度高于非确定型决策	由于自然状态发生的精确概率未知，主要根据期望极值进行决策，决策精度比风险型决策差

（续）

决策目标	决策主体	决策时间	决策环境	决策方法	优点	缺点
单目标决策	个体决策	动态决策	确定型决策	动态规划的递推算法	能够将不同阶段决策问题相互关联，考虑了决策阶段之间的相互影响，能够对本阶段的状态与决策仅影响下一阶段的状态的问题进行分析，比较符合实际	计算比较复杂，并且仅适合用于前后阶段的决策问题之间的关系是确定型的决策问题
			多级风险型决策	马尔可夫决策过程	能够解决下一阶段状态是一个随机变量的动态决策问题，模型适用性更强	转移概率矩阵难以客观确定
			非确定型决策	博弈论	较好地研究了在多个个体或团队之间在特定条件制约下的对局中如何利用相关方的策略，而实施对应策略的问题。对研究具有斗争或竞争性质问题具有较强的适用性	现实中，难以抽象、建立准确的博弈论数学模型
	群体决策	静态决策	确定型决策	群效用函数、基于层次分析法和德尔菲法的群决策方法	考虑了利益不同的各个决策者的偏好结构	难以找到客观的、确定的函数集结个人偏好形成群体偏好
多目标决策	个体/群体决策	静态决策	确定型决策	化多为单法、重排次序法、分层序列法、层次分析（AHP）法	计算简便，所得结果简单明确。其中层次分析法定性与定量相结合，通过系统分解，能将人们的思维过程数学化、系统化，便于接受	数据依赖性强、信息要求高；层次分析法在判断矩阵构建存在主观性，并且在指标过多时权重难以确定
			非确定型决策	模糊决策法、灰色决策方法、粗糙集决策方法	方法适用范围广、应用性强，适用于模糊信息、灰色信息、不完整信息等问题的决策	计算复杂，对部分指标的确定主观性较强

上面是经常采用的一些定量决策分析方法，其中动态决策方法由于章节限制，本书没有列入，读者可查阅相关书籍。正如预测分析方法一样，决策分析方法也分为定量决策分析方

法和定性决策分析方法。在第 2 章中提到的定性预测方法，如专家个人判断法、专家会议法、头脑风暴法和德尔菲法等，均可用于决策分析。

总之，决策方法是决策科学化的基础。往往多种逻辑上可行的决策方法针对同一评价方案集可能得出不同的方案选择，这是决策中不可回避的问题，方法的优劣也成为研究的一个重要主题。然而，每种决策方法都有其产生背景、适用条件，但正如任何事物都有两面性一样，每种方法也存在一定的局限性和不足之处。因此，单纯从决策方法的机理上判断方法的好坏是不可行的，决策方法优劣与否没有绝对的甄别标准。在实际工作中，往往需要综合应用多种方法，一般在定性分析的基础上定量分析，再进行定性修正与评价，而在定量分析中通常也采用多种方法或进行多种方法的综合，扬长避短，从而确保决策的科学性和准确性。

11.3 决策方案的评价与实施

11.3.1 决策方案的评价

决策者在决策方案选择时，应从系统论的基本原则出发，应用系统论的基本原理和方法，在特定的环境下选择系统内的最优方案。但是，由于管理实践中决策环境的复杂性和不确定性，往往针对新的决策，尤其是重大决策，在决策方案实施之前，有必要请相关方面的专家学者（智囊团）进行进一步的论证评价。

决策方案的评价主要包括两个方面：一是对决策方案的<u>可行性</u>进行评价，主要包括实施条件分析和成本分析。任何方案的实施都依赖一定的条件，包括技术条件、经济条件、社会条件。决策者只能选择自身具备条件或有可能创造条件的方案，也就是说，决策方案必须具有技术可行性、经济可行性和社会可行性。例如，一家电视机生产企业决定未来电视机生产的类型。经分析，OLED 电视机利润空间较大，但技术要求较高；LCD 电视机利润最小，但技术最成熟，技术含量低；LED 电视机介于二者之间。从利润的角度来看，该企业认为生产 OLED 电视机为最优方案，但由于企业规模较小，研发能力弱，品牌影响力较低，因此选择了 LED 电视机进行生产。此外，任何决策方案的实施都要花费一定的成本，包括人力、物力、财力和时间。方案的成本必须在企业可承受范围之内，并且方案选择应从成本和效益双重视角进行分析，尽可能选择成本最低的，或者效益最高的，或者效益成本比最高的方案。二是对决策方案的<u>近期和远期影响</u>进行评价。任何一个决策方案都处于社会大系统之中，因而决策实施必将对个人、企业或社会产生一定的影响。在决策方案实施之前，必须进行方案实施的近期和远期正负影响效应分析，做到心中有数，能够很好地预期未来出现的负效应，并有所准备，提前采取措施，尽可能地降低负效应或规避负效应。

11.3.2 决策方案的实施

1. 决策方案实施的原则

如果决策方案不能落到实处，那么一切决策都是空谈。任何决策的贯彻落实必须遵循一定的原则，通常应遵循以下四大原则：适度合理性原则、权责明确原则、资源配置原则和权变原则。

（1）适度合理性原则。制订的方案往往是满意方案，并非最优方案，应以达到预期目标为方案制定及实施成功的标准。方案的实施过程并非简单的机械过程，也可以是方案的再创造过程。

（2）权责明确原则。只有明确了由谁来负责执行决策以及决策实施的时间期限，决策的落实才有保障。对于重大决策方案的实施，必须引起高层管理人员的高度重视，并应当由高层管理者统一领导、统一安排，通过责权利的合理配置与激励约束机制的建设，有效激发执行人员的工作热情。

（3）资源配置原则。资源配置是企业决策实施的重要保证。决策实施过程必须根据计划中有关资源需求进行资源的合理配置，以确保战略行动计划中人力、物力、财力的有效供给以及决策方案按预期目标实现。

（4）权变原则。权变的观念应当贯穿于决策实施的全过程。权变的关键在于掌握环境变化的程度，在变化的环境下，灵活调整行动规则和相应方案，主动适应变化，甚至利用变化和制造变化以提高自身竞争能力。

2. 决策实施的监督、控制与调整

决策实施的监督与控制是决策管理的一个重要环节。决策实施的监督与控制不仅是对计划执行情况的检查，更重要的是关注决策实施的有效性、决策制定前提的可靠性、决策方案修正的必要性和优化的可能性。其主要目的可归结为：一是保证决策方案的正确实施；二是检验、修订、优化原定决策方案。

为了确保决策监督与控制的有效实施，在决策方案实施之前，首先应根据方案计划，选择关键性的时间型节点、成果型节点和约束型节点，确定评价内容和评价标准。实施过程中根据事先确定的检查节点按时进行检查，评价工作业绩，及时发现问题，解决问题或修正、优化方案，更好地实现企业的预期目标。

同时，随着决策的实施，可能出现新的情况，此时就需要调整原来确定的决策，以适应新的情况。

【案例 11-2】

某机械工业企业进行质量效益综合评价，包括产品质量和经济效益两大部分。其中，产品质量包括性能、寿命、可靠性、安全性、经济性和用户满意度六个方面；经济效益包括生产者经济效益、消费者经济效益和社会经济效益。企业选取了企业的生产代表、长期使用该企业产品的用户代表和有关专家共计20人组成评审团，以问卷形式对上述质量效益综合评价的第二层各因素进行评价，结果见表11-9。

表11-9　企业质量经济效益评价调查结果

评价 指标	非常满意	比较满意	一般	不太满意	很不满意
性能	2	6	8	4	0
寿命	0	2	10	7	1

（续）

评价 指标	非常满意	比较满意	一般	不太满意	很不满意
可靠性	1	5	12	2	0
安全性	3	8	6	3	0
经济性	0	3	9	6	2
用户满意度	0	4	12	4	0
生产者经济效益	2	9	8	1	0
消费者经济效益	0	5	7	8	0
社会经济效益	1	4	13	2	0

根据专家评价结果，企业质量经济效益评价的分析过程如下：

（1）根据专家意见，采用频率统计法，可以构造质量评价模糊关系矩阵 R_1 和效益评价模糊关系矩阵 R_2。

$$R_1 = \begin{pmatrix} 0.1 & 0.3 & 0.4 & 0.2 & 0 \\ 0 & 0.1 & 0.5 & 0.35 & 0.05 \\ 0.05 & 0.25 & 0.6 & 0.1 & 0 \\ 0.15 & 0.4 & 0.3 & 0.15 & 0 \\ 0 & 0.15 & 0.45 & 0.3 & 0.1 \\ 0 & 0.2 & 0.6 & 0.2 & 0 \end{pmatrix} \quad R_2 = \begin{pmatrix} 0.1 & 0.45 & 0.4 & 0.05 & 0 \\ 0 & 0.25 & 0.35 & 0.4 & 0 \\ 0.05 & 0.2 & 0.65 & 0.1 & 0 \end{pmatrix}$$

（2）采用层次分析法，得到质量评价因素权重向量 $A_1 = (0.15, 0.15, 0.15, 0.15, 0.15, 0.25)$，经济效益评价因素权重向量 $A_2 = (0.4, 0.3, 0.3)$。

（3）若采用实数运算进行模糊合成，得到质量和经济效益的模糊综合评价结果向量分别为 B_1 和 B_2。

$$B_1 = A_1 \circ R_1 = (0.15, 0.15, 0.15, 0.15, 0.15, 0.25) \circ \begin{pmatrix} 0.1 & 0.3 & 0.4 & 0.2 & 0 \\ 0 & 0.1 & 0.5 & 0.35 & 0.05 \\ 0.05 & 0.25 & 0.6 & 0.1 & 0 \\ 0.15 & 0.4 & 0.3 & 0.15 & 0 \\ 0 & 0.15 & 0.45 & 0.3 & 0.1 \\ 0 & 0.2 & 0.6 & 0.2 & 0 \end{pmatrix}$$

$$= (0.045, 0.23, 0.4875, 0.215, 0.0225)$$

同理可得

$$B_2 = A_2 \circ R_2 = (0.055, 0.315, 0.46, 0.17, 0)$$

（4）设质量与经济效益的权重分别为 0.5，即 $A = (0.5, 0.5)$，由此可得质量经济效益的综合评价向量为

$$B = A \circ R = (0.5, 0.5) \circ \begin{pmatrix} 0.045 & 0.23 & 0.4875 & 0.215 & 0.0225 \\ 0.055 & 0.315 & 0.46 & 0.17 & 0 \end{pmatrix}$$

$$= (0.05, 0.2725, 0.47375, 0.1925, 0.01125)$$

若采用最大隶属度原则进行评价,则认为该企业质量经济效益属于一般水平。

(5)若进行单值评价,设模糊评价等级(非常满意、比较满意、一般、不太满意、很不满意)的量化向量为

$$S = (0.4, 0.3, 0.2, 0.1, 0)$$

于是可得企业质量经济效益的综合评价值为

$$N(x) = (0.05, 0.2725, 0.47375, 0.1925, 0.01125)(0.4, 0.3, 0.2, 0.1, 0)^T = 0.2156$$

由此可见,质量经济效益综合评价值略高于一般水平。

因此,无论采用最大隶属度原则还是单值评价法,该企业质量平均经济效益水平一般。究其原因,主要是产品寿命和经济性较差,消费者经济效益和满意度较低。企业应引起高度重视,加强产品寿命和经济性研究,有效延长寿命,降低成本,进而提高消费者经济效益和满意度,增强企业竞争力。

本章小结

1. **模糊决策**。模糊决策是以模糊数学为基础,应用模糊关系合成的原理,考虑多个因素,对备选方案的隶属等级状况进行综合评价,从而做出决策的方法。其内容包括模糊决策的概念、模糊决策矩阵、模糊关系合成和评价等。

2. **群决策**。群决策就是根据决策群体中利益关系有所差异的各个成员的意见和要求进行组合,产生群体选择的决策方法。其内容包括群决策概念、基本假设、群体偏好集结和群效用函数等。

3. **决策支持系统**。决策支持系统是以计算机为工具,应用决策科学及有关学科的理论与方法,以人机交互方式辅助决策者解决半结构化和非结构化决策问题的信息系统。其内容包括决策支持系统的产生与发展、决策支持系统的决策支持功能、主要类型、发展趋势、大数据时代的决策支持系统等。

4. **灰色决策**。灰色决策就是在决策模型中含灰数或一般决策模型与灰色模型相结合情况下进行的决策。其内容包括灰色决策的基本概念,灰靶决策、灰关联决策和灰色发展决策三种灰色决策模型。

5. **粗糙集决策**。粗糙集决策就是针对在不精确、不一致、不完整信息情境下,基于关系数据库分类归纳形成概念和规则,通过等价关系的分类以及分类对于目标的近似实现知识发现和决策的方法。其内容包括粗糙集的基本概念、知识约简、决策规则获取。

6. **决策方法的选择**。决策方法的合理选择是科学决策的重要基础。通常决策方法的选择依赖于决策情景,如决策环境、决策目标、决策主体和决策时间等的不同而不同。其内容包括决策方法选择的影响因素、决策方法的比较评价。

7. **决策方案的评价与实施**。决策的目标就是进行决策方案的合理选择并实施,进而达到预期目的。决策方案的评价与实施构成决策的一个重要环节。其内容包括决策方案的评价、决策实施的原则、决策实施的监督与控制。

本章对模糊决策、群决策、灰色决策、粗糙集决策和决策支持系统只是进行了简要介绍,但其内容远比这些复杂而丰富。具体详细内容可参见《模糊偏好关系与决策》《群决策理论与方法实现》《预测与决策软件计算方法及应用》《粗糙集理论及应用》《不确定性系

统理论及其在预测中与决策中的应用》《决策理论与方法》《决策分析与决策支持系统》《决策支持系统（DSS）理论. 方法. 案例》等文献。

思考与练习

1. 确定模糊隶属度或隶属度函数的常用方法有哪些？
2. 什么是模糊关系？它与普通关系有什么区别？
3. 某企业随着业务发展的需要进行融资。可选融资方式为股权融资、债权融资和内部融资三种。融资效率可分为 {高，低} 两个等级。融资考虑的主要因素为 {融资资金成本，融资资金规模，融资主体自由度}，其权重集 $A=(0.5,0.3,0.2)$。假设三种融资方式的评价结果见表 11-10。

表 11-10　融资方式的评价结果

因　素	股权融资		债权融资		内部融资	
隶属度	高	低	高	低	高	低
融资资金成本	0.2	0.8	0.7	0.3	0.8	0.2
融资资金规模	0.6	0.4	0.4	0.6	0.3	0.7
融资主体自由度	0.7	0.3	0.3	0.7	0.9	0.1

设融资效率（高，低）的量化向量为 $s=(0.8,0.2)$，试采用 $M=(\times,\oplus)$ 合成算法进行融资方式评价。

（1）若采用最大隶属度原则，应采用哪种融资方式？

（2）若采用加权平均原则，应采用哪种融资方式？

4. 试述阿罗不可能定理的思想。
5. 论述群效用函数加法模型和乘法模型的适用条件。
6. 决策支持系统的决策支持功能主要有哪些？
7. 决策支持系统的主要发展方向是什么？列出各自的核心特点。
8. 设某一旧建筑物改造为事件 a_1，改建、新建、维修分别为对策 b_1，b_2，b_3，试按费用、功能、建设速度三个目标进行灰靶决策。如果费用为目标 1，功能为目标 2，建设速度为目标 3，则三种方案分别为

$$s_{11}=(a_1,b_1)=(改造,改建)$$
$$s_{12}=(a_1,b_2)=(改造,新建)$$
$$s_{13}=(a_1,b_3)=(改造,维修)$$

把决策方案的效果简单划分为优、良、一般三级，分别对应 1，2，3 三个不同的效果值。经专家评议，得到三种决策方案的效果向量分别为

$$u_{11}=(u_{11}^{(1)},u_{11}^{(2)},u_{11}^{(3)})=(2,2,2)$$
$$u_{12}=(u_{12}^{(1)},u_{12}^{(2)},u_{12}^{(3)})=(3,1,3)$$
$$u_{13}=(u_{13}^{(1)},u_{13}^{(2)},u_{13}^{(3)})=(1,3,1)$$

若球心 $r_0=(1,1,1)$，试进行灰靶决策。

9. 设黑龙江省大小兴安岭生态功能区林业发展为事件 a_1，即事件集为 $A=\{a_1\}$。林业第一产业发展为对策 b_1，林业第二产业发展为对策 b_2，林业第三产业发展为对策 b_3，则对策集为 $B=\{b_1,b_2,b_3\}$，从而有决策方案集 $S=\{s_{ij}=(a_i,b_j)\mid a_i\in A,b_j\in B\}=\{s_{11},s_{12},s_{13}\}$。若目标为黑龙江省大小兴安岭生态功能

区林业总产值收益最大，且各个决策方案 s_{ij} 的效果时间序列分别为（2009—2012 年）

$$u_{11}^{(1)} = (u_{11}^{(1)}(1), u_{11}^{(1)}(2), u_{11}^{(1)}(3), u_{11}^{(1)}(4)) = (1981051, 2380148, 2818788, 3358366)$$

$$u_{12}^{(1)} = (u_{12}^{(1)}(1), u_{12}^{(1)}(2), u_{12}^{(1)}(3), u_{12}^{(1)}(4)) = (1122485, 1268581, 1550590, 1988216)$$

$$u_{13}^{(1)} = (u_{13}^{(1)}(1), u_{13}^{(1)}(2), u_{13}^{(1)}(3), u_{13}^{(1)}(4)) = (414755, 497344, 926943, 845318)$$

试进行灰色发展决策。

第 12 章 应用案例

通过对前面 11 章内容的学习,我们掌握了预测与决策的基本思想和一些常用方法工具。对于预测而言,其主要目的是能够为决策提供有价值的未来信息。因此,在实际应用中,为了达到这一目的,常常需要结合实际情况选择预测方法。这一方法可以是成熟的,或者是不成熟但遵循某一规则的,甚至是多种方法结合而成的。基于本书介绍的预测方法,通过 12.1 节陕西省技术合同交易额预测,介绍各类方法在实际预测过程中的运用;通过 12.2 节基于大数据的股价短期预测分析,介绍在海量数据情况下如何运用 SPSS Modeler 分析挖掘出更有价值的未来信息。

对于决策而言,它是根据预测所做出的决断。在实际情况中,通常遇到的都是部分规范化决策,需要在按照规范化办法处理的基础上运用创造性思维来做出决断。本章通过 12.3 节呼叫中心的人员排班管理,介绍整个决策流程。希望通过这三个案例能让读者更好地体会预测与决策的精髓所在,对未来的预测或决策过程有所启示。

12.1 陕西省技术合同交易额预测

自 1985 年 3 月我国颁布《关于科学技术体制改革的决定》,明确指出开拓技术市场、实现技术商品化以来,技术交易便成为技术市场的主要内容,成为连接科技进步与经济发展的桥梁和纽带,也成为实现技术转移的有效途径。经过 30 多年的发展,我国的技术市场取得了突破性进展,技术市场和技术转移法律体系不断完善,技术交易规模逐步扩大。在 2017 年 5 月国务院办公厅发布的《促进科技成果转移转化行动方案》中,明确了"十三五"的发展目标:建设 100 个示范性国家技术转移机构,支持有条件的地方建设 10 个科技成果转移转化示范区,在重点行业领域布局建设一批支撑实体经济发展的众创空间,建成若干技术转移人才培养基地,培养 1 万名专业化技术转移人才,全国技术合同交易额力争达到 2 万亿元。

陕西省作为我国的科教大省,技术市场发展迅速,技术交易规模呈现出不断快速扩大的趋势。2017 年,陕西省技术交易登记的合同数达 31355 项,合同成交额达 921.55 亿元,全国排名第四位。技术市场服务能力不断增强,在激发企业创新活力、促进成果转移转化、推动陕西省经济转化升级方面发挥的作用日益显著。技术交易规模的快速增长受到了陕西省政府的高度重视,明确将技术市场的合同成交额作为考核陕西省科技进步水平、区域科技创新人才竞争力和衡量技术市场工作成效的主要评价指标之一。那么,未来陕西省的技术交易将达到怎样的规模?是否会一直保持现有的高速增长势头?

结合本书介绍的时间序列预测方法,可以根据已有的技术交易数据对未来的技术交易规模进行有效预测。陕西省2008—2017年的技术合同成交额见表12-1。本节将分别选用确定型时间序列预测、随机性时间序列预测、指数拟合以及灰色预测等方法对表12-1中2008—2017年的技术合同成交额进行事后预测,并分析预测结果,通过比较选出最合适的预测方法。

表 12-1　陕西省 2008—2017 年技术合同成交额　　　　　　（单位：亿元）

年份	2008	2009	2010	2011	2012	2013	2014	2015	2016	2017
合同成交额	46.05	71.61	102.59	215.37	334.82	533.31	639.98	721.76	802.74	921.55

12.1.1　技术合同成交额的时间序列预测法

分别用确定型时间序列预测方法(移动平均法、指数平滑法)和随机型时间序列预测方法对陕西省的技术合同成交额进行预测,并与实际值进行比较,进而确定该方法是否可用于实际预测。

1. 移动平均法

利用一次移动平均法对陕西省技术合同成交额进行事后预测,结果见表12-2。

表 12-2　一次移动平均法预测值及误差　　　　　　（单位：亿元）

年份		2008	2009	2010	2011	2012	2013	2014	2015	2016	2017
成交额		46.05	71.61	102.59	215.37	334.82	533.31	639.98	721.76	802.74	921.55
$N=3$	预测值	—	—	—	73.42	129.86	217.59	361.17	502.70	631.68	721.49
	误差值	—	—	—	−141.95	−204.96	−315.72	−278.81	−219.06	−171.06	−200.06
$N=5$	预测值	—	—	—	—	—	154.09	251.54	365.21	489.05	606.52
	误差值	—	—	—	—	—	−379.22	−388.44	−356.55	−313.69	−315.03

由表12-2可知,取 $N=3$ 时,均方误差 $S_3=50977.91$;取 $N=5$ 时,均方误差 $S_5=123893.30$。因此,取 $N=3$ 更合适。然而,即使选取 $N=3$,预测模型的相对平均绝对误差也超过40%,所以一次移动平均法预测效果不好,不可取。

进一步,取 $N=3$,采用二次移动平均法,预测结果见表12-3。表中,$M_t^{(1)}$ 表示技术合同成交额序列的一次移动平均数;$M_t^{(2)}$ 表示该序列的二次移动平均数。

表 12-3　二次移动平均法预测值及误差　　　　　　（单位：亿元）

年份	2008	2009	2010	2011	2012	2013	2014	2015	2016	2017
成交额	46.05	71.61	102.59	215.37	334.82	533.31	639.98	721.76	802.74	921.55
$M_t^{(1)}$	—	—	73.42	129.86	217.59	361.17	502.70	631.68	721.49	815.35
$M_t^{(2)}$	—	—	—	—	140.29	236.21	360.49	498.52	618.62	722.84
预测值	—	—	—	—	—	372.19	611.09	787.12	898.00	927.23
相对误差(%)	—	—	—	—	—	30.21	4.51	−9.06	−11.87	−0.62

由表12-3可以看出,二次移动平均法的预测效果要比一次移动平均法的效果好,相对平均绝对误差为11.25%。

2. 类二次移动平均法

由于以上两种方法预测的误差都比较大,所以考虑将二次移动平均值与一次移动平均值的偏差加到一次移动平均值上去,以此作为预测值,在本案例中,将其称为"类二次移动平均法"。预测结果及误差见表12-4。

表12-4 类二次移动平均法预测值及误差 （单位：亿元）

年份	2008	2009	2010	2011	2012	2013	2014	2015	2016	2017
成交额	46.05	71.61	102.59	215.37	334.82	533.31	639.98	721.76	802.74	921.55
$M_t^{(1)}$	—	—	73.42	129.86	217.59	361.17	502.70	631.68	721.49	815.35
$M_t^{(2)}$	—	—	—	—	140.29	236.21	360.49	498.52	618.62	722.84
预测值	—	—	—	—	294.89	486.13	644.91	764.84	824.36	907.86
相对误差（%）	—	—	—	—	11.93	8.85	−0.77	−5.97	−2.69	1.49

此时,预测结果的相对平均绝对误差为5.28%,效果远比一次移动平均法和二次移动平均法要好。

3. 指数平滑法

一次指数平滑法与一次移动平均法一样,具有不能迅速适应趋势变化的局限性,这里考虑运用二次指数平滑法。α的取值采用试算法,比较α分别取0.3,0.5,0.7,0.9时陕西省技术合同成交额预测误差,选取相对平均绝对误差最小的α值作为预测时的最终平滑系数。以$\alpha=0.3$为例,预测结果见表12-5。表中,$S_t^{(1)}$为由成交额序列所生成的一次指数平滑值;$S_t^{(2)}$为二次指数平滑值。

表12-5 $\alpha=0.3$的二次指数平滑法预测值及其误差 （单位：亿元）

年份	2008	2009	2010	2011	2012	2013	2014	2015	2016	2017
成交额	46.05	71.61	102.59	215.37	334.82	533.31	639.98	721.76	802.74	921.55
$S_t^{(1)}$	—	46.05	53.72	68.38	112.48	179.18	285.42	391.79	490.78	584.37
$S_t^{(2)}$	—	—	46.05	48.35	54.36	71.79	104.01	158.43	228.44	307.14
预测值	—	—	79.28	135.14	306.20	537.13	890.11	1169.64	1365.25	1508.45
相对误差（%）	—	—	22.72	37.25	8.55	−0.72	−39.08	−62.05	−70.07	−63.69

由表12-5可以看出,$\alpha=0.3$的二次指数平滑法预测的相对平均绝对误差为38.02%,效果较差。取$\alpha=0.5$,$\alpha=0.7$,$\alpha=0.9$时的二次指数平滑法预测值及其误差见表12-6。

表12-6 二次指数平滑法预测误差的比较 （单位：亿元）

年份	成交额	$\alpha=0.5$时的预测值		$\alpha=0.7$时的预测值		$\alpha=0.9$时的预测值	
		预测值	相对误差（%）	预测值	相对误差（%）	预测值	相对误差（%）
2008	46.05	—	—	—	—	—	—
2009	71.61	—	—	—	—	—	—
2010	102.59	72.89	28.95	89.50	12.76	94.61	7.77
2011	215.37	117.94	45.24	137.31	36.24	135.33	37.16

（续）

年份	成交额	α=0.5 时的预测值		α=0.7 时的预测值		α=0.9 时的预测值	
		预测值	相对误差（%）	预测值	相对误差（%）	预测值	相对误差（%）
2012	334.82	253.06	24.42	316.33	5.52	323.50	3.38
2013	533.31	432.69	18.87	486.03	8.86	464.75	12.86
2014	639.98	699.17	−9.25	764.65	−19.48	738.05	−15.32
2015	721.76	895.25	−24.04	857.71	−18.84	777.62	−7.74
2016	802.74	1009.60	−25.77	898.42	−11.92	821.91	−2.39
2017	921.55	1083.87	−17.61	953.19	−3.43	895.09	2.87
相对平均绝对误差（%）			24.27		14.63		11.19

可见，当 $\alpha=0.9$ 时的二次指数平滑法预测的相对平均绝对误差最小，预测效果相对较好，但仍然不及类二次移动平均的预测效果。

4. 随机型时间序列预测方法

进一步地，尝试能否通过随机型时间序列预测方法来对陕西省的技术合同成交额进行预测。首先，作出 2008—2017 年陕西省技术合同成交额时间序列图、一阶差分序列图以及二阶差分序列图，分别如图 12-1、图 12-2 和图 12-3 所示。

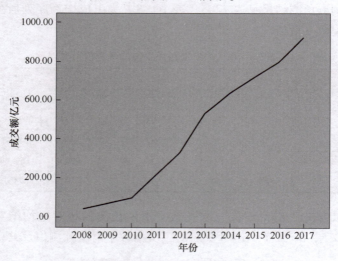

图 12-1　陕西省技术合同成交额时间序列图

由图 12-1 可以看出，陕西省技术合同成交额时间序列是非平稳的。对其进行一阶差分、二阶差分，如图 12-2 和图 12-3 所示。直观上看，其一阶差分和二阶差分序列仍然是非平稳的，不适合利用 ARMA 模型进行预测。进一步，对陕西省技术合同成交额一阶差分序列进行纯随机性检验，发现其 Box-Ljung 统计量的 Sig.[b] 均大于 0.1，没有理由拒绝序列是纯随机的原假设，即序列为纯随机序列，ARMA 模型不可用。其实，如果从一开始就注意到这里的时间序列中只有 10 个数据，也就不难理解为什么这里不能选用随机型时间序列预测方法进

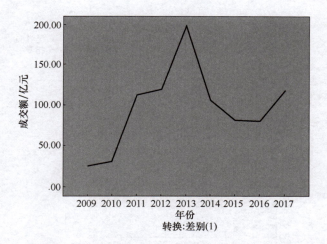

图 12-2　陕西省技术合同成交额的一阶差分序列图

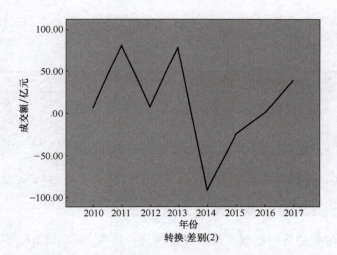

图 12-3　陕西省技术合同成交额的二阶差分序列图

行预测了。

12.1.2　技术合同成交额的指数拟合方法

由于陕西省技术交易的合同成交额有呈指数增长的趋势（见图 12-1），所以可以考虑利用指数曲线拟合的方法对陕西省的技术合同成交额进行预测。

在 SPSS 中画出 2008—2017 年的合同成交额的散点图，并选择指数曲线进行拟合。从拟合结果看，拟合度 $R^2 = 0.9293$（R^2 表示拟合度，其值越高，表明拟合程度越好），这说明至少在短期内指数拟合方法较为可靠（见图 12-4）。

这里指数曲线拟合函数为

$$y = 43.077 e^{0.3477x} \qquad (12\text{-}1)$$

式中，x 与年份相对应，2008 年对应 $x = 1$，2009 年对应 $x = 2$，依此类推，2017 年时，$x = 10$，用指数拟合法所得到的预测值及误差见表 12-7。

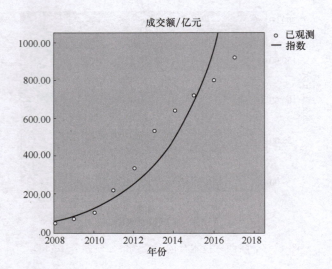

图 12-4　陕西省技术交易合同成交额指数拟合图

表 12-7　指数拟合法的预测值及误差　　　　　　　　　　　　（单位：亿元）

年份	2008	2009	2010	2011	2012	2013	2014	2015	2016	2017
成交额	46.05	71.61	102.59	215.37	334.82	533.31	639.98	721.76	802.74	921.55
预测值	60.99	86.35	122.25	173.09	245.06	346.95	491.22	695.47	984.65	1394.08
相对误差（%）	-32.44	-20.58	-19.17	19.63	26.81	34.94	23.24	3.64	-22.66	-51.28

由表 12-7 可知，指数拟合法预测的相对平均绝对误差为 25.44%，效果并不理想。

12.1.3　技术合同成交额的灰色预测方法

考虑到离现在时刻越近的数据，其重要性越高，选取 2012—2016 年陕西省技术合同成交额数据，建立灰色预测模型。

步骤一：级比检验

X 为给定序列

$$X = (x(1), x(2), x(3), x(4), x(5))$$
$$= (334.82, 533.31, 639.98, 721.76, 802.74) \quad (12\text{-}2)$$

求级比

$$\sigma(k) = \frac{x(k-1)}{x(k)}$$
$$\sigma = (\sigma(2), \sigma(3), \sigma(4), \sigma(5))$$
$$= (0.63, 0.83, 0.89, 0.90) \quad (12\text{-}3)$$

由于原序列数据个数为 5，$\sigma(k)$ 的覆盖为 (0.72，1.40)。上述计算结果表明，原序列的级比不全在 $\sigma(k)$ 的覆盖范围之内。

步骤二：幂指变换

为改善原序列的级比落区，对 X 做幂指变换。

选取幂指数为 1/2，令幂指变换值为 $x^{(0)}(k)$，相应的幂指序列 $x^{(0)}(k) = x(k)^{(1/2)}$，

$$X^{(0)} = (x^{(0)}(1), x^{(0)}(2), x^{(0)}(3), x^{(0)}(4), x^{(0)}(5))$$
$$= (18.2981, 23.0935, 25.2978, 26.8656, 28.3327) \tag{12-4}$$

求级比

$$\sigma = (0.79, 0.91, 0.94, 0.95)$$

满足 $\sigma(k)$ 覆盖。

步骤三：GM(1, 1) 建模

(1) GM(1, 1) 建模序列 $X^{(0)} = (18.2981, 23.0935, 25.2978, 26.8656, 28.3327)$

(2) $X^{(0)}$ 的累加生成序列

$$x^{(1)}(k) = \sum_{m=1}^{k} x^{(0)}(m)$$
$$x^{(1)}(1) = x^{(0)}(1) = 18.2981 \tag{12-5}$$

则

$$X^{(1)} = (18.2981, 41.3916, 66.6894, 93.5550, 121.8877) \tag{12-6}$$

(3) $X^{(1)}$ 的均值序列 $Z^{(1)}$。

令

$$z^{(1)}(k) = 0.5(x^{(1)}(k) + x^{(1)}(k-1)), k = 2, 3, 4, 5$$

则有

$$Z^{(1)} = (29.84485, 54.0405, 80.1222, 107.72135) \tag{12-7}$$

(4) 构造数据矩阵 B 和数据向量 Y

$$B = \begin{pmatrix} -z^{(1)}_{(2)} & 1 \\ -z^{(1)}_{(3)} & 1 \\ -z^{(1)}_{(4)} & 1 \\ -z^{(1)}_{(5)} & 1 \end{pmatrix} = \begin{pmatrix} -29.84485 & 1 \\ -54.0405 & 1 \\ -80.1222 & 1 \\ -107.72135 & 1 \end{pmatrix} \tag{12-8}$$

$$Y = \begin{pmatrix} x^{(0)}(2) \\ x^{(0)}(3) \\ x^{(0)}(4) \\ x^{(0)}(5) \end{pmatrix} = \begin{pmatrix} 23.0935 \\ 25.2978 \\ 26.8656 \\ 28.3327 \end{pmatrix} \tag{12-9}$$

(5) 计算 GM(1, 1) 的参数 a 和 b

$$\hat{\alpha} = (B^T B)^{-1} B^T Y = \begin{pmatrix} -0.06631 \\ 21.39 \end{pmatrix} \tag{12-10}$$

即 $a = -0.06631$，$b = 21.39$。

(6) 模型建立。

GM(1, 1) 定义型为 $x^{(0)}(k) + az^{(1)}(k) = b$，则有

$$x^{(0)}(k) - 0.06631 z^{(1)}(k) = 21.39 \tag{12-11}$$

GM(1, 1) 模型的时间响应序列和还原值公式分别为

$$\hat{x}^{(1)}(k+1) = \left(x^{(0)}(1) - \frac{b}{a}\right)e^{-ak} + \frac{b}{a}$$

$$= 340.8739e^{0.06631k} - 322.5758, \quad k=1,2,3,4,5 \quad (12\text{-}12)$$
$$\hat{x}^{(0)}(k+1) = \hat{x}^{(1)}(k+1) - \hat{x}^{(1)}(k), \quad k=1,2,3,4,5 \quad (12\text{-}13)$$

（7）利用建立的 GM（1，1）模型对陕西省 2012—2016 年的合同成交额进行事后预测，预测的结果及其相对误差见表 12-8。

表 12-8　GM（1，1）模型事后预测的结果及其相对误差　　（单位：亿元）

年份	2012	2013	2014	2015	2016
成交额	334.82	533.31	639.98	721.76	802.74
预测值	334.8205	546.1384	623.5896	712.0246	813.001
相对误差（%）	0.00	2.41	2.56	1.35	1.28

经计算，各年份预测值的相对平均绝对误差为 1.52%。

（8）利用建立的 GM(1，1) 模型对陕西省 2017 年的合同成交额进行预测，得到 $x^{(0)}(6) = 928.2976$ 亿元，与 2017 年的实际合同成交额 921.55 亿元相比，相对误差为 0.73%。

12.1.4　不同预测方法的比较与选择

根据以上探索，除一次移动平均法、随机型时间序列预测、指数拟合法之外，二次移动平均法、类二次移动平均、二次指数平滑法（$\alpha=0.9$ 时）、灰色预测方法似乎均可以作为技术合同成交额的预测方法。究竟应该选择哪一种方法作为陕西省 2018 年技术合同成交额的预测方法呢？主要考虑以下两个因素：

（1）精确性。在利用二次移动平均法、类二次移动平均法、二次指数平滑法以及灰色预测方法对技术合同成交额进行事后预测时，预测的相对平均绝对误差均未超出 15%，而灰色预测方法的精确性最高。从误差的变化趋势来看，二次移动平均法的相对误差波动较大；而二次指数平滑法从 2014 年开始，预测误差大幅度减少，但从整体来看，相对误差的波动也比较大；类二次移动平均法相对误差的整体波动较小，相对平均绝对误差为 5.28%；灰色预测方法的相对误差的整体波动最小；且相对平均绝对误差仅为 1.52%。从最大相对误差来看，灰色预测方法的最大相对误差最小，为 2.56%；然后是类二次移动平均法，最大相对误差为 11.93%；而二次移动平均法及二次指数平滑法的最大相对误差均超过 30%，分别为 30.21% 和 37.16%。因此，从精确性的角度看，类二次移动平均法及灰色预测方法在本案例中都具有较好的预测能力，且灰色预测方法尤为精确。

（2）简单性。二次移动平均法和二次指数平滑法均以线性趋势为基础，在模型的建立和计算过程中，相对类二次移动平均法而言更加复杂，而灰色预测法的计算复杂程度也比类二次移动平均法要高。复杂预测模型的预测成本要高于简单预测模型，当预测能力相差不大时，通常优先采用形式简单、容易运用的预测方法。尽管从计算简单性的角度看，类二次移动平均法相对其余三种方法较优，但如今已有较多统计软件能够提供现成的过程或模块进行直接计算，如 SPSS、Excel 均可快速实现二次移动平均值和二次指数平滑值的计算；DPS 数据处理系统中的"灰色系统方法"模块则可以快速实现灰色预测。如果借用这类软件进行预测，计算简单性的差别就不那么明显了。

以上分析表明，具体到陕西省技术合同成交额的预测，可以根据实际情况优先考虑使用灰色预测方法或类二次移动平均法。

12.2 基于大数据的股价短期预测分析

12.2.1 商业分析

随着信息技术的迅猛发展,人们能够通过互联网获取更多的咨询。股票作为一种金融产品已经成为很多人理财的工具,信息获取的多渠道以及交易的便捷性让其进入人们的日常生活,同时股票数据的分析与预测也成了热门的课题。股票数据分析往往是投资者对股票市场所反映的各种信息进行收集、整理、综合等工作,用来了解和预测股价的走势,进而进行投资,以获取较高的收益。而面对海量的历史数据,如何从中挖掘出有价值的规律,是每个投资者都比较感兴趣的话题,也是股票预测面临的最大难题。高利润伴随着高风险使得市场从来就不缺少股价的预测方法,随着数据挖掘技术的发展,越来越"智能"的数据挖掘软件使投资者在不需要掌握大量的专业统计知识的情况下就能实现对数据的分析和验证。

本案例的研究目标为:个股股价短期预测。通过个股历史交易记录的大数据分析,揭示股票价格波动的内在规律,挖掘影响短期股价变化的主要因素及各种交易数据中的关系,帮助非专业投资者了解数据挖掘的基本过程和股票价格的短期预测分析。本案例仅仅是利用从个股特定历史交易数据中发现的规律进行预测的,展示在本书中所介绍预测方法的应用,而具体的股票预测还需要结合该股票自身的特点和外部环境进行适当调整。希望这样的分析思路和实操过程能给读者在预测分析中带来一些启示。

12.2.2 数据收集

股票历史交易数据中主要包括开盘价、最高价、最低价、收盘价、涨跌额、涨跌幅(%)、成交量(手)、成交金额(万元)、振幅(%)、换手率(%)等。这里选取宝钢股份(600019)的历史交易数据为研究对象,同时选择上证指数的涨跌额、涨跌幅为参照,对他们从2015年2月17日到2018年4月17日770个交易日的数据进行收集,见表12-9和表12-10。

表12-9 宝钢上证指数(000001)历史交易数据

日期	上证_涨跌额(元)	上证_涨跌幅(%)
2015-2-17	24.5430	0.7616
2015-2-25	-18.0630	-0.5563
2015-2-26	69.5160	2.1530
⋮	⋮	⋮
2018-4-12	-27.9235	-0.8704
2018-4-13	-21.1062	-0.6637
2018-4-16	-48.4032	-1.5322
2018-4-17	-43.8522	-1.4097

表 12-10 宝钢股份（600019）历史交易数据

日期	收盘价（元）	开盘价（元）	涨跌额（元）	涨跌幅（%）	换手率（%）	成交量（手）	成交金额（万元）	总市值（亿元）	流通市值（亿元）
2015-2-17	6.62	6.50	0.15	2.3184	0.9941	163271916	1081274178	109	109
2015-2-25	6.53	6.62	−0.09	−1.3595	0.7656	125748804	827798955	108	107
2015-2-26	6.62	6.51	0.09	1.3783	0.6867	112789132	736432908	109	109
⋮	⋮	⋮	⋮	⋮	⋮	⋮	⋮	⋮	⋮
2018-4-13	8.75	8.79	0.03	0.3440	0.2190	48376867	422305556	195	193
2018-4-16	8.50	8.71	−0.25	−2.8571	0.3887	85864481	728702855	189	188
2018-4-17	8.45	8.47	−0.05	−0.5882	0.2484	54866575	466813868	188	187

（资料来源：http://money.163.com/stock/）

其中，收盘价是指收盘以后停留在盘面上的挂盘状况，是分析股市行情时采用的基本数据。换手率是指在一定时间内市场中股票转手买卖的频率，是反映股票流通性强弱的指标之一。股票的换手率越高，意味着该只股票的交投越活跃，人们购买该只股票的意愿越高，属于热门股；反之，股票的换手率越低，则表明关注该只股票的人少，该只股票属于冷门股。

600019 是大盘股，其对应传统钢铁行业和矿业，对炒作而引起的股票异动影响较小，波动规律相较稳定。上证一共有1400多家企业，其成交量与成交金额对单只股票的关联度并不太大，所以，上证指数仅选择涨跌额和涨跌幅字段作为股价关联分析的参照。

12.2.3 数据准备

（1）选择数据。随着数据量和字段的增多，数据分析和挖掘的过程也将变得更加复杂，谨慎选择与数据挖掘目标相关的数据，剔除与预测目标关系不大的字段，将会使挖掘的过程变得更精准。交易数据中，开盘价和收盘价反映了股票走势，预测价值比较大，特别是收盘价决定着投资者的收益，因此选择收盘价作为预测目标；成交量反映了市场对股票状态的认可度，具有较大的预测价值；成交额由股票成交价格和交易量决定，当收盘价和成交量确定时，成交额也可同时确定，因此无须预测。对于其余字段，也可以通过适当的预测分析确定其对预测目标是否有影响，从而确定其是否参与预测分析过程。

（2）时间序列。股市交易时间为每周一到周五，且上海证券交易所公告的休市日不交易。对于个股，即使在交易日，也有自身的需求而停牌，停牌的周期会因为事务的不同而不同。特别是在重大事件之后，股票的走势可能会发生根本改变。因此，在数据处理时，按时间分段处理很重要，并且具体的处理方式应在个股预测案例中具体对待。

12.2.4 数据建模

模型 1 基于专家建模器的收盘价时间序列预测

（1）创建流文件。打开 SPSS Modeler 软件，新建流文件并添加指向表 12-10 宝钢股份（600019）历史交易数据文件的"Excel 文件"源节点，将不参与数据挖掘的字段过滤掉，如图 12-5 所示，保留收盘价和成交量两个字段。

（2）检查数据。构建模型之前，需要详细了解数据的性质，观察数据的长期趋势以及

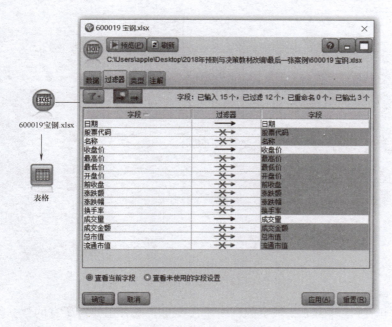

图 12-5　数据引入及字段过滤

是否呈现季节性变化。虽然软件内置的专家建模器可以自动找出每个时间序列的最佳季节性或非季节性模型，但当数据中不存在季节性时，通常可以通过将搜索对象限制为非季节性模型，从而更快地获得结果。

通过"图形"选用板，将"时间散点图"节点附加到"过滤"节点中，将"收盘价"和"交易量"添加到"序列"列表中，并选择"在单独面板中显示序列"，单击"运行"按钮，结果如图 12-6 所示。

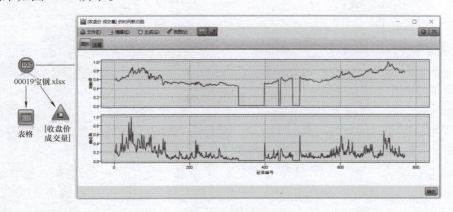

图 12-6　数据散点图

可以看出，序列无明显单调趋势以及季节性，这也验证了股票交易数据是随机型时间序列的说法。同时，在散点图中，"收盘价"和"交易量"为零的区域，这是因为股票停牌期间，默认其值为零。可以通过在数据源过滤节点中通过"类型"→"缺失"打开，并指定其值为"0"，如图 12-7 所示。

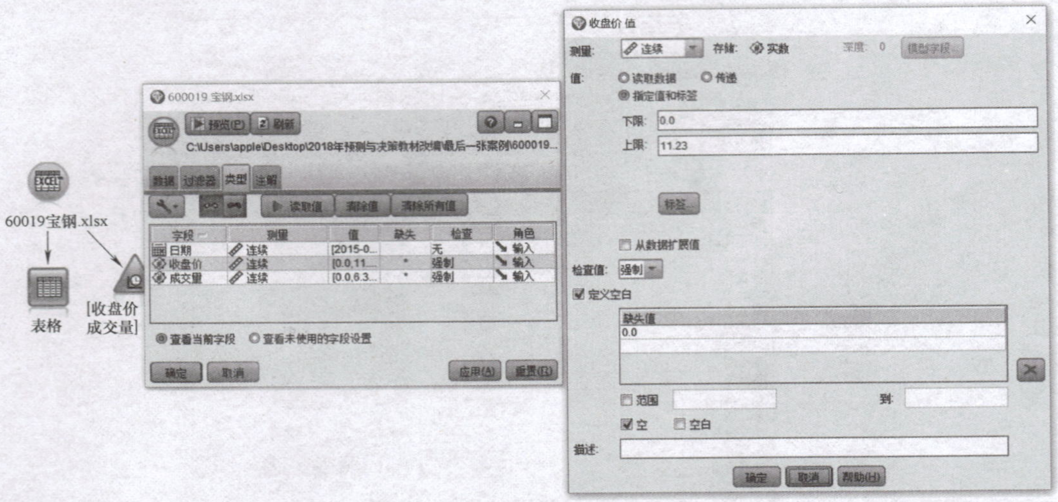

图 12-7 缺失值定义

如果想要判断这些缺失值在整个数据中所占比重，或者想要对所有的数据信息进行整体审核，可以通过"输出"选用板，将数据审核节点附加到过滤节点中，单击"运行"按钮，结果如图 12-8 所示。

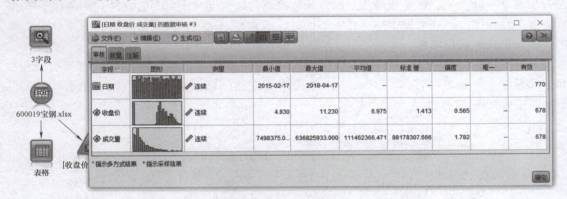

图 12-8 数据审核

可以看出，整个时间序列一共有 770 个交易日，有效的交易数据有 678 个，占所有记录的 88.05%，其数据质量和数据分布符合预期。

可以将"收盘价"和"交易量"为零的记录丢弃。通过"记录选项"选用板将"选择"节点添加到"过滤"节点中，并在"表达式构建器"中设置"收盘价=0"函数，在模式中选择"丢弃"，如图 12-9 所示。单击"运行"按钮后，就可以将时间序列记录中"收盘价"为零的字段丢弃，只保留有效字段。

（3）定义日期。由 Excel 数据源得到的"日期"字段属性并不是日期格式，需要将其存储类型更改为日期格式，将"填充"节点附加到后续节点，编辑"填充"，如图 12-10 所示。

（4）定义目标。在数据分析和挖掘过程中需要定义哪些字段是预测目标，哪些字段是

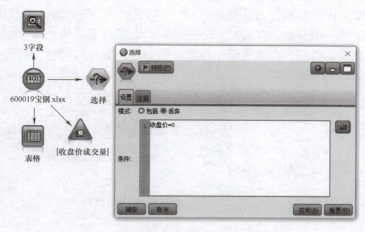

图 12-9　记录选择与丢弃

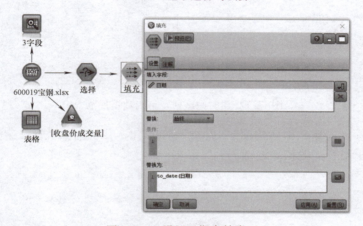

图 12-10　设置日期存储类型

输入字段，或者两者兼具，又或者哪些字段不参与数据挖掘过程。添加"类型"节点，并将"日期"字段的角色设置为"无"，因为"日期"字段只是时间顺序的标识符，并不参与预测分析。将"收盘价"和"交易量"字段的角色设置为"目标"，如图 12-11 所示，单击"读取值"按钮将数值读入。

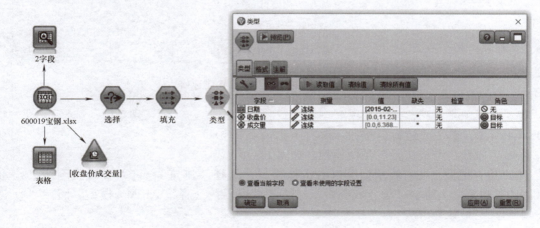

图 12-11　设定字段角色

（5）**创建模型**。从"建模"选用板中，将"时间序列"节点添加到流中，并编辑该节点。在"时间序列"选项卡中，"字段"选项选择"使用预定义角色"。设置时间区间：选择"数据规范"选项，如图 12-12 所示。设置规则和股票交易日契合，其他选项保持默认。

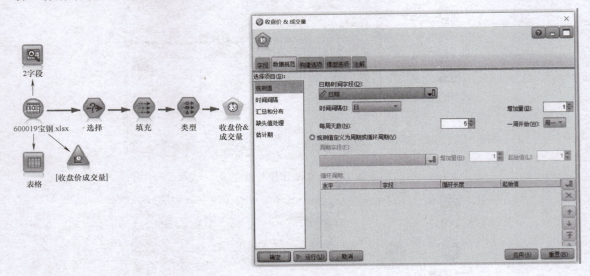

图 12-12 "时间序列"节点数据规范

选择预测方法：选择"构建选项""常规"，如图 12-13 所示。"专家建模器"能够为预测目标自动筛选出最合适的预测模型。

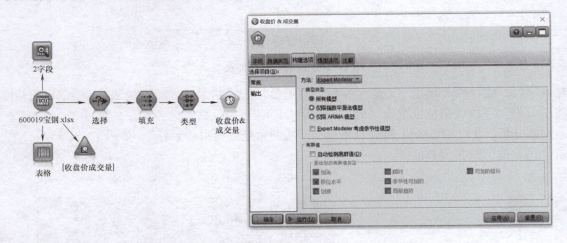

图 12-13 "时间序列"节点构建选项

实现模型预测：在"模型选项"中勾选"将记录扩展至未来"复选框，选择"3"，如图 12-14 所示，单击"运行"按钮。

生成"收盘价与成交量"预测模型，如图 12-15 所示。

（6）**检查模型**。在右侧模型窗口右击该模型，选择"浏览"，可以查看预测结果，如图 12-16 和图 12-17 所示。对"成交量"，"专家建模器"选择了 ARIMA 模型，而对"收盘价"则选择了指数平滑法。

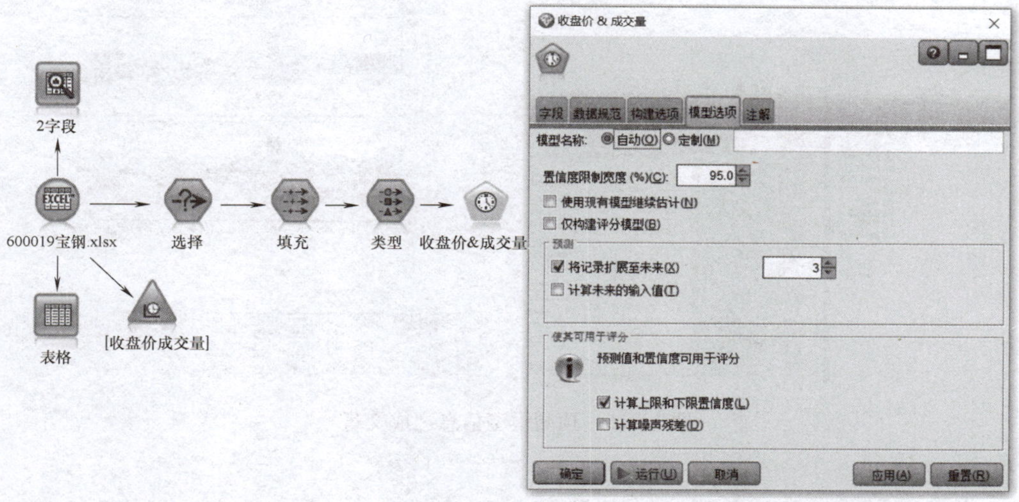

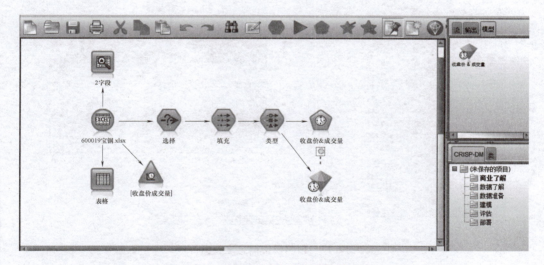

图 12-14 "时间序列"节点模型选项

图 12-15 生成时间序列预测模型

将"表"节点和"时间散点图"节点附加到时间序列模型中,如图 12-18 所示。

右击"表格"运行,得到结果如图 12-19 所示,新增七个字段,其中 $ FutureFlag 为预测序列标识符,0 为原时间序列记录,1 为预测序列。其余六个分别为"收盘价"预测值及其置信区间的上下限值、"成交量"预测值及其置信区间的上下限值,可以得到未来三期的"收盘价"均为 8.458,未来三期的"成交量"分别为 63594582.320,60101158.585,58109618.334。

也可以通过"时间散点图"节点绘制散点图观察实际值与预测值之间的差异。双击"时间散点图"节点,在"序列"文本框中选择"收盘价"和"$ TS-收盘价",单击"运行"按钮,如图 12-20 所示。

通过以上实例,可以了解基于 SPSS Modeler 软件进行时间序列数据挖掘的基本流程。当然这样的挖掘结果不尽如人意,因为这并不能体现数据挖掘软件在处理大数据时的优点。接

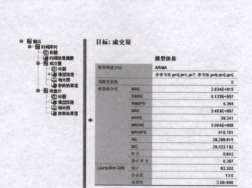
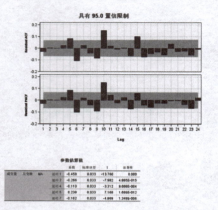

图 12-16　预测模型信息之成交量

目标：收盘价

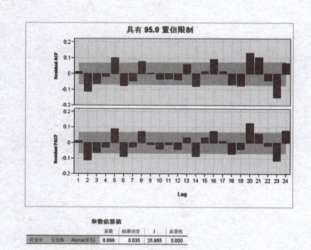

图 12-17　预测模型信息之收盘价

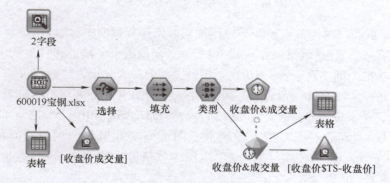

图 12-18　预测模型之输出

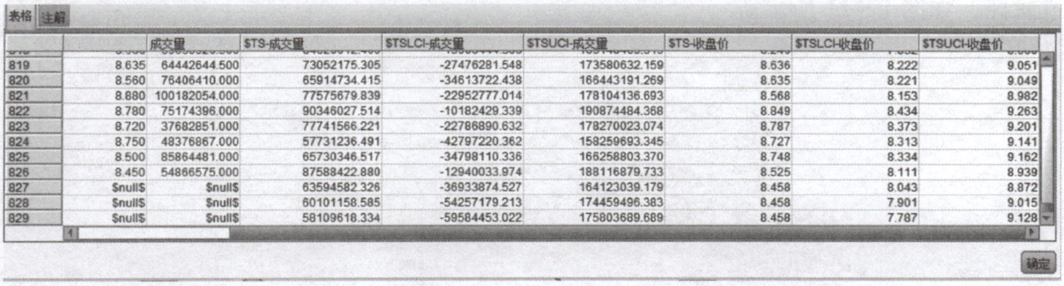

表格 注解

		成交量	$TS-成交量	$TSLCI-成交量	$TSUCI-成交量	$TS-收盘价	$TSLCI-收盘价	$TSUCI-收盘价
819	8.635	64442644.500	73052175.305	-27476281.548	173580632.159	8.636	8.222	9.051
820	8.560	76406410.000	65914734.415	-34613722.438	166443191.269	8.635	8.221	9.049
821	8.880	100182054.000	77575679.839	-22952777.014	178104136.693	8.568	8.153	8.982
822	8.780	75174396.000	90346027.514	-10182429.339	190874484.368	8.849	8.434	9.263
823	8.720	37682851.000	77741566.221	-22786890.632	178270023.074	8.787	8.373	9.201
824	8.750	48376867.000	57731236.491	-42797220.362	158259693.345	8.727	8.313	9.141
825	8.500	85864481.000	65730346.517	-34798110.336	166258803.370	8.748	8.334	9.162
826	8.450	54866575.000	87588422.880	-12940033.974	188116879.733	8.525	8.111	8.939
827	$null$	$null$	63594582.326	-36933874.527	164123039.179	8.458	8.043	8.872
828	$null$	$null$	60101158.585	-54257179.213	174459496.383	8.458	7.901	9.015
829	$null$	$null$	58109618.334	-59584453.022	175803689.689	8.458	7.787	9.128

确定

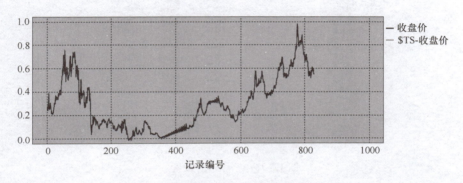

图 12-19　预测模型之输出表格

图 12-20　预测模型之输出序列图

下来继续基于以上建模思路，运用基于决策树的建模方法对时间序列做进一步预测分析。

模型 2　基于决策树的收盘价预测分析

试想，如果每天在收盘前可以通过当天的开盘价预测当天的收盘价相比昨天的收盘价是上涨还是下跌，则可以此为短线操作依据来买卖股票。

(1) 创建流文件。在宝钢股份（600019）历史交易数据中新增四个字段，见表 12-11。例如，后一个交易日的开盘价如果高于前一天的收盘价，则给后一个交易日赋值为 1，否则为 0。同理构造其余三个字段。

表 12-11　宝钢股价新字段设置

日期	收盘价（元）	开盘价高于前一天收盘价	收盘价高于前一天收盘价	换手率高于前一天	成交量高于前一天
2015-2-17	6. 62				
2015-2-25	6. 53	1	0	0	0
2015-2-26	6. 62	0	1	0	0
2015-2-27	6. 68	1	1	1	1
⋮	⋮	⋮	⋮	⋮	⋮
2018-4-12	8. 72	0	0	0	0
2018-4-13	8. 75	0	1	1	1
2018-4-16	8. 5	0	0	1	1
2018-4-17	8. 45	0	0	0	0

新建流文件并添加指向生产以上四个新字段的 Excel 数据文件，将不参与数据挖掘的字

段过滤掉，如图 12-21 所示。

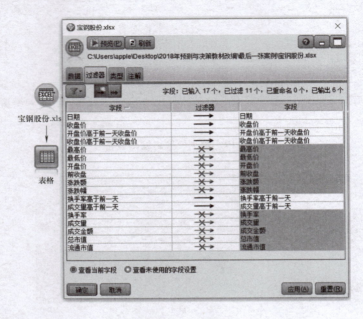

图 12-21　字段过滤设置

（2）剔除缺失值。在"记录选项"选用板将"选择"节点添加至流文件，同上操作，将"收盘价"为零的缺失值剔除。

（3）定义目标。在流文件中添加"类型"节点，如图 12-22 所示，将"收盘价高于前一天收盘价"字段作为目标，将"日期"和"收盘价"设置为"无"，其余字段设置为"输入"。

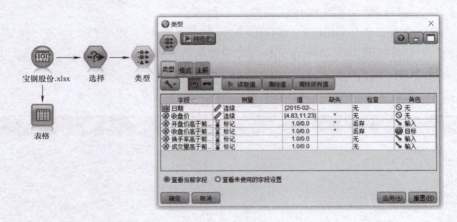

图 12-22　字段角色设定

（4）创建模型。选择"建模"选用板中的 C5.0 节点构建决策树模型，将其添加到流文件中，并在"分析"选项中勾选"计算预测变量的重要性"复选框，如图 12-23 所示，单击"运行"按钮。

（5）检查模型。在右侧模型窗口右击该模型，选择"浏览"，可以查看预测结果，如

第 12 章 应用案例

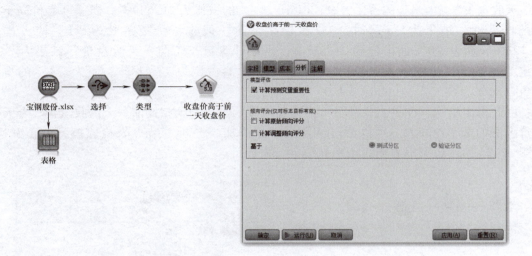

图 12-23　C5.0 节点设置

图 12-24 所示，最终重要且在置信区间范围内的预测变量是"开盘价高于前一天收盘价"。

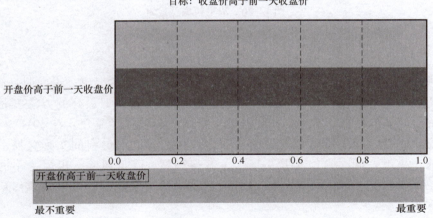

图 12-24　C5.0 模型信息

在"查看器"中选择"从左到右的方向"的分类结果，如图 12-25 所示。"收盘价高于

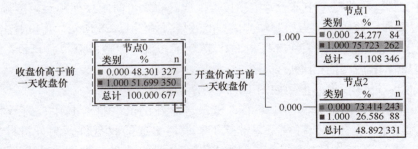

图 12-25　决策树模型

前一天收盘价"中"0"的占比为48.301%,"1"的占比为51.699%。当"开盘价高于前一天收盘价"结果为"1"时,"收盘价高于前一天收盘价"字段为"1"的占比为75.723%,而为"0"的占比为24.227%;当"开盘价高于前一天收盘价"结果为"0"时,"收盘价高于前一天收盘价"字段为"0"的占比为73.414%,而为"1"的占比为26.586%。

由此得出结论:如果当天开盘价高于前一天收盘价,则相比前一天的收盘价,今天收盘价上涨的概率比较大。可以通过给预测模型添加"分析"节点来检验模型的正确性,如图12-26所示,可以看出正确率高达74.48%。

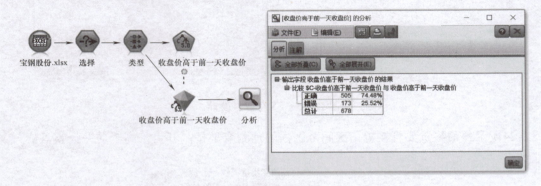

图12-26 决策树模型检验

12.2.5 评估

用各种方法构建股票交易数据时间序列预测模型,从技术上说是正确而且有效的。尽管在技术上看似成功,但仍需要实践的检验和分析。检验模型最好的方法就是与实践进行对比,而且需要长时间、大量数据的比对。例如,预测模型是建立在2018年4月17日之前的数据,随着时间的推移,新的交易数据产生,可以通过新的实际交易数据评估预测模型并修正模型。同时,预测股票是为了获得利润,降低风险,可以为不同预测模型的决策结论赋予收益和风险系数。经过对某只股票的长期跟踪,可以摸索出最适合该股票操作的预测模型。

对模型1和模型2的预测模型进行事后验证。

验证模型1:通过收集,得到如图12-27所示数据。

根据12.2.4节中模型1的第1~4步,建立新的流文件。其中,将数据源替换为图12-27所示的Excel文件,将模型1中基于专家模拟器生成的收盘价时间序列预测模型添加到新的流文件中,通过添加"分析"节点检验预测模型的效果,如图12-28所示。可以看出在新的数据中,"成交量"字段的线性相关性就只剩下0.0720了,预测失败;而"收盘价"的线性相关性降低为0.7156,相较之前也降低了不少。

验证模型2:通过收集,得到如图12-29所示数据。

根据12.2.4节中模型2的第1~第3步,建立新的流文件。其中,将数据源替换为图12-29所示的Excel文件,将模型2中基于决策树生成的收盘价预测分析模型添加到新的流文件中,通过添加"分析"节点,检验预测模型的效果,如图12-30所示。可以看

第12章 应用案例

日期	股票代码	名称	收盘价	最高价	最低价	开盘价	前收盘	涨跌额	涨跌幅	换手率	成交量	成交金额	总市值	流通市值
2018-4-17	600019	宝钢股份	8.45	8.62	8.37	8.47	8.5	-0.05	-0.5882	0.2484	54866575	4.67E+08	1.88E+11	1.87E+11
2018-4-18	600019	宝钢股份	8.74	8.96	8.64	8.64	8.45	0.29	3.432	0.4896	1.08E+08	9.52E+08	1.95E+11	1.93E+11
2018-4-19	600019	宝钢股份	9.12	9.13	8.81	8.88	8.74	0.38	4.3478	0.4945	1.09E+08	9.84E+08	2.03E+11	2.01E+11
2018-4-20	600019	宝钢股份	9.09	9.26	8.96	9.05	9.12	-0.03	-0.3289	0.3936	86934728	7.89E+08	2.02E+11	2.01E+11
2018-4-23	600019	宝钢股份	9.13	9.29	9.01	9.05	9.09	0.04	0.44	0.2784	61493952	5.63E+08	2.03E+11	2.02E+11
2018-4-24	600019	宝钢股份	9.25	9.56	9.21	9.3	9.13	0.12	1.3143	0.5352	1.18E+08	1.11E+09	2.06E+11	2.04E+11
2018-4-25	600019	宝钢股份	9.21	9.24	9.06	9.17	9.25	-0.04	-0.4324	0.2124	46917888	4.29E+08	2.05E+11	2.03E+11
2018-4-26	600019	宝钢股份	9.19	9.27	9.03	9.23	9.21	-0.02	-0.2172	0.2378	52527298	4.79E+08	2.05E+11	2.03E+11
2018-4-27	600019	宝钢股份	9.24	9.3	8.98	9.2	9.19	0.05	0.5441	0.2734	60382592	5.52E+08	2.06E+11	2.04E+11
2018-5-2	600019	宝钢股份	8.79	9.18	8.61	9	9.24	-0.45	-4.8701	0.6142	1.36E+08	1.2E+09	1.96E+11	1.94E+11
2018-5-3	600019	宝钢股份	8.94	8.95	8.75	8.8	8.79	0.15	1.7065	0.2996	66185147	5.87E+08	1.99E+11	1.97E+11
2018-5-4	600019	宝钢股份	9	9.08	8.91	8.96	8.94	0.06	0.6711	0.2511	55476185	4.99E+08	2.00E+11	1.99E+11
2018-5-7	600019	宝钢股份	9.05	9.15	8.85	9.03	9	0.05	0.5556	0.2245	49580663	4.48E+08	2.02E+11	2.00E+11
2018-5-8	600019	宝钢股份	9.07	9.17	9	9.03	9.05	0.02	0.221	0.2308	50976730	4.64E+08	2.02E+11	2.00E+11
2018-5-9	600019	宝钢股份	8.9	9.13	8.8	9.09	9.07	-0.17	-1.8743	0.3101	68506486	6.12E+08	1.98E+11	1.97E+11
2018-5-10	600019	宝钢股份	8.93	8.98	8.85	8.91	8.9	0.03	0.3371	0.1436	31710572	2.83E+08	1.99E+11	1.97E+11
2018-5-11	600019	宝钢股份	9.01	9.04	8.86	9	8.93	0.08	0.8959	0.2351	51922378	4.65E+08	2.01E+11	1.99E+11
2018-5-14	600019	宝钢股份	9.14	9.15	9	9.02	9.01	0.13	1.4428	0.2713	59925286	5.44E+08	2.04E+11	2.02E+11
2018-5-15	600019	宝钢股份	8.98	9.16	8.86	9.16	9.14	-0.16	-1.7505	0.3622	79998352	7.16E+08	2.00E+11	1.98E+11

图 12-27 验证数据

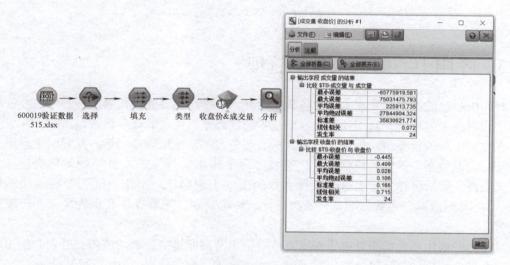

图 12-28 新数据的模型验证

日期	股票代码	名称	收盘价	开盘价高于前一天收盘价	收盘价高于前一天收盘价	换手率高于前一天	成交量高于前一天	最高价	最低价	开盘价	前收盘	涨跌额
2018-4-17	600019	宝钢股份	8.45	0	1	1	1	8.62	8.37	8.47	8.5	-0
2018-4-18	600019	宝钢股份	8.74	1	1	1	1	8.96	8.64	8.64	8.45	0
2018-4-19	600019	宝钢股份	9.12	1	1	1	1	9.13	8.81	8.88	8.74	0
2018-4-20	600019	宝钢股份	9.09	0	0	0	0	9.26	8.96	9.05	9.12	-0
2018-4-23	600019	宝钢股份	9.13	0	1	0	0	9.29	9.01	9.05	9.09	0
2018-4-24	600019	宝钢股份	9.25	1	1	1	1	9.56	9.21	9.3	9.13	0
2018-4-25	600019	宝钢股份	9.21	0	0	0	0	9.24	9.06	9.17	9.25	-0
2018-4-26	600019	宝钢股份	9.19	1	0	1	0	9.27	9.03	9.23	9.21	-0
2018-4-27	600019	宝钢股份	9.24	1	1	1	1	9.3	8.98	9.2	9.19	0
2018-5-2	600019	宝钢股份	8.79	0	0	1	1	9.18	8.61	9	9.24	-0
2018-5-3	600019	宝钢股份	8.94	1	1	0	0	8.95	8.75	8.8	8.79	0
2018-5-4	600019	宝钢股份	9	1	1	0	0	9.08	8.91	8.96	8.94	0
2018-5-7	600019	宝钢股份	9.05	1	1	0	0	9.15	8.85	9.03	9	0
2018-5-8	600019	宝钢股份	9.07	1	1	1	1	9.17	9.03	9.03	9.05	0
2018-5-9	600019	宝钢股份	8.9	1	0	1	1	9.13	8.8	9.09	9.07	-0
2018-5-10	600019	宝钢股份	8.93	1	1	0	0	8.98	8.85	8.91	8.9	0
2018-5-11	600019	宝钢股份	9.01	1	1	1	1	9.04	8.86	9	8.93	0
2018-5-14	600019	宝钢股份	9.14	1	1	1	1	9.15	9	9.02	9.01	0
2018-5-15	600019	宝钢股份	8.98	1	0	1	1	9.16	8.86	9.16	9.14	-0

图 12-29 C5.0 的验证数据

出在新的数据中,预测模型的正确率高达 78.95%,以短期预测为目的,如此高的准确率已经很不错了。

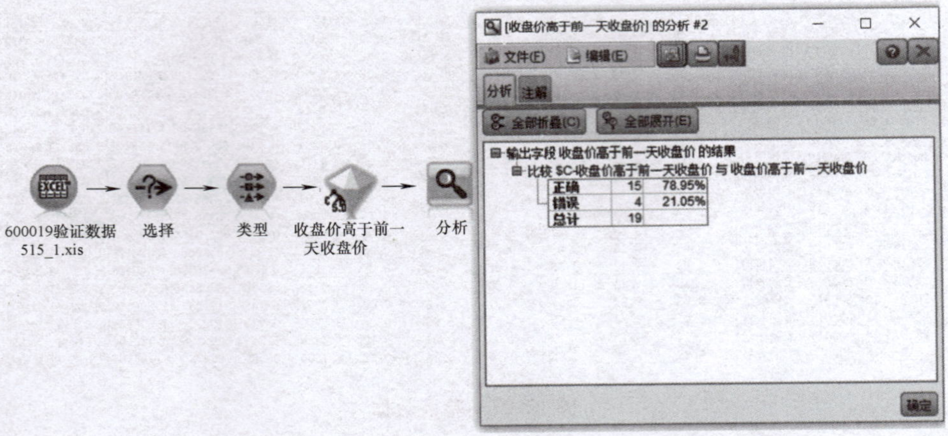

图 12-30 C5.0 模型验证

12.3 呼叫中心的人员排班管理

呼叫中心是能够同时处理大量的各种电话呼入、呼出业务的操作场所。呼叫中心一般设在一个相对集中的场所，利用计算机通信技术，处理来自企业和顾客的咨询需求。

在呼叫中心的管理中，排班管理是其核心业务之一。排班管理的输入是呼叫中心服务请求的实际情况数据，输出是班次设计，它规定每个座席（即服务人员）的工作安排，包括哪些天上班、哪些天休息、上班时上什么样的班（上班时间、下班时间、上班期间的作息安排等）。其一般流程为数据准备、班次设计、班次规划、排班操作及班表发布、班表维护和调整。

某银行呼叫中心在排班管理方面富有成效，本节按照排班管理的流程，分别介绍该呼叫中心对各部分内容的具体做法。

12.3.1 数据准备

进行排班管理，需要预先进行一系列的数据准备工作。

首先，是预测进线量（打入的电话数量），一般要预测每 15min 的进线量。从凌晨 0 点开始至午夜 12 点，共分 96 个时段，分别用 $i=1, 2, \cdots, 96$ 来表示。

其次，需要估计座席人员对每个业务的平均处理时间。一般地，由于平均处理时间波动较小，因此用每天同时段平均处理时间的平均值作为估值，可满足要求；平均处理时间常随呼叫中心及其具体业务而变。本案例中的平均处理时间是 180s/通，包括振铃、通话、话后处理时间。

最后，需要清楚可用于排班的人力数量和可用于座席接线的最大席位数量，从而使所规划的班次和人员数量真正切实可行。基本方法是，首先计算出过去每天进线量占整周进线量的比例，以此预测一周中各天进线量的占比；然后计算出一周所有可排班人力能够出勤的总天数。例如，假定可排班人力为 2018 人，每人每周上班 5 天，则共 10090 班；再将此总班数乘以各天的进线量比例，即可得分配到每天的人力数，见表 12-12。

表 12-12　可排班人力分配示例

星期	一	二	三	四	五	六	日	合计
进线量占比（%）	16.83	16.44	15.79	15.10	14.57	10.78	10.49	100.00
人力数（人）	1698	1659	1593	1524	1470	1088	1059	10090

　　进行人员排班还需要知道特定时段需要安排多少人力，即人力需求。人力需求是工作量和服务目标的函数。工作量由进线量和平均处理时间两部分相乘得到。例如，经预测，在某 15min 内有 300 个呼入电话，而座席人员处理每通电话所需的时间是 3min，则这 15min 内所要处理工作量预计是 300 * 3min = 900min。

　　呼叫中心的服务目标一般涉及呼叫中心应答服务请求的速度。目前主要有两种定义服务目标的方式：一是服务水平，又称服务级别，这是目前最常见的方式。在呼叫中心行业最通行的电话呼入服务水平标准是 80% 的电话在 20s 内接起。二是平均应答速度，是指所有被接起的服务请求在被接起前的平均等待时间。服务水平和平均应答速度表达的意义本质上基本接近。在任何呼叫中心，通过回归分析都可以得出两者的对应关系，可方便地进行换算。

　　测算呼叫中心的人力需求理论上比较成熟的有 Erlang C 方法，这是呼叫中心领域最著名、应用最广泛的方法之一。该方法最早由丹麦数学家 Agner Krarup Erlang 在 20 世纪初提出，用来解决电信公司话务排队、线路资源优化和等待时间问题。Erlang C 方法逻辑性强，对简单的排队问题具有相当高的应用价值。但该方法对服务请求进线的两个理想化假设具有明显的局限性：一是假设相邻服务请求的到达间隔时间服从指数分布；二是假设当暂时没有服务人员接听时，任何服务请求都愿意进入等待队列，并愿意一直等待下去，直到有空闲的服务人员。而在现实当中，呼叫中心接到的呼入服务请求许多时候并不遵循以上两个假设，特别是很少会出现"一直等待"的情况。因此，运用该方法对服务人员需求的估计值往往较现实偏高。尽管如此，该方法依然是目前许多呼叫中心排班管理系统的理论基础。

　　本案例使用人员利用率方法，其基本原理是将服务目标转化为对应的人员利用率，并以此作为测算一定工作量下要达到一定的服务目标所需人力数量的依据。这里的人员利用率是指座席人员的工作时间中用于处理业务的时间比例，它是座席人员忙闲程度的一种度量。具体可以用下式表示：

$$人员利用率 = \frac{座席用于业务处理总时间}{座席总工作时间} \times 100\%$$

$$= \frac{业务处理量 \times 平均处理时间}{座席总工作时间} \times 100\%$$

$$= \frac{座席总工作时间 - 可用（闲置）时间 - 小休时间}{座席总工作时间} \times 100\% \quad (12-14)$$

　　前文提到服务目标的两种定义方式——服务水平和平均应答速度之间存在着一一对应关系，座席人员的人员利用率与服务请求应答速度之间也存在着对应关系。因为服务请求的应答速度与工作量大小和座席人员充足程度有关。当工作量上升时，座席人员趋于紧张，除了带来服务请求等待时间逐步变长外，还会带来座席人员用于处理业务的时间比例增加和可用（闲置）时间比例的相应下降，即座席人员变忙。由此再假设座席人员的小休时间比例保持平稳，就可以找到在各种服务请求应答速度下座席人员的利用率。当然，由于现实中呼入业务是随机到达的，因此这种对应关系一般不是线性的。而不同呼叫中心的实际情况也不尽相同,实践中可以收集实际服务水平和当时人员利用率的历史数据,通过回归分析得到适用于特定呼叫中心的服务水平-人员利用率的对应关系。

在本案例中,通过对服务水平-人员利用率历史数据的回归分析,得到如图12-31所示的对应关系。根据该关系,当服务水平达到80%时,人员利用率约为79.8%。

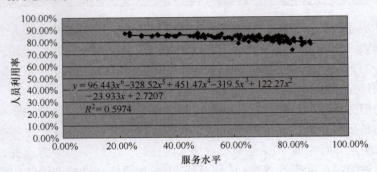

图12-31 服务水平-人员利用率历史数据回归分析

用类似方法也可以得到呼叫中心服务水平和应答率(接通率)的对应关系,如图12-32所示。当服务水平为80%时,可算得接通率为95%。

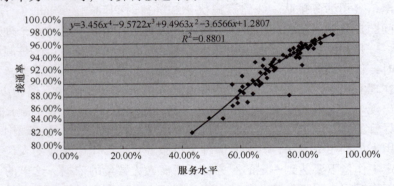

图12-32 服务水平-接通率历史数据的回归分析

在上述基础上,当需要基于一定的进线量预测人力需求时,首先要设定服务目标,比如服务水平80%(即80%的呼入服务请求要在20s内应答)。

若记n_i表示时段i的预测业务量(进线量),则该段时间的人力需求量可按下式计算:

$$m_i = \frac{n_i \times 80\%\text{服务水平对应的接通率} \times \text{平均处理时间}}{\text{座席人均工作时长} \times 80\%\text{服务水平对应的人员利用率}}, i=1,2,\cdots,96 \quad (12\text{-}15)$$

在本案例中,座席人均工作时长是7.25h,即435min。

上述方法将复杂的排队论问题巧妙地转化为实践中更加可测的座席人员余量问题,即用座席人员余量水平来近似地表示所能达到的服务目标。虽然在逻辑性上不如Erlang C方法严密,但比Erlang C方法更加简单直观,便于应用,在实践中发现其准确度也足够满意。

由式(12-15)计算得到m_i后,可再计算得到$m_i / \sum_{i=1}^{96} m_i$, $i=1,2,\cdots,96$,称之为一天的人力需求分布。周一各时段的分布数据如图12-33所示。

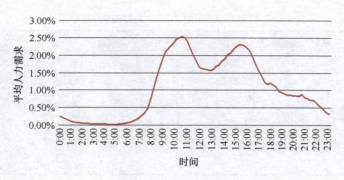

图 12-33 一天的人力需求分布

12.3.2 班次设计

班次设计包括如下三部分内容：

首先，确定每个座席人员的每周作息安排，哪天上班、哪天休息。在呼叫中心，不同座席人员有不同的作息时间，见表 12-13。

表 12-13 呼叫中心座席人员班表示例

姓名		座席 1	座席 2	座席 3	座席 4	座席 5
工号		0001	0002	0003	0004	0005
8月1日	星期一	7：00—15：15	7：00—15：15	8：00—16：15	14：00—22：00	14：00—22：00
8月2日	星期二	7：00—15：15	7：00—15：15	休息	14：00—22：00	14：00—22：00
8月3日	星期三	休息	7：00—15：15	8：00—16：15	休息	14：00—22：00
8月4日	星期四	7：00—15：15	休息	8：00—16：15	14：00—22：00	14：00—22：00
8月5日	星期五	7：00—15：15	7：00—15：15	休息	14：00—22：00	休息
8月6日	星期六	7：00—15：15	7：00—15：15	休息	14：00—22：00	14：00—22：00
8月7日	星期日	休息	7：00—15：15	8：00—16：15	休息	休息

其次，要确定座席人员每天的上班与下班时间以及在上班期间的活动安排，如就餐时间和休息时间等，这些内容称为一个班次。一般每天需要多个不同的班次，表 12-14 给出了班次的示例。在一些人员数量和班次种类较少的呼叫中心，每一种班次都有各自固定的作息安排，可以直接用文字说明。但在一些人员规模庞大、班次种类众多的呼叫中心，为了使人力安排更加均匀、精细，即使是相同班次的座席人员，其作息安排也可能不同。

班次设计要本着尽可能让排班人力分布符合人力需求分布的匹配原则进行。首先遵循合规原则，即班次的工作强度，特别是工作时长不能违反相关法律制度；其次要满足与进线量分布相匹配的需要，即能够随着一天当中进线量的变化而增减人力，实现人力的最有效利用；最后要遵循人性化原则，即要充分考虑当地座席人员的交通、就餐等实际情况，使得班表能够被座席人员所接受。

表 12-14　呼叫中心座席人员班表示例

8月1日	时间	活动	8月1日	时间	活动
班次1 （7：00—15：15）	7：00—7：15	班前会	班次2 （8：30—17：30）	8：30—8：45	班前会
	7：15—11：30	接线		8：45—12：00	接线
	11：30—12：15	午餐		12：00—12：45	午餐
	12：15—15：15	接线		12：45—15：15	接线
				15：15—16：15	休息
				16：15—17：30	接线

班次设计的一般过程如下：

（1）明确所有班次的工作时长、就餐时长、是否有就餐以外的中途休息、时长多少等属性问题。在本案例中，规定所有班次前 15min 为班前会。除通宵班外，全天接线时间为 7.25h。18：30 前下班班次（早班）在单位用午餐，时长 45min。18：30 以后下班班次（中、晚班）在单位用晚餐，由于晚餐时间食堂基本不必排队，因此晚餐时长为 30min。部分早班班次除就餐时间外，还有 1h 休息时间。

（2）从图 12-33 可以看出，从早晨 6：00 开始，每 15min 进线量开始出现明显上升，因此需要设计一个从 6：00 开始上班的早班；此后每 15min 进线量都有明显增加，因此相应地应该安排 6：15，6：30，6：45，7：00 上班的班次；直到上午 11：00 后进线量上升趋势基本停止，因此上午最后一个早班应为 11：00 上班。

按时间顺序逆向运用类似方法，根据晚间每 15min 进线量的逐步下降的规律，可以设计出在不同时间"下班"的晚班。如根据图 12-33，凌晨 2：00 后进线量趋向平稳，因此最晚的晚班应设计为 2：00 下班。之前依次可以有 1：45，1：30 等时间下班的晚班。

另外，根据进线量的分布，如果所有早班的工作活动只包含接线和午餐，则整个班次覆盖时间只有 8h。这样在有些早班下班的时点进线量仍然较大，且恰逢晚班的晚餐时间，因此人力会比较紧张。而同时下午部分时段由于早晚班重叠，人力又会相对富余。由此应该设计一些在下午有 1h 休息的分段早班。例如，8：30—10：30 开始上班的班次，其下班时间相应延后 1h，从而可以覆盖晚餐时段。

（3）对初步设计的班次进行人性化的筛选和优化。例如，如果呼叫中心所在城市晚间直到清晨的公共交通比较稀少，且呼叫中心无法提供宿舍，那么就应该考虑调整初步设计中第一个早班的上班时间和最后一个晚班的下班时间，相应时段通过适当增加通宵班人力和降低服务目标来弥补。在本案例中，最早的早班是 6：45 上班，最晚的晚班是 0：00 下班，且所有分段班和 22：30 以后下班的晚班都有不同标准的交通补贴。

12.3.3　班次编排

班次编排的主要任务是确定给定时段内每天每种班次需要安排的人力数量，进而作为人员编排的基础。

进行班次编排首先要明确能够分配到每天的人力总数。因为实际的排班必须以现有可排班人力为基础，所需要人力与可排班人力并不一定能完全匹配。两者之间如果有缺口或过剩，是人力规划环节应该调整和解决的问题。排班实施阶段的任务主要是分配当前可排班的人力。

下面以一周中各天的人力分配为例。首先，由表 12-15 确定一周中每天分配的座席人员数量。例如，考虑周一，其座席人员数量是 1698 人，记 $M=1698$。

其次，记 x_i 表示时段 i 开始上班的座席人员数量，$\boldsymbol{x}$ 是由 x_i 组成的向量，$y_i(\boldsymbol{x})$ 表示在 $\boldsymbol{x}$ 下在时段 i 接线的座席人员数量。$y_i(\boldsymbol{x})$ 依赖 $\boldsymbol{x}$，也依赖班次设计。$\boldsymbol{x}$ 可由模型式（12-16a）及式（12-16b）来确定：

$$\min \sum_{i=1}^{96} \frac{|y_i(\boldsymbol{x}) - m_i|}{m_i} \tag{12-16a}$$

$$\text{s. t} \sum_{i=1}^{96} x_i = M \tag{12-16b}$$

目标函数式（12-16a）表示各时段排班人力 $y_i(\boldsymbol{x})$ 与需求人力 m_i 之偏差幅度总和达到最小；约束条件式（12-16b）表示各时段开始上班的员工总数等于给定的座席人员数量 M。求解该最优化问题可得到最优解 $\boldsymbol{x}^*$。

上述问题可运用 Excel 中的规划工具来求解，并结合手工微调实现。班次编排的结果是每天每个班次所需安排的人力数量，表 12-15 给出了周一的班次编排结果。

用每个时段的人数除以所有时段人数总和，即 $y_i(\boldsymbol{x})/\sum_{i=1}^{96} y_i(\boldsymbol{x})$，得到实际人力分布图。这个百分比的分布图主要起直观展示作用，以判别需求人力分布曲线和实际人力分布需求是否拟合。本案例如图 12-34 所示，说明是比较一致的。因为完全通过数学方法算出的结果，有时可能为了实现优化算法本身的目标而放弃某些时段的服务水平（安排过少的人力），这在实际当中是不妥当的。因此，最后要通过图形直观地检查一下，以确保均匀。

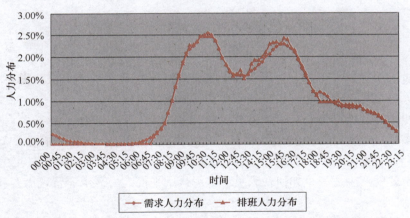

图 12-34　需求人力与排班人力分布匹配图

在实际操作中，各班次的作息时间是这样的：所有白班（表 12-15 中以 A 开头的班，简称 A 班）中午都有 45min 午餐时间；所有中班（P 班）、晚班（N 班，NX 除外）都有 30min 的晚餐时间；分段班除了吃饭外，下午还有 60min 休息时间。这些活动的具体时间段取决于呼叫中心食堂的安排及每天的人力、电话量分布，每天可根据情况灵活安排（当然也是提前安排好的）。如果电话量和上班人数分布比较规律，大部分作息时间可以根据班次固定（如 7：00 上班的人员都在 11：00 吃饭），但也需要根据实际情况调整，不是绝对的。

表 12-15 班次编排的结果

班次名称	上班时间	人力需求（人）	班次名称	上班时间	人力需求（人）
NX	19：45—7：15	15	A12	10：00—18：00	37
A00	7：00—15：00	88	A13	10：15—18：15	54
A01	7：15—15：15	42	A14	10：30—18：30	0
A02	7：30—15：30	56	P0	11：45—19：30	0
A03	7：45—15：45	50	P1	12：15—20：15	33
A04	8：00—16：00	119	P2	13：15—21：00	33
A05	8：15—16：15	140	P3	13：30—21：15	0
A06	8：30—16：30	45	P4	13：45—21：30	37
A06 分段	8：30—17：30	105	P5	14：00—21：45	26
A07	8：45—16：45	29	P6	14：15—22：00	0
A07 分段	8：45—17：45	93	P7	14：30—22：15	25
A08	9：00—17：00	43	P8	14：45—22：30	27
A08 分段	9：00—18：00	95	P9	15：00—22：45	17
A09	9：15—17：15	8	N1	15：15—23：00	58
A09 分段	9：15—18：15	96	N2	15：30—23：15	33
A10	9：30—17：30	0	N3	15：45—23：30	30
A10 分段	9：30—18：30	95	N4	16：00—23：45	37
A11	9：45—17：45	8	N5	16：15—00：00	125

合计： 1698 人

12.3.4 人员编排

上面通过班次规划，得到了一周中各天需要安排哪些班次和每个班次需要的人力数量。下面要通过人员编排，将这些人力需求落实到具体座席人员。

许多呼叫中心，特别是以 7 * 24 方式（即每周 7 天，每天 24h）运行的大型呼叫中心，都具有班次多样、班次时间差异大等特点。这就决定了呼叫中心不可能给人人都安排"朝九晚五"、符合一般作息习惯的班次，因此，对班次的分配会对呼叫中心员工的满意度产生直接影响。由此就产生了一个如何在人员班次编排中平衡人力需求、管理需要和员工满意度的问题。

在进行人员班次编排时，呼叫中心大都有一些基本规则安排。例如，连续上班不超过 5 天，连续休息不超过 2 天，所有员工工时和休息天数公平等。但在具体落实到由谁上什么班的问题上，总体上有以下几种方式：

方式一：轮班制。这种方式类似于制造工厂，遵循诸如"中→早→晚→休→中"这样的规则，并保证所有座席人员在如一个月这样的周期内，安排的各种班次次数相当，休息天数相等。这种人员编排方式的最大优点是公平，很容易迎合员工"不患寡而患不均"的心理。但其缺点也很明显：首先就是由于生物钟紊乱而给座席人员自身带来较大的工作强度，同时也影响服务质量，主要原因是呼叫中心不同班次的时间跨度非常大；其次是要通过这种编排方式在进线量规模大、存在波动、需要精细化人力安排的环境下实现人力与需求的精确匹配,有时操作难度非常大,且结果未必能让座席人员满意。

方式二:选班制。这种方式充分考虑了座席人员的个体需要,首先,允许每个座席人员提出自己的排班意愿,内容包括想上的班次、想要的休息日等。然后,排班员以座席人员的绩效表现及资历等因素为优先顺序,在满足人力需求和工时、连做连休、翻班限制等基本规则的前提下,尽量满足座席人员对排班的个性化需求。此种方式的优点是在座席人数较少时可以达到比较高的员工满意度。但其缺点是容易造成同组座席人员班次分散,不利于组长管理和团队建设;同时,随着人员规模的扩大和班次强度差异的增大,对座席人员需求的满足程度很难保证;并且由于班次安排与绩效表现具有一定相关性,容易形成"好座席上好班,差座席上差班"的两极分化,也容易形成不同时段座席服务品质有明显差异的问题,对总体服务品质的稳定性有一定负面影响。

方式三:固定制。这种方式充分考虑管理上的需要,按组实行固定的排班。座席实行同组同班,且班次和休息时间长期稳定。此种方式的优点是各座席小组作息时间相同,非常有利于行政上的管理和团队建设;同时,虽然座席人员无法提出个性化的需求,但其对班次安排的预期会比较稳定,从长期角度看更便于安排生活和学习。但其缺点是对于长期上高强度班次,如上班时间很早的早班或下班时间很晚的晚班的座席人员压力较大,即使有报酬上的补贴,座席人员的满意度也比较低。在美国等国家,由于生活方式和习惯上的特点,许多呼叫中心定向招聘到许多愿意长期承担晚班等班次的全职或兼职座席人员,如家庭主妇,甚至退休赋闲人员,进而实现班次的长期稳定。但从目前的实践来看,在我国从事呼叫中心一线工作的人员大都非常年轻,处于职业生涯和社会生命周期的早期,他们的生活状态大都无法承受长时间非正常作息时间。

方式四:轮换固定制。这是方式三的一种改进。在这种方式下,座席班次按组排定,在一定周期内班次和休息日相对固定,之后进行轮换。这样既保证了团队作息的相对一致,又在座席人员之间均衡了不同班次的不同压力,也能在一定周期内使座席人员形成班次安排的稳定预期,便于安排业余时间。本案例中的呼叫中心对大部分座席人员就采用了这种方式。

固定班次模式下,关键是要建立一套能满足人力需求分布的固定班表。例如,根据规划,7:00—15:00班次共需要30人,而呼叫中心每个座席小组有10名座席人员,则可将这30人的人力需求分成三种不同的作息模式,见表12-16。然后,不同的组别可以按周期在不同班次的不同模式之间进行轮换。

值得注意的是,要实行同组同班乃至同休的人员编排方式,需要呼叫中心有足够多的小组数量,从而保证班次安排的最小单位足够"小",以实现排班人力与需求人力的精确匹配。

表12-16 固定班表示例

班次	7:00—15:15		
	小组1	小组2	小组3
人数(人)	10	10	10
周一	7:00—15:15	7:00—15:15	7:00—15:15
周二	7:00—15:15	7:00—15:15	休息

（续）

班次	7：00—15：15		
	小组1	小组2	小组3
周三	休息	7：00—15：15	7：00—15：15
周四	7：00—15：15	休息	7：00—15：15
周五	7：00—15：15	7：00—15：15	休息
周六	7：00—15：15	休息	7：00—15：15
周日	休息	7：00—15：15	7：00—15：15

12.3.5 班表发布后的维护和调整

班表应在实施之前至少2~3天发布，以便于座席人员安排后续的生活作息和进行必要的换班。

换班是班表发布后日常所需进行的主要调整和维护工作之一。它是在不影响排班人力的前提下，座席人员之间通过作息时间的交换，满足自身特定需要的一种有效途径。因此，允许座席人员之间换班是对原有排班安排的一种正面的优化。但为了管理上的需要，换班同样需要有一些规则加以规范。例如，在由不同技能座席人员分别处理不同类型业务的呼叫中心中，相互换班的座席人员必须拥有相同的技能。又如，对上文提到的有"同组同班同休"这类人员编排要求的呼叫中心，需要对座席人员换班的次数进行限制，以避免某些规整的人员安排方式被完全打乱。

班表发布后，原有排班人力可能会由于种种原因发生变化。有些是无法抗拒的客观原因造成的，如离职；有些是可管理的主观原因造成的，如请假和培训活动等。此外，总有一些事先无法预料的情况使得实际进线量偏离预测值。当这些变化因素对服务水平产生显著影响时，就需要对排班进行二次调整，以使人力分布重新符合人力需求。

根据所发生影响的大小，可以采取以下不同幅度的二次调整措施：

最小规模的影响通常只是造成某一天某些时段的小幅人力不足。对于这种情况，通常只需调整座席人员在当天某些活动的时间安排，如午餐、培训或休息等，即可弥补。

中等规模的影响通常造成某些时段的较大幅度的人力不足。这时仅仅通过调整活动安排无法解决问题，而需要通过调整当天部分座席人员的班次安排来解决，如班次整体提前、延后或加班。

大规模的影响通常引起一天以上全天的人力不足。这时就需要通过调整部分座席人员的作息日期来解决，如安排这一天原本休息的座席人员前来上班，再在其原来被安排上班的另一天安排其休息。

当然，在班表发布之后，座席人员已知道自己排班的情况下，对班表进行调整可能会打乱其原有的作息计划，对员工满意度可能会有比较大的影响。以上三个幅度的调整措施对员工满意度的负面影响是依次递增的。因此，在进行班表发布后的二次调整时，要比较慎重，并与涉及的人员进行充分有效的沟通，特别是在通知时必须有足够的时间提前量。

思考与练习

1. 有人认为现有的预测分析软件工具众多,操作简单快捷,因此对预测方法的原理不需要深入了解。对此你的看法如何?

2. 衡量预测精确性的指标有很多,如12.1的案例中采用的是相对平均绝对误差来衡量预测模型的精确性。如果采用其他指标,是否会影响最终的比较结果?

3. 12.2案例中的模型1和模型2在预测时未考虑收盘价受其他因素的影响,而实际中涨跌幅、换手率等均可能对收盘价预测模型有所影响。面对此问题,可采用哪些预测方法进行预测?

4. 12.3案例中,排班管理的输入是对未来一段时间内的进线量的预测,包括每周中各天的进线量以及一天中各时段的进线量的预测值。而在实际中,每天真正发生的进线量常常会变化,与预测值不一致。例如,公司需要通过呼叫中心进行市场调研,或者进行促销;又如对银行卡中心,当网络发生故障时,客户们会集中打电话咨询。对此类问题,呼叫中心应该如何应对?

5. 专业化与通用化的矛盾。当呼叫中心业务种类繁多时,一个座席人员难以做到为所有业务服务,此时就需要专业化的服务,即对某一种或少数的几种业务进行服务。也就是说,将业务类型划分为不同的组,不同座席人员分配到不同的组中。但这样的分组安排使得每一组的进线量波动变大,从而降低了呼叫中心的服务效率。如何解决这一矛盾?

附 录

附表 A　标准正态分布函数值表

$$\Phi(x) = \int_{-\infty}^{x} \frac{1}{\sqrt{2\pi}} e^{-u^2/2} du = P(X \leq x)$$

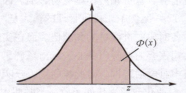

x	0	1	2	3	4	5	6	7	8	9
0.0	0.5000	0.5040	0.5080	0.5120	0.5160	0.5199	0.5239	0.5279	0.5319	0.5359
0.1	0.5398	0.5438	0.5478	0.5517	0.5557	0.5596	0.5636	0.5675	0.5714	0.5753
0.2	0.5793	0.5832	0.5871	0.5910	0.5948	0.5987	0.6026	0.6064	0.6103	0.6141
0.3	0.6179	0.6217	0.6255	0.6293	0.6331	0.6368	0.6406	0.6443	0.6480	0.6517
0.4	0.6554	0.6591	0.6628	0.6664	0.6700	0.6736	0.6772	0.6808	0.6844	0.6879
0.5	0.6915	0.6950	0.6985	0.7019	0.7054	0.7088	0.7123	0.7157	0.7190	0.7224
0.6	0.7257	0.7291	0.7324	0.7357	0.7389	0.7422	0.7454	0.7486	0.7517	0.7549
0.7	0.7580	0.7611	0.7642	0.7673	0.7703	0.7734	0.7764	0.7794	0.7823	0.7852
0.8	0.7881	0.7910	0.7939	0.7967	0.7995	0.8023	0.8051	0.8078	0.8106	0.8133
0.9	0.8159	0.8186	0.8212	0.8238	0.8264	0.8289	0.8315	0.8340	0.8365	0.8389
1.0	0.8413	0.8438	0.8461	0.8485	0.8508	0.8531	0.8554	0.8577	0.8599	0.8621
1.1	0.8643	0.8665	0.8686	0.8708	0.8729	0.8749	0.8770	0.8790	0.8810	0.8830
1.2	0.8849	0.8869	0.8888	0.8907	0.8925	0.8944	0.8962	0.8980	0.8997	0.9015
1.3	0.9032	0.9049	0.9066	0.9082	0.9099	0.9115	0.9131	0.9147	0.9162	0.9177
1.4	0.9192	0.9207	0.9222	0.9236	0.9251	0.9265	0.9278	0.9292	0.9306	0.9319
1.5	0.9332	0.9345	0.9357	0.9370	0.9382	0.9394	0.9406	0.9418	0.9430	0.9441
1.6	0.9452	0.9463	0.9474	0.9484	0.9495	0.9505	0.9515	0.9525	0.9535	0.9545
1.7	0.9554	0.9564	0.9573	0.9582	0.9591	0.9599	0.9608	0.9616	0.9625	0.9633
1.8	0.9641	0.9648	0.9656	0.9664	0.9671	0.9678	0.9686	0.9693	0.9700	0.9706
1.9	0.9713	0.9719	0.9726	0.9732	0.9738	0.9744	0.9750	0.9756	0.9762	0.9767
2.0	0.9772	0.9778	0.9783	0.9788	0.9793	0.9798	0.9803	0.9808	0.9812	0.9817
2.1	0.9821	0.9826	0.9830	0.9834	0.9838	0.9842	0.9846	0.9850	0.9854	0.9857
2.2	0.9861	0.9864	0.9868	0.9871	0.9874	0.9878	0.9881	0.9884	0.9887	0.9890
2.3	0.9893	0.9896	0.9898	0.9901	0.9904	0.9906	0.9909	0.9911	0.9913	0.9916
2.4	0.9918	0.9920	0.9922	0.9925	0.9927	0.9929	0.9931	0.9932	0.9934	0.9936
2.5	0.9938	0.9940	0.9941	0.9943	0.9945	0.9946	0.9948	0.9949	0.9951	0.9952
2.6	0.9953	0.9955	0.9956	0.9957	0.9959	0.9960	0.9961	0.9962	0.9963	0.9964
2.7	0.9965	0.9966	0.9967	0.9968	0.9969	0.9970	0.9971	0.9972	0.9973	0.9974
2.8	0.9974	0.9975	0.9976	0.9977	0.9977	0.9978	0.9979	0.9979	0.9980	0.9981
2.9	0.9981	0.9982	0.9982	0.9983	0.9984	0.9984	0.9985	0.9985	0.9986	0.9986
3.0	0.9987	0.9990	0.9993	0.9995	0.9997	0.9998	0.9998	0.9999	0.9999	1.0000

注：表中末行系函数值 $\Phi(3.0)$，$\Phi(3.1)$，…，$\Phi(3.9)$。

附表 B　t 分布表

$P\{t(n) > t_\alpha(n)\} = \alpha$

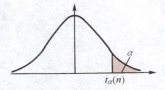

n	α = 0.25	0.10	0.05	0.025	0.01	0.005
1	1.0000	3.0777	6.3138	12.7062	31.8207	63.6574
2	0.8165	1.8856	2.9200	4.3027	6.9646	9.9248
3	0.7649	1.6377	2.3534	3.1824	4.5407	5.8409
4	0.7407	1.5332	2.1318	2.7764	3.7469	4.6041
5	0.7267	1.4759	2.0150	2.5706	3.3649	4.0322
6	0.7176	1.4398	1.9432	2.4469	3.1427	3.7074
7	0.7111	1.4149	1.8946	2.3646	2.9980	3.4995
8	0.7064	1.3968	1.8595	2.3060	2.8965	3.3554
9	0.7027	1.3830	1.8331	2.2622	2.8214	3.2498
10	0.6998	1.3722	1.8125	2.2281	2.7638	3.1693
11	0.6974	1.3634	1.7959	2.2010	2.7181	3.1058
12	0.6955	1.3562	1.7823	2.1788	2.6810	3.0545
13	0.6938	1.3502	1.7709	2.1604	2.6503	3.0123
14	0.6924	1.3450	1.7613	2.1448	2.6245	2.9768
15	0.6912	1.3406	1.7531	2.1315	2.6025	2.9467
16	0.6901	1.3368	1.7459	2.1199	2.5835	2.9208
17	0.6892	1.3334	1.7396	2.1098	2.5669	2.8982
18	0.6884	1.3304	1.7341	2.1009	2.5524	2.8784
19	0.6876	1.3277	1.7291	2.0930	2.5395	2.8609
20	0.6870	1.3253	1.7247	2.0860	2.5280	2.8453
21	0.6864	1.3232	1.7207	2.0796	2.5177	2.8314
22	0.6858	1.3212	1.7171	2.0739	2.5083	2.8188
23	0.6853	1.3195	1.7139	2.0687	2.4999	2.8073
24	0.6848	1.3178	1.7109	2.0639	2.4922	2.7969
25	0.6844	1.3163	1.7081	2.0595	2.4851	2.7874
26	0.6840	1.3150	1.7056	2.0555	2.4786	2.7787
27	0.6837	1.3137	1.7033	2.0518	2.4727	2.7707
28	0.6834	1.3125	1.7011	2.0484	2.4671	2.7633

（续）

n	α = 0.25	0.10	0.05	0.025	0.01	0.005
29	0.6830	1.3114	1.6991	2.0452	2.4620	2.7564
30	0.6828	1.3104	1.6973	2.0423	2.4573	2.7500
31	0.6825	1.3095	1.6955	2.0395	2.4528	2.7440
32	0.6822	1.3086	1.6939	2.0369	2.4487	2.7385
33	0.6820	1.3077	1.6924	2.0345	2.4448	2.7333
34	0.6818	1.3070	1.6909	2.0322	2.4411	2.7284
35	0.6816	1.3062	1.6896	2.0301	2.4377	2.7238
36	0.6814	1.3055	1.6883	2.0281	2.4345	2.7195
37	0.6812	1.3049	1.6871	2.0262	2.4314	2.7154
38	0.6810	1.3042	1.6860	2.0244	2.4286	2.7116
39	0.6808	1.3036	1.6849	2.0227	2.4258	2.7079
40	0.6807	1.3031	1.6839	2.0211	2.4233	2.7045
41	0.6805	1.3025	1.6829	2.0195	2.4208	2.7012
42	0.6804	1.3020	1.6820	2.0181	2.4185	2.6881
43	0.6802	1.3016	1.6811	2.0167	2.4163	2.6951
44	0.6801	1.3011	1.6802	2.0154	2.4141	2.6923
45	0.6800	1.3006	1.6794	2.0141	2.4121	2.6896

附表 C F 分布表

$P\{F(n_1, n_2) > F_\alpha(n_1, n_2)\} = \alpha$

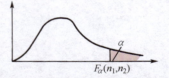

α = 0.05

n_1 \ n_2	1	2	3	4	5	6	7	8	9	10	12	15	20	24	30	40	60	120	∞
1	161.4	199.5	215.7	224.6	230.2	234.0	236.8	238.9	240.5	241.9	243.9	245.9	248.0	249.1	250.1	251.1	252.2	253.3	254.3
2	18.51	19.00	19.16	19.25	19.30	19.33	19.35	19.37	19.38	19.40	19.41	19.43	19.45	19.45	19.46	19.47	19.48	19.49	19.50
3	10.13	9.55	9.28	9.12	9.01	8.94	8.89	8.85	8.81	8.79	8.74	8.70	8.66	8.64	8.62	8.59	8.57	8.55	8.53
4	7.71	6.94	6.59	6.39	6.26	6.16	6.09	6.04	6.00	5.96	5.91	5.86	5.80	5.77	5.75	5.72	5.69	5.66	5.63
5	6.61	5.79	5.41	5.19	5.05	4.95	4.88	4.82	4.77	4.74	4.68	4.62	4.56	4.53	4.50	4.46	4.43	4.40	4.36
6	5.99	5.14	4.76	4.53	4.39	4.28	4.21	4.15	4.10	4.06	4.00	3.94	3.87	3.84	3.81	3.77	3.74	3.70	3.67
7	5.59	4.74	4.35	4.12	3.97	3.87	3.79	3.73	3.68	3.64	3.57	3.51	3.44	3.41	3.38	3.34	3.30	3.27	3.23
8	5.32	4.46	4.07	3.84	3.69	3.58	3.50	3.44	3.39	3.35	3.28	3.22	3.15	3.12	3.08	3.04	3.01	2.97	2.93
9	5.12	4.26	3.86	3.63	3.48	3.37	3.29	3.23	3.18	3.14	3.07	3.01	2.94	2.90	2.86	2.83	2.79	2.75	2.71
10	4.96	4.10	3.71	3.48	3.33	3.22	3.14	3.07	3.02	2.98	2.91	2.85	2.77	2.74	2.70	2.66	2.62	2.58	2.54

附　录

（续）

n_1 \ n_2	1	2	3	4	5	6	7	8	9	10	12	15	20	24	30	40	60	120	∞
11	4.84	3.98	3.59	3.36	3.20	3.09	3.01	2.95	2.90	2.85	2.79	2.72	2.65	2.61	2.57	2.53	2.49	2.45	2.40
12	4.75	3.89	3.49	3.26	3.11	3.00	2.91	2.85	2.80	2.75	2.69	2.62	2.54	2.51	2.47	2.43	2.38	2.34	2.30
13	4.67	3.81	3.41	3.18	3.03	2.92	2.83	2.77	2.71	2.67	2.60	2.53	2.46	2.42	2.38	2.34	2.30	2.25	2.21
14	4.60	3.74	3.34	3.11	2.96	2.85	2.76	2.70	2.65	2.60	2.53	2.46	2.39	2.35	2.31	2.27	2.22	2.18	2.13
15	4.54	3.68	3.29	3.06	2.90	2.79	2.71	2.64	2.59	2.54	2.48	2.40	2.33	2.29	2.25	2.20	2.16	2.11	2.07
16	4.49	3.63	3.24	3.01	2.85	2.74	2.66	2.59	2.54	2.49	2.42	2.35	2.28	2.24	2.19	2.15	2.11	2.06	2.01
17	4.45	3.59	3.20	2.96	2.81	2.70	2.61	2.55	2.49	2.45	2.38	2.31	2.23	2.19	2.15	2.10	2.06	2.01	1.96
18	4.41	3.55	3.16	2.93	2.77	2.66	2.58	2.51	2.46	2.41	2.34	2.27	2.19	2.15	2.11	2.06	2.02	1.97	1.92
19	4.38	3.52	3.13	2.90	2.74	2.63	2.54	2.48	2.42	2.38	2.31	2.23	2.16	2.11	2.07	2.03	1.98	1.93	1.88
20	4.35	3.49	3.10	2.87	2.71	2.60	2.51	2.45	2.39	2.35	2.28	2.20	2.12	2.08	2.04	1.99	1.95	1.90	1.84
21	4.32	3.47	3.07	2.84	2.68	2.57	2.49	2.42	2.37	2.32	2.25	2.18	2.10	2.05	2.01	1.96	1.92	1.87	1.81
22	4.30	3.44	3.05	2.82	2.66	2.55	2.46	2.40	2.34	2.30	2.23	2.15	2.07	2.03	1.98	1.94	1.89	1.84	1.78
23	4.28	3.42	3.03	2.80	2.64	2.53	2.44	2.37	2.32	2.27	2.20	2.13	2.05	2.01	1.96	1.91	1.86	1.81	1.76
24	4.26	3.40	3.01	2.78	2.62	2.51	2.42	2.36	2.30	2.25	2.18	2.11	2.03	1.98	1.94	1.89	1.84	1.79	1.73
25	4.24	3.39	2.99	2.76	2.60	2.49	2.40	2.34	2.28	2.24	2.16	2.09	2.01	1.96	1.92	1.87	1.82	1.77	1.71
26	4.23	3.37	2.98	2.74	2.59	2.47	2.39	2.32	2.27	2.22	2.15	2.07	1.99	1.95	1.90	1.85	1.80	1.75	1.69
27	4.21	3.35	2.96	2.73	2.57	2.46	2.37	2.31	2.25	2.20	2.13	2.06	1.97	1.93	1.88	1.84	1.79	1.73	1.67
28	4.20	3.34	2.95	2.71	2.56	2.45	2.36	2.29	2.24	2.19	2.12	2.04	1.96	1.91	1.87	1.82	1.77	1.71	1.65
29	4.18	3.33	2.93	2.70	2.55	2.43	2.35	2.28	2.22	2.18	2.10	2.03	1.94	1.90	1.85	1.81	1.75	1.70	1.64
30	4.17	3.32	2.92	2.69	2.53	2.42	2.33	2.27	2.21	2.16	2.09	2.01	1.93	1.89	1.84	1.79	1.74	1.68	1.62
40	4.08	3.23	2.84	2.61	2.45	2.34	2.25	2.18	2.12	2.08	2.00	1.92	1.84	1.79	1.74	1.69	1.64	1.58	1.51
60	4.00	3.15	2.76	2.53	2.37	2.25	2.17	2.10	2.04	1.99	1.92	1.84	1.75	1.70	1.65	1.59	1.53	1.47	1.39
120	3.92	3.07	2.68	2.45	2.29	2.17	2.09	2.02	1.96	1.91	1.83	1.75	1.66	1.61	1.55	1.50	1.43	1.35	1.25
∞	3.84	3.00	2.60	2.37	2.21	2.10	2.01	1.94	1.88	1.83	1.75	1.67	1.57	1.52	1.46	1.39	1.32	1.22	1.00

$\alpha = 0.025$

n_1 \ n_2	1	2	3	4	5	6	7	8	9	10	12	15	20	24	30	40	60	120	∞
1	647.8	799.5	864.2	899.6	921.8	937.1	948.2	956.7	963.3	968.6	976.7	984.9	993.1	997.2	1001	1006	1010	1014	1018
2	38.51	39.00	39.17	39.25	39.30	39.33	39.36	39.37	39.39	39.40	39.41	39.43	39.45	39.46	39.46	39.47	39.48	39.49	39.50
3	17.44	16.04	15.44	15.10	14.88	14.73	14.62	14.54	14.47	14.42	14.34	14.25	14.17	14.12	14.08	14.04	13.99	13.95	13.90
4	12.22	10.65	9.98	9.60	9.36	9.20	9.07	8.98	8.90	8.84	8.75	8.66	8.56	8.51	8.46	8.41	8.36	8.31	8.26
5	10.01	8.43	7.76	7.39	7.15	6.98	6.85	6.76	6.68	6.62	6.52	6.43	6.33	6.28	6.23	6.18	6.12	6.07	6.02

(续)

n_2 \ n_1	1	2	3	4	5	6	7	8	9	10	12	15	20	24	30	40	60	120	∞
6	8.81	7.26	6.60	6.23	5.99	5.82	5.70	5.60	5.52	5.46	5.37	5.27	5.17	5.12	5.07	5.01	4.96	4.90	4.85
7	8.07	6.54	5.89	5.52	5.29	5.12	4.99	4.90	4.82	4.76	4.67	4.57	4.47	4.42	4.36	4.31	4.25	4.20	4.14
8	7.57	6.06	5.42	5.05	4.82	4.65	4.53	4.43	4.36	4.30	4.20	4.10	4.00	3.95	3.89	3.84	3.78	3.73	3.67
9	7.21	5.71	5.08	4.72	4.48	4.23	4.20	4.10	4.03	3.96	3.87	3.77	3.67	3.61	3.56	3.51	3.45	3.39	3.33
10	6.94	5.46	4.83	4.47	4.24	4.07	3.95	3.85	3.78	3.72	3.62	3.52	3.42	3.37	3.31	3.26	3.20	3.14	3.081
11	6.72	5.26	4.63	4.28	4.04	3.88	3.76	3.66	3.59	3.53	3.43	3.33	3.23	3.17	3.12	3.06	3.00	2.94	2.88
12	6.55	5.10	4.47	4.12	3.89	3.73	3.61	3.51	3.44	3.37	3.28	3.18	3.07	3.02	2.96	2.91	2.85	2.79	2.72
13	6.41	4.97	4.35	4.00	3.77	3.60	3.48	3.39	3.31	3.25	3.15	3.05	2.95	2.89	2.84	2.78	2.72	2.66	2.60
14	6.30	4.86	4.24	3.89	3.66	3.50	3.38	3.29	3.21	3.15	3.05	2.95	2.84	2.79	2.73	2.67	2.61	2.55	2.49
15	6.20	4.77	4.15	3.80	3.58	3.41	3.29	3.20	3.12	3.06	2.96	2.86	2.76	2.70	2.64	2.59	2.52	2.46	2.40
16	6.12	4.69	4.08	3.73	3.50	3.34	3.22	3.12	3.05	2.99	2.89	2.79	2.68	2.63	2.57	2.51	2.45	2.38	2.32
17	6.04	4.62	4.01	3.66	3.44	3.28	3.16	3.06	2.98	2.92	2.82	2.72	2.62	2.56	2.50	2.44	2.38	2.32	2.25
18	5.98	4.56	3.95	3.61	3.38	3.22	3.10	3.01	2.93	2.87	2.77	2.67	2.56	2.50	2.44	2.38	2.32	2.26	2.19
19	5.92	4.51	3.90	3.56	3.33	3.17	3.05	2.96	2.88	2.82	2.72	2.62	2.51	2.45	2.39	2.33	2.27	2.20	2.13
20	5.87	4.46	3.86	3.51	3.29	3.13	3.01	2.91	2.84	2.77	2.68	2.57	2.46	2.41	2.35	2.29	2.22	2.16	2.09
21	5.83	4.42	3.82	3.48	3.25	3.09	2.97	2.87	2.80	2.73	2.64	2.53	2.42	2.37	2.31	2.25	2.18	2.11	2.04
22	5.79	4.38	3.78	3.44	3.22	3.05	2.93	2.84	2.76	2.70	2.60	2.50	2.39	2.33	2.27	2.21	2.14	2.08	2.00
23	5.75	4.35	3.75	3.41	3.18	3.02	2.90	2.81	2.73	2.67	2.57	2.47	2.36	2.30	2.24	2.18	2.11	2.04	1.97
24	5.72	4.32	3.72	3.38	3.15	2.99	2.87	2.78	2.70	2.64	2.54	2.44	2.33	2.27	2.21	2.15	2.08	2.01	1.94
25	5.69	4.29	3.69	3.55	3.13	2.97	2.85	2.75	2.68	2.61	2.51	2.41	2.30	2.24	2.18	2.12	2.05	1.98	1.91
26	5.66	4.27	3.67	3.33	3.10	2.94	2.82	2.73	2.65	2.59	2.49	2.39	2.28	2.22	2.16	2.09	2.03	1.95	1.88
27	5.63	4.24	3.65	3.31	3.08	2.92	2.80	2.71	2.63	2.57	2.47	2.36	2.25	2.19	2.13	2.07	2.00	1.93	1.85
28	5.61	4.22	3.63	3.29	3.06	2.90	2.78	2.69	2.61	2.55	2.45	2.34	2.23	2.17	2.11	2.05	1.98	1.91	1.83
29	5.59	4.20	3.91	3.27	3.04	2.88	2.76	2.67	2.59	2.53	2.43	2.32	2.21	2.15	2.09	2.03	1.96	1.89	1.81
30	5.57	4.18	3.59	3.25	3.03	2.87	2.75	2.65	2.57	2.51	2.41	2.31	2.20	2.14	2.07	2.01	1.94	1.87	1.79
40	5.42	4.05	3.46	3.13	2.90	2.74	2.62	2.53	2.45	2.39	2.29	2.18	2.07	2.01	1.94	1.88	1.80	1.72	1.64
60	5.29	3.93	3.34	3.01	2.79	2.63	2.51	2.41	2.33	2.27	2.17	2.06	1.94	1.88	1.82	1.74	1.67	1.58	1.48
120	5.15	3.80	3.23	2.89	2.67	2.52	2.39	2.30	2.22	2.16	2.05	1.94	1.82	1.76	1.69	1.61	1.53	1.43	1.31
∞	5.02	3.69	3.12	2.79	2.57	2.41	2.29	2.19	2.11	2.05	1.94	1.83	1.71	1.64	1.57	1.48	1.39	1.27	1.00

附表D DW检验临界值表

$\alpha = 0.05$

n	$q=1$		$q=2$		$q=3$		$q=4$		$q=5$	
	d_L	d_U	d_L	d_U	d_L	d_U	d_L	d_U	d_L	d_U
15	1.08	1.36	0.95	1.54	0.82	1.75	0.69	1.97	0.56	2.21
16	1.10	1.37	0.98	1.54	0.86	1.73	0.74	1.93	0.62	2.15
17	1.13	1.38	1.02	1.54	0.90	1.71	0.78	1.90	0.67	2.10
18	1.16	1.39	1.05	1.53	0.93	1.69	0.82	1.87	0.71	2.06
19	1.18	1.40	1.08	1.53	0.97	1.68	0.86	1.85	0.75	2.02
20	1.20	1.41	1.10	1.54	1.00	1.68	0.90	1.83	0.79	1.99
21	1.22	1.42	1.13	1.54	1.03	1.67	0.93	1.81	0.83	1.96
22	1.24	1.43	1.15	1.54	1.05	1.66	0.96	1.80	0.86	1.94
23	1.26	1.44	1.17	1.54	1.08	1.66	0.99	1.79	0.90	1.92
24	1.27	1.45	1.19	1.55	1.10	1.66	1.01	1.78	0.93	1.90
25	1.29	1.45	1.21	1.55	1.12	1.66	1.04	1.77	0.95	1.89
26	1.30	1.46	1.22	1.55	1.14	1.65	1.06	1.76	0.98	1.88
27	1.32	1.47	1.24	1.56	1.16	1.65	1.08	1.76	1.01	1.86
28	1.33	1.48	1.26	1.56	1.18	1.65	1.10	1.75	1.03	1.85
29	1.34	1.48	1.27	1.56	1.20	1.65	1.12	1.74	1.05	1.84
30	1.35	1.49	1.28	1.57	1.21	1.65	1.14	1.74	1.07	1.83
31	1.36	1.50	1.30	1.57	1.23	1.65	1.16	1.74	1.09	1.83
32	1.37	1.50	1.31	1.57	1.24	1.65	1.18	1.73	1.11	1.82
33	1.38	1.51	1.32	1.58	1.26	1.65	1.19	1.73	1.13	1.81
34	1.39	1.51	1.33	1.58	1.27	1.65	1.21	1.73	1.15	1.81
35	1.40	1.52	1.34	1.58	1.28	1.65	1.22	1.73	1.16	1.80
36	1.41	1.52	1.35	1.59	1.29	1.65	1.24	1.73	1.18	1.80
37	1.42	1.53	1.36	1.59	1.31	1.66	1.25	1.72	1.19	1.80
38	1.43	1.54	1.37	1.59	1.32	1.66	1.26	1.72	1.21	1.79
39	1.43	1.54	1.38	1.60	1.33	1.66	1.27	1.72	1.22	1.79
40	1.44	1.54	1.39	1.60	1.34	1.66	1.29	1.72	1.23	1.79
45	1.48	1.57	1.43	1.62	1.38	1.67	1.34	1.72	1.29	1.78

（续）

n	$q=1$		$q=2$		$q=3$		$q=4$		$q=5$	
	d_L	d_U	d_L	d_U	d_L	d_U	d_L	d_U	d_L	d_U
50	1.50	1.59	1.46	1.63	1.42	1.67	1.38	1.72	1.34	1.77
55	1.53	1.60	1.49	1.64	1.45	1.68	1.41	1.72	1.38	1.77
60	1.55	1.62	1.51	1.65	1.48	1.69	1.44	1.73	1.41	1.77
65	1.57	1.63	1.54	1.66	1.50	1.70	1.47	1.73	1.44	1.77
70	1.58	1.64	1.55	1.67	1.52	1.70	1.49	1.74	1.46	1.77
75	1.60	1.65	1.57	1.68	1.54	1.71	1.51	1.74	1.49	1.77
80	1.61	1.66	1.59	1.69	1.56	1.72	1.53	1.74	1.51	1.77
85	1.62	1.67	1.60	1.70	1.57	1.72	1.55	1.75	1.52	1.77
90	1.63	1.68	1.61	1.70	1.59	1.73	1.57	1.75	1.54	1.78
95	1.64	1.69	1.62	1.71	1.60	1.73	1.58	1.75	1.56	1.78
100	1.65	1.69	1.63	1.72	1.60	1.74	1.59	1.76	1.57	1.78

注：n——样本个数；

q——自变量个数；

d_L——DW 检验下限值；

d_U——DW 检验上限值。

参 考 文 献

[1] BERTSIMAS D, FREUND R M. 数据、模型与决策 [M]. 李新中, 译. 北京: 中信出版社, 2004.
[2] BOX, JENKINS, REINSEL. 时间序列分析——预测与控制 [M]. 顾岚, 译. 北京: 中国统计出版社, 1997.
[3] KAHNEMAN D, TVERSKY A. Prospect theory: an analysis of decision under risk [J]. Econometrica, 1979, 47 (2): 263-291.
[4] KEENEY R L. A group preference axiomization with cardinal utility [R]. Working Paper, 1974, (9).
[5] KEENEY R L. Multiplicative utility functions [J]. Operations Research, 1974 (22): 22-34.
[6] KEEN P G W. Decision support systems: an organizational perspective [M]. Reading, Mass.: Addison-Wesley, 1978.
[7] SCOTT MORTON M S. Management decision support systems: Computer-based support for decision making [M]. Cambridge, MA: Division of Research, Harvard University, 1971.
[8] 暴奉贤. 经济预测与决策方法 [M]. 广州: 暨南大学出版社, 2008.
[9] 毕然, 魏津瑜, 刘曰波. 基于网络分析法的信息化人才评价研究 [J]. 情报杂志, 2008 (1): 32-34.
[10] 陈茜. 两类网上多物品拍卖中顾客投标策略研究 [D]. 西安: 西安电子科技大学, 2011.
[11] 陈湛均. 现代决策分析概论 [M]. 上海: 上海科技文献出版社, 1991.
[12] 董逢谷. 市场预测方法与案例 [M]. 上海: 立信会计出版社, 1996.
[13] 杜强, 等. SPSS 统计分析——从入门到精通 [M]. 北京: 人民邮电出版社, 2009.
[14] 杜志渊. 常用统计分析方法——SPSS 应用 [M]. 济南: 山东人民出版社, 2006.
[15] 杜栋, 庞庆华, 吴炎. 现代综合评价方法与案例精选 [M]. 北京: 清华大学出版社, 2008.
[16] 方志耕, 等. 决策理论与方法 [M]. 北京: 科学出版社, 2009.
[17] 宫俊涛, 刘波, 孙林岩, 等. 网络分析法 (ANP) 及其在供应商选择中的应用 [J]. 工业工程, 2007, 10 (2): 77-80.
[18] 郭秀英. 预测决策的理论与方法 [M]. 北京: 化学工业出版社, 2010.
[19] 简明, 胡玉立. 市场预测与管理决策 [M]. 4 版. 北京: 中国人民大学出版社, 2009.
[20] 姜青舫. 实用决策分析 [M]. 贵阳: 贵州人民出版社, 1988.
[21] 刘思峰, 党耀国. 预测方法与技术 [M]. 北京: 高等教育出版社, 2005.
[22] 刘睿, 余建星, 孙宏才, 等. 基于 ANP 的超级决策软件介绍及其应用 [J]. 系统工程理论与实践, 2003 (8): 141-143.
[23] 刘新宪, 朱道立. 选择与判断——AHP (层次分析法) 决策 [M]. 上海: 上海科学普及出版社, 1990.
[24] 刘心报. 决策分析与决策支持系统 [M]. 北京: 清华大学出版社, 2009.
[25] 李金昌, 等. 统计学 [M]. 北京: 机械工业出版社, 2009.
[26] 李心愉, 等. 应用经济统计学 [M]. 北京: 北京大学出版社, 2008.
[27] 李连友. 国民经济核算学 [M]. 北京: 经济管理出版社, 2001.
[28] 李业. 预测学 [M]. 增订本. 广州: 华南理工大学出版社, 1988.

[29] 李怀祖. 决策理论导引 [M]. 北京：机械工业出版社，1992.
[30] 毛用才，胡奇英. 随机过程 [M]. 西安：西安电子科技大学出版社，1998.
[31] 潘红宇. 时间序列分析 [M]. 北京：对外经济贸易大学出版社，2007.
[32] 唐小丽，冯俊文. ANP原理及其运用展望 [J]. 统计与决策，2006（12）：下138-140.
[33] 魏武雄. 时间序列分析——单变量和多变量方法 [M]. 2版. 北京：中国人民大学出版社，2005.
[34] 王振龙，胡永宏. 应用时间序列分析 [M]. 北京：科学出版社，2007.
[35] 王毅成，林根祥. 市场预测与决策 [M]. 武汉：武汉工业大学出版社，1999.
[36] 王莲芬. 网络分析法（ANP）的理论与算法 [J]. 系统工程理论与实践，2001（3）：44-50.
[37] 王娟，李华. 网络层次分析法应用形式的多样性 [J]. 预测，2007（6）：64-68.
[38] 王征，李华. 基于网络分析法的产品设计决策 [J]. 工业工程与管理，2005（2）：92-96.
[39] 徐玖平，陈建中. 群决策理论与方法及实现 [M]. 北京：清华大学出版社，2009.
[40] 徐国祥. 统计预测和决策 [M]. 3版. 上海：上海财经大学出版社，2008.
[41] 奚恺元. 别做正常的傻瓜 [M]. 北京：机械工业出版社，2009.
[42] 薛薇. SPSS统计分析方法及应用 [M]. 北京：电子工业出版社，2009.
[43] 喻国华，陈端计. 经济调查预测与决策 [M]. 北京：中国科学技术出版社，1995.
[44] 运筹学编写组. 运筹学 [M]. 3版. 北京：清华大学出版社，2005.
[45] 朱建平. 经济预测与决策 [M]. 厦门：厦门大学出版社，2007.
[46] 张桂喜，马立平. 预测与决策概论 [M]. 北京：首都经济贸易大学出版社，2006.
[47] 张世勇，张文泉，王京芹. 技术经济预测与决策 [M]. 天津：天津大学出版社，1994.
[48] 张卓奎，陈慧婵. 随机过程 [M]. 西安：西安电子科技大学出版社，2003.
[49] 魏贺，刘斌，刘韵，等. 2019年北京世界园艺博览会客流预测及需求分析 [C]//中国城市规划学会城市交通规划学术委员会. 协同发展与交通实践——2015年中国城市交通规划年会暨第28次学术研讨会论文集. 北京：中国建筑出版社，2015.
[50] 沈艳. 大数据分析的光荣与陷阱——从谷歌流感趋势谈起 [EB/OL]. (2016-03-01). http://www.tisi.org/Article/lists/id/4456.html.
[51] 张灿鹏，郭砚常. 市场调查与分析预测 [M]. 北京：清华大学出版社，2008.
[52] 周荫清. 随机过程理论 [M]. 北京：北京航空航天大学出版社，2013.
[53] 孙清华，孙昊. 随机过程内容、方法与技巧 [M]. 武汉：华中科技大学出版社，2004.
[54] 李裕奇，刘赪，王沁. 随机过程. [M]. 3版. 北京：国防工业出版社，2014.
[55] 徐国祥. 统计预测和决策 [M]. 5版. 上海：上海财经大学出版社，2016.
[56] 张学萌，张继忠，王荣，等. 灰色系统分析及实用计算程序 [M]. 武汉：华中科技大学出版社，2001.
[57] 邓聚龙. 灰理论基础 [M]. 武汉：华中科技大学出版社，2002.
[58] 李华，胡奇英. 预测与决策 [M]. 西安：西安电子科技大学出版社，2005.
[59] 王霞. 灰色决策理论若干问题探讨 [D]. 郑州：华北水利水电学院，2011.
[60] 刘思峰，杨英杰，吴利丰，等. 灰色系统理论及其应用 [M]. 北京：科学出版社，2014.
[61] 闫书丽. 灰靶决策方法及应用研究 [D]. 南京：南京航空航天大学，2014.
[62] 张洪瑞，吕洁华，张滨. 基于灰色发展决策模型的林业产业结构分析与优化——以黑龙江大小兴安岭生态功能区为例 [J]. 中南林业科技大学学报，2015，35（8）：122-126.
[63] 刘思峰，等. 灰色系统理论及其应用 [M]. 北京：科学出版社，2018.
[64] 吴仁群. 经济预测与决策 [M]. 北京：中国人民大学出版社，2015.
[65] 冯文权，傅征. 经济预测与决策技术 [M]. 武汉：武汉大学出版社，2018.
[66] 吴鸽，周晶，雷丽彩. 行为决策理论综述 [J]. 南京工业大学学报（社会科学版），2013（3）：101-105.

[67] 菅利荣，刘思峰，刘勇. 预测与决策软计算方法及应用［M］. 北京：电子工业出版社，2016.
[68] 方志耕，等. 决策理论与方法［M］. 北京：科学出版社，2009.
[69] 陶长琪，盛积良. 决策理论与方法［M］. 北京：高等教育出版社，2016.
[70] 谭跃进，黄金才，朱承. 决策支持系统［M］. 2版. 北京：电子工业出版社，2015.
[71] 朱书堂. 从卜筮到大数据：预测与决策的智慧［M］. 北京：清华大学出版社，2017.
[72] 赵秀恒，王清印，王义闹，等. 不确定性系统理论及其在预测与决策中的应用［M］. 北京：冶金工业出版社，2010.
[73] 周炜，周创明，史朝辉，等. 粗糙集理论及应用［M］. 北京：清华大学出版社，2015.